高等学校小学教育专业系列教材

U0891223

小学数学课程与教学

主　编　程五霞　李雄剑　杨火保
副主编　何　雄　谢卫军　李织兰

南京大学出版社

图书在版编目(CIP)数据

小学数学课程与教学 / 程五霞，李雄剑，杨火保主编. -- 南京 ：南京大学出版社，2021.3(2025.8 重印)
ISBN 978-7-305-24015-7

Ⅰ. ①小… Ⅱ. ①程… ②李… ③杨… Ⅲ. ①小学数学课—教学研究 Ⅳ. ①G623.502

中国版本图书馆 CIP 数据核字(2020)第 244314 号

出版发行 南京大学出版社
社　　址 南京市汉口路 22 号　　邮　编 210093

书　　名 **小学数学课程与教学**
XIAOXUE SHUXUE KECHENG YU JIAOXUE
主　　编 程五霞　李雄剑　杨火保
责任编辑 曹　森　　编辑热线 025-83686756

照　　排 南京南琳图文制作有限公司
印　　刷 南京人民印刷厂有限责任公司
开　　本 787 mm×1092 mm　1/16 开　印张 17.75　字数 410 千
版　　次 2025 年 8 月第 1 版第 3 次印刷
ISBN 978-7-305-24015-7
定　　价 46.00 元

网址：http://www.njupco.com
官方微博：http://weibo.com/njupco
微信服务号：NJUYUNSHU
销售咨询热线：(025) 83594756

前　言

小学数学课程与教学是研究小学数学课程及教学规律的一门学科，是课程与教学研究领域的分支学科，是小学教育专业的专业核心必修课程，重在培养小学数学教育工作者的教学设计与实施能力。

本教材根据党的二十大会议精神和《义务教育课程方案和数学课程标准(2022 年版)》的指导思想及基本理念，充分发挥教材“培根铸魂、启智增慧”的作用，注重从当前小学数学教学实践中的实际出发，结合具体的教学案例阐述小学数学教学的基本原理和一般方法，使学生掌握系统的小学数学课程相关理论知识，学会小学数学教材分析与教学设计，获得小学数学教学组织与实施能力，能规范、科学的开展小学数学教育教学工作，提高学生从事小学数学教师职业所必备的基本素养。本教材的编写主要具有以下特色：

1. 强化课程思政，紧跟时代需求

本教材坚持马克思主义的指导地位，强化课程育人导向，充分体现党和国家对教育的基本要求、国家和民族基本价值观、基础教育改革方向和先进教育理念，同时紧密结合小学数学教师的岗位需求和时代发展要求，融合 2022 年版数学课程标准规定的课程目标、课程内容、学业质量要求和课程实施建议，定位为服务从事或即将从事小学数学教学与研究工作的学习者，适用对象广泛。本书既可作为高校小学教育专业学生的学习教材，也可供师范生或非师范生及社会上想参加全国小学数学教师资格考试和小学数学教师招聘考试的教育爱好者学习使用，还可供小学数学在职教师开展继续教育时使用。

2. 提供丰富案例，注重融媒体化

教材不仅在理论阐述时穿插了丰富的一线小学数学教学案例，还安排了优秀经典案例欣赏与分析，同时做到课程教材融媒体化，通过扫二维码可以获得教材配套的网络在线课程的系列课件、视频、案例资料等相关教学资源，尤其是二维码中提供了大量的拓展资料，如每章的案例文本均可扫码获取，旨在帮助教材使用者和普通读者更好地理解教材文本，获得丰富生动的阅读体验。

3. 呈现方式多元，便于自学重组

本教材吸收国内外同类教材的优点，吸收学科前沿知识，引入课程改革和教育研究最新成果，立足于师范院校小学教育专业，结合学生的实际情况和小学数学教师岗位需求，优化了课程内容结构。全书共九章分成四个模块，模块一（第一、二章）是小学数学课程理论，模块二（第三、四章）是小学数学教学设计，模块三（第五至七章）是小学数学教学组织、实施与策略，模块四（第八、九章）是小学数学教学评价与教学研究，便于学生根据自身实际情况有选择地进行自学，同时也方便教材使用者根据需要进行灵活选择和科学重组。

4. 关注专业发展，促进教学研究

本教材着眼于小学教师的专业发展，在深浅程度上有一些把握。设置了小学数学教学研究的单独章节，帮助学有余力的学生更深入学习数学教育理论，尝试开展小学教学研究，不断提高自身专业水平，以适应新时代基础教育改革和发展的需要。

全书由程五霞、李雄剑、杨火保、谢卫军、何雄、李织兰六位老师共同完成，其中第一章由程五霞、杨火保老师编写，第二章由何雄、李织兰老师编写，第五章由李雄剑、谢卫军老师编写，第六章由程五霞、谢卫军老师编写，第八章由杨火保老师编写，第九章由李雄剑老师编写，其余章节和内容由程五霞老师负责完成。最后由程五霞、李雄剑、杨火保老师负责审稿。本书受湖南省教育督导研究专项课题“三级联动’自我督导体系促进高职小教专业建设研究”（项目编号：DD213777）的资助，为其阶段性研究成果。

由于编者水平有限，经验不足，书稿虽经过多次修正和调整，但其中的纰漏在所难免，恳请读者给予批评指正。

目　录

案例资源一览表

（续表）

序　号	资源名称	对应页码	二维码
案例7－1	《用字母表示数》	193	
案例7－2	《平行四边形的面积》	194	
案例7－3	《找次品》	194	
案例7－4	《争当优秀调度师》	200	
案例7－5	《位置与可能性总复习课》	207	
案例7－6	《营养午餐》	211	
案例7－7	《六年级上册试卷讲评课》	215	
案例8－1	《一年级下册测试卷》	240	
案例8－2	《三年级上册测试卷》	240	
案例8－3	《五年级上册测试卷》	240	
案例8－4	《六年级期中数学测试试卷分析》	249	
案例9－1	《“角的初步认识”说课》	254	
案例9－2	《“用字母表示数”说课》	254	
案例9－3	《“圆的面积”评课》	263	
案例9－4	《“数的认识整理与复习”评课》	263	
案例9－5	《“从研究性学习入手，转变学生数学学习方式”研究方案》	268	
案例9－6	《“从研究性学习入手，转变学生数学学习方式”研究总结》	269	
案例9－7	《“小数除法”教学案例研究报告》	271	

第一章　小学数学学习分析

扫码查看
学习资源

知识导图

- 小学数学学习分析
  - 第一节　小学数学学习特点
    - 1. 小学数学学习概述
    - 2. 小学生数学认知的基本方式
    - 3. 小学数学学习一般过程
  - 第二节　小学数学学习方式
    - 1. 小学数学学习方式概述与分类
    - 2. 常见的小学数学学习方式
  - 第二节　数学知识的学习过程
    - 1. 小学数学概念的学习
    - 2. 小学数学规则的学习
  - 第四节　数学技能的学习过程
    - 1. 小学数学心智技能学习
    - 2. 小学数学操作技能学习
    - 3. 数学技能练习的注意事项
  - 第五节　数学问题解决的学习过程
    - 1. 数学问题的含义与结构
    - 2. 数学问题解决的过程和思维活动
    - 3. 数学问题解决的注意事项
  - 第六节　小学数学学习情感与态度
    - 1. 小学数学学习情感
    - 2. 小学数学学习态度
    - 3. 情感与态度的培养目标
    - 4. 积极情感与态度的培养途径

学习目标

1. 了解小学数学学习的特点、认知形式及学习一般过程；
2. 理解并尝试分析小学数学学习方式；
3. 理解并掌握小学数学知识、技能和问题解决的学习过程；
4. 了解小学生学习数学的情感与态度。

案例再现

有余数的除法

一、导入新课

教师课件出示用小棒拼摆图形的视频，学生观看后质疑：喜欢玩吗？这节课我们就用小棒来玩摆图形游戏。

二、探究新知，感知余数的产生及意义

1. 小棒可以摆图形，摆这样的正方形，要几根小棒？

如果有 8 根小棒，可以摆几个这样的正方形？谁能列算式计算？教师板书：8÷4=

2. 现在有 9 根小棒，能摆几个正方形？

学生摆，并交流(教师课件展示)：□ □ 1

我们把这个摆法转化成数学问题，就是求 9 里面有几个 4，用除法算式怎样表示？教师板书：9÷4=？

那等于几呢？引导完成并理解算式：9÷4=2……1

为什么要写 6 个点，这 6 个点表示什么？(还有剩余的)

这个 1 表示什么？(还余下 1 根)你知道它在数学中叫什么吗？(板书：余数)

引出课题：在生活中，我们会碰到这样的情况，有的没有余数，说明正好分完；有的有余数，没有正好分完，这就是我们今天要学习的——有余数的除法。(板书：有余数的除法)

三、理解余数比除数小的道理

(一) 用 10、11 根小棒摆正方形

用 10 根小棒摆正方形，可以摆几个？还余几根？

怎么写算式？教师板书：10÷4=2……2

用 11 根小棒摆，结果会是怎样？请你写出算式：11÷4=2……3

(二) 用 12～20 写算式

用 12～20 根小棒摆正方形，算式怎样写？请你选择一个写一写。

指名汇报，教师板书：12÷4=2……4

质疑：对吗？为什么不可以写 2……4？多出来的 4 根怎么样？

用什么可以计算？(口诀)

师：当余数和除数一样大时，商就会——增大 1。

继续板书，引导学生观察发现并质疑：一个量在变化，另一个量也在变化，被除数依次增加 1，余数也会依次增大 1。余数永远可以增加吗？增加到什么时候就不增加了？

学生仔细观察除数和余数：你发现了什么？

引导得出：余数比除数小。

思考

案例中，学生是如何学习“有余数的除法”的？经历了哪些学习过程？

小学数学学习是一个复杂的心理过程。儿童的思维、能力结构与成年人有很大的区别，面对不同的学习任务，儿童采取的学习策略，所经历的学习过程等都表现出儿童的阶段性特点。

第一节　小学数学学习特点

一、小学数学学习概述

（一）含义及其特点

小学数学学习是一种特殊的学习活动，是按照国家数学课程标准的要求，根据小学数学课程提供的信息资源和学习线索，由教师指导小学生有计划、有步骤地掌握数学知识与技能，发展各种数学能力的思维活动过程，也是学生促进自身的数学知识经验、能力（特别是数学能力）和情感态度持久变化的过程。

为了有效地组织小学生进行数学学习，我们必须先了解小学生数学思维的特点。国际上著名的儿童心理研究专家皮亚杰（Jean Piaget，1896—1980），将儿童从出生到青春初期智力或思维发展的过程分为感知运动阶段、前运算阶段、具体运算阶段和形式运算阶段四个阶段。小学阶段的儿童主要处于具体运算阶段（7～12 岁）。他们正从表象性思维的概念化活动过渡到概念性思维的阶段，表现为外部的行为活动逐步转化为内部的心理运算，并且出现了逻辑思维零散的守恒性、可逆性。其数学思维主要有以下特点：

第一，从具体形象思维逐步向抽象逻辑思维过渡，并呈现抽象逻辑思维与具体形象思维交错发展的模式。

第二，数学思维呈现单维度特征。当需要从两个维度或多个维度去思考问题时，学生往往显得力不从心。

第三，数学思维容易形成自然结构。也就是说小学生为完成某一学习任务，通过感知以及已有知识经验获得所需信息，并按照自身经验将这些信息联系起来，自然形成一种思维结构。例如，当求“原来有 9 个苹果，小明吃了几个后还剩 4 个，吃了多少个”时，学生喜欢把减法算式 $9-4=5$，写成 $5+4=9$，但是回答时往往能说出正确答案。

第四，数学思维呈现片面性。学生在分析和解决问题时，往往考虑得不全面。

另外，小学生的数学思维还缺乏自觉性、灵活性和批判性，且思维敏捷性的差异比较大。

小学数学学习作为一门具体学科知识的学习活动过程，一方面具有人类学习和学生学习的共同特点；另一方面又必然还有一些反映其个性的特点。

具体来说,小学数学学习主要具有以下特点。

1. 需要感性材料的支持

小学生的逻辑思维还带有很大成分的具体形象性,需要在感性材料的支持下思维活动才能顺利进行。某种意义上说,小学数学学习是一个小学生自己对生活中数学现象进行"解读"的过程,需要充分运用感性材料,从学生的生活常识和经验出发开展数学学习。

2. 要重视操作与感知等直观活动

要通过充分的观察、操作等活动帮助学生体验、感知,认识数学内容。如"案例再现"中,学生只有自己用小棒动手分一分、摆一摆、写一写、比一比,才能逐步懂得为什么"余数一定要比除数小"等道理。

特别是图形与几何的学习内容,更需要通过适当的操作与感知等活动帮助学生建立表象,将所学数学知识内化成自己的数学认知结构。

3. 要循序渐进地进行

小学数学学习的循序渐进主要集中表现在两个方面:一是必须遵循人的认识发展顺序,按照由浅入深、由表及里、由感性认识到理性认识的过程进行;二是要遵循数学学科本身具有的逻辑顺序,先学什么、后学什么、再学什么,要取决于数学知识体系内部的逻辑结构。

4. 是在人类发现基础上的再发现

每一个数学知识都是人类经过漫长的历史时期才逐步发现总结提炼出来的,而小学生数学课堂学习的时间是有限的。因此,教师应对人类的发现过程适当"加工",把它"剪接"成缩短的、简化的过程,再指导学生经历、体验和探索,对这一数学知识再发现、再创造。

5. 要在教师的指导下,依据课程和教材进行

由于小学生受自身思维发展水平的制约,在数学学习中常出现思维过程不流畅甚至中断的现象,这就需要教师根据课程标准和教材对学生的学习进行必要的引导。

(二) 数学认知结构

现代认知心理学的研究表明:学生学习数学的过程实际上就是学生根据教师的指导积极内化数学知识,把数学知识结构转化成自己的数学认知结构。

认知活动就是指感知到的信息在人脑中被转移、简化、储存、恢复和运用的全过程。在认知活动中,输入的信息被加工和改造,人脑中的知识便按照每个人理解的深度和广度,结合自己的认知特点,形成了一个具有内部规律的整体结构,这就是认知结构。

数学认知结构是数学知识结构与学生心理结构相互作用的产物。它就是学生头脑里获得的、经过学生主观改造后的数学知识结构,包括数学知识和这些知识在学生头脑里的组织方式与特征。

对学生而言,数学知识结构是前人研究数学的经验总结,是客观的、外在的结构。而数学认知结构是学生学习数学时在头脑中逐步形成的智能活动模式,是主观的、内在的结构。不同的学生,其数学认知结构的特点也不同。同一知识内容,可以形成不同的认知结构。

数学认知结构有正误优劣之分，在一定程度上体现了学生学习数学的能力。因此，单纯的数学知识的积累，并不等于良好的数学认知结构的形成。但数学认知结构离不开数学知识的积累，它是从教科书及课堂教学的知识结构转化而来的，体现了数学知识与数学认知的统一。

学生形成一定的数学认知结构后，当大脑接收到新的数学信息，就能运用已有的认知结构对信息进行处理和加工。所以，数学认知结构是不断学习新知识的基础，在数学认知活动中发挥着积极作用。同时，随着数学认知活动的进行，学生的数学认知结构又会不断分化改组，扩大加深，变得更加精确和完善。

由此可见，数学认知结构是在数学认知活动中形成的，并经历了由简单到复杂、由低级到高级的发展过程。

二、小学生数学认知的基本方式

小学生的数学认知结构主要是通过同化和顺应两种方式去建构的。同化和顺应是小学生数学认知的基本方式。

同化与顺应是皮亚杰从生物学移植到心理学和认识论中的概念。它们的最早提出见于 1936 年出版的皮亚杰的《儿童智力的起源》一书。

（一）同化

皮亚杰提出："智力是把它的全部经验材料纳入自身范围内的同化。""即一种通过同化外部现实来把外部现实纳入由主体活动创造出来的某些形式之中。"

如果新知识与原有认知结构中的某些知识有适当的联系，学生就把新知识纳入原有的认知结构中，从而扩大原有的认知结构，这一过程叫作同化。

比如，如果原有的认知结构中已有了长方形认识的知识，那么再学习正方形的认识时，可以根据"邻边相等的长方形"这一联系点，将正方形这一新知识纳入原有的数学认知结构中。从同化的意义不难看出，同化学习的必要条件是所学新知识与原有认知结构中的有关内容相联系，即原有认知结构中有能够同化新知识的旧知识。

从案例 1－1《直角的初步认识》中不难看出，同化主要适用于那些与旧知识有密切联系的新知识的学习。

（二）顺应

皮亚杰提出："心理活动也是对周围环境的顺应。……智力适应同其他的适应一样，是在同化机制与补偿顺应之间实现的一种渐进的平衡。"

如果在原有的认知结构中没有适当的知识与新知识相联系，那么就要对原有的数学认知结构进行改组，使之能接纳新的知识，从而建立新的数学认知结构，这一过程称为顺应。

比如，小学生开始学习平行四边形的面积时，由于平行四边形的面积计算公式和原有的长方形面积计算公式不一致，所以不能简单地依靠同化方式在原有的认知结构基础上学习，而要对长方形面积计算的认知结构进行改造，通过平行四边形面积计算的学习，使平面图形的面积计算在长方形面积计算(长×宽)的基础上，扩展到平行四边形面积计算(底×高)，逐步顺应平面图形面积计算的学习。

如果说同化是促进原有认知结构量变，从而扩大认知结构内容的过程，那么顺应则是使原有认知结构发生质变，从而建立新的数学认知结构的过程。

又如，小学生开始学习分数时，由于分数与原有的整数认知结构不一致，所以，就不能简单地依靠同化方式在原有的整数认知结构基础上学习，而要对整数认知结构进行改造，通过分数的初步认识，使计数单位在个、十、百……的基础上，增添各种分数单位，逐步顺应分数的学习。

从案例 1－2《角的初步认识》中不难看出，顺应主要适用于那些与旧知识没有直接联系的新知识的学习。

同化和顺应是两种不同的认知方式，在实际运用中，两者是辩证统一的，甚至是密不可分的，它们往往同时存在于某个学习过程中。就其活动方式和发挥的作用来讲，同化主要是改造新的学习内容使其与原有认知结构相吻合，便于新知识直接纳入原有认知结构；顺应是改造原有认知结构以适应新知识的学习。在小学数学学习中，同化和顺应总是相辅相成、互为补充的。一方面在改造新的数学知识内容的同时，学生也必须适当调整自己的原有认知结构，使新的学习内容与原有认知结构更加吻合；另一方面学生在调整原有认知结构的同时，也总是要对新的数学知识作适当改造，将其内容改造成更有利于接纳的形式，从而保证原有认知结构与新的数学知识之间的相互适应。

三、小学生数学认知的一般过程

现代认知心理学研究指出：学生的学习过程从根本上讲是一个认知过程，即把教材知识结构转化成他们认知结构的过程。小学数学学习过程就是一个数学认知过程，即新的学习内容与学生原有的数学认知结构相互作用，形成新的认知结构的过程。其一般模式如图 1－1 所示。

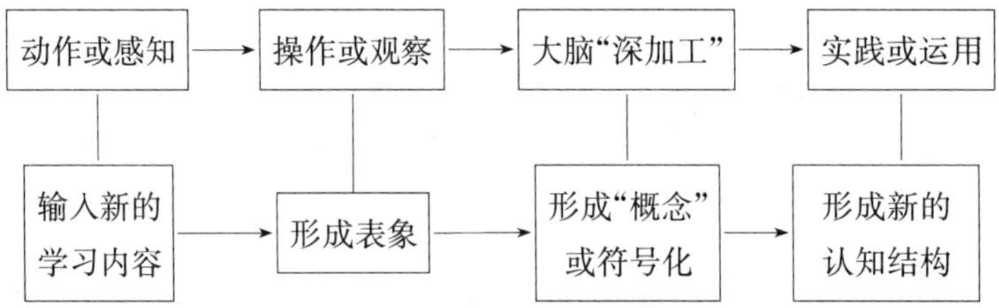

图 1－1　小学生数学认知的一般模式

动作或感知是学生获取知识的第一步，是认知的起点；操作或观察等活动是为了在学生头脑里形成事物的表象，它是知识结构向认知结构转化的中介；接着需要学生在大脑里将获得的表象进行“深加工”，将新知识和原有认知结构相互作用(同化或顺应)，把感性认识上升为理性认识形成“概念”或符号化，产生新的认知结构；最后再通过实际运用去解决问题，使刚产生的新的数学认知结构臻于完善。

显然，学生数学认知过程的各个发展阶段之间是具有严密逻辑顺序的，是客观存在儿童认知过程中的一种普遍现象。任一阶段的学习出了问题都会影响数学学习的质量。

从案例 1－3《三位数加法》中可以看出：学生原有的数学认知结构是学习新知识的基础。所以，教师教学前首先要考虑学生已经知道了什么，掌握到何种程度，然后再考虑教学内容的深度和广度、呈现顺序等问题，确保学生原有的认知结构和新的数学知识相互作用的顺利进行，且教学中必须加强直观教学和教学具体操作活动，通过直观教学和操作活动丰富学生对所学知识的表象，促进其理解。

实践与反思

实　践	反　思
1. 选取你最感兴趣的一个案例开展实训，并请同伴进行评价。	1. 什么是小学数学学习？它有哪些特点？
2. 案例 1－2 中，学生是如何通过顺应的方式进行学习的？	
3. 结合案例 1－3，简要叙述小学生建构数学认知的一般过程。	2. 什么是数学认知结构？小学数学认知有哪几种基本形式？各有什么特点？

第二节　小学数学学习方式

一、小学数学学习方式概述与分类

新课程改革的目标之一是致力于改善学生的学习方式。“学习方式是指学生在完成学习任务过程时基本的行为和认知的取向。学习方式不是指具体的学习策略和方法，而是学生在自主性、探究性和合作性方面的基本特征。”①

对数学学习方式进行分类，能够揭示不同类型的学习规律，便于人们进行研究。美国著名认知教育心理学家奥苏伯尔按学习进行的方式划分为接受学习和发现学习。

接受学习是指教师把要学习的数学知识以定论的形式呈现给学生，学生不需要独立发现，直接采用接受的方式把这些内容内化到自己的认知结构中去。发现学习是指学习的结果未呈现给学生，要靠学生自己独立发现其间的数量关系、图形的特征等，自己去发现结论。

奥苏伯尔还根据学习深度（学习材料与学习者原有知识结构的关系）把学习划分为机

① 钟启泉，崔允漷，张华. 基础教育课程改革纲要（试行）解读[M]. 上海：华东师范大学出版社，2001：247.

械学习与有意义的学习。

机械学习是指学生没有真正理解，只记住某个符号或语句。如不少学生在解决问题时，见“多”就加，见“少”就减，就属于机械学习。有意义的学习指学生已经理解并建立了相应的认知结构。如学生看到 2×3，不仅会计算结果，还知道它既表示 3 个 2 连加，也表示 2 个 3 连加，“×”表示几个相同数连加的简便运算，这就是有意义的学习。

《课标(2011 年版)》指出：“学生学习应当是一个生动活泼的、主动的和富有个性的过程。认真听讲、积极思考、动手实践、自主探索、合作交流等，都是学习数学的重要方式。学生应当有足够的时间和空间经历观察、实验、猜测、计算、推理、验证等活动过程。”也就是说，新课程倡导学生采用有意义的接受学习、自主学习、合作学习和探究学习这四种学习方式开展数学学习。

二、常见的小学数学学习方式

(一) 有意义的接受学习

1. 有意义的接受学习的含义

有意义的接受学习，是指在课堂教学中教师采用讲授等方式，以定论的形式将所要教学的数学知识提供给学生。学生根据教师的讲授进行积极思维活动，使新知识与头脑里已有的旧知识之间建立起实质性的联系，并通过这种联系实现对所学新知识的内化。

有意义的接受学习是我国教学实践中长期普遍采用的学习方式，它主要适用于系统知识和技能的讲授与学习。我国数学教学所提倡的“启发式”教学，就是让学生在教师的讲授下，能够积极思考、主动地接受知识。

案例 1－4《认识计算工具》中，由于计算工具是人们在生产生活中不断发展和完善的，四年级学生具备了一定的理解能力，因此主要运用播放微课的方式让学生了解，这就是一种有意义的接受学习。

2. 有意义的接受学习的基本条件

根据奥苏伯尔等人的相关研究和小学数学的学科特点，学生要实现有意义的接受学习需具备以下条件：

(1) 学生具有主动接受数学知识的心理倾向是首要条件

有意义的接受学习，虽然主要是教师讲授、不需要学生的独立发现，但在学习过程中学生必须根据教师的讲授主动地展开积极思维活动，才能将所学的新知识与头脑里的旧知识真正建立起实质性的联系，才能将教材上的数学知识结构转化成自己的数学认知结构。否则，新的数学知识难以与学生头脑里已有的数学知识建立起实质性的联系。因此，有意义接受式学习的首要条件是学生必须具有接受、理解和掌握数学知识的心理需要。这就要求教师在教学中要高度重视学生学习兴趣的激发和学习积极性的调动，为学生实现有意义的接受学习提供动力保证。

(2) 学习材料具有潜在意义

教师提供给学生的学习材料要能够与学生头脑里的有关知识、经验建立起联系，这样学生才能在新知识与旧知识之间建立起实质性的联系。这就要求教师在教学中努力把数学知识处理成更有利于学生理解和接受的、本身具有逻辑意义的学习材料。学习材料既要体现数学知识的逻辑顺序，又要充分考虑学生的认知发展顺序，以便从学习内容上为实现有意义的接受学习创造条件。

（3）学生头脑里要具有联系新内容的知识与经验

由于学生对新的数学知识的理解与接受都是建立在已有知识与经验基础上的，因此学生头脑里一定要有能与新知识建立起实质性联系的旧知识。

比如，学习平行四边形面积计算方法时，学生头脑里必须有长方形面积计算公式和剪拼法的经验，否则学生就难以理解平行四边形面积计算的推导过程，就难以实现平行四边形面积计算的有意义的接受学习。

（4）教师的讲解语言要具有启发性

对学生而言，有意义的接受学习是一种接受性的学习，主要是教师讲授的方式，也就是教师向学生说明、解释或论证、演示推导过程；学生倾听、思考，很容易形成被动接受。因此，教师要注意讲解语言的启发性，要注意激发学生的学习动机，有目的、有计划地在重点处设"障"质"疑"，引起学生积极思考，使学生始终带着强烈的求知欲望去倾听，才能保障学生的接受学习收到良好的效果。

3. 有意义的接受学习的优势与局限性

作为小学数学学习中应用非常广泛的一种学习方式，有意义的接受学习主要存在以下优势和局限性。

（1）有意义的接受学习的优势

无论是课堂内外，有意义的接受学习都是学生得到数学知识的主要方式。因为有意义的接受学习存在以下优势：

① 经济有效。有意义的接受学习主要由一名教师讲授，受众面却可以达到几百甚至几千人，且在多数情况下对教育设备、设施的要求相对来说较低，投入比较小，相对其他学习方式更加经济；学生获取的是间接经验或现成的知识，不需要重复知识的发现、创造过程，能在很短的时间内迅速掌握人类经过漫长岁月发现和积累起来的数学知识，较好地提高了数学学习效率。

② 科学系统。由于有意义的接受学习是教师（或书本）以定论的形式将所要学习的数学知识呈现给学生，并且学生主要是通过接受教师的讲授而理解、内化数学知识，所以它有利于学生正确理解数学知识，有效保证了学生所学数学知识的科学性与系统性。

（2）有意义的接受学习的局限性

① 容易导致学生的被动学习和机械接受。教学中，教师往往过分强调自己对知识清楚、详细的讲解，忽略学生倾听时的思考，容易产生"满堂灌"的现象，从而导致学生的被动学习和机械接受。

② 削弱学生对知识学习过程的经历和体验。由于接受学习是以学生倾听、接受为获得数学知识的主要手段，而且接受的都是一些现成的数学知识结论和间接经验，学生没经历数学知识的发现、形成过程，无法获得直接体验。而小学生的认知发展处于具体运算阶

段，他们对新知识的学习依赖于自己的具体经验，因此，难免会影响其对数学知识形成过程的了解，削弱学生对知识学习过程的经历和体验。

③ 不利于培养学生的探究意识和创造精神。有意义的接受学习能比较科学、系统、高效地掌握数学知识，但由于缺乏知识学习过程的探究和发现，在培养学生的探究精神、创造精神，让学生掌握科学的探究方法等方面的作用明显不如发现学习。

（二）自主学习

1. 自主学习的含义

自主学习是相对于被动学习而提出的，是指学生在学习活动中根据学习目标的要求和自己的学习能力，自主选择有效的学习方法和策略，积极主动地自我监控和调节学习过程，从而完成学习任务的一种学习方式。

自主学习是一种高品质的学习状态，其核心是促进学生积极主动地参与数学学习活动，主动获取数学知识，其目的是促进学生的自主发展。

案例 1－5《圆的认识》中，圆的各部分名称在教材上有详细的介绍，老师引入新课后先让学生带着要求自主学习。教师充分释放学生课堂学习的自主权，引发学生的参与热情。学生在自主学习时边阅读边思考、边操作边观察、边想象边梳理。

在学生汇报时教师适时引导学生表达、观察、质疑，梳理概念。由此，原本“人为规定”的数学知识，在学生的自主参与和建构中，获得了更为鲜活的意义，而学生的想象力、观察力和分析能力及空间观念等都在自主建构中得以有效发展。

2. 自主学习的显著特征

自主学习是发现学习的一种形式，以尊重学生为前提，充分发挥学生的主观能动性，以学生作为学习的主体，通过学生独立的分析、探索、实践、质疑、创造等方法来实现学习目标。主要具有以下特征：

（1）学习的主动性，表现为学生“我要学”。主要指学生能够参与学习目标、进程和评价指标的制定或者自己确定学习目标、制订学习计划，自己做学习的主人。学生对于教师所讲的内容敢于质疑、敢于发表不同见解，同时又能够主动地发现问题，并依靠自身力量解决问题。

（2）学习的独立性，表现为学生“我能学”。主要指学生能够自主选择适合自己的学习策略和学习方法进行学习。教师只有尊重学生的个性，尊重学生的独立思考、独立选择、独立探究，才能使学生充分发挥出自身潜力，具备独立思考和探究的能力。

（3）学习的自控性，表现为学生“我会学”。主要指学生能对自己的认知活动和学习方法、学习进度进行自我调控和调节。在学习过程中，常有学生花费了很长时间进行学习和练习，却总是收效不佳，其原因就在于学习能力不足、方法不当。数学是一门注重习惯和方法的学科，需要良好的学习习惯和恰当的学习方法来提高学习效率。

（4）学习的自省性，表现为学生“我乐学”。主要指学生在学习活动后能对自己的学习过程和学习方法进行反思，总结经验，弥补不足。数学学习的核心是培养学生良好的思考习惯和思维方式，而反思意识无疑是一种非常好的思考习惯，可以有助于学生将数学知识融会贯通，达到举一反三、触类旁通的效果，从而体会数学学习的乐趣，培养良好的数学学习情感。

3. 自主学习的运用

自主学习的基本意义是学习者对学习方法和策略的自主选择，学习过程的自觉意识和自我监控，学习过程和学习结果的自觉反思。因此在小学数学课堂教学中，教师要注意培养学生自主学习的意识和能力，具体可以从以下几个方面进行：

(1) 尽量多创造适合学生自主学习的机会。教师要认真分析教材，选择合适的内容，尽量多地创造一些适合学生自主学习的机会，提供适合学生自主学习的条件，安排学生自主学习。如小学数学中有关规律、性质的探求，公式法则的推导总结等。

(2) 引导学生自己制定学习目标或积极参与学习目标的制定。在教学引入环节，教师可以利用特定的问题情境，引导学生参与课堂学习目标的制定，让学生一开始就知道本节课要学习什么、怎样学习、学习后要达到什么效果等。一方面激发学生的学习动机，让学生产生主动学习的心理需要；另一方面为后面自主选择学习方法、自我监控和调节学习过程做出正确的导向。

(3) 尊重学生对学习方法和策略的自主选择，鼓励学生用自己喜欢的方法学习数学，同时教师要引导学生用比较恰当的方式去学习所学内容。

(4) 引导学生在学习中逐步学会自我监控学习过程，特别是了解和调节自己的思维过程。教学中教师可以让学生明确意识到自己想的过程，敢于展现自己的思维，同时能够根据学习的情况及时对自己的学习活动进行调整。

(5) 重视学生学习后的自我反思，让学生对自己的学习过程及结果作出客观评价，并从中获得积极的情感体验。

(三) 合作学习

1. 合作学习的含义

合作学习是 20 世纪 70 年代初兴起于美国的一种富有创意和实效的教学理论与策略。由于其在促进学生形成良好非认知品质等方面实效显著，很快引起了世界各国的关注，被誉为“近十几年来最重要和最成功的教学改革”。80 年代末开始，我国也出现了合作学习的研究与实验，并取得了较好的效果。

合作学习是指在学习过程中以小组为单位完成共同的学习任务的一种学习方式。其核心是学生的互动与交流；其目的一是使学生在互动合作中更好地学习数学知识，二是促进学生的合作技能、社交能力得到发展。从这个意义上讲，合作技能既是合作学习的手段，又是合作学习的目的。

案例 1－6《圆的画法》中，老师设计了三个问题，让学生开展合作探究学习，引导学生在操作中体验，在讨论中完善，在合作中修正，在交流中提升，有效突破画圆这一学习难点。学生动手操作、合作交流的过程正好将原先获得的模糊经验进一步明晰化、准确化和系统化，从而真正将活动经验转化为有效的数学知识，并在过程中习得方法、提升思考、获得发展。

2. 合作学习的显著特征

合作学习是发现学习的一种形式，由若干名能力各异的学生组成一个学习小组，以合作和互助的方式从事学习活动，共同完成小组学习目标。主要具有以下特征：

(1) 沟通合作

人类今后所面临的问题越来越复杂，需要加强沟通、协调与合作，因此学生的合作意识与合作能力的培养越来越受到世界各国教育界的高度重视。尤其我国的学生很多是独生子女，缺少形成合作意识的氛围，而合作学习无疑是这种能力培养的最佳途径。合作学习具有明确的导向，通常是以小组为单位。要想完成学习任务或取得优异成绩，组员就必须精诚合作，相互依赖和帮助，将个人融入小组团队中，一切以团队利益为出发点。并学会与别人积极交流、友好相处，学会处理问题，学会接受建设性批评意见，学会妥协和谈判，学会正确的社交行为和社交技能。

合作学习是以学生互动为基本形式的学习活动，组内成员为了实现一个共同的学习目标而展开互动。在互动与合作过程中，学生增强了交往，形成了初步的社交能力。小组合作学习是同学之间互教互学、彼此交流知识的过程，也是互爱互助、相互沟通情感的过程。经过长时间的合作学习培养，能较好地促进学生沟通、协调等交往能力的提高，其学习的合作能力也会大大提高。

(2) 平等竞争

合作学习一般采用组内异质、组间同质的方式。组内异质是指将不同学习能力、学习兴趣、性别、个性的学生分配在同一组内，使其成员之间具有一定的互补性。大家可以相互启发、补充，学生之间的关系会更平等、更民主，更有利于创建民主平等的良好班集体。

组间同质是指各小组之间学生的水平大体相当，以保证各小组之间展开公平竞争。合作学习将整个班级分为若干个小组，在问题的讨论与解决过程中，组与组之间不可避免地存在着竞争。在这一过程中，学生的竞争意识会逐渐增强。班级可以看作是社会的一个小缩影，在这个小社会中培养出的竞争意识，能促使学生成为具有较强的上进心和民主意识、能够进行良性竞争和适应未来社会发展需要的人才。

(3) 主动与创新

合作学习能使学生把被动学习变为主动参加。在教学中，教师放手让学生开展合作学习。学生通常能主动参与学习和讨论，在小组合作讨论中，或多或少都会得到一些结论。由于有了自己的前期参与和思考，即使没有完全解决问题，教师再稍加点拨，学生也会对方法、结论留下深刻的印象。

在合作学习过程中，由于学生的学习能力、学习兴趣、知识面宽度都不一致，学生间、师生间的互相启发、相互讨论，都可能出现一些新的视角，提出一些值得争论的问题，或导向一个新的领域。这样一个知识不断生成、不断建构、具有创造性的过程，或是伴随着喜悦与感动的探究发现过程，或是伴随着惊异的问题解决过程，能较好地释放学生的创造力，培养学生的创新意识，发展学生的创新能力。

在合作学习的过程中，学生在组内真诚地合作，组间公平竞争，在合作与竞争过程中逐步完善人格，养成良好的心理素质。

3. 合作学习的运用

合作学习是一种结构化的、系统的学习策略，要使合作学习能够切实有效地开展，教师在小学数学课堂教学中实施合作学习时需注意以下几点：

(1) 组长是决定小组合作学习成败的关键

一个有良好自律精神、组织管理和决策能力的组长才能带动全组同学共同参与、团结互助、积极向上。

老师要定期(每周或每月)对小组长进行培训，激发他们的责任感和使命感，培养他们清晰表达观点、耐心帮助组员、合理安排和正确处理事情的能力，帮助他们端正思想，严于律己，以身示范，树立良好的形象和威信。

(2) 要求细化是提高合作学习效率的保障

每次开展合作学习前，老师都应该将合作学习要求细化，尽量做到事事有人做，人人有事做，帮助学生明确先做什么，再做什么，弄清要求与目标后再开展合作学习。只有这样才能避免部分学生在合作学习时无所事事，或者像无头苍蝇一样乱窜。

任何合作学习都要留给学生一定独立思考的时间，要在个人独立思考的基础上才能进行合作交流。没有个人独立思考，合作学习犹如水中浮萍，是没有价值的。

(3) 讨论汇报要有一定的仪式或规范

各小组在全班汇报时要做到：应代表本组共同观点(用“我们组认为……”等句式)；别组汇报时要仔细听；有不同想法要举手；别组说过的不能重复。

在学生进行合作学习时，教师要以合作者的身份参与学生的合作学习，在平等合作的过程中适时进行指导。合作学习任务完成后，教师要多角度及时评价各小组合作学习的情况，如：① 小组学习目标完成得如何；② 在学习中互相帮助怎么样；③ 在小组中的协作精神和学习态度好不好；④ 下次怎样做得更好等。还要对小组在学习中获得的成功进行认可和肯定，帮助学生通过自我反思和不断完善，逐步提高学生合作学习的效率。

应该指出的是，合作学习不是万能的，教师要选择合适的内容，并与有意义的接受学习、自主学习等学习方式有机地结合起来，让学生在数学学习中实现自主探究与合作交流的有机结合，增强学生的合作意识，促进学生健全人格的发展。

(四) 探究学习

1. 探究学习的含义

探究学习是由美国芝加哥大学教授施瓦布于 1961 年在哈佛大学所作的报告《作为探究的科学教学》中首次提出的，指学生在主动参与的前提下，根据自己的猜想或假设，在科学理论指导下，运用科学的方法对问题进行研究，在研究过程中获得创新实践能力和思维发展，自主构建知识体系的一种学习方式。

在探究学习中，教师不会把现成结论告诉学生，而是创设恰当的问题情境，让学生在教师的指导下通过探究活动生成知识，通过亲身活动发现答案。

探究性学习有利于发展学生的主体性，有利于学生自主地学习个性发展所需要的知识，有利于培养学生的可持续发展的能力，使学生学会学习，学会解决问题，进而培养学生的社会责任感和创造精神等终身学习社会所必需的品质。

案例1-7《测量不规则物体的体积》中，学生首先尝试测量一个土豆的体积。学生初战告捷，较轻松地测量出了土豆的体积；接着探究测量出一个橘子的体积。当学生完成实验，兴奋地交流方法、享受成功的喜悦时，教师顺势提出如何测量出一粒黄豆的体积？当成功的喜悦荡漾在学生脸上时，教师乘胜追击，提出：怎样计算一块海绵的体积呢？下课铃响了，学生还沉浸在问题探究中……

教师通过多次设疑启发，引导学生在测量不规则形体体积的过程中体验数学学习的探索性和挑战性及解决问题策略的多样性，锻炼学生克服困难的意志，初步形成一些解决问题的策略，有效发展学生的探究精神和数学思维能力。

2. 探究学习的显著特征

探究学习也是发现学习的一种形式，是一种以学生独立探索发现为基本特征的学习方式，与接受学习的概念相对，是学生自己主动发现问题、探究问题并解决问题的一种学习过程。主要具有以下特征：

（1）问题性。探究学习是让学生在探究数学问题的过程中全面经历数学知识的形成过程，了解数学知识是怎么得来的。其学习从问题或任务出发，学习内容是一些有待探究、有待解决的问题状态，学习活动所追求的目标是解决这些问题。

（2）实践性。一方面学习的内容大都是一些与生活实际有密切联系的问题情境，另一方面学习过程通常反映为学生的实验、探究等实践活动，在这些实践活动中，学生作为一个探索者深入探究发现问题，寻求解决问题的方法和途径，有利于学生更好地理解所学的数学知识，有利于学生问题解决能力、探索精神和创新意识的培养与发展。如有关圆周率的内容，教师引导学生用探究的方法寻找圆的周长与直径的关系，学生就能更深刻地理解圆周率的含义，同时培养探究意识、发展探究实践能力。

（3）开放性。探究学习鼓励发散性和创造性思维，强调高阶思维技巧。主要体现在学习内容题材的广泛性、解决问题方法的多样性和一些问题答案的不唯一性、学习思维和知识建构的深度发展等方面。在探究学习中，学生往往运用多种多样的方式如图形、图表等组织和整理获得的数据，再进行分析、综合和评价。在此过程中，学生不仅能获得知识，更重要的还能培养其探究和创新能力。学生的能力培养和知识获得相得益彰，增加良好的数学学习情感体验。

3. 探究学习的运用

小学数学学习为学生的探究提供了广阔的空间，其中许多规律、公式等知识可以让学生通过实验、操作等活动去探究发现。根据学生的年龄特点、认知水平和探究学习的特点，教师在小学数学探究学习中需做到以下几点：

（1）选择合适的主题

受学习内容和学生认知水平的局限，特别是那些难度比较大的全新数学知识，单靠学生的独立探究是难以解决问题的；一些科学技术中的规定，也没有自主探究的余地。

如：让学生自主探究“为什么1 cm=10 mm”是很不恰当的。对于规定的东西，主要是用讲解法结合谈话法教学。又如:圆周率、平行四边形与三角形面积计算公式、正比例与反比例关系等内容可以运用探究学习让学生主动获取知识。学生不仅能获得更多的科学知识,而且还能亲身发展科学知识,同时能更好地理解科学的本质。

教师要帮助学生确立好适合探究的主题,让学生一开始就明确自己的探究任务。比如:让学生用探究的方式学习平行四边形面积,一开始就应让学生明确自己探究的主题是平行四边形面积计算的一般方法,以便整个探究学习的过程都能够紧紧围绕这一主题展开。

(2) 创设恰当的情境

教师要为学生探究学习创设恰当的问题情境,激发学生的探究欲望。问题创设的途径是多方面的,可以通过游戏、故事情境、生活情境、多媒体动画展示等方式创设问题情境。

(3) 给予适当的指导

探究学习的主体是学生,但必须遵循科学的研究方法,因此,探究学习离不开教师指导。教师既要鼓励学生自主发现问题和解决问题,同时又要对学生的探究过程给予必要的指导和帮助。教师的指导和帮助主要体现在情境创设、问题点拨与提示等方面。

虽然在小学数学教学中,探究学习有着其他学习方式无法取代的优势,但它不是万能的,也有一定的局限性。探究学习往往费时较多,就数学知识的掌握而言,学习效率较低。教师在小学数学教学中,应与其他学习方式,特别是有意义的接受学习、自主学习和合作学习等方式紧密配合。

要特别提出的是,没有哪一种学习方式绝对好,也没有哪一种学习方式绝对差。新课程倡导的有意义的接受学习、自主学习、合作学习和探究学习这四种小学生数学学习方式不是孤立的,也不是对立的,它们常常在同一节课的学习中并存。

《课标(2011 版)》指出:“教学活动是师生积极参与、交往互动、共同发展的过程。有效的教学活动是学生学与教师教的统一,学生是学习的主体,教师是学习的组织者、引导者和合作者。”教学中,教师要扮演好组织者、引导者和合作者的角色,根据课标要求、不同的学习内容和学生实际,引导学生选择合适的学习方式开展小学数学学习,提高学习效率,促进学生全面发展。

实践与反思

实　践	反　思
1. 选取你最感兴趣的一个案例开展实训,并请同伴进行评价。	1. 小学数学学习方式有哪几种?你认为哪一种最有效?为什么?
2. 案例 1-6 中,教师设计的三个问题有什么意义和作用?	
3. 案例 1-7 中,学生是如何学习不规则物体的测量的?	2. 什么是探究学习?它有什么特点?在小学数学教学中如何运用?

第三节　数学知识的学习过程

小学数学学习按照学习的内容划分，可以分为数学知识的学习、数学技能的学习和数学问题解决的学习。

数学知识是数学学习的基础，也是数学学习的重点内容之一。它包括数学概念和数学规则。数学知识的学习有着一定的过程，具有一定的规律，需要我们去了解和研究。

一、数学概念的学习

（一）数学概念的定义

概念是人类思维的基本单位，是其他思维形式的基础。任何一门学科，都需要引用一些概念。这些概念的理解掌握程度通常直接决定能否学好这门学科。

1. 属性和概念

在客观世界中，每一个事物都有许多性质（如形状、颜色等）。一个事物与其他事物之间都存在各种各样的关系（如大小关系、位置关系）。性质和关系统称属性。

在一类事物具有的属性中，有些是这一类事物都具有、而别的事物都不具有的属性，叫作这类事物的特有属性。有些仅仅是某些事物所具有的、而不是这类事物都具有的属性，叫作这类事物的偶有属性。如："四个角都是直角""四条边相等"是正方形的特有属性，却只是平行四边形的偶有属性。

一类事物的特有属性反映在人们的思维中，就形成了关于这类事物的概念。概念是人们在实践过程中，从感性认识的基础上升到理性认识逐步形成的。

数学概念是一类事物的数量关系和空间形式方面的本质属性在人脑中的反映。常用一个符号或词语表示，比如角、长方体等。它是数学基础知识的"细胞"。

2. 概念的外延与内涵

概念的外延与内涵是概念的两个基本逻辑特征。概念所反映的事物的集合叫作这个概念的外延；概念所反映的一类事物的本质属性的集合叫作这个概念的内涵。

如："两位数"的外延是自然数 10，11，12，13，…，99 共 90 个数；"两位数"的内涵是以下两项本质属性的集合：① 是自然数；② 有两个数位。

一般来说，一个概念的外延包括具有这个概念内涵中包含的全部属性的所有事物，并且也只有这样的事物被包括在这个概念的外延中。

3. 概念的分类

根据不同的标准，可以对概念进行分类。研究概念的这些种类，有助于我们厘清概念的外延与内涵，从而准确地使用概念。

根据外延的多少可以分为只包含一个事物的单独概念、包含一个以上事物的普遍概念和不包含任何事物的空概念。

根据是否从整体上反映一个集合可以分为集合概念和非集合概念。

如："自然数集"是从整体上反映一个集合体的概念，是一个集合概念，而"自然数"是一个非集合概念。因此，我们可以说"5 是自然数"，但不能说"5 是自然数集"。

4. 概念间的关系

概念学习不但要明确其内涵与外延，还要了解它和其他概念之间的关系。两个概念间的关系，可以从外延方面或内涵方面来讨论。如果从外延方面讨论两个非空概念间的关系，主要分为以下两类关系：

(1) 相容关系

如果两个概念的外延中有共同的元素，那么这两个概念间的关系就是相容关系。相容关系又可细分为属种关系、同一关系和交叉关系三类。

① 属种关系

如果一个概念的外延包含另一个概念的外延但又不完全相同，那么这两个概念间的关系叫作属种关系。其中，外延较大的概念叫作属概念，外延较小的叫作种概念。属种关系反映了客观事物之间的一般和特殊的关系。如四边形、平行四边形、长方形和正方形，它们之间存在属种关系，其中平行四边形是长方形和正方形的属概念，又是四边形的种概念。

从四边形→平行四边形→长方形→正方形，内涵依次加深，但外延则相应地变窄了。一般来说，几个有属种关系的概念，外延越广，则内涵越浅；外延越窄，则内涵越深。这个关系通常被称为外延与内涵的反变律。

② 同一关系

如果两个概念的外延是同一个集合，那么这两个概念的关系叫作同一关系。这两个概念叫作同义概念。比如：正三角形和等边三角形、矩形和长方形、正方形和正四边形、质数和素数等都分别是同一关系。

③ 交叉关系

如果在两个概念中，每个概念的外延都只有一部分元素属于另一个概念外延，那么这两个概念的关系叫作交叉关系。比如：质数和偶数、合数和奇数、等腰三角形和直角三角形、长方形和菱形、平行四边形和轴对称图形等都是交叉关系。

两个交叉概念的公共部分所包含的元素，同时具有这两个概念的内涵的一切属性。

(2) 不相容关系

如果两个概念的外延中没有共同的元素，那么这两个概念的关系就是不相容关系。如平行四边形和梯形。不相容关系可细分为矛盾关系和反对关系两类。

① 矛盾关系

如果两个概念间的外延互相排斥，并且它们的和就是相近的属概念的外延，那么这两个概念的关系叫作矛盾关系。如奇数和偶数、等腰三角形与不等边三角形、有限小数和无限小数等都是矛盾关系，它们之间是非此即彼的关系。

② 反对关系

如果两个概念的外延互相排斥，并且它们的和是邻近的属概念的外延的真子集，那么这两个概念间的关系叫作反对关系。如质数与合数、真分数和假分数、平行四边形和梯形等都是反对关系。它们的外延虽然也互相排斥，但它们之间还存在其他的中间概念。

两个不相容概念是矛盾关系还是反对关系，主要取决于所选择的邻近属概念。如质数和合数，对“正整数”这个属概念来说，它们是反对关系；但对于“大于 1 的正整数”这个属概念来说，它们又是矛盾关系。

为了正确运用概念，做出判断，进行推理，必须弄清概念间的关系。

5. **概念的划分**

当概念所反映的事物较多(外延较广)时，往往需按某种标准将这些事物分为几类，分门别类地对它们做进一步的研究，这就是概念的划分。概念划分是从外延方面明确概念的逻辑方法，即将一个属概念划分为几个种概念。

划分有三个要素：母项、子项、划分依据。母项是被划分的概念；子项是划分所得的概念；划分依据是指划分得以进行的标准。如根据“约数的个数”这一标准可以将母项“正整数”划分为“质数”“合数”和“1”这三个子项。

根据事物的某一本质属性进行的划分叫作分类。根据不同的实际需要，可以按照不同的标准对同一个概念做出几种不同的分类。二分法是划分概念的一种常见方法，即按照对象有无某种属性作为标准，将属概念划分为两个种概念。

概念划分时必须遵守以下规则：① 每次划分只能根据一个标准；② 子项必须互相排斥(不相容)；③ 各子项外延和等于母项的外延；④ 划分不能越级。母项和子项必须具有邻近的属种关系。

如：有人将三角形按边分为等边三角形、等腰三角形和不等边三角形三类。因为等边三角形是特殊的等腰三角形，所以这种分法就是错的。三角形根据“有无两条边相等”，可以分为等腰三角形和不等边三角形这两类；还可以根据“所含最大角是否大于、小于或等于 90°”，分为钝角三角形、锐角三角形和直角三角形这三类。

(二) 数学概念的表现形式

数学概念是抽象的，而小学生的学习必须带有具体形象性。因此，在小学数学教材中，数学概念一般是通过下面四种形式呈现的。

1. **用图画的形式表现**

在小学低、中年级，为了使学生具体地认识数学概念，许多概念都是以物体、图画的形式来表现。

如二年级角的概念是用图画的形式表现的(见图 1 - 2)：教材先出示日常生活中经常看到的各种包含了角的实物图，再用纸折成大小不同的角，运用图画揭示它们共同的形状特征，明确角有 1 个顶点和两条边。

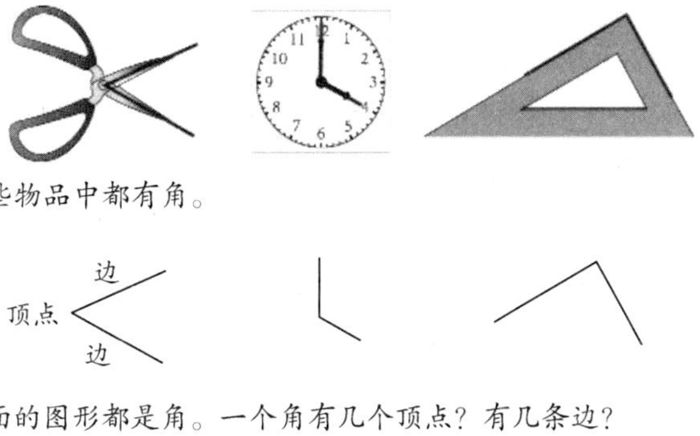

图 1－2　角的初步认识

2. 用描述的方法借助具体事例说明

一些概念的定义很抽象，小学生很难理解和掌握，必须用描述的方法来表述，一般采用“像……这样的……叫作……”的叙述方法。

如三年级“小数的初步认识”就是用描述的方法借助具体事例说明的（见图 1－3）：教材先呈现生活中各种不同场合出现的小数，再说明描述：“像 3.15，0.50，1.06，6.66 等这样的数都是小数。”又如：“面积”也是用描述的方法来说明（见图 1－4）：教师先呈现描述黑板面和课本封面面积的方法，接着让学生“摸摸课桌面和椅子面，比比哪一个面积比较大，哪一个面积比较小。”并要求学生指出一些物体的面并比较它们的面积。

图 1－3　小数的初步认识

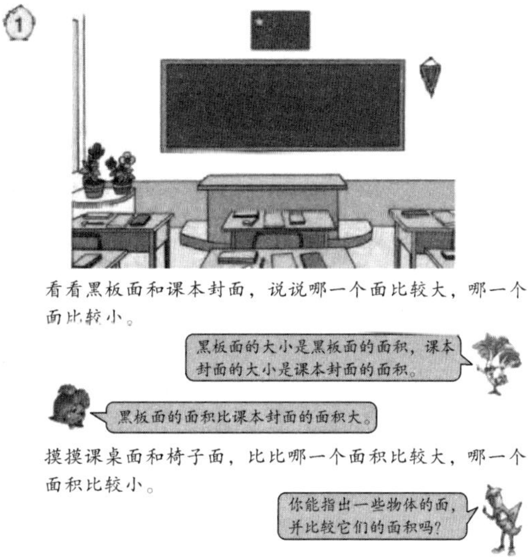

图 1－4　面积的认识

3. 用逐步渗透的方法来揭示

逐步渗透就是让学生在不同场合、不同阶段多次接触概念所反映的一些对象，并逐步揭示概念的本质属性。如角、分数、小数的认识等都是分阶段逐步进行的。角是在二年级先让学生有一个初步认识，到了四年级当学生的感性认识达到一定程度时，再逐步揭示角的内涵；分数是在三年级先初步认识，五年级才深入学习分数的意义；小数是三年级先初步认识，四年级再深入学习小数的意义。这也体现了小学数学教学内容的编排要遵循“由浅入深、循序渐进、适当分段、螺旋上升”的原则。

小学数学是中学数学的基础，小学数学中一些直观描述的概念或者没有定义的概念，到中学阶段会逐步得到定义或者得到扩充和发展，比如：圆、长方体、柱体等在小学都只是通过实物、图画等形象地描述了它们的特征，并没有以定义的形式揭示概念的本质属性，而到了中学就会给出较为严密的定义。

4. 用定义的形式来揭示

用定义的形式来揭示概念的本质属性，其中主要包含属加种差定义、发生定义、约定式定义三种方式。

(1) 属加种差定义

它是数学中常用的一种定义方式，这种定义可用“种差＋邻近的属概念＝被定义概念”的公式表示。如平行四边形就是用属加种差形式定义的(见图 1－5)：“平行四边形”是被定义概念，“四边形”是与它邻近的属概念，“两组对边分别平行”是种差。

研究一下，平行四边形的边有什么特点。

两组对边分别平行的四边形，叫作**平行四边形**。

图 1－5　平行四边形的认识

(2) 发生定义

它指出了概念特定的发生或形成的过程。如：垂直的概念就是用发生定义(见图 1－6)：在两条直线相交成直角时才有互相垂直。

两条直线相交成直角，就说这两条直线**互相垂直**，其中一条直线叫作另一条直线的**垂线**，这两条直线的交点叫作**垂足**。

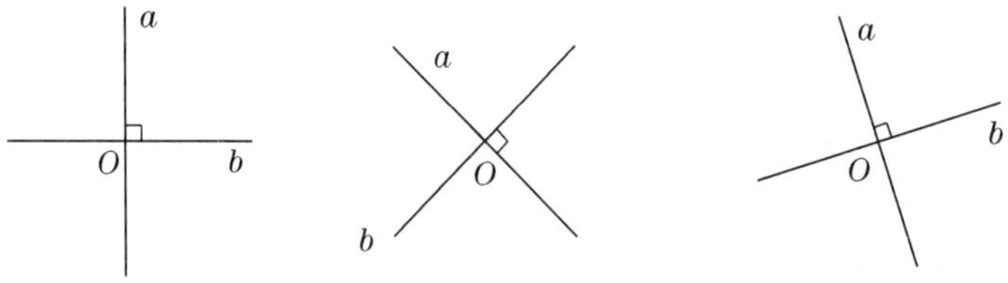

上图中直线 a 与 b 互相垂直，记作 $a\perp b$，读作 a 垂直于 b。

图 1－6　垂直的认识

（3）约定式定义

它是根据某种需要，通过约定的方式规定新出现的词（符号）或词组的意义。如：因数与倍数是用约定式定义来揭示的（见图 1－7）：约定是在“整数除法”中，如果“商是整数而没有余数”，才说被除数是除数和商的“倍数”，除数和商是被除数的“因数”。

在整数除法中，如果商是整数而没有余数，我们就说被除数是除数和商的**倍数**，除数和商是被除数的**因数**。例如，12÷2＝6，我们就说 12 是 2 和 6 的倍数，2 和 6 是 12 的因数。

说一说第一类的每个算式中，谁是谁的因数？谁是谁的倍数？

因数与倍数是相互依存的。

注意：为了方便，在研究因数和倍数时，我们所说的数指的是整数（一般不包括 0）。

图 1－7　因数与倍数的认识

明确数学概念是学好数学知识的关键，也是提高数学能力的前提。小学数学中的概念，虽然表现的形式很多，但由于数学概念通常比较抽象，而小学生的思维以形象思维为主，因此许多概念没有严格定义。在教学实践中我们要从学生所了解的实际事例或已有的知识经验出发，注意概念教学直观性和阶段性，通过直观的具体形象，帮助学生认识数学概念的本质属性。对于不容易理解的概念，就暂不给出定义或者采用分阶段逐步渗透的方法。

（三）数学概念的学习形式

概念的学习过程，就是对事物的本质属性进行抽象概括的过程，也就是舍弃事物非本质属性的过程。因此，概念学习是学生对同类事物的本质属性与非本质属性不断辨别的过程。一般分为概念形成和概念同化两种形式。

1. 概念形成

概念形成是指从具体事例出发，从学生实际经验的肯定例证中，抽象、概括出一类事物的本质属性。如：长方形、长方体、因数和倍数等概念都是通过概念形成的方式学习的。

以因数和倍数为例，其学习过程大致包含五个环节：① 提供具体的例子，让学生观察、分析、比较，发现第一类算式的相同之处。② 从学生熟悉的肯定例证中抽象、概括、归纳出共同属性：都是整数除法、商是整数且没有余数。③ 教师说明什么是因数和倍数，明确其内涵。④ 学生举例说明哪些是因数和倍数，明确概念的外延。⑤ 和以前学的因数、倍数对比，有什么区别？通过新旧知识的联系，扩大学生原有的认知结构。

由此可见，概念的形成，学生必须能辨别概念的正反例证，其中正例可突出有关特征，反例则能有效地排除无关特征的干扰；学生还必须从外界获得反馈信息，教师必须对学生所提出的概念特征的假设作出正确的反应。

在概念形成的过程中，学生的观察、操作非常重要，但数学学习中学生观察操作的对象通常是研究对象的替代物而非研究的对象本身。如,学生观察操作“10”,无法去直接观察、操作“10”,只能操作1捆小棒,10本书等一些“10”的替代物。

2. 概念同化

概念同化是指利用学生已有的知识、经验,以定义的方式直接揭示概念的本质属性。比如:直角、质数与合数等概念都是通过概念同化的方式来学习的。

以质数与合数为例,其学习过程大致包含四个环节:① 根据因数的个数将10以内的整数进行分类。② 将新概念分化出来,分别给出质数与合数的定义,明确其内涵(质数,只有1和本身两个因数;合数,除1和本身外还有别的因数)。③ 判断或举例说明哪些是质数或合数,明确概念的外延。④ 思考与前面学习的因数、倍数有什么联系?通过新旧知识的联系,扩大学生原有的认知结构。

由此可见,概念同化的内部条件是,学生认知结构中有同化新概念的有关知识。这些知识越巩固、越清晰,则新概念的同化越容易。概念同化的外部条件是,必须把原有的有关概念精确分化。

3. 概念形成和概念同化的异同

比较概念形成和概念同化的一般过程(见图1-8),可以发现,它们在得出概念的内涵后,都需要明确概念的外延,明确新旧关系,扩展或改组认知结构。

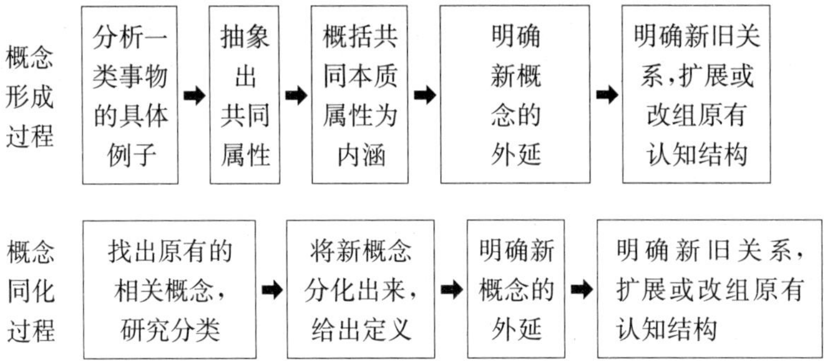

图1-8　概念的形成和同化学习过程比较

对比获得概念的两种形式:在概念形成的学习过程中,学生必须能辨别概念的正反例证,教师必须及时引导,主要依靠对具体事物的抽象概括,它接近于人类自发形成概念的方法;在概念同化的学习过程中,学生必须有同化新概念的有关知识并能精确分化,主要依靠新旧知识的联系,它是具有一定心理水平的人在已有概念的基础上学习新概念的主要方式。

在小学,特别是低年级的数学学习中,由于概念积累不多,认知水平又低,所以他们对数学概念的学习较多的是按概念形成的方式进行。随着学生年龄的增长、知识的增多和认知结构的不断发展,概念同化便逐渐成为学生获得数学概念的主要方式之一。同时,不论使用的是哪一种概念学习的方式,都要求学生将自己原有的知识与新呈现的材料在头脑里发生积极的相互作用,将外部提供的材料转化为自己的认知内容。因此，这两种方式都是有意义的学习，而且在概念的实际学习过程中，这两种方式往往是结合使用的。

（四）数学概念学习的注意事项

概念教学是数学学习的基础，在小学数学学习中占有十分重要的地位。在教学时要注意以下几个问题：

1. 注意选择学习新概念的感性材料和经验

学生学习数学概念，离不开足够数量的感性材料或经验的支持。这些感性材料或经验如果太少，学生很难获得概念的丰富表象，也难以区分其本质属性和非本质属性；材料或经验如果太多，则可能影响课堂学习效率。因此，这些感性材料或经验的数量一般控制在 6 个左右比较适宜。

要选用能反映本质属性的典型材料。概念的本质属性越明显、越突出，就越有利于学生对概念的理解和掌握。感性材料的表现形式对数学概念的学习和掌握也有重要影响。材料的表现形式要多样，适当提供一些变式材料，以便学生深入理解概念。

2. 注意概念教学的阶段性和连贯性

由于小学生的认知特点，教材中很多数学概念采取螺旋式的分阶段编排。如：分数的意义、小数的意义、旋转等，通常都不能一次完成，需要有逐步深入的过程。因此，教师要充分领会教材的编排意图，一方面要注意教学的阶段性，防止教学的“不到位”与“越位”；另一方面又要注意教学的连贯性，前一阶段的教学要为后一阶段作准备，后一阶段的教学应在前一阶段的基础上有所发展，使学生的认识逐步深入，但教材中还有些概念的教学又必须一气呵成，例如“轴对称图形”的概念。定义“轴对称图形”离不开对称轴，把它们安排在两个不同的年级教学是不行的，必须一次到位。

在教学实践中，我们要根据不同要求或逐步发展或一气呵成，帮助学生更好地理解概念。

3. 帮助学生形成概念系统

只有当学生认识了一个概念与其他概念的相互联系以及它在知识体系中所处的地位，才能比较全面、深刻地理解概念。只有系统化、结构化的知识才具有良好的抗遗忘作用，帮助学生逐步建立概念系统，这是数学概念教学的重要任务。

在教学中常用以下三种方法帮助学生建立概念系统：一是运用分类法表示概念外延间的关系；二是运用增加内涵的方法表示概念间的属种关系；三是用欧拉图表示概念外延间的关系。

4. 注意培养学生的思维能力

发展学生的思维能力，是数学教学的基本任务，应始终贯穿于学生数学学习的过程。在概念教学过程中，教师要引导学生在观察的基础上分析、综合、比较、抽象、概括，获得概念，进而运用概念进行判断、推理，发展并提升学生的思维能力。

二、数学规则的学习

数学学习的大部分内容是由数学规则组成的。数学规则的学习是数学技能形成的前提。

（一）数学规则学习的定义

数学规则是两个或两个以上数学概念之间固有关系的叙述，通常以经过严格论证的数学命题的形式呈现。小学的数学规则学习主要是运算性质、运算法则、计算公式的学习。

（二）新旧规则之间的关系

规则学习的关键是获得数学概念之间关系的理解，而数学概念之间关系的理解又依赖于新规则与原有的认知结构中有关知识的联系。新规则和原有认知结构中已有知识之间的关系，可以分为以下三种：

1. 下位关系

如果新规则在层次上低于原有认知结构中的有关知识，那么，新规则和原有的认知结构中的有关知识就构成下位关系。

学习时将新规则直接纳入原有的认知结构中，充实原有的认知结构，这样的学习叫作下位学习。比如：学习了长方形的面积计算后，再学习正方形的面积，就是下位学习。由于下位学习是直接从原有认知结构中处于概括水平较高的有关知识中分化出来的，因此这类学习比较容易，一般采用同化的作用方式。

2. 上位关系

如果新规则在层次上高于原认知结构中的有关知识，那么，新规则和原有的认知结构中的有关知识就构成上位关系。

学习时需要通过对已有知识的归纳、综合与概括，将原有的认知结构扩展改变为新的认知结构，这样的学习叫作上位学习。如学习了长方形的面积计算后，再学习平行四边形的面积，就是上位学习。由于上位学习必须通过改造原有的认知结构才能完成，因此它比下位学习更困难，一般采用顺应的作用方式。

3. 并列关系

如果新规则与原认知结构中的有关知识有一定联系，但既不处于下位，也不处于上位，那么，称它们为并列关系。

学习的关键在于寻找这种联系，需要通过联想类比，建立前后规则间的关系，获得新知识，这样的学习叫作并列学习。如学生学习了整数除法中商不变的性质之后，再学习分数的基本性质和比的基本性质，就是并列学习。

由于并列学习是通过类比建立前后规则间的关系，让学生获得新知识，因此它一般采用类比的作用方式。

（三）数学规则学习的基本形式

小学数学规则学习有例-规法和规-例法这两种基本形式。

1. **例-规法**

指先呈现规则的若干肯定例证，然后从例证中概括出一般结论，从而获得规则的方法。小学数学学习中，大多数规则的学习都采用这种形式。

在《长方形面积计算公式》（图 1－9）的学习中，教师引导学生先通过用边长为 1 厘米的正方形拼摆，铺满长 3 厘米、宽 2 厘米的长方形，得出该长方形的面积；再通过用边长为 1 厘米的正方形去拼摆不同的长方形，在操作中观察发现长方形的长和宽与面积之间的关系，得出长方形的面积计算方法。

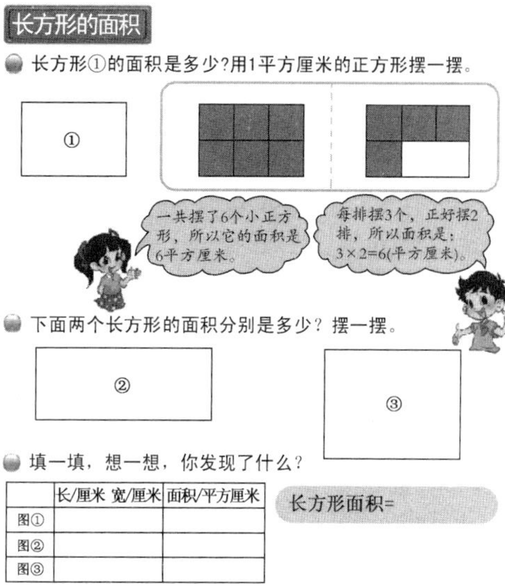

图 1－9　长方形面积计算公式

2. **规-例法**

指先推导出要学习的规则，然后用实例说明运用规则的方法。

在《正方形面积公式》（图 1－10）的学习，就是引出"正方形是特殊的长方形"，将长方形面积公式应用于正方形面积计算，推导出它的面积公式，然后举例说明公式的应用。

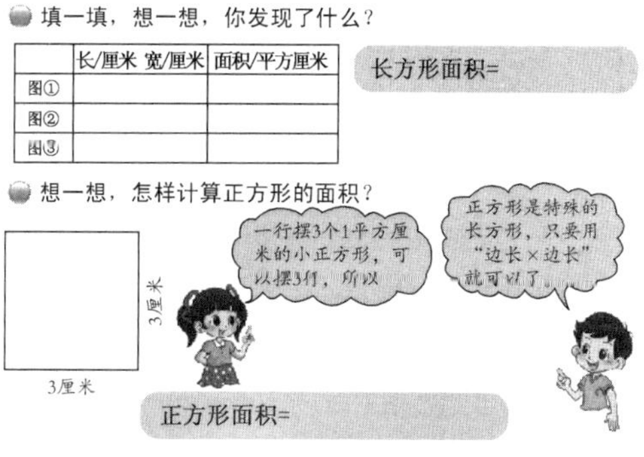

图 1－10　正方形面积计算公式

3. **例-规法和规-例法的对比**

对比例-规法和规-例法的学习过程，我们会发现：例-规法的学习属于上位学习，是一种引导发现学习。其认知过程与概念形成的过程相似，都需要辨别和概括。

规-例法的学习一般属于下位学习，其认知过程与概念同化的过程相似。学生必须已经掌握上位规则，新规则被纳入原有的认知结构后，进一步发展原有的认知结构。

数学规则学习的这两种基本形式在数学学习中并不是独立存在的，有时是相互联系和相互依存的。往往是运用例-规法学习新的规则，然后运用规-例法进行练习。

（四）数学规则学习的注意事项

数学规则的学习应注意以下问题：

（1）要与已掌握的知识联系，把新规则纳入原有认知结构。这种充实了的认知结构又会促进学生对新规则的理解。

（2）弄清新规则的形成过程。规则的学习过程是一个积极思维的过程。真正理解规则，对于促进认知结构的发展，有着重要的意义。

（3）通过规则的系统化，完善学生的认知结构。教师必须重视规则的系统化，帮助学生沟通规则之间的联系，通过规则的系统化，完善学生的认知结构。

实践与反思

实　践	反　思
1. 选取你最感兴趣的一个案例开展实训，并请同伴进行评价。 2. 观看“因数和倍数”的教学视频，归纳学生学习概念的大致过程。	1. 小学数学概念学习有哪几种形式？分别需要什么条件？
3. 查找“长方形面积计算”的教学视频，观察学生是如何学习长方形面积的计算的？	2. 什么是数学规则学习？两个新旧规则之间存在哪些关系？各有什么特点？

第四节　数学技能的学习过程

数学技能与数学知识和数学能力有着密切的联系。数学技能有助于学生对数学知识的理解和掌握，有助于学生数学能力的发展，有助于数学问题的解决和调动学习积极性。

技能是顺利完成某种任务的一种操作或心智活动方式，它是通过有目的、有计划的练习而形成的。数学技能通常表现为完成某种数学活动时一系列动作的协调和活动方式的自动化。比如：学生的四则运算技能，就是学生在掌握其运算法则的基础上通过多次练习而形成的。

根据小学数学技能本身的性质和特点，可以分为心智技能（智力技能）和操作技能（动作技能）两种类型。

数学心智技能和数学操作技能既有区别又有联系。在完成复杂的动作时，人总是手脑并用，既需要操作技能也需要心智技能，它们相互影响，相辅相成。一般来说，心智技能的形成与操作技能有关，而操作技能又受心智技能控制，并且两者相互转化。

一、心智技能的学习

（一）数学心智技能的定义

心智技能是顺利完成数学任务的心智活动方式，是一种借助内部言语进行的认知活动，包括感知、记忆、思维和想象等心理成分，并且以思维为主要成分。它是从外部物质活动内化到内部心智活动的转化过程。

小学数学技能学习中，最主要的是心智技能的学习。如口算、估算、笔算、解方程等活动中形成的技能更多的是一些数学心智技能。

（二）数学心智技能的学习过程

数学心智技能的形成过程是一个从外部的物质活动到内部心智活动的转化过程，即内化的过程。数学心智技能学习的过程一般分为以下四个阶段：

1. **认知阶段**

这一阶段主要是让学生了解并记住与技能有关的知识，形成表象，了解活动的过程和结果。

如案例1-8《9加几》的学习中，教师通常会引导学生先独立思考、操作、尝试计算，在学生汇报各自的算法后进行优化，引导学生理解“凑十法”的算理，了解计算方法(9加几，凑大数分小数；凑成十，剩余几是十几)。

这是学习概念、规则的认知阶段，这一阶段的关键是理解。学生必须理解并记住这个法则后才能进入下一阶段的学习。如果学生没有理解，一般很难记忆和应用计算法则，也就很难形成与此有关的技能。

2. **示范、模仿阶段**

这一阶段学生把头脑里初步建立起来的活动程序以外显的操作方式付诸行动。

如学生在理解如何用“凑十法”计算“9加几”的法则后，教师举例示范，边讲边做，在言语指导的同时用图示呈现运算过程。学生模仿尝试用“凑十法”计算“9加几”的运算。

这是学生应用概念、规则的阶段，这一阶段的关键在于动手、模仿。学生通过动手或模仿，强化活动或操作程序，为进入下一阶段的学习做好过渡。

3. **有意识的言语阶段**

这一阶段学生离开了外部物质和物质化的客体而逐步转向头脑活动。学生不用模仿，自己就能边说边做。

如学生在模仿尝试用“凑十法”计算“9加几”的运算后可以一边念念有词地说着计算法则，一边按法则一步步地进行计算。在这一过程中，学生将教师的言语指导转化成自己的语言，自觉地根据法则进行运算。这是内化概念、规则的阶段，这一阶段的关键在于思考、内化。

4. **无意识的内部言语阶段**

这一阶段学生智力活动过程有了高度压缩和简化，整个活动过程达到了完全自动化水平，无须去记忆规则，无须去注意活动的操作规则就能比较流畅地完成其操作程序。

如学生计算“9+6”，无须去回忆凑十的过程和方法，就能直接说出15。整个计算过程完全是一种流畅的自动化演算过程。这是升华概念、规则的阶段，这一阶段学生对于技能所涉及的数学活动达到了熟练的程度。

二、数学操作技能及其学习过程

(一) 数学操作技能的定义

数学操作技能是指实现数学任务的外部操作活动方式，是通过学习而形成的顺利完成某种复杂的数学操作活动的能力。它是由各个局部动作按一定的程序连贯而成的，是一种动作经验。

操作技能是一种外显的操作活动方式。如画角、量角、画圆、测量物体的长度、绘制路线图、利用圆设计图案等活动中所形成的技能就是数学操作技能。它需要经过反复练习。

一旦熟练，则具有高度的稳定性，可以达到自动化的程度。

（二）数学操作技能的学习过程

数学操作技能需要经过反复练习。一旦熟练，则具有高度的稳定性，可以达到自动化的程度。数学操作技能的学习过程大致分为以下四个阶段：

1. 动作的定向阶段

这一阶段主要是学生头脑里建立起完成某项数学操作活动的定向映像。包括明确学习目标、了解与数学技能有关的知识、知道技能的操作程序和动作要领以及活动的最后结果等内容，也就是主要了解“做什么”和“怎么做”两方面的内容。

如在案例 1－9《角的测量》学习中，通过新课导入，学生明确学习目标是认识量角器，知道用量角器测量角的大致方法和测量原理，这就是学习角的测量方法的定向阶段。

2. 动作的分解阶段

这一阶段是把数学技能的整套动作分解成若干个局部动作，在教师示范下逐个练习，分别掌握，也就是学会具体“怎么做”。

如：学习角的测量方法时，可以把整个操作程序分解为三个局部动作：

（1）点对点：将量角器的中心点对准角的顶点。

（2）线对边：将量角器的 0 刻度线对准角的一条边。

（3）再看另一边，左起看外圈，右起看内圈：再看角的另一条边对准量角器的哪条刻度线。如果对准的左边 0 刻度线，就看外圈的度数；如果对准的右边 0 刻度线，就看内圈的度数。

通过对这三个局部动作的依次练习，即可掌握测量角的操作要领。这就是角的测量学习的动作分解阶段。

3. 动作的整合阶段

在这一阶段，把前面所掌握的若干个局部动作按照一定的顺序连接起来，使其形成一个整体连贯而协调的操作程序。注意动作的一气呵成。

如：学习角的测量时，当学生基本掌握量角方法，进行一定程度的练习后，无须去记忆操作程序中的各个局部动作，也无须去按照固定的操作步骤一步步去操作完成，可同时或连贯而协调地完成角的测量。这属于“角的测量”学习的动作整合阶段。

4. 动作的熟练阶段

在这一阶段，通过练习而形成的数学操作技能能适应各种变化情况，操作表现出高度完善化，动作之间不协调的现象完全消除，动作具有高度正确性和稳定性。

全套动作达到了自动化程度，形成熟练的技巧。

如角的测量学习中，学生在“量角”时根本用不着考虑每一个动作及其组合，可以不加思索地、顺利地自动完成全套动作，并保证其正确性。说明学生已经达到了动作的熟练阶段。

数学技能的形成要经过一定数量的练习才能熟能生巧。

以上四个阶段中，如果缺少某一阶段，或某一阶段的活动进行得不充分，便会引起学生学习的困难，或产生难于更改的不规范的习惯动作。

三、数学技能练习的注意事项

一般认为，数学技能的形成要经过一定数量的练习才能获得，并达到熟能生巧。但是，练习也不是完全地机械重复，应注意以下几个方面：

1. 练习要有针对性

技能学习要经历一个由“会”到“熟”的过程。完成这一转变，靠的是有针对性的练习，而不是背诵的结果。这种练习要目的明确，要使学生能够自觉、主动、积极地对待练习，避免盲目、机械地重复。在练习时，不能只有操练，而且要有思考，在练习的同时不断地回忆规则、程序，这样就会提高练习的效果。

2. 练习要有计划性

练习要注意由易到难、循序渐进和形式多样。由于学生年龄较小，开始练习的速度要慢一些，以后再逐步加快。练习的时间和次数要恰到好处，否则不仅浪费时间和精力，而且容易消磨掉小学生的学习热情和兴趣。

一般说来，每次练习的时间不宜太长，但两次练习的间隔时距也要短一些。简单的技能可采用集中练习（在一段时间内连续不断地进行相同的练习），复杂的技能以分散练习（每次练习时间较短，两次之间有一定的时间间隔）为宜。

在练习初期，特别要注意保持练习的准确性，养成良好的练习习惯。练习的形式要多样化，这不仅可以提高练习的兴趣，保持注意的稳定，而且可以培养他们灵活运用技能的本领。

3. 练习要及时反馈

学生在每次练习之后，如果能及时知道练习的结果，得到练习的反馈信息，对自己的技能作出分析和评价，便能及时强化正确的部分，纠正错误的部分。此时，除了练习本身所显示的结果外，教师的评分和评语起着至关重要的作用。因此，在学习过程中，教师要启发学生辨别错误并及时纠正。

由于学生的数学活动经验较少，教师应注意帮助学生总结经验，促使他们正确、快速地掌握数学技能。

实践与反思

实　践	反　思
1. 选取你最感兴趣的一个案例开展实训，并请同伴进行评价。	1. 数学心智技能的学习过程是怎样的？
2. 案例1-8中，学生学习“9加几”具体经历了哪几个阶段？	2. 如何促进学生数学技能的形成？
3. 案例1-9中，学生是如何学习角的测量的？	

第五节　数学问题解决的学习过程

解决问题是数学的核心，数学问题解决是数学学习要达到的主要目标之一。数学问题解决的学习是数学知识学习的自然延伸，是高级形式的数学活动，它对于发展学生的能力、培养创造精神具有极其重要的作用。

一、数学问题的含义与结构

（一）数学问题的含义

数学问题是指人们在数学活动中所面临的、用已有知识和经验无法直接解决的而又没有现成对策的新问题和新情境。数学问题的特征是抽象化、形式化。当实际问题变成数学问题后，都抽去了对象的物质性，变成了抽象的形式。

如学生学习了长方形面积的计算以后，遇到平行四边形停车位，要求停车位的面积。由于学生无法直接利用已学的长方形面积公式求得答案，所以“求平行四边形停车位面积”对于学生来说，就构成了一个数学问题，并且抽象形式化了，变成了“求平行四边形的面积”的数学问题。

要注意的是，一道数学题能否构成一个数学问题，由学生的个体水平决定。如“求平行四边形的面积”对四年级学生是一个数学问题，对六年级学生可能就不是一个数学问题。

（二）数学问题的结构

数学问题一般由条件、目标和操作三部分构成。

条件指已知和给定的东西，一般是数据、关系（数量关系、位置关系、已知条件之间的关系、已知条件与问题的关系等）和问题的状态（如“两人相向而行”“两人同向而行”等）。

目标指问题的所求（如“一共需要几小时”等）。

操作是指性质、公式、法则等的运用。解题过程中，正是通过操作不断地改变问题的状态，使之向目标状态过渡。

二、数学问题解决的过程和思维活动

（一）数学问题解决的含义及特征

数学问题解决是指运用已有的数学知识去探索新问题答案的心理过程或思考活动。它是以思考为内涵，以问题目标为定向的心理活动过程。其实质是运用已有的知识去探索新情境中的问题结果。在小学教材中学生掌握一定的知识和技能后就会安排相应的数学问题解决活动。

小学数学学习中的问题解决一般具有以下基本特征：

（1）数学问题解决的问题必须是学生初次遇到的新问题。如果不是新问题，对学习者来说就不是问题解决，而是做练习。

（2）数学问题解决是一种积极探索和克服障碍的活动过程。学生在问题解决的过程中所采用的途径和方法是新的（至少有一部分是新的），或者是已有知识和方法的重新组合（这种重新组合通常构成一些更高级的规则和解题方法）。因此数学问题解决又是一个发现和创新的过程。

（3）数学问题一旦得到解决，其获得的解决问题的方法就成为他们认知结构的一个组成部分。

如学生解决了“平行四边形的面积计算”的问题后，其获得的运用转化思想将平行四边形剪拼成面积不变的长方形求面积的方法就成了学生数学认知结构中的一个组成部分。它不仅可以直接用来完成同类别的学习任务，还可以作为以后进一步解决新问题的已有策略和方法。

（二）数学问题解决的过程

数学问题解决的过程是人的心智活动过程。在这个过程中，要求学生具备一定的数学知识与技能、具有良好的心理品质。

案例 1－10《喝牛奶问题》中，学生先从教师创设的情境（喝牛奶）中找出数学信息（①小明一共喝了两次牛奶，第一次喝了半杯；第二次兑满水后，又喝了半杯。②第二次喝的纯牛奶比第一次少），分析所求问题（小明一共喝了多少杯纯牛奶？多少杯水？）。在理解题意后再进行分析解答（画图、模拟实验、列式等），获得解决问题的正确方法（列式）。最后教师引导学生进行回顾反思（解决这道题的关键是什么，关键步骤运用了什么知识），总结解题经验。

一般来说，数学问题解决包含以下五个阶段：

1. 了解问题情境

就是具体地认识这个数学问题陈述的是什么。它对问题解决起着思维定向作用。

小学数学教材上的数学问题大多是以图片、文本或图文并茂的形式出现的。要了解问题情境，首先要认真读题（图）审题（图）。对于学生感到陌生的问题情境，教师应给予适当的说明。如果学生不能“身临其境”地了解问题的情节，把图片信息或文字描述内化为鲜明的表象，他们就不可能真正理解题意。

2. 明确问题的条件和目标

就是将问题的条件和目标从情境中分离出来，从而明确问题的条件和目标。如“照这样计算”等一些隐蔽的或具有潜在意义的条件容易被小学生忽略；有些问题的目标不容易分辨，如“一千克水中放农药多少？”和“一千克药水中，有农药多少？”等。有些问题的目标又不容易找到，如“能否按时完工？”等。教师在教学中要引导学生逐步理解它们隐含的意义。

3. **寻求解决方法**

寻求解决问题的方法是解决问题的核心。其关键是寻求填补问题的条件和目标之间差距的方法。学生明确了问题的条件和目标，弄清了它们之间的“差距”，就开始着手寻找填补“差距”的方法，进而解决这个问题。

寻求解决问题的方法，需要对问题的已有信息(问题的条件、已有知识经验等)进行加工。加工的主要方法是变更问题的条件或目标，使“已知”与“所求”愈来愈接近。

如案例 1－10《喝牛奶问题》中已有信息是：① 小明一共喝了两次牛奶，第一次喝了半杯；② 第二次兑满水后，又喝了半杯。问题目标是：小明一共喝了多少杯纯牛奶？多少杯水？

需要变更问题的条件：将“第二次兑满水后，又喝了半杯”变更为“第二次喝了 1/4 杯纯牛奶”，从而求得两次一共喝了 $1/2+1/4=3/4$ 杯牛奶，喝了 1/4 杯水。

寻求解决问题的方法一般有两种方式，即试误与顿悟。

试误是由美国著名的教育心理学家桑代克提出的。他认为，学习的过程是一种渐进的尝试错误的过程。在这个过程中，无关的错误的反应逐渐减少，而正确的反应最终形成。试误是从已知(条件)想可知，或者从未知(目标)想须知。尝试寻求沟通已知和未知的途径，一次次纠正尝试中的错误，直至“碰巧”找到解决问题的方法。

顿悟是对问题实质的一种突然领悟。当人们对问题百思不得其解，突然看出问题情境中的各种关系并产生了顿悟和理解。有如“踏破铁鞋无觅处，得来全不费功夫”。其特点是突发性、独特性、诱发性、偶然性、极度快乐或豁然开朗等。它是对解题途径的突然发现，没有明确的探索步骤而跳跃式地、突如其来地从条件直接指向目标。其中虽然有对于作为解决问题依据的规则的识别，但这种识别是内隐的，难以用语言表述出来。

顿悟包括了解问题、思考问题和解决问题，必须以明确的思考问题为大前提，同时顿悟必然对此问题经过长期、认真，甚至艰苦的思考才可能出现。一个数学问题的解决，究竟是试误还是顿悟，并不是绝对的。

4. **求得解答并检验**

把寻求到的解决方法实施于已经清楚辨认的问题情境之中，求得问题的答案，再进行一定形式的检验，看答案是否合理，解题方法是否简捷等。

如案例 1－10《喝牛奶问题》，学生汇报后独立列式计算，通过其他不同的方法进行检验，对比不同的方法，可以寻找最优解题方法。

5. **回顾反思**

回顾反思的内容包括：问题是如何解决的？突破口是怎样找到的？运用了哪些思想方法？是否还有其他解法？哪种方法最简捷？在这个问题解决过程中受到了哪些启示？

这是问题解决的一个很重要的步骤，能帮助学生更好地积累经验，它并不是以答案为唯一目标。

在解决具体的问题时，上述五个阶段不需要区分得十分明显，也不需要把五个阶段用文字描述出来。根据个人习惯，甚至可以像“喝牛奶问题”一样整合成“理解题意—分析解答—检验反思”等三个阶段。

（三）数学问题解决的思维活动

数学问题解决的思维活动是一个复杂的分析-综合的过程。分析的作用在于由整体到部分的分解、剖析；综合的作用在于由部分到整体的联系、组合。分析和综合是密切联系、同时作用的。

数学问题解决，学生先对问题的结构进行分析，分解出条件和目标；再进一步对条件和目标进行分析，把它们划分成最基本的、不能再分的部分；然后反复对照条件与目标，找出它们之间的内在联系，从而逐步填补它们之间的差距，在不断地尝试错误中终于找到解决问题的正确途径。

三、数学问题解决的注意事项

发展学生的数学思维，培养学生问题解决的能力是数学教学的重要任务。在数学问题解决能力的培养中，应注意以下三点：

（一）加强基础知识的教学

数学问题解决中学生要运用已有的数学知识去探索新情境，并寻找问题的答案。其掌握数学知识的程度直接影响着数学问题的解决，因此加强基础知识的教学是培养问题解决能力的前提。

学生数学问题解决的能力是在学习数学知识的过程中逐渐形成和发展起来的，教师在教学中应有意识地、长期地加以培养和训练。新课改以来，很多数学知识的学习都融合在问题解决的过程中。如除数是小数的除法，对初学的学生来说，既是数学知识的学习也是数学问题解决的学习。加强基础知识的教学是培养问题解决能力的基础，教师在教学中要加强基础知识的教学，使学生建立清晰、稳定的认知结构。同时，在学习过程中，教师要有意识地对学生进行问题解决能力的培养，要把问题解决能力的培养贯穿于基础知识教学的全过程。

（二）重视解决策略的训练

面临不同类型、不同性质、复杂程度各异的问题，学生解决问题的策略也是不同的。

解决问题的策略是指问题解决者用来调节自己的注意力、学习、回忆和思维的技能。在问题解决的过程中，教师应逐步引导学生学会根据问题的特点灵活选择和调整问题解决的策略，并在问题解决过程中获得发展，同时学习、掌握一些如画图、列表、模拟操作、逆推等审题、分析和解决问题的基本策略。

1. 画图

小学生由于年龄的局限，对运用数学符号、根据运算性质的推理可能会遇到一些困难。适时地让学生画一画、涂一涂，可以把一些抽象的数学问题具体化，把一些复杂问题简单化，帮助学生找到解决问题的关键。把画图作为一种解决问题的策略，常见的方法主要有线段图、树图、集合图、示意图、关系图等。

2. 列表

在解决问题的过程中，将问题的条件信息用表格的形式列举出来，往往能对表征问题和寻求问题解决的方法，起到事半功倍的效果。列表有时也叫作列举。

学生列表时常常不知道该从哪开始，这时可以引导学生先猜一猜来进行尝试，并且要把猜测的结果放到问题中去进行调整。如解决“鸡兔同笼”问题可以运用列表的方法，在尝试与调整中逐步逼近正确答案。多数情况下列表和尝试这两种策略会同时使用。

3. 模拟操作

模拟操作是学生通过自己探索性的动手操作活动来模拟问题情境，将需要解决的问题转化为一个已知的问题，再进行推导性的研究，从而获得问题解决的一种策略。通过这种开发性的操作策略的训练，不仅能够使学生获得问题的解决，而且能够培养学生的创造性思维。如行程问题，学生通过用手势进行模拟或动作模拟，能够比较快速地理解题意，寻求到解决问题的方法。

4. 逆推

逆推也叫还原，即从问题的结果一步一步地反向去思考。在解决某一个问题的过程中，当你从正面进行思考遇到了阻碍，碰到困难时，可以换个思路从相反的方向，即从问题的结果一步一步地往前推。

应特别注意的是，问题与策略之间并不是一一对应的。解决同一个问题往往有多种策略，一种策略也通常能解决多种问题。教师应重视启发学生体验具体的解题策略，逐步学会运用多种策略解决问题，使数学问题得到简捷、全面的解决。

（三）让学生经历问题解决的过程，发展学生的思维能力

培养学生问题解决的能力，最重要的是让学生亲身经历问题解决的过程，在掌握问题解决的方法与策略的同时获得问题解决的体验。因此，教师在教学中，不但要通过问题解决范例使学生认识到，在面对问题时如何理解问题和寻找问题解决的策略，而且更重要的是让学生通过独立思考与合作探索，亲身经历问题解决的实际过程。在这个过程中，既要让学生独立获取有关信息，对问题进行分析，制定问题解决的方案，实施问题的解决，又要让学生对问题解决的过程进行评价和反思，获得解题经验。同时还要引导学生多角度、多方位进行思考，力求用不同的办法解决问题，体验问题解决策略的多样性，促进学生创新意识的发展。

实践与反思

<table>
<tr><th>实　　践</th><th>反　　思</th></tr>
<tr><td>1. 案例 1-10 中，学生是如何解决喝牛奶问题的？</td><td rowspan="2">1. 问题解决的教学要注意什么问题？小学生主要有哪几种解决问题的策略？</td></tr>
<tr><td>2. 从下面问题中选取一个最感兴趣的问题开展实训，并请同伴进行评价。
(1) 某种商品的价格是：每一个 1 角钱，每五个 4 角钱，每九个 7 角钱。小赵的钱至多能买 50 个，小李的钱至多能买 500 个。小李的钱比小赵的钱多多少？
(2) 已知甲校学生数的是乙校学生数的 40%，甲校女生数是甲校学生数的 30%，乙校男生数是乙校学生数的 42%，那么两校女生总数占两校学生总数的百分比是多少？</td></tr>
<tr><td>3. 举例说明，数学问题解决一般要经过哪几个阶段？</td><td>2. 如何促进学生数学问题解决能力的提高？</td></tr>
</table>

第六节　小学数学学习情感与态度

课程标准把培养学生的情感与态度作为数学学习四个总体目标之一的重要地位，认为：合格公民的许多基本素质，诸如对自然与社会现象的好奇心、求知欲，实事求是的态度、理性精神，独立思考与合作交流的能力，克服困难的自信心、意志力，创新精神与实践能力等，是可以通过数学教学活动来培养的。

小学生对数学学习的情感与态度直接影响其数学学习效果，在小学数学学习中，教师不仅要关注学生的数学知识和技能，还要渗透德育，必须注重学生健全人格的形成和发展，使他们具有积极的情感、良好的意志品质、创新意识和进取精神。

一、数学学习情感

(一) 数学学习情感的含义

学生在学习数学时，并不是无动于衷的，他们在学习概念、规则等数学知识以及解决数学问题的过程中常常会有各种各样的内心体验，或开心、愉悦，或惊讶、欣喜，或恐惧、痛苦等。这些因为数学学习而产生的种种内心体验就是数学学习情感。

数学学习情感对学生的数学学习有着直接的影响，起着推动力的作用。开心喜悦的情感会产生积极的影响，激发学习潜能，促进学生的学习，增强数学学习效率；恐惧厌恶的情感会产生消极的影响，抑制学习兴趣，阻碍学生的学习，削弱数学学习效果。

(二) 数学学习情感的培养与发展

学生的数学学习情感最初源于对数学的学习兴趣，由学习动机得以持续与发展。

1. **学习兴趣**

学习兴趣指一个人对学习的一种积极的认识倾向与情绪状态。一般可以分为直接兴趣和间接兴趣。前者是学生对某类事物或某一活动本身感兴趣，是由所学材料或学习活动、学习过程本身直接引起的。如小学生喜欢数学游戏活动，这就是一种直接兴趣。而后者是指学生对某一事物或某一活动本身并不感兴趣，但是对事物及活动的结果感兴趣，是由学习活动的结果引起的。如有的学生不喜欢数学学习，但当他（她）意识到数学学习的社会意义或与自己的关系时，就对数学学习有了兴趣。有时为了集体的利益，或者为了得到父母、教师的赞赏，为了在考试中得到好分数，为了在竞赛中取得胜利等，都能引起学生对数学学习的间接兴趣。

直接学习兴趣与间接学习兴趣常常是融合在一起的，其中或以直接学习兴趣为主，或以间接学习兴趣为主，或两者难分主次。学生开始时对学习的间接兴趣，在学习过程中很有可能逐渐转化为直接兴趣。对学习的直接兴趣，若无特殊情况，大多能长期持续下去，并且愈来愈浓厚。实践表明学生对学习的直接兴趣是提高学习质量最有利的因素。

直接兴趣和间接兴趣对于孩子的成长都是很重要的。直接兴趣可以使孩子在轻松愉悦的环境下学习数学，但不是每一个学生对数学学习活动都能感到轻松和愉悦，也不是每一个数学学习活动都会让学生感兴趣进而充满激情地投身其中，这时就需要激发间接兴趣，让学生想象事物和活动的结果是令人向往的，这样就能够形成强大而持久的内驱力。

直接兴趣与学生的好奇心和求知欲有正关联。如果学生缺乏兴趣，教师在课堂中讲得再辛苦，都是没有意义的。因此，教师在教学中应致力于将直接兴趣和间接兴趣有机结合，培养学生强烈的学习兴趣，培养学生的数学学习自信心。

2. **学习动机**

动机是指引发人们从事某种行为的力量和念头，是指由特定需要引起的，想满足各种需要的特殊心理状态和意愿。学习动机是指直接推动学生进行学习的一种内部动因或动力，主要表现为推力、拉力与压力三种形式。推力表现为主体的学习需要，拉力表现为主体的学习期待，而压力需转化为推力与拉力才能起作用。学习动机是激励和指引学生进行学习的一种需要，它一般分为成就动机和社会动机。

成就动机是指驱动一个人在社会活动的特定领域力求获得成功或取得成就的内部力量。它是个人追求成就的内在动力，是一个人试图追求和达到目标的驱动力，是为了证明自己，获得一种成功的体验。它在行为上表现为一个人对自己认为有价值的、重要的社会或生活目标的刻意追求。具有这种动机因素的学生，就能刻苦努力、战胜学习中的种种困难和障碍，取得优良成绩。在克服障碍和困难的过程中，成就动机使人正视所遇到的挫折和失败，表现出极大的韧性和毅力，不达目的决不罢休。

社会动机就是直接推动个体活动达到一定目的的内部动力、内部刺激，是个人行为的直接原因。它是为了让身边的某类重要的人高兴，具有明确的目的性和指向性。社会动机是以人的社会文化需要为基础，在社会生活环境中通过学习和经验而获得的。它推动人们努力学习和工作，积极与他人交往，获得社会和他人的赞许性评价等。社会动机对学生行为具有激发作用，能引起并推动学生的活动；同时，它对学生行为又具有维持和导向功能，使学生在一定时间内能够坚持某项活动，并促进学生活动向预定的目标前进，实现学生心理与行为的协调。

学生的学习活动不管是简单的还是复杂的，都要受到学习动机的调节和支配，因此教师应注重学生的学习动机激发。即在教学情境中，利用一定的诱因，使已形成的学习需要由潜在状态变为活动状态，形成学习的积极性。对知识价值的认识、对学习的直接兴趣、对自身学习能力的认识、对学习成绩的归因等四个方面，是学生学习动机的主要内容。

但要注意的是，学生学习动机过强，有时也会事与愿违。一般说来，动机强度与活动效率之间的关系大致呈倒 U 型曲线，即中等强度的动机，活动效率最高。动机强度过低或过高，均会导致活动效率下降。

根据科学家对动机水平与学习效率关系的研究曲线图（图 1－11），不难看出，每种活动都存在最佳的动机水平，这种最佳水平随活动的性质不同而有所不同，并且具有明显的个体差异。比较简单的任务中，活动效率随动机的提高而上升；随着任务难度的增加，最佳动机水平有逐渐下降的趋势。由此可见，动机强度与活动效率之间并不呈直线递增的关系。也就是说，并不是学习动机越强，学习效率越高。因此，教师要避免学习动机过强的负面影响。

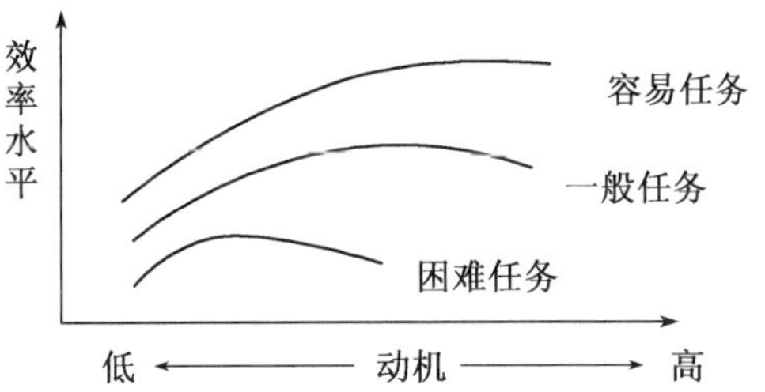

图 1－11　耶克斯-多德森定律：动机水平与学习效率的关系

（三）理性与情感的关系

根据科学家对人脑的研究，发现理性与情感对大脑的控制存在明显的倾斜：情绪越强烈，情感大脑的主宰越是蛮横，理性越是无能为力。当大脑在应激、威胁和习得无助等消极情绪影响下会出现“大脑功能降低”，甚至会停止思考。也就是说人脑的学习特点是生存第一，情绪优先。

因此，教师在教学时要创建安全的学习环境和氛围，让学生在情绪安定的情况下开展学习，更好地调动学生思维；充分联系学生生活实际，将学习材料和学习内容建立情绪联系，使学习更有趣味；要创设问题情境，激发学生强烈的好奇心与求知欲；鼓励学生多思善问；积极评价引导，丰富成功体验，增强学习自信心。

二、数学学习态度

态度是人们对事物的信念、情感与行为的倾向。数学学习态度就是学生对数学学习的认识、情感与行为倾向。

学生对数学学习的认识与其价值观紧密相连。当学生认识到数学对社会、对个人学习及能力发展有重要作用时,这种认识就会转变成一种态度倾向,直接影响着他们的数学学习。

态度与学习情感有着密切关系。学生对数学学习的积极情感或消极情感,就是对数学学习的态度。

学生在学习中感到数学的价值、数学的神奇而美妙,尝到获得数学知识、技能和解决问题的愉快,从而逐步形成了学习的热情,喜欢上数学这门学科。一旦形成了学习热情,它就具有持续性、稳定性和巨大的推动力,鼓舞着学生坚持不懈地、努力地完成艰巨的学习任务。

学习态度是一种无法直接观察的内在心理过程,只能通过其语言和数学学习活动中的外部学习行为来了解学生的数学学习态度。如学生学习数学是认真还是马虎、勤奋还是懒惰、自信还是自卑、有责任心还是无责任心等。学生学习态度的形成除了个体先天身心条件以外,社会家庭、集体对学生的学习态度的形成往往起着潜移默化的作用。一般来说,学生学习数学的态度一经形成,它就是相对稳定的。要改变学生不正确的学习态度应当从改变学生对数学的认识和价值观入手,且需要一个相对比较长期的过程。

三、情感与态度的培养目标

《课标(2011 版)》对小学阶段的情感与态度的培养目标做了具体阐述,要求学生做到以下几点。

1. 积极参与数学学习活动,对数学有好奇心与求知欲

学生对自然与社会现象的好奇心、求知欲是一种重要的素质,它可以使一个人不断地学习、不断地得到发展,还可能使一个人走进科学的殿堂;反之,则会使一个人不求上进,终身碌碌无为。学生从小就对世界有浓厚的好奇心,数学教学应该把学生的这种好奇心转化成对数学的兴趣,转化成对数学知识和数学思想的探索兴趣,所以除了让学生了解数学的价值以外,还要让学生知道怎样将这种兴趣转化成对数学知识和思想的探索兴趣。教师可通过启发式教学、恰当的引导,让学生看到数学内在的本质、数学自身的魅力,不断发展学生对自然与社会现象、对学习数学保持好奇心。如简洁、明确地刻画客观事物,引发学生的兴趣,使学生对数学有一个较为全面、客观的认识,愿意亲近数学、了解数学、谈论数学,对数学现象保持一定的好奇心,从而积极、主动地投入到数学学习活动中去。

2. 在数学学习活动中,体验获得成功的乐趣,锻炼克服困难的意志,建立自信心

理论与实践表明,对小学生而言,过多强调"失败是成功之母",会让许多学生数学学习过程中形成一种"数学学习对我来说是失败、失败、再失败,直至彻底失败"的片面理解与体验,因而对数学学习丧失了信心,更谈不上具备克服学习过程中所遇到困难的意志力。

在培养学生克服困难的意志力之前,首先应该让他们在从事这些活动的过程中获得成功的体验,或是解决了相关的问题,或是找到了解决问题的有效思路,或是解决了部分问题，或是得到了对问题的进一步理解。

然后有意识地设计一些障碍，适当鼓励他们自己设法解决问题，并及时指导学生寻求跨越障碍的方法，反思取得成功的经验，使每一个学生都能够在活动中既有成功的体验，也有面临挑战的机会和经历，从而锻炼克服困难的意志，建立学好数学的自信心。

在教学新知识与设计应用所学知识解决问题的情境时，应当尽可能提供一个"阶梯"式的问题串，在问题串的后面向学生提供具有挑战性的问题，使他们有机会经历克服困难的活动。

3. 体会数学的特点，了解数学的价值

数学的抽象性、严谨性和应用的广泛性决定了数学课程在义务教育阶段的独特作用。数学课程是学生未来生活、工作和学习的重要基础。数学课程有助于学生掌握必备的基础知识和基本技能；有助于培养学生的抽象思维和推理能力；有助于培养学生的创新意识和实践能力；有助于学生在情感、态度与价值观等方面的发展。

在人类的发展史上，有很多事例体现了数学所产生的巨大推动作用。了解这一点，有助于学生对数学的价值有较为全面的认识，也会激发学生学习数学的欲望。因此，教学时教师应根据学生的年龄特征与知识背景，适时向学生介绍有关的数学史实，如著名数学家的事迹、经典案例、数学名著等，让学生感受数学文化的产生和发展，感受到身边的很多事物与活动都存在着数学，感受数学对于自然与社会生活所产生的重要作用，感受数学为人类社会进步所做的独特贡献，了解数学的价值，从而激发学生学习数学的兴趣与动机。

4. 养成认真勤奋、独立思考、合作交流、反思质疑等良好学习习惯

学习习惯是指学生在学习过程中，经过长期的学习活动所固定下来的一种有关学习的自动化的行为方式。良好的学习习惯是开展有效性学习的保证，对学生终身的学习和发展都具有重要的作用。在培养学生认真勤奋、独立思考、合作交流、反思质疑等学习习惯过程中应注意以下几点：

(1) 课前准备要做好

① 课前自觉预习。要求学生在上课前能自觉预习即将要学习的内容，勾画圈点其难点，并通过积极的思维活动提出自己的问题。

② 课堂学习准备。在上课前要将课堂练习本、家庭作业本和文具、学具等提前准备好放在课桌上，以便保证课堂教学质量，提高课堂效率。需要提前准备或购买的学具也要按照老师要求进行准备，以免上课没有学具无法正常开展学习。

(2) 课堂习惯要注重

① 专心倾听。倾听是非常重要的一种学习方法，也是一种学习能力。课堂上，不仅要肯听，更要会听，要紧跟老师的步伐，带着强烈求知欲和浓厚学习兴趣去听课，全神贯注地倾听老师和同伴的发言，能较完整地表述对方的发言。同时，还能边听边思考：对方说的是否正确？和我想的有什么异同？只有做到专心倾听，才能引起思考与共鸣，真正参与到课堂学习中去。

② 独立思考。听课的同时要多动脑筋、学会思考，按照老师的要求开展自主探索。

即使自己的想法不成熟，哪怕只想到了一半，甚至是更少，也要勇敢地表达出来，因为只有这样，才证明你动脑了、你思考了、你探索了，才有可能与别人深入开展合作交流。同时，还要勇于对存在的疑问进行质疑，经常对所解答的问题进行“检验”，经常对学习的知识进行反思，使其上升为方法与思想。

③ 积极参与。一是集中精力，在课堂学习过程中，必须将注意力集中到书本和老师的教学当中去，如能集中注意力认真听老师和同学讲解，仔细观看老师演示、板书和表情、动作，仔细聆听其他同学的发言并思考、补充；二是遵守课堂纪律，不做与课堂无关的事情，积极思考问题，努力掌握课堂学习内容；三是积极动手，主动交流，在独立思考上进行动手操作，并主动与同学合作交流解决学习中的难题；四是适当记录，在课堂学习中还要适当学会边听边记，学会记录重要的知识点。

(3) 课后作业要完成

要想学好数学，适当的课后练习是不可避免的。高质量完成课后作业是学好数学课程的必要保障。要求学生能以认真负责的态度，按时完成教师布置的作业。对作业中出现的错误，能自觉进行纠正，主动寻求教师和同学的帮助。

① 书面作业。书写时，坐姿保持端正，握笔姿势要正确，保持书写整洁的习惯，作业的格式、数字的书写、数学符号的书写都要规范。解题时不要轻易落笔，最好是经过思考后可以一次写成，切忌写了又改，改了又擦，影响作业书写的工整。解题步骤既要简明、有条理，又要完整无缺。

② 动手操作作业。要尽可能自己独立完成，只有经过自己动脑思考、动手操作，才能发展数学思维，促进知识的理解与内化。

③ 实践作业。首先要确定实践作业的内容及要求，在规定的时间内完成。实践作业可以独立完成的要自己独立完成。如果是自己独立思考、动手实践后依然无法解决，可再寻求家长帮助，以便更高水平地完成实践作业。可以根据作业内容与要求多角度进行思考，最好是设计一张实践作业进度表，然后通过上网查阅资料或者外出调查、访谈等提取有效信息，逐步完成设计表，并在完成作业后及时总结经验。

5. 形成坚持真理、修正错误、严谨求实的科学态度

未来公民生存与发展的最基本的素质就是坚持真理、修正错误、严谨求实，这也是最重要的素质。数学教育无疑对学生这些素质的发展负有重要的责任。这就要求教师在教学中牢记自己的使命，尽可能地创造机会去渗透、去培养，帮助学生形成坚持真理、修正错误、严谨求实的科学态度。

如当学生学习新的数学知识时，尽量不采用“告诉”的方式，而是鼓励学生采用探索的方法，经历由已知出发，经过自己的努力或与同伴合作获得对新知识的理解；当学生面临困难时，不能直接给出解决问题的方案，而要引导他们寻找解决问题的思路，并在解决问题的过程中总结所获得的经验；当学生对自己或同伴所得到的“数学猜想”没有把握时，不要直接肯定或否定他们的猜想，而是要求并帮助他们为“猜想”寻求证据，根据实际情况修正猜想；当学生对他人(包括教科书或教师)的思路、方法有疑问时，不要轻易否定或指责，而首先要对敢于挑战“权威”的意识给予充分的肯定，并鼓励他们为自己的怀疑寻求证据，以否定或修正他人的结论作为思维的目标来从事研究性活动，即使学生的怀疑被否定，也应当对其尊重事实、实话实说、敢于及时修正错误的精神给予肯定。

四、积极情感与态度的培养途径

数学知识与技能、数学思考、解决问题、情感与态度四个方面的数学学习目标是一个密切联系的有机整体，对人的发展具有十分重要的作用。它们是四位一体的，是在丰富多彩的教学活动中实现的。其中，数学思考、解决问题、情感与态度的发展离不开数学知识与技能的学习，它们是在数学知识与技能的学习过程中培养和发展起来的，且不能随着数学知识与技能的增长而自然发展起来，需要教师在教学过程中精心设计，进行长期地、有意识地培养，才能达到比较理想的效果。

数学学习情感与态度是在数学学习过程中逐步产生和发展起来的。在教学中进行情感与态度的教育，既要考虑学生的认知能力，又要注意数学学科自身的特点和规律，应结合具体的教学内容，采取渗透的方式，让学生在探索数学知识、获得数学能力的过程中潜移默化地受到良好的情感与态度的教育。主要应注意以下几点：

1. 充分挖掘教学内容中的教育因素

小学数学教学内容中蕴含了丰富的教育因素，教师在教学时要充分挖掘这些教育因素，充分利用内容中具有教育意义的数据和统计材料，充分挖掘数学背景知识中的教育因素，充分挖掘现实生活中数学素材的教育因素，使学生在学习数学知识的同时，情感与态度也得到同步发展。

2. 结合数学知识的教学，渗透积极的情感和态度教育

在教学中，教师要充分体现教育性的规律，根据数学学科的特点，把数学知识的教学和学生情感与态度的教育结合起来，将教育渗透于数学知识教学的过程中，让学生在主动探索数学知识的发生、发展及应用的过程中，受到良好的情感与态度的教育。

教师应把握好渗透的时机和渗透的度，体现适度性原则，既要结合实际完成教育的目标，又不能脱离具体知识的教学去随意发挥；要创设有利于渗透教育的教学情境，把情感与态度教育和小学生的思维特点、认知水平和接受能力结合起来，使情感与态度教育在数学教学中显得自然得体，达到“水到渠成”的效果。

3. 引导学生感受学习成功的体验

小学生的学习热情主要来源于在学习过程中获得的成功体验，只有当学生体验到数学学习的乐趣、感受到成功的欢乐时，才能给学习进一步增添动力。

（1）教师要给学生创造获得成功的机会。教师应面向全体学生，充分体现义务教育的公平性，关注学生在文化环境、家庭背景和思维发展水平等方面的差异，让每一个学生在数学学习中都能获得发展。既要让优秀的学生充分发挥自己的潜能，获得更大的发展；更要向学习基础水平较差的学生提供适合的发展条件，让他们经常获得成功的体验，使不同的学生都能得到最佳发展。

（2）实施激励性、发展性评价。在小学数学教学中，应建立激励性的评价机制，对学

生实施激励性、发展性的学习评价，以鼓励和肯定学生的进步为主，尊重学生的人格，注意发展学生的闪光点，用发展的眼光去评价每一个学生。当学生有了进步或在学习上取得成绩时，教师应及时给予表扬和肯定，使他们感受到成功的体验，以此进一步强化学生的学习动机；当学生在学习上受到挫折时，教师应给予鼓励和关怀，引导学生进行正确的归因，使学生感受到教师的期望，以减轻失败给他们造成的心理压力，保护学生的自尊心和自信心，增强学生克服困难的勇气。

（3）发展学生的自我评价能力。首先，引导学生学会反思质疑，学会对自己的学习进行客观的分析，既要看到自己的不足，更要看到自己的进步和优点，正确评估自己的学习效果和学习能力，克服自卑心理，增强成功感。其次，引导学生把自己的努力与学习上取得的成功进行比较，让学生看到辛勤劳动所带来的进步，从而使他们进一步体验成功的快乐。

总之，作为小学数学教师，在数学教学中应根据课程目标，把培养学生积极、良好的情感与态度作为首要任务，努力把情感、态度、目标有机地融合在数学教学过程之中。

实践与反思

<table>
<tr><th>实　践</th><th>反　思</th></tr>
<tr><td>1. 选取你最感兴趣的一个案例开展实训，并和同伴交流是怎样培养学生积极的情感与态度的。</td><td rowspan="2">1. 什么是数学学习情感、数学学习态度？</td></tr>
<tr><td>2. 案例 1-10 中，学生是如何解决《喝牛奶问题》的，教师应如何体现学生积极情感和态度的培养？</td></tr>
<tr><td>3. 选择一个名师教学视频，观察该老师是如何培养学生积极情感和态度的？</td><td>2. 课标中对情感与态度的培养目标是什么？</td></tr>
</table>

第二章　小学数学课程标准

扫码查看
学习资源

知识导图

- 小学数学课程标准
  - 第一节　国内外小学数学课程改革
    - 1. 国际小学数学课程改革
    - 2. 我国小学数学课程改革历程
  - 第二节　小学数学课程标准及其解读
    - 1. 义务教育数学课程标准(2011 年版)及其解读
    - 2. 义务教育数学课程标准(2022 年版)及其解读
  - 第三节　数学课程标准中的数学核心素养
    - 1. 小学阶段数学核心素养的内涵
    - 2. 小学阶段数学核心素养的构成

学习目标

1. 了解国际上小学数学课程改革的概况与特点；
2. 了解新中国成立以来小学数学课程改革的历程及其各阶段特点；
3. 了解并掌握小学数学课程标准的基本理念及实施建议；
4. 理解并掌握数学课程标准中提出的十一个数学核心素养。

案例再现

用长为 50 厘米的细绳围成一个边长为整厘米数的长方形，怎样才能使面积达到最大？

1. 找出三个满足条件的长方形，记录下长方形的长、宽和面积，并依据长或宽的长短有序地排列出来。

2. 观察排列的结果，探索长方形的长和宽发生变化时，面积相应的变化规律。猜测当长和宽各为多少厘米时，长方形的面积最大。

3. 列举满足条件的长和宽的所有可能结果，验证猜测。

4. 猜想：如果不限制长方形的长和宽为整厘米数，怎样才能使它的面积最大？

思考

上述案例是教师为了评价第二学段学生的数学思考和问题解决能力而设计的一个活动。在对学生进行评价时，教师可以关注以下几个不同的层次：

第一，学生是否能理解题目的意思，能否提出解决问题的策略，如通过画图进行尝试；

第二，学生能否列举若干满足条件的长方形，通过列表等形式将其进行有序排列；

第三，在观察、比较的基础上，学生能否发现长和宽变化引起面积变化的规律，并猜测问题的结果；

第四，对猜测的结果给予验证；

第五，鼓励学生发现和提出一般性问题，如猜想当长和宽的变化不限于整厘米数时，面积何时最大。

在21世纪，随着经济的不断发展和人才策略的推进，教育事业也受到前所未有的关注。在经济全球化与思想文化频繁交流的大背景下，作为一个合格的小学数学教师，也需要了解国内外数学教育发展的基本情况，并从中领悟数学教育的真谛。

第一节　国内外小学数学课程改革

一、国际小学数学课程改革

俄罗斯、美国、日本和新加坡这些国家在国际数学教育上备受瞩目且具有较强影响力。我们研究它们的小学数学课程改革情况，分析研究其特点，可以给我们带来启发和借鉴。

（一）俄罗斯小学数学课程改革

俄罗斯的基础教育数学课程和我国有许多共同之处：课程由国家集中管理，实行统一的教学计划、教学大纲、教材和严格的审查制度；强调系统的基础知识教学和基本技能训练。因此，当前俄罗斯的课程改革情况理应得到我们的特别关注。根据《宪法》和《教育法》规定，俄罗斯于1993年开始研制国家教育标准，1994年各门学科的首批课程标准作为暂行标准获得实施。目前俄罗斯实施的国家普通教育标准是2004年3月5日颁布的，实行11年学制，其中1～9年级为义务教育阶段，而小学阶段是1～4年级。俄罗斯《国家教育标准》由教学目的、规定必学的最少内容、对培养毕业生水平的要求、示范性教学大纲等四部分构成。

小学数学应达到的教学目的包括：① 发展学生的形象思维、逻辑思维和想象力，能够顺利地解决教学和实际中的问题，掌握后续教育所必需的数学技能并形成习惯；② 掌握基础数学知识，形成关于数学的初步概念；③ 培养对数学的兴趣，力求将数学知识应用到日常生活中去。

规定必学的最少内容包含：① 数与计算；② 空间关系、几何图形、几何量的测量。

对培养毕业生水平的要求:① 知道/理解;② 会;③ 把所学的知识与技能应用于实践活动和日常生活中。

示范性教学大纲一般包括三部分:① 解释性说明;② 课程教学时数的示范分配的基本内容;③ 对培养毕业生水平的要求。

综合起来,俄罗斯小学数学课程改革具有以下特点:

(1) 教学目的简明清晰。根据俄罗斯小学数学教育标准,可以概括为发展思维、掌握知识、培养兴趣。

(2) 从规定必学的最少内容上看,仅包括传统的算术和简单的几何内容。其中数与计算的教学是小学数学教学的主要目的之一,几何内容的教学主要是在几何直观以及几何量的计算上。

(3) 将“密切联系生活实际”作为课程教材改革的一项主要内容,注意培养学生在日常生活中顺利地运用数学的能力。

(4) 课程、教材管理由集权改为分权,实行联邦中央、地区、学校的三级课程管理制度,启动教材竞争。对审查通过的教材,教育部可以加盖三种不同的印章:“推荐使用”“同意使用”和“准许使用”。

(5) 强调让学生主动思考、探索、研究,自我评价,解除外界压力对学生的困扰,激发学生的学习兴趣,培养学生自己获取知识的能力。

(二) 美国小学数学课程改革

美国的学校教育历来有地区控制的传统。联邦政府和州政府在课程政策方面的权力相对有限。虽然美国在经济、工业科技等方面一直遥遥领先,但是其数学教育却不尽如人意。近年来,美国针对基础数学教育问题进行了一系列的改革,其中值得借鉴的是2010年《州共同核心数学标准》中的重大课程改革及相应评价体系。

美国地方教育分权一方面调动了地方办教育的积极性,另一方面也造成了各州课程标准的较大差异与混乱,不便于各州学生的流动。2009年奥巴马政府提供了43.5亿美元的财政拨款来鼓励各州进行教育改革。同年6月由全美州长协会与全美首席教育官员理事会联合52个州和特区,一起研制了由导言、数学实践标准与数学内容标准三部分构成的《州共同核心数学标准》(以下简称CCSSM)。

导言部分介绍了数学标准“高水平与系统连贯;学会解题且重视对数学的理解;为升学与就业作准备”的三个重要理念。

数学实践标准部分描述了贯穿整个十二年级的学生所需要发展的八个数学实践能力:① 培养问题意识并坚持不懈解决问题的能力;② 数学抽象推理与数据分析能力;③ 建立切实可行的推断,并合理质疑他人推理的能力;④ 数学建模能力;⑤ 选择适当工具解决问题的能力;⑥ 数学实践中的精确性;⑦ 寻找并利用数学结构解决问题的能力;⑧ 在反复推理中发现并总结规律的能力。

CCSSM的小学部分是一至五年级。它的数学内容标准主要包含四个领域:运算与代数思维、十进制数及其运算、测量与数据和几何。在三到五年级,学生开始学习分数。数学内容标准对各年级学生在每个领域应该掌握的内容都进行了具体的描述。

CCSSM 主要有以下特点：

（1）标准实施的统一性。各州签署的协议规定：各州要求统一的核心内容至少达到85%，其余的15%可根据自己的特色决定。这有助于各州学生都能够接受同等的高质量教育，同时能促进各州之间的经验交流。

（2）内容强调高水平，重视理解、前后连贯、重点突出。CCSSM 是按照国际基准来衡量美国学生的学业水平，相对以往的标准，在深度和难度上都有所加强，以提高美国学生的数学水平。同时，在内容上重点阐述了数学学习中理解知识的重要性；并且对各年级标准中的重点进行了详细的描述，便于教师与学生更好地把握重点；要求各年级之间具有连贯性，以实现在实际教学中的自然过渡，让学生能够在原来的基础上发展新的知识。

（3）重视提升学生的能力，突出对数学建模与数学推理能力的要求。CCSSM 不仅明确了对学生八项能力指标的要求，还具体提出了数学建模作为数学实践与教育的核心主线；同时，将数学推理贯穿于整个中小学课程，将其作为数学教学的重要成分。

我们可以看到美国在过去几十年失败的数学教育实践背景下，加大了财政及政策上对教育的投入。美国政府重视提高学生的数学教育水平，吸收争论中合理观点等许多方面的课程改革做法，值得我国借鉴。

（三）日本小学数学课程改革

日本近年来取得的科技、教育成果有目共睹。作为在传统上与我国相似的东亚国家，日本近几十年来在数学教育中的改革更多地学习和借鉴了西方的改革思想和经验，并根据本国实际情况进行融合与调整，形成了自己独特的风格，受到了国际认可。

日本文部省于2008年3月颁布了最新修订的《中小学数学学习指导要领》（以下简称《要领》），2011年开始实施。《要领》的目的在于进一步充实数学学习内容，加强对基本知识、基本技能的学习，全面提升学生的能力，培养儿童的信心。主要有以下特点：

（1）科学改革，稳步前进。本次改革是在定期对全国小学数学教育质量进行检测、分析后进行的。《要领》在2008年颁布后，时隔三年才正式在全国范围内实施，给学校、教师、学生提供了充足的时间做准备，确保改革的顺利进行。

（2）增加课时，提高课程内容水平。这次课程改革的一大重点就是对课程的内容、课时进行调整，教学时间回归到与日本1989年课程计划相同。同时，综合学习的课时数被缩减了35%。增加的内容不仅体现在广度上，同时在深度上也有所提升。

（3）重视数学活动。增加了“数学活动”，贯穿整个小学阶段，并且对具体操作做出了相应的说明。希望儿童通过参与各类数学活动，掌握数学知识、技能，提高学生运用知识、解决问题的能力。

（4）强调双基的落实及学生数学表达能力的培养，强调培养学生活用数学的态度，强调培养学生“扎实的学力”。与过去不同，对基础知识与技能，不仅强调学生的理解，同时还强调在活动中获得，并且提出让儿童发挥自身能力与生活经验，重视与实际生活的联系。

日本有一套完善的数学教育质量监测体系，为数学教育的改革和发展提供科学的依据，定期进行全国学力调查，加强对中小学教育质量的监测，已成为日本教育改革的重要措施之一。这次课程改革提出培养“扎实的学力”的主张，值得我国借鉴。

（四）新加坡小学数学课程改革

新加坡的小学数学教育通过几十年的课程改革，形成了独具特色的课程体系，在国际上处于领先地位。近年来，在包括如 TIMSS 和 PISA 在内的许多国际数学大型测验中，新加坡学生的表现都名列前茅。2013 年新加坡参考了国内与国际大型测验的分析结果，对小学数学教学内容进行了一定的调整，将重点放在教学方式及学习过程上，同时重视学生在学习兴趣、个人能力等方面的提升。

2013 年《大纲》分为简介、数学课程框架、教学与评估和小学数学课程内容四个部分。其中简介部分主要对课程改革的背景、目标体系及大纲设计进行概述。

在目标体系上，2013 年《大纲》阐述了小学数学教育阶段的总目标及各年级数学课程内容的具体目标。其小学数学教育的总目标是：① 获取日常生活及进一步学习数学所需的数学概念与技能；② 通过"问题解决"培养学生的数学思维、逻辑推理、数学交流能力和数学应用意识，发展学生的元认知技能；③ 培养学生对数学的兴趣与自信。

2013 年《大纲》的课程框架，保留了 2007 年《大纲》的五边形框架图，但调整了五个要素的详细说明。

2013 年《大纲》的一大亮点就是增加教学与评估模块，它由学习活动经验、教与学、课堂评估三部分构成。

在学习活动经验方面，重点关注学生如何学习，强调认知与元认知技能的学习依赖于所建立的学习活动经验，给予学生更好的平台去发展 21 世纪所需的能力。

教与学分为两个部分，重点在于指导教师如何开展教学活动，帮助学生进行学习。其中"教"提出了教师进行教学的三条原则：第一，教是为了学，学是为了理解，理解是为了推理与应用，并最终解决问题；第二，教学应该建立在学生已有的基础知识之上，了解学生的兴趣和经验，鼓励他们参与活动并进行学习反思；第三，教学必须联系现实生活与信息技术，强调 21 世纪所需的基本能力。"学"分为准备、行动、掌握三个层次，其中准备包括先验知识、启发性情境、学习环境；行动包括活动性学习、教师指导性探究、直接教学；掌握包括积极实践、反思回顾、拓展学习。

课堂评估包括评估作用、评估范围和评估与指导三个相结合的内容，一方面阐述了评估在教学中的重要性，另一方面又对教师的实践过程给予了具体的指导。教学与评估部分关注数学学习中的教与学，强调教学原则与学习阶段经验对学生学习和教学工作的影响，同时重视评价方式及评价与教学的整合。

2013 年新加坡小学数学课程改革的变化与趋势可以概括为三个方面：一是目标上更强调对学生各方面能力、素养与身心的培养，进一步强调了学生的思维、能力等数学素养，增加了对学生学习兴趣和自信心的培养；二是重视大纲的理念与目标的落实，用较大篇幅针对每个部分的理解和操作进行了指导性的阐述；三是教学评价在教学活动中的地位日益彰显，更好地实现教学评价与课程、指导的有机结合，成为当下新加坡教育改革的重点之一。

总之，由于世界各国文化背景、社会制度、教育理念等各不相同，在数学教育上存在许多差异，概括起来包括：西方数学课程具有多种选择、考试温和、学生建构、强调理解、基础松散、非形式化、适当演练、个性发展、轻松学习等特点；东方数学课程具有要求统一、考试严格、教师中心、基础扎实、熟能生巧、形式演绎、反复练习、进度一致、负担过重等特点。实践表明欧美等发达国家的小学生数学成绩普遍不佳，但创新能力、个性发展明显优于东亚诸国及地区的小学生；相反，东亚诸国及地区的小学生数学成绩名列前茅，但这些学生的数学学习后劲不足，数学教育研究似乎落后于欧美等发达国家。

二、我国小学数学课程改革历程

长期以来，西方认为我国数学教育属于"传授—接受"的僵化模式，搞"死记硬背"和"单调重复的机械训练"，一直持否定态度。但由于中国学生在国际性测试和竞赛中取得了突出的成绩，导致国际数学教育界掀起了"向东方学习"的热潮。因此，我们在学习国外数学课程改革先进经验的同时，更需要深入研究我国数学教育的经验，继续保持和发扬我国数学教育的优良传统。

（一）新中国的小学数学课程改革历程

纵观新中国成立以来的历次小学数学课程改革，我们可以发现，特定时期的政治、经济、科技文化决定着基础教育改革的方向，也影响教学大纲（课程标准）指导思想、目标、内容和结构的调整。课程改革的进行又继续使得我国的数学教育事业得以更好地前进，以适应时代的发展、社会的需要及人才培养的要求。

1. 1949—1952 年，改造旧教育，统一课程

1949—1952 年，新中国中小学数学教育处于过渡时期。1949 年 12 月 23 日，在《中国人民政治协商会议共同纲领》的指引下，召开了新中国第一次全国教育工作会议。会议讨论和研究了接受旧教育和发展新中国教育的一系列问题。会议提出："以老解放区新教育经验为基础，吸收旧教育有用经验，借助苏联经验，建设新民主主义教育。"1950 年 7 月，教育部根据第一次全国教育工作会议精神制订了《小学算术课程暂行标准（草案）》。这是新中国成立后的第一个小学算术（数学）课程标准。

"暂行标准"规定的课程目标包括知识、能力（计算能力、逻辑思维能力）和思想品德教育三大方面。知识方面的教学目标第一次明确提出：在算术教学中，对儿童进行思想品德教育的要求，反映了教育观念从"学科教育"到"人的教育"的转变，体现了新的教育方针。

"暂行标准"中的课程内容分笔算和珠算两大部分，并规定了各部分教材大纲和每周的教学时数。珠算单独设科，安排在三、四年级教学。课程内容突出了以四则计算为中心，计量单位的知识按其进率和难易程度结合计算知识分散出现；整数的教学划分为七个循环圈：10 以内加减法，20 以内加减法，百以内四则，千以内四则，万以内四则，多位数（百万以内）四则，整数（第七阶段在初中算术中）；小数的教学集中在四年级上学期，分数的教学集中在五年级上学期，几何初步知识教学集中在四年级下学期，没有代数初步知识；统计初步知识主要是统计表、统计图的认识和制作。同时增加密切结合实际的内容，如百分数中的储蓄、赚赔、纳税、交公粮等，在统计中有合作社经营、盈利处理等。

《小学算术课程暂行标准（草案）》主要吸取了北方解放区的数学教育经验，也吸取了

南方民国时期的数学教育经验，对新中国小学算术教学具有推动作用。然而，该标准并没有完全付诸实施，因为缺乏相应的算术课本。

2. 1952—1957年，学习、模仿和总结苏联经验

1952年3月，教育部颁发《小学暂行规程(草案)》。这是新中国成立后颁发的第一个全面规范小学课程的政府文件，标志着政府在教育方面开始大力推行统一的社会主义教育体制。

1952年12月，教育部参考苏联小学算术教学大纲，根据中国实际改编并颁布了《小学算术教学大纲(草案)》和《小学珠算教学大纲(草案)》。全国小学算术教学开始有了统一的依据和要求。

算术大纲提出的教学任务是：保证儿童自觉地和巩固地掌握算术知识和直观几何知识，并使他们获得实际运用这些知识的技能；培养和发展儿童的逻辑思维，使他们理解数量和数量间的相依关系，并能做出正确的判断；利用算术知识使儿童理解我们祖国建设的基本知识及其伟大的意义，并培养儿童对劳动有自觉的态度；培养儿童自觉的纪律性，工作的明确性与准确性等优良品质；培养儿童善于钻研、创造、克服困难、有始有终等意志和性格。算术大纲规定的课程内容包括整数及其四则运算、复名数及其四则、直观几何知识、分数、小数和百分率、应用题。

珠算大纲提出的教学要求是：学会加、减、乘、除四种基本算法，并成为熟练技巧；学会"斤两歌"的简单应用；在笔算中所学到的各种应用题，在解答的步骤和算法确定之后，可以运用珠算来计算。珠算大纲规定的课程内容是传统的算法，包括加、减、乘、除四种运算。注重珠算在生产、生活中的简单应用，如"斤两歌"的应用等。

1952年的大纲(草案)机械地把苏联小学四年的教学内容拉成五年，降低了中国小学算术的程度，致使分数、小数、百分数等内容没有学全，初中还要学一年算术。而另一些内容，如应用题、和差积商的变化等又要求偏高。这样就不能使五年一贯制小学毕业生受到应有的数学教育，因此只执行了一年多时间便开始执行四二学制。

1956年12月，教育部又颁布了《小学算术教学大纲(修订草案)》，将小学算术和珠算合并在一起，在课程内容上，除增加简单统计图表和简单簿记的初步知识以外，其他方面变化不大。这段时期我国数学教育体系初步形成，主要以传授知识为主，教学以教师为中心，教师按"五环节"模式进行教学，即"组织教学—导入新课—讲授新课—巩固练习—布置作业"。

3. 1957—1961年，开展"教育革命"，中学内容下移小学

由于"大跃进"和国际数学教育现代化运动的影响，全国掀起了群众性的教育革命的热潮。1958年中共中央提出"教育为无产阶级政治服务，教育与生产劳动相结合"的教育方针和"教育必须改革"的号召。1958年教育部颁发《关于算术课临时措施问题的通知》，将原来初一年级系统学习的算术内容调整到小学，使小学学完全部算术，提高小学算术教学难度。

4. 1961—1966年，纠正急躁冒进，调整巩固充实提高

1961年，国家认识到我国教育上的问题，特别是"大跃进"期间出现的过激行为，开始从正反两方面总结我国教育的经验教训，提出了“调整、巩固、充实、提高”的八字方针。

1963 年 5 月，教育部颁发了六年制的《全日制小学算术教学大纲（草案）》，这是新中国成立后教育部颁发的第四个小学算术教学大纲。该大纲强调“算术是进一步学习数学的基础”“是从事生产劳动和学习科学技术的一种重要工具”。它不仅在教材内容，而且在体系安排等一系列问题上都有较大的改进和提高。

此时小学数学被称为“算术”，以计算和数为主。其课程内容以四则运算为中心，主要包括：整数、分数、小数的四则计算以及百分法和比例；解答应用题；计量的知识；几何形体的知识；记账的知识；统计图表的知识和珠算等。第一次提出了培养学生空间观念的要求，明确提出了“掌握算术和珠算的基础知识”，培养“解答应用题的能力”。但它忽视了数学学科的教育性，没有提出思想品德教育的要求。

同时，该大纲还科学合理地调整了教学内容：将原来初中的算术调整到小学，小学学习算术的基础内容；整数的学习分为四个环节，即 20 以内、100 以内、万以内和亿以内；同时要求教材的编写应当遵循数形结合原则、集中与分散相结合的原则。

客观地说，这段时期的数学教育具有以下特点：重视双基，强调知识的系统性；比较注意儿童的接受能力，教学方法比较灵活；但有些分得太细，比如应用题要求抓关键词、分类型，也容易造成两极分化。总的来讲，该阶段比较契合我国当时的实际，稳定了教学秩序，提高了教学质量，初步形成了适合我国国情的小学数学课程教材体系。

5. 1966—1976 年，“文化大革命”运动，数学教育遭到严重破坏

1966 年，“文化大革命”爆发，那时“停课闹革命”席卷全国，正常的教学秩序遭到严重破坏，所有的教学计划、教学大纲、课程教材等都遭到批判，各级教育行政部门、学校的管理处于瘫痪状态。

开门办学，开放实践，以应用数学代替知识学习，片面强调联系实际，否定基础知识和基本技能的学习，否定教师的作用，新中国成立十几年以来形成的统一的、稳定的课程和教材体系被彻底否定，造成数学教育质量和学生知识水平降到新中国成立以来的最低水平。

6. 1976—1986 年，从“算术”到“数学”，数学教育面向现代化

1978 年以来，我国数学教育开始了“面向现代化，面向世界，面向未来”的探索与实践。1978 年 2 月，教育部颁发了《全日制十年制学校小学数学教学大纲（试行草案）》，这是我国算术教学史上第一个把“小学算术”称为“小学数学”的教学大纲。

该大纲继承了 1963 年大纲的基本精神，对“文革”期间的不当做法进行了拨乱反正，体现了传统教育经验的不断完善，以及与外国先进经验相结合。大纲（试行草案）扩展了小学数学的教学目标与内容，适当增加了代数初步知识和几何初步知识，并渗透了现代数学思想、内容与方法。

1978 年大纲第一次从知识、能力、思想教育三方面提出目的与要求，其教学内容主要包括：算术知识（整数、小数、分数、百分数、比和比例）；代数初步知识（正数、负数、有理数、简易方程）；几何初步知识（一些简单的几何形体及其周长、面积、体积、容积计算，简单的土地丈量和土、石方计算）。大纲删去了过繁的四则计算、繁难的应用题和繁杂的复名数化聚，增加了不少代数、几何初步知识，直观地渗透了现代数学思想。

为贯彻《中共中央关于教育体制改革的决定》，1986 年 12 月国家教委颁发了《全日制小学数学教学大纲》。这是新中国成立后颁发的第六部小学数学教学大纲，也是第一部不带“草案”字样的正式大纲。其特点主要体现在：指导思想明确，即小学数学是基础教育的重要学科，要培养学生的数学兴趣与良好学习习惯，培养有理想、有道德、有文化、有纪律的社会主义公民；突出发展智力与培养能力；适当降低教学要求；教学灵活，强调数学教学要关注学生，尽量采用启发式的教学方法，让学生积极主动学习；内容灵活，明确分为五年制小学和六年制小学，适用不同地区的数学教学。

7. 1986—2001 年，构建义务教育课程，实施义务教育

1986 年 4 月，中央颁布《中华人民共和国义务教育法》，决定实行九年制义务教育。1988 年和 1992 年，国家教委先后颁布了九年义务教育全日制小学数学教学大纲的初审稿和试用版，分别是新中国成立以来的第七、八部教学大纲。它们的课程目标一致，采取三条并列的提法，具体为：使学生理解、掌握数量关系和几何图形的最基础的知识；使学生具有进行整数、小数、分数四则计算的能力，培养初步的逻辑思维能力和空间观念，能够运用所学的知识解决简单的实际问题；使学生受到思想品德教育。

1992 年的教学大纲明确了小学数学在提高全民族素质中的地位和作用。就教学目的的各个方面又提出明确具体的教学要求，比过去的大纲都明确而具体。比如，计算能力，该大纲根据不同的计算内容，提出了要达到的不同程度和要求。

2000 年，《全日制义务教育小学数学教学大纲（试用修订版）》颁布施行，规定数学教育的目的。此阶段的数学教学大纲有增有减，以删为主，分层要求，体现弹性。例如，随着现代计算工具的发展与使用，精简大数目的计算和比较复杂的四则混合运算；删去了繁分数、扇形面积计算，以及较为繁难的求积题；降低应用题难度，并强调应用题要注意联系学生生活实际；增加代数、统计知识，把简易方程扩大到 $ax \pm bx = c$，加强“收集数据与分类整理”内容。

8. 2001 年起至今，颁布实施义务教育数学课程标准，数学教育大众化

经过专题研究、综合研究、起草标准和修订初稿四个阶段，2001 年 6 月，经国务院同意，教育部颁发《基础教育课程改革纲要（试行）》，新一轮基础教育课程教材改革正式拉开序幕。

2001 年 7 月，教育部颁布《全日制义务教育数学课程标准（实验稿）》（简称《课标（实验稿）》）。它提出了“以促进学生全面发展为宗旨”的新理念，对课程目标、内容、方法与评价等进行了全面改革。

《课标（实验稿）》提出了三维目标，从关心教师如何教到关心学生如何学，确立了学生学习的主体地位。从教学评价来说，除了知识以外，还关注过程，关注情感、态度、价值观方面的评价。

《课标（实验稿）》对中小学数学教育的影响是积极和明显的，但在内容上有些地方系统性不够，同时，对教育价值的表述也不够清晰。一是目标不够清晰，可操作性不强。比如说《课标（实验稿）》只提出通过数学学习让学生分析问题和解决问题，而忽略了发现问题与提出问题的重要性。二是对数学实质的表述不清楚，比如，计算的本质是什么，符号的本质是什么等，这些都需要进行修订和完善。

2003 年，教育部下发了《关于开展对义务教育课程方案及课程标准实验情况调研和修订工作的通知》。2005 年 5 月，教育部成立由东北师范大学校长史宁中教授担任修订组长的义务教育阶段数学课程标准（实验稿）修订工作组，正式启动《课标（实验稿）》的修订工作。2011 年 12 月，《义务教育数学课程标准（2011 年版）》颁布。2022 年 4 月，《义务教育数学课程标准（2022 年版）》正式颁布。下一小节再做具体阐述。

综上所述，新中国成立七十多年来的小学数学教育经历了曲折的发展过程，其中有稳步发展的时期，也有严重干扰的阶段。改革开放三十余年来，我国的小学数学教育取得了比较大的发展，已经建立了一套比较科学的严密的课程体系，已经形成了具有自身特色的数学教材，已经具备了具有中国传统的数学教学模式和经验。在新的历史发展时期，我们要加强研究、借鉴国际数学教育的成功经验，逐步稳妥地把我国数学教育推向前进。

（二）小学数学课程改革特点

纵观新中国成立以来历次小学数学课程改革，我们可以发现，每一次课程改革都是在一定的社会政治、经济、文化背景下进行的，特定时期的社会环境决定了基础教育改革的方向，体现了我国小学数学课程改革的特点。

1. 小学数学课程目标的历史发展与特点

（1）新中国成立后我国小学数学课程目标的历史发展

新中国成立七十多年来，从目标结构上看，大体上经过了{知识技能}→{知识技能，数学能力}→{知识技能，智力能力，思想品德}→{知识技能，数学思考，问题解决，情感态度}→{三会，四基，四能，情感态度}这样一个发展变化过程。目标维度的增加和内容调整，更加完整、合理，反映了小学数学教育越来越重视人的整体素质发展。

（2）新中国成立后我国小学数学课程目标的共同特点

从新中国成立后我国小学数学课程目标的历史发展过程可以看出，小学数学课程目标具有下列特点：

第一，十分强调实用性目的，如“解决简单的实际问题”等。

第二，部分强调学科目的，如“培养学生正确地、迅速地进行四则运算的能力”“具有初步的逻辑思维能力和空间观念”等。

第三，强调积极的学习态度，如“培养他们善于钻研、创造、克服困难、有始有终等品质和性格”“养成认真勤奋、独立思考、合作交流、反思质疑等学习习惯”等。

2. 我国小学数学课程改革的特点

综上所述，我国小学数学课程的演变，表现出以下特点：

（1）从“以本代纲”到“一纲一本”，再到“一纲多本”，教材多样化。在“癸卯学制”以前，全国没有统一的教育法规，数学教学只有选定教材。“癸卯学制”颁布以后的每一段时期全国都颁发过统一的课程标准。新中国成立后，除少数特殊时期（如教育革命时期、“文化大革命”时期），都有全国统一的教学大纲（或课程标准），教材也由国家指定有关人员或专门机构编写，在全国范围内统一使用。1986 年 9 月，国家教委成立了新中国第一个“全国中小学教材审定委员会”，开始实行中小学教材“编审分离”，进入了中小学教材“一纲多本”的时代，课程也由全国统一过渡到实行国家、地方、学校三级管理。

（2）“教学大纲”和“课程标准”的文件名称交替出现。一方面受到国际范围内课程标准改革运动的影响，另一方面，从教学大纲到课程标准的转变，反映了我国基础教育管理体制由“高度集中”向“分级办学、分级管理”的转变；教育理念由“知识为本”到“育人为本”的转变；教学目标由“统一要求”到“目标引领、增加弹性”，扩大学校办学自主权的转变；内容方法由“注重结果”到“结果与过程并重”的转变；评价目标与方法由“单一”到“多元”的转变；课程开发由专门机构到鼓励地方、学校自主开发的转变。

（3）课程目标以学生发展为本，以核心素养为导向，不断增加维度和调整内容，不断改进完善，更加重视人的整体素质发展，更加符合儿童实际和时代要求。

（4）从借鉴、仿照外国，到逐步增强中国特色。20 世纪初学习日本，教学计划、教材均仿照日本编制；二三十年代转而学习欧美，注重实用，强调儿童的活动和经验；50 年代学习苏联，注重知识的系统性，加强基础知识、基本技能的学习；再逐步形成我国数学教育特色，走上国际舞台，充分体现文化自信，受到广泛关注。

（5）精简算术内容，充实代数、几何、统计与概率的初步知识，渗透数学思想方法；提出由“双基”（基本知识、基本技能）到“四基”（基本知识、基本技能、基本思想、基本活动经验）的智能学习目标。

（6）由注重计算和推理，到关注学习过程的实践性、操作性、开放性和探索性，删减偏深的内容，贴近学生的生活实际，注重创新意识和实践能力的培养。

实践与反思

实　践	反　思
1. 选取你最感兴趣的某个国家数学课程，开展深入研究，并请同伴交流该国数学课程改革的特色与亮点。	1. 新中国成立以来进行了哪几次小学数学课程改革？我国小学数学课程改革有什么特点？
2. 结合具体的案例，说一说东西方小学数学教育存在哪些差异？对我国小学数学课程改革有怎样的启示？	2. 2001 年的《课标（实验稿）》对中小学数学教育有哪些积极影响？反映出哪些问题？
3. 开展课后拓展阅读，试论述新中国数学教育七十多年的发展历史。	

第二节　小学数学课程标准及其解读

一、《义务教育数学课程标准(2011年版)》及其解读

《义务教育数学课程标准(2011年版)》(以下简称《课标(2011年版)》)对《课标(实验稿)》体例与结构进行了调整;对数学的意义及课程性质作了修订;重新阐述了数学课程的基本理念;提出了"四基"目标;突出"四能";梳理了10个核心概念。简要解读如下:

(一) 课程性质与基本理念

1. 义务教育阶段数学的课程性质

(1) 课程基本属性

《课标(2011年版)》指出:"义务教育阶段的数学课程是培养公民素质的基础课程,具有基础性、普及性和发展性。"这指明了义务教育阶段数学课程的基本属性。

义务教育阶段是一个人接受学校教育的起始阶段,也是任何公民接受系统养成教育极其重要的奠基阶段。作为义务教育阶段的小学数学课程,其课程性质必然具有基础性、普及性和发展性,而非竞争性、区分性和筛选性。

(2) 课程育人功能

《课标(2011年版)》对促进学生发展的功能做了概括:"数学课程能使学生掌握必备的基础知识和基本技能,培养学生的抽象思维和推理能力,培养学生的创新意识和实践能力,促进学生在情感、态度与价值观等方面的发展。义务教育的数学课程能为学生未来生活、工作和学习奠定重要的基础。"

数学课程在学生发展上所特有的育人功能,从根本上看是数学所具有的特性赋予的。数学所具有的高度抽象性、逻辑严谨性、应用广泛性和特有的符号语言系统,所具有的模式化的数学思考方法,在培养学生的理性思维、创造能力以及促进学生"知、情、意"全面发展上具有不可替代的作用。数学课程实施、数学课堂教学所采用的所有策略、方式、途径,说到底都可归结于如何充分、合理、有效地发挥数学学科的特点,去实现其特有的育人功能。

2. 义务教育阶段数学课程基本理念

(1) 课程核心理念

《课标(2011年版)》提出:"数学课程应致力于实现义务教育阶段的培养目标,要面向全体学生,适应学生个性发展的需要,使得人人都能获得良好的数学教育,不同的人在数学上得到不同的发展。"这是数学核心理念,它表明小学数学教育不是精英教育而是大众教育,不是自然淘汰、适者生存的教育,而是人人受益、人人成长的教育。这和《课程改革纲要》中提出的"把育人为本作为教育工作的根本要求""关心每个学生,促进每个学生主

动地、生动活泼地发展，尊重教育规律和学生身心发展规律，为每个学生提供适合的教育”是一致的。我们所倡导的数学课程观是以学生发展为本，是超越学科逻辑自身而在数学育人上所做出的一种价值判断和价值追求，这才是理解“良好的数学教育”所应有的正确视角。义务教育阶段的数学课程不仅要面向全体学生，而且要适应学生个性发展的需要，也就是说既要关注“人人”，也要关注“不同的人”；既要促使全体学生数学基本质量标准的达成，也要为不同学生的多样性发展提供空间。

（2）数学课程内容的选择与组织

《课标（2011年版）》明确了数学课程内容选择的依据：“课程内容要反映社会的需要、数学的特点，要符合学生的认知规律。”需要指出的是，这不仅适用于课程设计，也适用于教师在实施课程时对课程内容的自主选择。无论是课程设计者还是课程实施者，都必须正视“选择什么样的课程内容才最有价值”这个根本性的问题，而不应该“教材编排什么就教什么”或者“考什么就教什么”。

（3）如何认识数学教学

《课标（2011年版）》认为：“教学活动是师生积极参与、交往互动、共同发展的过程。有效的教学活动是学生学与教师教的统一，学生是学习的主体，教师是学习的组织者、引导者与合作者。”“学生学习应当是一个生动活泼的、主动的和富有个性的过程。认真听讲、积极思考、动手实践、自主探索、合作交流等，都是学习数学的重要方式。学生应当有足够的时间和空间经历观察、实验、猜测、计算、推理、验证等活动过程。”

数学教学应该是教和学的行为主体具有一定参与度的活动。它不是教师单向、独白式的教学，而是教师、学生、文本之间的多向交互关联的活动体，它通过交往获得动力，通过互动得到创生。数学教学不仅仅表现为抽象的符号传授，更应是生动的、富于思维碰撞的心灵沟通。教师要鼓励学生数学学习的自主性，发展学生的个性，促进数学学习过程的开放、生动和多样，培养学生的创新意识。

数学教学最终实现的是师生的共同发展。应追求教师教和学生学的统一，统一的实质就是相互的有效交往。兴趣激发，问题驱动，思维碰撞，质疑反思，探究辨析等所支撑的是教与学双方的积极参与，沟通对话，交流互动活动、而数学的逻辑序、学生的认知发展序与数学教学流程也在这样的活动中得到适时的调整而最终趋于协调，教学的有效性就得到了保障。

（4）关于学习评价

《课标（2011年版）》指出：“学习评价的主要目的是为了全面了解学生数学学习的过程和结果，激励学生学习和改进教师教学。应建立目标多元、方法多样的评价体系。评价既要关注学生学习的结果，也要重视学习的过程；既要关注学生数学学习的水平，也要重视学生在数学活动中所表现出来的情感与态度，帮助学生认识自我、建立信心。”

数学学习评价是指根据课程目标的要求，按一定计划采取特定的方式收集和获取学生数学学习的信息，并对学生数学学习的状况作出结论的过程。目的不是对学生进行排名分等、甄别筛选，而是为了全面了解学生数学学习的过程和结果，激励学生学习和改进教师教学，促进师生共同发展。其中数学档案袋、数学反思日记、数学作文、数学调查报告、数学观察、数学小课题研究、数学口试等方式都是值得提倡的学习评价方式。在学习评价中，结果与过程、学习水平和情感态度都是有机关联的，它们在评价中同等重要，应正确处理两者的辩证关系，使数学学习评价真正发挥它应有的功能。

（5）信息技术在小学数学中的运用

《课标（2011 年版）》指出："信息技术的发展对数学教育的价值、目标、内容以及教学方式产生了很大的影响。数学课程的设计与实施应根据实际情况合理地运用现代信息技术，要注意信息技术与课程内容的整合，注重实效。要充分考虑信息技术对数学学习内容和方式的影响，开发并向学生提供丰富的学习资源，把现代信息技术作为学生学习数学和解决问题的有力工具，有效地改进教与学的方式，使学生乐意并有可能投入到现实的、探索性的数学活动中去。"

信息技术要做到合理运用，注重实效。也就是说，要充分了解信息技术的功能与特点，正确把握信息技术运用于教学实际的长处与不足；要清楚运用信息技术的目的是为了解决数学教学上的难点，有利于学生更好地理解与思考。要在计算机技术支持下，通过观察、实验、探究、猜想、验证、推理与交流等多种方式进行数学活动，积累多样化的数学活动经验，创造性地解决问题。

教师要不断提高自制教学课件、微课、微视频等信息技术能力，将信息技术与数学课程建立有机关联，注重有机整合，要注重应用实效，为学生数学素养的全面提升提供有力的支持。

（二）课程实施建议

1. 教学建议

数学教学应根据具体的教学内容，注意使学生在获得间接经验的同时也能够有机会获得直接经验，即从学生实际出发，创设有助于学生自主学习的问题情境，引导学生通过实践、思考、探索、交流等，获得数学的基础知识、基本技能、基本思想、基本活动经验，促使学生主动地、富有个性地学习，不断提高发现问题和提出问题的能力、分析问题和解决问题的能力。

（1）数学教学活动要注重课程目标的整体实现

《课标（2011 年版）》将课程目标分为总目标和学段目标。每个层次都从知识技能、数学思考、问题解决、情感态度四个方面进行阐述，并强调这四个方面目标有机结合，整体实现课程目标。课程目标中的行为动词分成描述结果目标和描述过程目标两类。过程目标用"经历、体验、探索"等来描述，结果目标用"了解、理解、掌握、运用"等来描述。为使每个学生都能受到良好的数学教育，将以往教学中强调的双基增加为四基，即基础知识、基本技能、基本思想、基本活动经验。

课程目标的整体实现需要日积月累。在日常的教学活动中，教师应努力挖掘教学内容中可能蕴涵的与上述四个方面目标有关的教育价值，通过长期的教学过程，逐渐实现课程的整体目标。因此，无论是设计、实施课堂教学方案，还是组织各类教学活动，不仅要重视学生获得知识技能，而且要激发学生的学习兴趣，通过独立思考或者合作交流感悟数学的基本思想，引导学生在参与数学活动的过程中积累基本经验，帮助学生形成认真勤奋、独立思考、合作交流、反思质疑等良好的学习习惯。

(2) 重视学生在学习活动中的主体地位

有效的数学教学活动是教师教与学生学的统一，应体现“以人为本”的理念，促进学生的全面发展。

学生是数学学习的主体，在积极参与学习活动的过程中不断得到发展。学生获得知识，必须建立在自己思考的基础上，可以通过接受学习的方式，也可以通过自主探索等方式；学生应用知识并逐步形成技能，离不开自己的实践；学生在获得知识技能的过程中，只有亲身参与教师精心设计的教学活动，才能在数学思考、问题解决和情感态度方面得到发展。

教师应成为学生学习活动的组织者、引导者、合作者，为学生的发展提供良好的环境和条件。教师的“组织”作用主要体现在两个方面：第一，教师应当准确把握教学内容的数学实质和学生的实际情况，确定合理的教学目标，设计一个好的教学方案；第二，在教学活动中，教师要选择适当的教学方式，因势利导、适时调控，努力营造师生互动、生生互动、生动活泼的课堂氛围，形成有效的学习活动。

(3) 注重学生对基础知识、基本技能的理解和掌握

数学知识的教学，应注重学生对所学知识的理解，体会数学知识之间的关联。学生掌握数学知识，不能依赖死记硬背，而应以理解为基础，并在知识的应用中不断巩固和深化。为了帮助学生真正理解数学知识，教师应注重数学知识与学生生活经验的联系、与学生学科知识的联系，组织学生开展实验、操作、尝试等活动，引导学生进行观察、分析，抽象概括，运用知识进行判断。教师还应揭示知识的数学实质及其体现的数学思想，帮助学生理清相关知识之间的区别和联系等。

数学知识的教学，要注重知识的“生长点”与“延伸点”，把每节课教学的知识置于整体知识的体系中，注重知识的结构和体系，处理好局部知识与整体知识的关系，引导学生感受数学的整体性，体会对于某些数学知识可以从不同的角度加以分析、从不同的层次进行理解。

在基本技能的教学中，不仅要使学生掌握技能操作的程序和步骤，还要使学生理解程序和步骤的道理。例如，对于整数乘法计算，学生不仅要掌握如何进行计算，而且要知道相应的算理；对于尺规作图，学生不仅要知道作图的步骤，而且要能知道实施这些步骤的理由。

基本技能的形成，需要一定量的训练，但要适度，不能依赖机械地重复操作，要注重训练的实效性。教师应把握技能形成的阶段性，根据内容的要求和学生的实际，分层次地落实。

(4) 感悟数学思想，积累数学活动经验

数学思想蕴涵在数学知识形成、发展和应用的过程中，是数学知识和方法在更高层次上的抽象与概括，如抽象、分类、归纳、演绎、模型等。学生在积极参与教学活动的过程中，通过独立思考、合作交流，逐步感悟数学思想。

数学活动经验的积累是提高学生数学素养的重要标志。帮助学生积累数学活动经验是数学教学的重要目标，是学生不断经历、体验各种数学活动过程的结果。数学活动经验需要在“做”的过程和“思考”的过程中积淀，是在数学学习活动过程中逐步积累的。

（5）关注学生情感态度的发展

根据课程目标，教师要把落实情感态度的目标作为己任，努力把情感态度目标有机地融合在数学教学过程之中。设计教学方案、进行课堂教学活动时，应当经常考虑如下问题：如何引导学生积极参与教学过程？如何组织学生探索，鼓励学生创新？如何引导学生感受数学的价值？如何使学生愿意学，喜欢学，对数学感兴趣？如何让学生体验成功的喜悦，从而增强自信心？如何引导学生善于与同伴合作交流，既能理解、尊重他人的意见，又能独立思考、大胆质疑？如何让学生做自己能做的事，并对自己做的事情负责？如何帮助学生锻炼克服困难的意志？如何培养学生良好的学习习惯？

在教育教学活动中，教师要尊重学生，以强烈的责任心，严谨的治学态度，健全的人格感染影响学生；要不断提高自身的数学素养，善于挖掘教学内容的教育价值；要在教学实践中善于用课程标准的理念分析各种现象，恰当地进行养成教育。

（6）合理把握“综合与实践”的实施

“综合与实践”的实施是以问题为载体、以学生自主参与为主的学习活动。它有别于学习具体知识的探索活动，更有别于课堂上教师的直接讲授。它是教师通过问题引领，学生全程参与，实践过程相对完整的学习活动。

积累数学活动经验，培养学生应用意识和创新意识是数学课程的重要目标，应贯穿整个数学课程之中。“综合与实践”是实现这些目标的重要和有效的载体。“综合与实践”的教学，重在实践、重在综合。重在实践是指在活动中，注重学生自主参与、全过程参与，重视学生积极动脑、动手、动口。重在综合是指在活动中，注重数学与生活实际、数学与其他学科、数学内部知识的联系和综合应用。

教师在教学设计和实施“综合与实践”活动时，应特别关注的几个环节是：问题的选择、问题的展开过程、学生参与的方式、学生的合作交流、活动过程和结果的展示与评价等，其中选择恰当的问题是关键。提倡教师研制、开发、生成出更多适合本班学生特点的且有利于实现“综合与实践”课程目标的好问题。

（7）教学中应当注意的几个关系

教师在具体教学实施时，还应注意处理好以下几个关系：

① 处理好“预设”与“生成”的关系。

② 处理好面向全体学生与关注学生个体差异的关系。

③ 处理好合情推理与演绎推理的关系。

④ 处理好使用现代信息技术与教学手段多样化的关系。

⑤ 处理好学生主体地位和教师主导作用的关系。

2. 评价建议

评价不仅要关注学生的学习结果，更要关注学生在学习过程中的发展和变化。应采用多样化的评价方式，恰当呈现并合理利用评价结果，发挥评价的激励作用，保护学生的自尊心和自信心。通过评价得到的信息，可以了解学生数学学习达到的水平和存在的问题，帮助教师进行总结与反思，调整和改进教学内容与教学过程。

（1）基础知识和基本技能的评价

对基础知识和基本技能的评价，应以各学段的具体目标和要求为标准，考查学生对基础知识和基本技能的理解与掌握程度，以及在学习基础知识与基本技能过程中的表现。应采取灵活多样的方法，定性与定量相结合、以定性评价为主。

每一学段的目标是该学段结束时学生应达到的要求，教师需要根据学习的进度和学生的实际情况确定具体的要求。例如，表 2－1 是对第一学段有关计算技能的基本要求，这些要求是在学段结束时应达到的，评价时应注意把握尺度，对计算速度不做过高要求。

表 2－1　第一学段学生计算技能评价要求

学习内容	速度要求
20 以内加减法和表内乘除法口算	8～10 题/分钟
百以内加减法和一位数乘除两位数口算	3～4 题/分钟
两位数和三位数加减法笔算	2～3 题/分钟
两位数乘两位数笔算	1～2 题/分钟
一位数乘除两位数和三位数笔算	1～2 题/分钟

教师应允许学生经过较长时间的努力，使数学知识与技能的积累逐步达到学段目标。在实施评价时，可以对部分学生采取“延迟评价”的方式，提供再次评价的机会，使他们看到自己的进步，树立学好数学的信心。

（2）数学思考和问题解决的评价

数学思考和问题解决的评价要依据总目标和学段目标的要求，体现在整个数学学习过程中。对数学思考和问题解决的评价应当采用多种形式和方法，特别要重视在平时教学和具体的问题情境中进行评价。

例如：“案例再现”就是为了评价学生的数学思考和问题解决能力。第 1、2 题是基本要求，所有学生必须能够完成；第 3、4 题是拔高要求，供学有余力的学生完成，教师要对这部分学生给予充分肯定。学生解决问题的策略可能与教师预设有所不同，教师应给予恰当的评价。

（3）情感态度的评价

情感态度的评价应依据课程目标的要求，采用课堂观察、活动记录、课后访谈等适当的方法进行。主要在平时教学过程中进行，注重考查和记录学生在不同方面的表现，了解学生情感态度的状况及变化。

例如，主动参与学习活动；学习数学的兴趣和自信心；克服困难的勇气；与他人合作；与同伴和老师交流……教师可以根据实际情况用灵活多样的方式记录学生情感态度的情况，用恰当的方式给学生以反馈和指导。

(4) 注重对学生数学学习过程的评价

学生在数学学习过程中，知识技能、数学思考、问题解决和情感态度等方面的表现不是孤立的，这些方面的发展综合体现在数学学习过程之中。在评价学生每一个方面表现的同时，要注重对学生学习过程的整体评价，分析学生在不同阶段的表现特征和发展变化。评价时应采取灵活的方式记录、保留和分析学生在不同方面的表现。

(5) 体现评价主体的多元化和评价方式的多样化

评价主体的多元化是指教师、家长、同学及学生本人都可以作为评价者，可以综合运用教师评价、学生自我评价、学生相互评价、家长评价等方式，对学生的学习情况和教师的教学情况进行全面的考查。评价方式多样化体现在多种评价方法的运用，每种评价方式都具有各自的特点，教师应结合学习内容及学生学习的特点，选择适当的评价方式。

(6) 恰当地呈现和利用评价结果

评价结果的呈现应采用定性与定量相结合的方式。第一学段的评价应当以描述性评价为主，第二学段采用描述性评价和等级评价相结合的方式。评价结果的呈现，应该更多地关注学生的进步，关注学生已经掌握了什么，获得了哪些提高，具备了什么能力，还有什么潜能，在哪些方面还存在不足，等等。教师要注意分析全班学生评价结果，寻求改善教学的对策。同时，以适当的方式，将学生一些积极的变化及时反馈给学生。

(7) 合理设计与实施书面测验

书面测验是考查学生课程目标达成状况的重要方式，合理地设计和实施书面测验有助于全面考查学生的数学学业成就，及时反馈教学成效，不断提高教学质量。

实施书面测验必须准确把握课程内容中的要求。设计试题时，应淡化特殊的解题技巧，不出偏题怪题；应关注并且体现学生核心素养的评价；应合理设计试题类型，有效地发挥各种类型题目的功能；应积极探索可以考查学生学习过程的试题，了解学生的学习过程。

3. 课程资源开发与利用建议

数学教学过程中恰当地使用数学课程资源，将在很大程度上提高学生从事数学活动的水平和教师从事教学活动的质量。教材编写者、教学研究人员、教师和有关人员应依据本标准，有意识、有目的地开发和利用各种课程资源。

(1) 文本资源

文本资源包括教科书、教师用书、教与学的辅助用书、教学挂图等。教师要认真钻研教科书和教师用书，理解教材的编写意图，弄清每一部分内容的教学要求与重点，梳理核心内容。

(2) 信息技术资源

教师应利用和创造一切有利条件，积极开发适合自身课堂教学的信息技术资源，为学生的学习和发展提供丰富多彩的教育环境和有力的学习工具与评价工具；为学生提供探索复杂问题、多角度理解数学的机会，丰富学生的数学视野，提高其数学素养；为有需要的学生提供个体学习的机会，以便于教师为特殊需要的学生提供帮助；为教育条件欠发达地区的学生提供教学指导和智力资源，更有效地吸引和帮助学生进行数学学习。

(3) 社会教育资源

在数学教学活动中，应当积极开发利用社会教育资源。例如，邀请有关专家向学生介绍数学在自然界、科学技术、社会生活和其他学科发展中的应用，帮助学生体会数学的价值；邀请教学专家与教师共同开展教学研究，以促进教师的专业成长。

(4) 环境与工具

教师应当充分利用日常生活环境中与数学有关的信息，开发成为教学资源。教师应当努力开发制作简便实用的教具和学具，有条件的学校可以建立“数学实验室”供学生使用，以拓宽他们的学习领域，培养他们的实践能力，发展其个性品质与创新精神，促进不同的学生在数学上得到不同的发展。

(5) 生成性资源

生成性资源是在教学过程中动态生成的，如师生交互及生生交流过程中产生的新情境、新问题、新思路、新方法、新结果等。合理地利用生成性资源有利于提高教学的有效性。

二、《义务教育数学课程标准(2022 年版)》及其解读

在党的十九大报告中，习近平总书记明确指出“要全面贯彻党的教育方针，落实立德树人根本任务”。为落实党中央对教育的决策部署，义务教育数学课程标准修订组将发展学生数学学科核心素养作为数学课程落实立德树人根本任务的重要载体，对《课标(2011年版)》进行了修订，《义务教育数学课程标准(2022 年版)》(以下简称《课标(2022 年版)》)于 2022 年 4 月颁布实施。其主要修改变化如下：

(一) 课程标准发展取向:“内容为纲+质量驱动”并驾齐驱

要落实立德树人教育根本任务，课程标准就不能仅仅停留在规定学生“学什么”，还应关注学生“学会什么”“学得怎么样”和“后继发展”。因此，《课标(2022 年版)》增加了能刻画学生学业成就具体表现特征的“学业质量标准”，使课程标准走向“内容标准+学业质量标准”的统整。

《课标(2022 年版)》中的学业质量标准是以核心素养为主要维度，结合课程内容，对学生学业成就具体表现特征的整体刻画，分别描述了各学段学生在一定的问题情境下，以结构化的数学知识主题为载体，形成与发展核心素养的情况。学业质量标准是学业水平考试命题及评价的依据，同时对学生的学习活动、教师的教学活动、教材的编写等具有重要的指导作用。学业质量标准是现有课程标准的有益补充和完善，二者联合构成一个有机的整体。《课标(2022 年版)》实现了从内容标准与学业质量标准两方面构建更为完善的义务教育阶段育人体系的飞跃，标志着我国课程标准从“内容为纲”时代走向“内容为纲”与“质量驱动”并驾齐驱的新时期。

(二) 课程理念与目标:以“核心素养”引领

发展学生的数学学科核心素养，达到培养具备能适应终身发展和社会发展需要的必备品格和关键能力的社会主义建设者和接班人的教育目标是《课标(2022 年版)》修订的

关键领域和主要环节之一。

《课标(2022 年版)》课程理念包括五个方面:① 确立核心素养导向的课程目标;② 设计体现结构化特征的课程内容;③ 实施促进学生发展的教学活动;④ 探索激励学习和改进教学的评价;⑤ 促进信息技术与数学课程的融合。

至今为止,数学发展所依赖的基本思想在本质上有三个:抽象、推理和模型。据此,史宁中教授认为数学核心素养的本质就是“三会”——会用数学的眼光观察世界、会用数学的思维思考世界、会用数学的语言表达世界。为了彰显数学课程在培养不同阶段学生的核心素养上具有整体性与一致性的特点,《课标(2022 年版)》直接以“三会”为课程目标进行顶层设计,以此统领“四基”“四能”“情感态度价值观”,构建了义务教育阶段学生发展核心素养的数学课程目标体系。

这是对《课标(2011 年版)》以“四基”“四能”为导向的教学目标的继承与发展。“四基”“四能”是发展学生核心素养的有效载体,教师在制订教学目标时,应准确把握数学内容,充分理解核心素养,在培养“四基”“四能”的过程中构建形成和发展核心素养的桥梁。

(三) 小学数学课程内容的主要变化

在课程内容部分,《课标(2022 年版)》和《课标(2011 年版)》一样,仍包括四个学习领域:数与代数、图形与几何、统计与概率、综合与实践。不同的是,《课标(2022 年版)》调整了学段划分以及部分领域的内容结构,并更加注重综合与实践部分的布局(见表 2-2)。

表 2-2　两版课标小学阶段课程内容主题的比较

内容领域	《课标(2022 年版)》			《课标(2011 年版)》	
	学段			学段	
	第一学段 (1—2 年级)	第二学段 (3—4 年级)	第三学段 (5—6 年级)	第一学段 (1—3 年级)	第二学段 (4—6 年级)
数与代数	1. 数与运算 2. 数量关系	1. 数与运算 2. 数量关系	1. 数与运算 2. 数量关系	1. 数的认识 2. 数的运算 3. 常见的量 4. 探索规律	1. 数的认识 2. 数的运算 3. 式与方程 4. 正比例、反比例 5. 探索规律
图形与几何	1. 图形的认识与测量	1. 图形的认识与测量 2. 图形的位置与运动	1. 图形的认识与测量 2. 图形的位置与运动	1. 图形的认识 2. 测量 3. 图形的运动 4. 图形与位置	1. 图形的认识 2. 测量 3. 图形的运动 4. 图形与位置
统计与概率	1. 数据分类	1. 数据的收集、整理与表达	1. 数据的收集、整理与表达 2. 随机现象发生的可能性	1. 分类	1. 简单数据统计过程 2. 随机现象发生的可能性
综合与实践	主要采用主题式学习				

由表 2－2 可见,《课标(2022 年版)》在课程内容的安排上,体现了结构化特征,分别对四个内容领域进行了整合或调整。其中小学阶段“数与代数”将《课标(2011 年版)》的五个主题整合为数与运算、数量关系两个主题;“图形与几何”部分将《课标(2011 年版)》的四个主题整合为图形的认识与测量、图形的位置与运动两个主题;“统计与概率”把“分类”调整为“数据分类”;“综合与实践”设计了“主题式学习”。此外,与以往不同的是,《课标(2022 年版)》在课程内容的呈现上,分别从“内容要求”“学业要求”“教学提示”三个方面展开描述,以对教学实施与评价提供依据,提高了课程标准的指导性。新课标对四个内容领域中具体知识点作出的改变主要包括以下几个方面。

1. 数与代数:强调代数推理

(1) 新增“计数单位”,感悟运算的一致性

《课标(2022 年版)》要求学生在理解整数、小数、分数意义的同时,理解其基于计数单位表达的一致性。指出,数的认识与数的运算均要以“计数单位”作为核心要素统领,使学生理解整数、分数、小数的四则运算都要在相同计数单位下进行,感悟数运算的一致性。

(2) 补充“基本事实”,推动小学代数推理

代数中也存在广泛的演绎推理。小学阶段的代数推理主要体现在理解符号的意义与数字的不同属性,明晰加减乘除运算中的算理等。《课标(2022 年版)》在“数与代数”部分增加了数学基本事实:“等量的等量相等”和“总量等于各分量之和”。目的在于关注代数领域的逻辑推理,并作为解决实际问题过程中推理的依据,帮助学生形成初步的推理意识。

(3) 删减“方程与反比例”,保证数概念教学的完整性

基于保证数学概念教学完整性的考虑,《课标(2022 年版)》将数与代数中的负数、方程、反比例等知识点调整到初中阶段进行系统学习,其中负数会作为主题活动与项目学习的知识在第三学段“综合与实践”中出现。

2. 图形与几何:加强几何直观

(1) 增加两个“尺规作图”,加强几何直观

《课标(2022 年版)》在第二学段“图形与几何”部分,增加了两个尺规作图:“作给定线段”和“作三角形周长”。目的是改善小学生动手操作少的现象,使学生通过直观感受图形的性质,增强几何直观。

(2) 借助实物,提升空间想象力

《课标(2022 年版)》多次提到培养和发展学生的“空间想象力”。其关键在于借助现实生活中的实物,引导学生通过观察、操作等活动,建立三维立体图形与展开后的二维平面图形之间的联系。空间观念有助于理解现实生活中空间物体的形态与结构,是形成空间想象力的经验基础。

3. 统计与概率:形成数据意识

(1) 将“分类”调整为“数据分类”,形成数据意识

《课标(2011年版)》第一学段中的“分类”的本质是根据信息对事物进行分类,《课标(2022年版)》调整为“数据分类”。除鼓励学生在活动中学会物体的简单分类外,也提倡让学生经历从事物分类到数据分类的过程,感悟如何根据事物的不同属性确定标准,依据标准区分事物,形成不同的类。在学习统计图表时,学生将进一步认识数据的分类,从中感悟对事物共性的抽象过程,不仅为统计学习,也为数学学习奠定基础。

(2) 增加“百分数”的统计意义,顺应大数据时代

《课标(2022年版)》将“百分数”调整放在“统计与概率”(《课标(2011年版)》放在“数与代数”)领域进行学习,要求学生能理解百分数的统计意义,并结合统计图体会百分数中蕴含的部分与整体的关系,从而形成数据意识,发展应用意识。

4. 综合与实践:强调跨学科的应用意识

(1) 跨学科的综合实践活动,增强应用意识

《课标(2022年版)》强调培养学生跨学科应用意识和实践能力的重要性,专门设立跨学科主题学习活动,有助于让学生发展模型意识和应用意识,感悟从实际情境中抽象出数量关系,用数学的语言进行交流与表达,进而培养学生解决真实问题的能力。

(2) 低学段以“主题式学习”为主,加强学科关联

《课标(2022年版)》分别为小学三个学段提供了主题活动和项目学习的名称及具体活动内容,要求教材编写与教学设计过程中关注主题内容的选取和学生的接受能力,达到主题活动的内容要求和学业要求。在主题活动中,学生将面对现实的背景,从数学的角度发现并提出问题,综合运用数学和其他学科的知识与方法,分析并解决问题。

(四) 课程实施:以《课标(2022年版)》为依据

课程标准作为国家标准,是课程开发建设、课程实施、课程评价与管理的准绳。

1. 指向核心素养的教学目标

《课标(2022年版)》以学科核心素养为纲领,将其贯穿课程标准修订的全过程,使课程标准的各个组成部分保持内在的一致性和统一性。因此,在课程实施中贯彻以核心素养为导向的理念,将课程标准作为教学目标制订、教材编写、考试评价等一系列课程实施活动的依据。在教学中以“四基”为基础,“四能”为途径,“三会”为行为表现,发展学生的数学核心素养,形成“四基—四能—三会”这样一条明晰的教学主线。

2. 基于学业质量标准的考试评价

评价在教学过程中起着促进教学的重要作用,《课标(2022年版)》提倡以教学评价和学业水平考试两种方式发挥评价的育人功能。教师的日常教学评价应兼顾方式丰富、维度多元、主体多样的特点,并根据学生的年龄特征,小学低学段以定性的描述性评价方式为主,小学高学段可以采用描述性评价和等级评价相结合的方式。教学评价应做到关注学生的进步,提升学生学习数学的信心与兴趣。对于学业水平考试而言,当前“考什么就

教什么”的教育现象深刻反映了考试评价对于日常教学的驱动效应。学业水平考试对于学生学习是具有指挥棒作用的。因此，为了落实课程标准的培养目标，学业水平考试应严格以学业质量标准为依据，在命题的内容与水平要求方面，应以课程标准中内容要求、学业要求与学业质量标准为蓝图，明确考查意图，合理创设情境，对学生学完本课程后课程目标达成度进行终结性评价。

3. 关注核心素养发展的教材编写

教材为师生的教学活动提供了学习主题、基本线索和知识结构，是实现数学课程目标、实施数学教学的重要资源。小学数学教材目标建设的素养化是落实小学数学课程素养化的关键，也是小学数学教师落实数学素养的支撑与依据。彰显《课标(2022 年版)》课程理念的教材应具有如下内容特点：一是在内容结构上注重整体性，有利于教师组织基于自然单元并以核心内容为线索的单元整体教学活动；二是在内容组织上注重一致性，使核心素养的培养能贯穿义务教育阶段始终；三是在内容的认知要求上满足阶段性的特征，遵循螺旋上升原则，助力“三会”的数学核心素养从意识到能力的形成。

4. 促进深化落实课标的教师培训

《课标(2022 年版)》将“教学研究与教师培训”作为课程实施的重要组成部分单独列出。课程标准最终落实的效果主要靠小学数学教师的实施情况决定，为了帮助教师认识课程改革的背景、意义、思路和要求，深刻领会课程改革的顶层设计意图，切实解决教师在教学实践中的困惑，《课标(2022 年版)》特别提出重视教学研究与教师培训：一方面，《课标(2022 年版)》提倡以研促学，以研促教，用科学的研究方法寻求优化和改进教学实践的合理化建议；另一方面，《课标(2022 年版)》指出教师培训应面向全体教师，并坚持“先培训后实施”，提升数学教师的专业素养和教学能力，以促进学生核心素养的形成和发展。

《课标(2022 年版)》的颁布意味着我国义务教育正式进入以立德树人为根本任务的深化课程改革阶段。《课标(2022 年版)》是对《课标(2011 年版)》的继承与发展，它完成了以核心素养为导向的义务教育阶段数学学科内容标准与学业质量标准的研制，完善了课程标准的体系构建，充分体现和落实习近平总书记在“二十大”中提出的“坚持教育优先发展”“坚持为党育人、为国育才”“办好人民满意的教育”的要求，为“着力造就拔尖创新人才”夯实基础。作为小学数学教师，要充分领悟和学习新课程标准所提出的“加强核心素养导向，完善课程标准体系”，加强学生的代数推理，并帮助学生理解数的概念与数的运算的一致性；增强学生的几何直观；顺应大数据时代的要求，发展学生的数据意识；应选择适当的问题情境，以解决实际问题为目的，组织学生通过运用数学和其他学科的知识技能、思想方法，并让学生亲身经历发现问题、提出问题、分析问题、解决问题的过程，形成和发展应用意识和模型意识；应结合小学数学学业质量标准，在阶段性数学课程学习后，评价学生“四基”“四能”以及数学核心素养的学业表现，有效实现“教”“学”“评”的一致性。

实践与反思

实　践	反　思
1. 结合具体案例，谈谈你对“教学活动是师生积极参与、交往互动、共同发展的过程”的理解和认识。	1. 义务教育阶段数学课程的基本属性是什么？
2. 同伴交流，义务教育阶段数学课程的基本理念是什么？谈谈你对小学数学课程核心理念的理解和认识。	2.《课标（2022 年版）》与《课标（2011 年版）》相比，主要发生了哪些变化？
3. 举例说明，小学数学教学中应该处理好哪些关系？	

第三节　数学课程标准中的数学核心素养

数学核心素养是数学学习者在学习数学或学习数学某一个领域时，应达成的综合性能力，是数学教与学过程中应当特别关注的基本素养。核心素养不是指具体的知识技能，也不是一般意义上的数学能力。核心素养基于数学知识技能，又高于具体的数学知识技能。核心素养反映数学本质与数学思想，是在学习数学的过程中形成的，具有综合性、阶段性和持久性等特征。数学核心素养与数学课程的目标和内容直接相关，这对于理解数学学科本质，设计数学教学，以及开展数学评价等有着重要的意义和价值。

一、小学阶段数学核心素养的内涵

1. 会用数学的眼光观察现实世界

数学为人们提供了一种认识与探究现实世界的观察方式。与其他自然科学不同，数学的研究对象是现实世界中抽象的数量关系与空间形式，因此需要通过数学特有的手段，比如“量化”“符号化”等方法，得到数学的研究对象。数学的眼光可以看作数学抽象的门槛，更接近一种从数学出发看问题的角度。在小学阶段，初步学会用数学眼光观察世界，形成和发展数感、量感、符号意识、几何直观和空间观念，让学生初步认识和了解数学具有抽象的特征。

2. 会用数学的思维思考现实世界

数学为人们提供了一种理解与解释现实世界的思考方式。在得到数学的研究对象之后，需要借助数学的方法得到数学的研究结果，逻辑推理是数学得以严谨发展的有效方法。小学阶段需要有推理意识，包括能通过一些简单的归纳或类比，猜想或发现一些初步的结论，或运用算法法则，体会数学从一般到特殊的论证过程，但还达不到逻辑推理的高度。因此在小学阶段，初步学会用数学的思维思考现实世界，形成和发展推理意识、运算能力，让学生初步认识和了解数学具有严谨性的特征。

3. **会用数学的语言表达现实世界**

数学为人们提供了一种描述与交流现实世界的表达方式。在得到数学的研究结果后，反过来将研究结果应用于现实世界，构建数学模型是应用数学的基本途径。小学阶段需要有构建数学模型的意识，如能够意识到生活中的大量问题都与数学有关，有意识地用数学的概念与方法予以解释，但还达不到数学建模的难度。因此在小学阶段，会用数学的语言表达现实世界，形成和发展模型意识、数据意识，让学生初步认识和了解数学具有广泛应用性的特征。

二、小学阶段数学核心素养的构成

《课标(2011 年版)》提出了数感、符号意识、空间观念等体现学生数学素养的“十个关键词”。《课标(2022 年版)》在此基础上增加了“量感”，将这“十一个关键词”作为义务教育阶段学生核心素养的具体表现，并依据“三会”观点进行了归类。下面做简要解读与分析：

(一) 会用数学的眼光观察现实世界

在小学教育阶段，学生数学眼光主要表现抽象能力(数感、量感、符号意识)、几何直观、空间观念与创新意识，逐步养成从数学角度观察现实世界的意识与习惯，发展好奇心、想象力和创新意识。

1. **数感**

数感，即对数的感觉，主要是指对于数与数量、数量关系及运算结果的直观感悟。能够在真实情境中理解数的意义，能用数表示物体的个数或事物的顺序；能在简单的真实情境中进行合理估算，作出合理判断；能初步体会并表达事物蕴含的简单数量规律。

数与数量的感悟是在数的认识过程中形成的。数是数量的抽象，学生认识抽象的数，首先要感悟相关的数量，再由数量抽象为数。数量是相对具体的，是对具体事物的数量特征上的描述。由数量抽象为数，就脱离了具体的事物，表示为抽象意义的数。小学阶段主要包括整数、分数、小数的认识，这些内容的教学都是学生建立数感的过程。基本的数量关系是相等和不等，包括数量之间的关系与运算之间的关系。对运算结果的估计包含在数的运算过程中，根据数的意义估计运算的结果。建立数感，有助于学生理解现实生活中数的意义，理解或表述具体情境中的数量关系，初步感受数学表达的简洁与精确，增强好奇心，培养学习数学的兴趣。

数感是形成抽象能力的经验基础。它不会像知识技能的习得那样立竿见影，需要在教学中潜移默化，积累经验，经历一个逐步建立、发展的过程。教师在培养学生数感时要处理好阶段性和发展性的关系，并做到以下几点：一是重视学生，特别是低年级学生对数概念的建立，让学生多经历有关数的活动过程，逐步积累数感经验；二是在计算教学，特别是估算教学中发展数感；三是紧密结合现实生活情境和实例，在解决实际问题中培养并展现数感。

2. **量感**

量感主要是指对事物的可测量属性及大小关系的直观感知。知道度量的意义,能够理解统一度量单位的必要性;会针对真实情境选择合适的度量单位进行度量,会在同一度量方法下进行不同单位的换算;初步感知度量工具和方法引起的误差,能合理得到或估计度量的结果。在小学阶段,量感主要是指对长度、面积、体积、时间、质量、货币等的感性认识。量感是一种感性认识,其建立与发展和学生的经验密切有关。

建立量感有助于养成用定量的方法认识和解决问题的习惯,是形成抽象能力和应用意识的经验基础。教师在培养学生量感时要做到以下几点:一是要采取多种方式,让学生通过看一看、摸一摸、量一量、称一称等活动去感知,进而形成鲜明的表象,建立单位量的概念,形成量感。二是量感建立的起始阶段很可能是片面的、不稳定的,需要通过反复体验来积累自身经验。三是教师不仅要注重培养学生的单位量感,还要不断叠加数量,让学生逐渐建立不同的量感,培养学生的估测意识。总之,教师不仅要对量感的内涵和价值做到心中有数,还要借助课堂教学和课外实践活动,切实让学生的量感内化于心、外化于行。

3. **符号意识**

符号意识主要是指能够感悟符号的数学功能。知道符号表达的现实意义;能够初步运用符号表示数量、关系和一般规律;知道用符号表达的运算规律和推理结论具有一般性;初步体会符号的使用是数学表达和数学思考的重要形式。

符号对于数学来说是特有的。它既是数学的语言,也是数学的工具,更是数学的方法。与数相比,符号较为抽象,可以简洁地表示数和数量关系。数学符号蕴涵了数学的基本性质,由于数学符号的高度抽象性,它激发的联想更是多方位、多层次、高度发散的。在数学学习中,无论是概念、命题学习还是问题解决,都涉及用符号去表征数学对象,并用符号去进行运算、推理,得到一般性的结论。

符号意识是形成抽象能力和推理能力的经验基础。符号本身就具有促进理解,帮助记忆的教学功能。建立数学符号意识,教师可从以下方面着手:一是在概念、命题、公式的教学中,引导、帮助学生理解符号以及表达式或关系式的意义,培养符号意识。如:理解"$+-\times\div$""$><=$"等运算符号和关系符号的含义,能用符号和词语描述万以内数的大小;能用方程表示简单情境中的等量关系,等等。二是结合现实情境培养学生的符号意识。一方面,引导学生对现实情境问题进行符号的抽象和表达;另一方面,启发学生对某一特定的符号表达式进行多样化的现实意义的填充和解读。三是在数学问题解决过程中发展学生的符号意识。引导学生经历发现问题、提出问题、分析问题、解决问题,实际上就是使用符号进行运算、推理和数学思考的全过程,在这一过程中积累运用符号的数学活动经验,更好地感悟符号所蕴含的数学思想本质,逐步促进学生符号意识得到提高。

4. **几何直观**

几何直观主要是指运用图表描述和分析问题的意识与习惯。能够感知各种几何图形及其组成元素,依据图形的特征进行分类;根据语言描述画出相应的图形,分析图形的性质;建立形与数的联系,构建数学问题的直观模型;利用图表分析实际情境与数学问题,探索解决问题的思路。

几何直观在本质上是一种通过图形所展开的数学思考和想象能力。借助几何直观可以把复杂的数学问题变得简明、形象，有助于把握问题的本质，明晰思维的路径；有助于探索解决问题的思路，预测结果。

小学生的思维水平处在具体思维向抽象思维过渡的阶段，因此在学习较为抽象的内容，特别是理解较为复杂的数量关系时，需要具体事物的支持。将抽象的数学语言与直观的几何图形有机地结合起来，将抽象思维与形象思维结合起来，充分体现问题的本质，有助于学生思维的发展，突破由数学的抽象性所带来的学习阻碍。例如，我们可以借助图形的面积帮助学生理解乘法分配律，借助线段图分析、解决问题，借助画图理解倍数问题、分数概念、路程问题等。

几何直观可以帮助学生直观地理解数学，在整个数学学习过程中都发挥着重要作用。许多重要的数学内容、概念都具有"数"和"形"两方面的本质特征。小学阶段几何直观的培养，就是学会从两个方面认识数学的这些对象，也就是说数形结合是认识数学的基本角度、基本方法和基本要求。发展学生的几何直观能力需要注意：在教学中使学生逐步养成画图的习惯；重视变换——让图形动起来；学会从"数"与"形"两个角度认识数学；掌握、运用一些基本图形解决问题。

5. 空间观念

空间观念主要是指对空间物体或图形的形状、大小及位置关系的认识。能够根据物体特征抽象出几何图形，根据几何图形想象出所描述的实际物体；想象并表达物体的空间方位和相互之间的位置关系；感知并描述图形的运动和变化规律。

空间观念是有关形体在头脑中形成的表象，当脱离具体形象时还能在头脑中反映出来，它在几何学习中具有重要意义。空间观念的形成是一个包括观察、想象、比较、综合、抽象、类比、分析的过程，是建立在实物直接感知基础上的、对空间与平面相互关系的理解和把握。它贯穿在图形与几何学习的全过程中，无论是图形的认识，图形的运动，图形与位置等都承载着发展学生空间观念的任务。

空间观念有助于理解现实生活中空间物体的形态与结构，是形成空间想象力的经验基础。培养空间观念应注意以下几点：一是依据现实情境和学生经验发展空间观念；二是利用多种途径如生活经验的回忆与再现、实物观察与描述、拼摆与画图、折纸与展开、分析与比较等发展学生的空间观念；三是在学生的思考、想象过程中发展空间观念。

6. 创新意识

创新意识主要是指主动尝试从日常生活、自然现象或科学情境中发现和提出有意义的数学问题。初步学会通过具体的实例，运用归纳和类比发现数学关系与规律，提出数学命题与猜想，并加以验证；勇于探索一些开放性的、非常规的实际问题与数学问题。

创新意识是人们进行创造活动的出发点和内在动力，是创造性思维和创造力的前提和条件；创造性思维是创新意识的必然结果，二者之间具有密不可分的联系。创新意识是现代社会必需的，它有助于形成独立思考、敢于质疑的科学态度与理性精神。创新意识应该从儿童开始培养，应贯穿数学教育始终；创新意识的培养要注重培养学生发现和提出问题的能力；创新意识的培养需要根据年龄特点，在日常教与学中不断积累经验；“综合与实践”活动是培养创新意识的重要载体。

创新意识不是靠教师教出来的，是“做出来的”，是学生在各个教学环节中不断亲身经历、不断锻炼、不断积累而形成的。教师要坚持在“做”中去培养学生的问题意识、从而逐步提升学生的创新意识。凡是要求学生做的，教师要带头做，教师在教学的各个环节中应该要求自己有问题，能够提出问题，并通过提问引导教学不断深入。

（二）会用数学的思维思考现实世界：

在小学阶段，数学思维意味学生拥有对逻辑推理过程及其意义的初步感悟，以及能够根据法则和运算律进行正确运算。《课标（2022 年版）》指出小学生数学思维主要表现为运算能力和推理意识，逐步形成重论据、有条理、合乎逻辑的思维品质，培养科学态度与理性精神。

1. 运算能力

运算能力主要是指根据法则和运算律进行正确运算的能力。能够明晰运算的对象和意义，理解算法与算理之间的关系；能够理解运算的问题，选择合理简洁的运算策略解决问题。

数的运算是人们在日常生活中应用最多的数学知识，因此它历来是小学数学的基本内容。其具体要求包括：① 准确理解运算法则；② 辩证地理解与运用运算律；③ 确保运算结果的正确性；④ 重视对运算问题的分析；⑤ 在实施运算过程中遇到障碍能及时调整运算方法；⑥ 正确理解精算、估算和估计，特别要重视估算。

运算能力有助于促进数学推理能力的发展，形成规范化思考问题的品质，养成一丝不苟、严谨求实的科学态度。运算能力的形成不是一蹴而就的，运算能力的发展总是从简单到复杂、从低级到高级、从具体到抽象，有层次地发展起来的。因此，在实际教学过程中，既不能让学生的运算能力在已有的水平上停滞不前，也不能超越知识的内容和其他能力水平孤立地发展运算能力。应该贯穿于师生共同参与数学教学活动的全过程中，并体现发展的适度性、层次性和阶段性。发展学生的运算能力，要注意：一是要明晰运算教学的改革思路，明确运算能力意义与范畴的拓展之处；二是要重视帮助学生深刻理解各种数的内涵；三是要重视帮助学生深刻理解四则运算的意义。

2. 推理意识

推理意识主要是指对逻辑推理过程及其意义的初步感悟。知道可以从一些事实和命题出发，依据规则推出其他命题或结论；能够通过简单的归纳或类比，猜想或发现一些初步的结论；通过法则运用，体验数学从一般到特殊的论证过程；对自己及他人的问题解决过程给出合理解释。

学习数学就是要学习推理。培养学生推理意识是小学数学课程和课堂教学的重要目标。推理意识有助于养成讲道理、有条理的思维习惯，增强交流能力，是形成推理能力的经验基础。

归纳推理、演绎推理、类比推理都是小学常用的逻辑推理。这三种推理的联系是非常密切的，经常交互使用。但这三种推理又有着明显的区别：归纳推理是由特殊到一般的推理，演绎推理是由一般到特殊的推理，而类比推理则是由特殊到特殊的推理。归纳是小学数学中用得比较多的方法，归纳和类比都属于合情推理，通过归纳和类比得出的结果，对于探索数学结论，寻找问题的答案非常重要。不完全归纳推理和类比推理所得出的结论只有经过严格证明，才是正确的。小学生由于知识水平的限制，常常忽略这一点。例如：由末位数字是偶数的自然数能被2整除，错误地类比推出末位数字是3的倍数的自然数一定可以被3整除等。遇到此类问题，教师要通过具体的反例把它推翻，并向学生强调：由不完全归纳法或类比法得出的结论，不一定正确，需要研究、论证。

小学数学中没有严格的演绎推理，但有一些“三段式”说理过程，也是演绎推理表现。如在学习运算内容时，理解算理的过程也是推理的过程。演绎推理关键在于大前提正确。学生进行演绎推理时常因为找不准大前提，得出错误结论。例如，学生在解应用题时看到“多”字就用加法，就是因为他们没有认清只有把两个同类量合并起来才能用加法这一大前提。为了避免学生在运用演绎推理时出现错误，教师在讲述公式、概念、法则、性质时，不仅要讲清“什么是”，还要讲清“为什么是”，进而提高学生对公式、概念、法则、性质的认识，以保证学生正确选择大前提，保证学生正确地运用演绎推理。

在整个义务教育阶段，对学生推理意识的培养是内容学习和目标达成的一条主线，也是一个逐渐提升的长期过程。以下几个方面在教学中应该加以注意：推理能力的发展应贯穿在整个数学的学习过程中；通过多样化的活动，培养学生的推理能力；培养学生的推理能力，要注意层次性和差异性。

（三）会用数学的语言表达现实世界

在小学阶段，数学语言是指学生能有意识地利用数学的概念、原理和方法解释现实世界中的现象与规律，能够意识到生活中的大量问题都与数学有关，有意识地用数学的概念与方法予以解释。《课标（2022年版）》指出小学生数学语言表达主要表现为数据意识、模型意识和应用意识，逐步养成能够有意识地运用数学语言表达与交流的习惯，培养跨学科的应用意识与实践能力。

1. 数据意识

数据意识主要是指对数据的意义和随机性的感悟。知道在现实生活中，有许多问题应当先做调查研究，收集数据，感悟数据蕴含的信息；知道同样的事情每次收集到的数据可能不同，而只要有足够的数据就可能从中发现规律；知道同一组数据可以用不同方式表达，需要根据问题的背景选择合适的方式。数据意识对学生发展具有重要意义。对于统计内容的学习而言，重要的不是画统计图、求平均数等技能的学习，而是培育和发展学生的数据意识。

我们可以从四个方面理解数据意识：一是数据收集的意识与方法。学生能够针对实际问题，用适当的方法进行调查，通过收集数据、分析数据，作出合理正确的推测，从中体会数据背后所蕴涵着的信息。二是根据问题的背景选择合适的方法。通过对不同数据分析方法的学习和了解，能够根据不同的情境、不同的问题以及希望得出的结论选择合适的方法处理数据和分析数据。例如，学生可以通过绘制条形统计图、直方图、扇形图、折线图来进行数据分析。三是了解数据中蕴涵的信息。通过数据的整理和恰当的呈现，可以了解数据中的信息，包括数据的一些特征，如平均数、最大值、最小值等。这些信息会帮助我们进一步认识数据，以及数据中所反映的规律。四是通过数据分析体验随机性。意识到即使对于相同的事情，虽然每次收集到的数据可能不同，但也可以根据大量的数据发现一定的规律。例如，上学的时间，每次可能不完全相同，但是如果重复多次，就会呈现出一些规律。

数据意识着重强调收集、整理与呈现数据，体会数据的作用和价值，体会数据中蕴涵着的信息。形成数据意识有助于理解生活中的随机现象，逐步养成用数据说话的习惯。在教学中，教师可采取以下几个策略培养学生数据意识：一是创设有效的数据分析活动，使学生感受到数据的作用，形成数据意识；二是引导学生经历真实数据统计分析的全过程，发展学生的数据意识；三是将学生的数据意识培养贯穿在数学课程各个内容教学的始终；四是开展实践活动，积累数据分析应用的例子，形成解决问题的策略性知识。

2. 模型意识

数学模型是针对或参照某种事物系统的特征或数量依存关系，进行分析、抽象、简化，提炼本质特征，采用形式化的数学语言，概括或近似地表述出的一种数学结构。小学数学主要涉及两个重要的数学模型，即总量模型和路程模型。

模型意识主要是指对数学模型普适性的初步感悟。知道数学模型可以用来解决一类问题，是数学应用的基本途径；能够认识到现实生活中大量的问题都与数学有关，有意识地用数学的概念与方法予以解释。

模型意识有助于开展跨学科主题学习，增强对数学的应用意识，是形成模型观念的经验基础。让学生在小学阶段形成一定的模型意识，是数学教学的核心目标之一，也是学生数学核心素养形成的重要体现。发展学生的模型意识，需要注意以下几点：一是使学生经历“问题情境——建立模型——求解验证”的数学活动过程；二是通过数学建模改善学习方式；三是在教学中逐步渗透和引导学生不断感悟模型意识。

3. 应用意识

应用意识主要是指有意识地利用数学的概念、原理和方法解释现实世界中的现象与规律，解决现实世界中的问题。能够感悟现实生活中蕴含着大量的与数量和图形有关的问题，可以用数学的方法予以解决；初步了解数学作为一种通用的科学语言在其他学科中的应用，通过跨学科主题学习建立不同学科之间的联系。应用意识是一个学生数学品质和数学能力的集中体现，反映了学生在解决现实问题过程中，对事物的观察能力、思维直觉、独立、批判能力以及抽象能力，也是一个学生进行数学思考、勇于探索的表现。

在现实生活中，处处都有数学的应用。应用意识有助于学生用学过的知识和方法解决简单的实际问题，养成理论联系实际的习惯，发展实践能力。数学应用意识的培养具有长期性，我们不能期望在一两次解决问题中就能培养起学生的数学应用意识。因此，在义务教育的各个学段，教师都应不失时机地激发学生的应用意识，促进应用意识的培养：要了解知识的来龙去脉，知道数学知识“从哪里来”“到哪里去”；具备一定的数学眼光，从实际问题中发现数学信息，能够在实际情境中发现问题和提出问题；具备一定的数学知识和能力，可以分析所发现的数学信息，将数学问题与已有的数学知识建立联系，积极思考，解决问题。

总之，通过小学阶段的数学学习和数学教育，学生能获得适应未来生活和进一步发展所必需的数学基础知识、基本技能、基本思想、基本活动经验；体会数学知识之间、数学与其他学科之间、数学与生活之间的联系，在探索真实情境所蕴含的关系中，发现问题和提出问题，运用数学和其他学科的知识与方法分析问题和解决问题；对数学具有好奇心和求知欲，了解数学的价值，欣赏数学美，提高学习数学的兴趣，建立学好数学的信心，养成良好的学习习惯，形成质疑问难、自我反思和勇于探索的科学精神。

实践与反思

实　践	反　思
1. 结合具体案例，谈谈你对小学数学核心素养的理解和认识。	1. 小学阶段培养空间观念的教学策略应注意哪些策略？
2. 同伴交流，说一说运算能力具有哪些特征？小学生运算能力的培养和发展需要经历哪些过程？	
3. 举例说明怎样培养小学生的数感？发展学生的几何直观能力，需要注意什么？	2. 培养学生的应用意识具有哪些意义？需要注意什么？

第三章　小学数学教材

扫码查看
学习资源

知识导图

- 小学数学教材
  - 第一节　小学数学教材概述
    - 1. 小学数学教材的含义
    - 2. 小学数学教材的作用
    - 3. 小学数学教材的编写原则
  - 第二节　小学数学教材改革与发展
    - 1. 小学数学教材改革的历程
    - 2. 新课标实验教材介绍
  - 第三节　小学数学教材分析
    - 1. 教材分析的意义
    - 2. 教材分析的原则
    - 3. 教材分析内容与步骤
    - 4. 教材分析的方法与思路
    - 5. 教学目标的确定与表述

学习目标

1. 了解小学数学教材的含义、作用和编写原则；

2. 了解新中国成立后的小学数学教材改革大致历程；

3. 初步了解义务教育课程标准各版本实验教科书的基本情况与特点；

4. 了解小学教材分析的意义、原则和内容，掌握小学数学教材分析的基本步骤和方法，初步具备分析小学数学教材的能力。

案例再现

乘法的初步认识

教师：今天的数学课，老师给大家带来了礼物。大家快快把学具袋打开，看看是什么？（课件出示）

现在每个同学桌面上都有 24 个水果图片，几个几个数可以正好数完呢？

每个同学数一数，请你们把算式列出来。

学生独立操作，小组交流。

师：谁来给大家汇报，你是几个几个数的？

教师根据学生的汇报分别(课件)出示下列连加算式：

12+12=24

8+8+8=24

……

1+1+1+1+1+1+1+1+1+1+1+1+1+1+1+1+1+1+1+1+1+1+1+1=24

师：观察这些算式，你发现了什么？有什么样的感受？有什么问题？

生 1：有的很长，很难写。

生 2：这些算式都是几个相同加数相加。

生 3：可以说成几个几相加。

师：老师也来写一个算式，你能说出是几个几相加吗？(出示 3+3+3+3+3+3=18)

生 4：6 个 3 相加

师：闭上眼睛，自己也想一个几个相同加数相加的算式吧！

……

师：下面，老师来说一个算式，请同学们在纸上记一记，把它写出来。

师：97 个 2 相加。

学生在本子上独立写，有几个学生不写。

师质疑：大家都在写，你为什么不写？

生 1：97 个 2 相加太长了，本子肯定写不下。

还有几个学生写了一会后也停了下来。

师：你们写完了吗？

生 1：没有。

生 2：写 97 个 2 相加太长，太麻烦了。

生 3：我写了好一会，才写 20 个 2 相加，不想写了。

师：你们想不想知道 97 个 2 相加有多长？

生(齐)："想！"

教师"唰"的一下抛出一张长长的纸条。边展示边说明：这张纸条，老师昨晚用毛笔写了 4 个多小时，有 9 米多长。

全班学生惊呼！

师质疑：写几个几相加有时候实在太麻烦了，你们能想一个办法把这些长长的加法算式变得简短一些吗？

学生思考，说出自己的想法。

生 1：可以就写成几个几连加。

生 2：可以用乘法。

师：那你来当小老师，给大家介绍一下，怎样用乘法？

生2：3+3+3+3+3+3=18就写成3×6。

教师边板书3×6，边介绍乘法算式。

师：他想到的办法与数学家一样。400多年前，有个数学家遇到了和大家一样的问题，他仔细观察算式，发现相同加数是3(板书)，有6个3，就写一个6，再在3和6的中间写1个符号(板书："×")，这就叫乘号。

教师带领学生写"×"。

带读乘法算式，板书读法。

师质疑：加法算式中没有数字6，为什么在乘法算式中出现了6呢？那么我们在写乘法算式时需要写清哪两个数字？

引导学生明确：在写算式时，大家要记住写清楚加数3和它的个数6。

师：比一比，加法算式和乘法算式，哪个更简便呢？

生：乘法更简便。

师：在前面的加法算式中，自己选一个加法算式将它改写成乘法算式。

学生在练习本上独立写。……

思考

案例中，教师从学生实际出发，充分激发他们的学习与探究欲望，让学生通过动手实践、自主探索等活动亲历数学知识产生的过程，使学生不仅知其然，还能知其所以然，真正体现了数学新课程的教学理念。

数学教材是实现数学课程目标、实施数学教学的最基本的课程资源，是教与学的主要依据，也是师生沟通的桥梁。作为数学教师，要正确理解教材，善于分析解读教材，合理运用教材，使之成为教学的有效资源。

第一节　小学数学教材概述

一、小学数学教材的含义

小学数学教材包含广义和狭义两层含义。从广义来说，小学数学教材是指教师指导学生学习数学的一切教学材料，包括师生共用的教科书、练习册，以及供教师用的教学指导书、参考书、教学挂图、音像教材、辅助教学软件等教学材料。从狭义来说，是指小学数学教科书，亦称课本。本章所指的是小学数学教科书。

小学数学教材的组织单位是"单元"和"课"。"单元"是指在知识系统和逻辑关系上相对较为完整，在知识、技能、思维训练、能力培养或应用上相对独立的部分。"课"是教材组织的最小单位，是指一个个具体的课题，也称"课时"。

每册教材均由若干个大单元组成，每个大单元又由若干个小节组成。每个小节通常包括一个或几个例题和一个练习。每一个或几个例题构成一个逻辑上相对独立、又较为完整的具体课题。教师一般都是以"课"为单位准备并进行教学的，小学阶段一般每节课的课长为 40 分钟，也有些学校分长课时和短课时，长课时一般不超过 60 分钟，短课时一般不低于 20 分钟。

如：人教版第三册教材分为"长度单位、100 以内的加法（二）、角的初步认识、表内乘法（一）、观察物体（一）、表内乘法（二）（量一量，比一比）、认识时间数学广角搭配（一）和总复习"等 9 个单元。"表内乘法（一）"这一单元教材包含"乘法的初步认识"和"2～6 的乘法口诀"这 2 个小节。"乘法的初步认识"这一小节又分为"乘法的初步认识""乘法各部分名称和乘法的初步认识练习课"等 3 个课时；"2～6 的乘法口诀"分为"5 的乘法口诀""2～4 的乘法口诀""乘加乘减""6 的乘法口诀"和"用数学"等 5 个课题。

二、小学数学教材的作用

小学数学教材是经国家、地方教育部门许可的，向小学生呈现数学知识和文化的权威版本，是小学数学课程的物化载体，是教与学的重要媒介，是教师组织学生学习活动的重要思路与策略参考，在学校课堂教学中具有不可替代的作用。其作用归纳起来主要包括以下几点：

1. 是实现小学数学教学目标的重要资源

小学数学教材是根据小学数学课程标准编写的，是我国基础教育数学课程改革的理念、内容的集中反映。课程标准提出的基本理念、教学目标、内容要求、实施建议需在教材中得以体现。教材与数学课程标准，体现了教育部对数学教学实施的基本要求，在整个课程环节中起着重要的基础性与方向性的引导作用，是教师教学实施或改革课程的主要依托，是实现小学数学教学目标的重要资源。

2. 是教师进行教学的主要依据

小学数学教材是教师对学生进行数学基础知识教学、能力培养和思想品德教育的专用书籍，是教与学的重要媒介，是教师组织学生学习活动的重要思路与策略参考，在学校课堂教学中具有不可替代的作用。它为教师备课、上课、布置作业和检查学生的学习效果提供了基本材料，是教师完成数学教学内容、实施数学教学活动的主要依据。作为一名教师，要深入挖掘教材，对教材的横向和纵向进行学习研究，把握教材的重点、难点，才能在教学活动中游刃有余。

3. 是检查教学质量和教学进度的依据

小学数学教材是小学数学教育中最为基础、重要的教学资源，为教学提供了基本线索。教师要熟练地掌握教材内容，善于使用教材。既要根据数学要求，结合学生实际，对教材内容做好教学法加工，使之易于为学生所理解；同时又要指导学生阅读教材，帮助学生理解教材上的知识形成和发展的过程，读懂教材上的论述和结论性语言，培养学生的自学能力。无论是"用教材教"还是"教教材"，都凸显了教材不可或缺的重要地位。教师开学初必须根据教材来制定学期教学计划，并按照期初安排好的教学进度开展教学活动。

学校或地方教育行政管理部门也是根据教材来开展教学质量检测的。因此，教材是教师制订教学进度的依据，也是检查数学质量的依据。

4. 是促进学生提高数学素养的重要源泉

小学数学教材为学生在学校的数学学习活动中提供学习主题、知识线索和内容结构。教材一般由例题、插图、概念、规则（定律、性质、法则、公式）和实践等内容组成，这些内容经教师加工，构建成符合学生认知规律的体系。因此，它是小学生获取数学知识、开发智力和发展数学能力、数学素养的重要源泉，也是小学生形成基本的数学思想方法和积累数学活动经验的重要载体。

由于小学生以形象思维为主，因此小学数学教材中往往附有大量的插图，其中很多插图对学生的行为习惯、数学素养等养成教育具有潜移默化的作用。教师要善于结合教学内容和插图，充分理解教材的编排意图，不断挖掘图中所隐含的教育素材，帮助学生掌握教材内容，扩大学生知识领域，提高学生数学素养，渗透行为习惯和思想道德教育。

5. 是师生交流互动的重要桥梁

教材是教师进行教学的主要依据，是小学生获取数学知识、开发智力和发展数学能力、数学素养的重要源泉。教师主要根据小学数学教材进行日常小学数学教学实施活动，小学生根据教师的指导阅读教材，完成教材习题。也就是说，师生都是基于教材来开展教与学的活动，教材是教师和学生相互作用的中介，是师生交流互动的重要桥梁。

三、小学数学教材的编写原则

科学合理的教材体系应该既符合数学学科本身的特点，又符合学生的心理特征和认知规律。为此，编写小学数学教材时，必须遵循下列原则：

1. 思想性原则

党的二十大指出："我们要办人民满意的教育，全面贯彻党的教育方针，落实立德树人根本任务，培养德智体美劳全面发展的社会主义建设者和接班人，加快建设高质量教育体系，发展素质教育，促进教育公平。"

习近平总书记更是多次强调，课程教材要发挥培根铸魂、启智增慧的作用，必须坚持马克思主义的指导地位，体现马克思主义中国化最新成果，体现中国和中华民族风格，体现党和国家对教育的基本要求，体现国家和民族基本价值观，体现人类文化知识积累和创新成果。因此，小学数学教材必须以辩证唯物主义观点为指导思想，注重科学世界观和方法论的渗透，注重学生人格教育和良好习惯培养，应具有教育性。

教材应注意选择内容更广阔、内涵更丰富的教学素材，使学生在学习数学的同时，受到情感、态度、价值观的熏陶。例如，第七册第一单元大数的认识主题图，在提供几个省、市、自治区人口数的同时，选取了最能反映 6 个地区特点、形象的图片，渗透了有关地理、文化和国情知识；练习中还安排了天安门广场和故宫的面积、万里长城的长度、我国主要农产品的产量等素材；数学综合应用"你寄过贺卡吗?"介绍了寄贺卡会消耗大量木材等知识，为教师结合教学对学生渗透爱祖国、爱家乡、环境保护等教育提供了丰富而适合的素材。

2. **系统性原则**

数学是一门系统性很强的科学,教材的内容编排必须按照一定的逻辑顺序进行。小学数学包涵了现实世界数量关系和空间形式中最基础的内容,既有传统的算术知识,又有代数、几何与统计的初步知识和数学思想方法。教材内容的编排既要注意各部分知识纵向的逻辑系统性,又要注意各部分知识的横向联系,使教材的数学知识结构符合小学生的年龄特征和认知规律,有利于教和学。

如:数的认识基本上符合数系扩张的顺序。先认识自然数,再引入分数和小数。而对于形的认识除了开始认识一些简单的几何形体外,教材按照“线→面→体”顺序展开。教材的系统性还要求处理好知识的衔接与配合,实现整体优化。

3. **层次性原则**

教材的层次性是指教材内容应与学生认知水平、思维发展的阶段相适应;由浅入深,循序渐进;体现知识的连贯性和相互衔接,包含三方面要求:

(1) 教材内容应由浅入深,由易到难,循序渐进,螺旋上升,符合学生的认识规律和接受能力。如数的认识和计算,划分成几个阶段,逐步扩展、深化。有的教材将整数划分为“20以内、百以内、万以内、亿以内、亿以上”这五个阶段进行认识,也有的教材将整数划分为“20以内、百以内、万以内、多位数”这四个阶段进行认识。至于“用字母表示数、简易方程”等代数初步知识,可以通过前期铺垫,重点学习和后期发展,最后学生反复领会和运用。

(2) 教材内容的编排要与学生的认知结构、思维发展的阶段相适应。小学生的思维发展是以具体形象思维为主,逐步过渡到初步的逻辑思维。因此,教材内容应当多一点实践操作和直观形象,注意在实践或直观的基础上抽象概括。例如,教学认识乘法,苏教版教材上有一幅图:一块绿茵茵的草地上有一条小河,河上有一座桥,草地上零星地分布着几棵小树,还有两座小木屋,一些小白兔正在吃草。小白兔是两个两个在一起,有三对;一些母鸡三个三个在一起,有四组;这里蕴含了同数连加的乘法思想。教材的编排要注意设置恰当的问题情境,提供观察、实验、猜测、计算、推理、验证等方面的材料,总结数学活动的过程和经验,同时学会如何把实际问题转化为数学问题。

(3) 教材内容的编排要做到先行知识的学习能促进后继知识的学习,体现知识的连贯性和相互衔接。教师要注意在复习旧知的基础上引入新知识学习,以利于学生的知识迁移和理解。

4. **应用性原则**

教材内容要密切联系学生的实际,增加实用性材料,培养学生的数学应用意识。数学知识和思想方法的应用,有利于学生理解、巩固和深化所学的知识,为此,教材应从学生已有的或熟悉的生活经验、生产实例及社会活动出发,安排适宜的主题实践活动,配备一定数量的形式多样的数学活动资料和习题,以促进学生知识的掌握和应用能力的培养。

5. **可读性原则**

小学数学教材要具有可读性和趣味性。教材内容要通俗易懂、图文并茂、语言准确、表达规范,具有示范作用。插图要清楚美观,并且和教材内容紧密配合,能正确反映数量关系。表现形式丰富多样，生动有趣，富有启发性，能激发学生的求知欲。

小学数学教材建设是一个不断发展的动态变化过程。在实际教学中，我们要不断反思、探索和完善，对教材进行合理补充或科学重组，以保障我们课堂教学的质量向更高水平迈进。

实践与反思

实　践	反　思
1. 选取你最感兴趣的一个案例开展实训，并请同伴进行评价。	1. 什么是教材？小学数学教材的组织单位是什么？
2. 结合人教版第九册教材，举例说明编写小学数学教材需遵循哪些原则？	
3. 选择一本教材，仔细阅读，看看它有什么特点？	2. 小学数学教材的作用是什么？

第二节　小学数学教材改革与发展

一、新中国成立以来小学数学教材改革的历程

教材是最基本的课程资源，教材的质量高低很大程度决定了教学质量的高低。自新中国建立以来，我国小学数学教材经历了一系列的改革，逐渐形成了比较独立的、具有自身特色的、日臻完善的教材体系，在内容选取与编排等方面都取得了很大的进步。

教材改革往往是伴随课程改革进行的，特定时期的环境决定着基础教育改革的方向，也决定了教学理念、结构和内容的调整。

1. 第一套教材(1952—1955 年编)

新中国成立初期，国家临时选用两套算术课本，北方使用由刘松涛等主编、华北人民政府出版的老解放区课本，南方使用俞子夷主编、大东书局出版的课本。1950 年 9 月，出版总署召开全国出版会议，会上确定了中小学教材全国统一供应的方针。1950 年 12 月，人民教育出版社成立，承担研究、编写、出版中小学教材的任务。1951 年 2 月，政务院文化教育委员会批准出版总署制订的《1951 年出版工作计划大纲》，明确要求“人民教育出版社开始重编中小学课本，并于本年内建立全国中小学课本由国家统一供应的基础”。限于当时的条件，只能在全国已经出版的教材中，筛选较好的大东书局出版的俞子夷主编课本为全国统一使用的暂用课本，以适应新中国教育事业的发展。

1951 年秋季，由人民教育出版社改编或修订的中小学教材在全国正式使用。这是第

一套人教版全国通用的中小学教材。这套过渡性教材改编、修订的依据是教育部1950年8月颁发的小学各科课程暂行标准（草案），适用学制为十二年制（小学六年）。

1952年，人民教育出版社出版五年一贯制《小学算术》（试用本），该教材编排比较严谨，系统性强；加强了口算，注意联系实际，但程度较低，习题另行汇编，不易教学。

1954年开始，人民教育出版社以《小学"四二制"教学计划（修订草案）》（1954年2月颁发）为依据，着手编写一套十二年制中小学教科书，1956年编写完成并于同年秋季开始在全国使用。

2. 第二套教材（1959—1961年编）

1958年5月，中共八大二次会议后，全国迅速掀起"大跃进"的高潮，教育系统也掀起了"教育大革命"，对小学算式教学中的少、慢、差、费现象提出了批评。同年8月，中共中央、国务院颁发《关于教育事业管理权力下放问题的规定》。9月，教育部发出通知：今后各地可以自编教材，教育部不再颁发教学用书表。1958年秋季起，各地纷纷进行缩短学制的试验，并编写教材。1959年5月，中共中央转发教育部党组《关于编写普通中小学和师范学校教材的意见》，指出：鉴于1958年各地自编教材中存在的问题，普通中小学教材应该保持全国必要的统一性和应有的水平，由教育部负责组织编写通用教材供各地采用。

1959年9月，教育部出版《初小算术（暂用本）》（八册）和《高小算术（暂用本）》（四册），《初小珠算》（一册）和《高小珠算》（一册）。这套教材结束了初中还教一年算术的做法，把原来的例题习题汇编改为分开编排，把笔算算理和算法概括成运算法则，但有些内容比较陈旧、重复、烦琐，知识之间缺乏联系。

3. 第三套教材（1960—1961年编）

1960年10月，人民教育出版社草拟了《十年制学校数学教材的编辑方案（草稿）》，作为编写全国十年制试点学校试用的数学教材的依据，并在"不提高程度、不改变课程体系的原则要求下"集中力量赶编十年制中小学教材。1961年秋季，人民教育出版社新编的十年制中小学教材《十年制学校小学算术（试用本）》（十册）和《珠算（试用本）》（一册）开始在全国的十年制学校使用。这是第三套人教版全国通用的中小学教材，要求五年学完四二制小学内容，一直试点用到1966年，被看作是教材改革史上一个新的起点。

教材根据参加生产劳动和进一步学习的需要，简化市制计量单位，删去繁难应用题，增加循环小数、比例等知识，把整数分为"20以内、100以内、万以内和万以上"四个阶段，每段均有重点；提早教学几何初步知识，概念和法则注重从实际引入学习，突出重点、抓住关键，解决难点，重视总结规律，引导学生举一反三。

4. 第四套教材（1963年编）

1963年5月，教育部颁发《全日制小学算术教学大纲（草案）》，人民教育出版社出版十二年制学校《小学算术》课本（十二册）和《珠算（暂用本）》（一册）。1963年秋季，新编教材在全国十二年制学校的小学一年级和初中一年级开始使用。这是第四套人教版全国通用的中小学教材，使用至1966年。

这套教材克服了"大跃进"中的一些问题，确定了"四则运算为中心、其他内容配合安排"

的教材体系，具有中国特点，使小学数学教材体系在中国化的道路上迈出了重要的一步，具体表现在：一是建立了较为系统的小学数学课程教学体系，正确处理了口算与笔算的关系，明确了以“双基”为基本特征的小学数学教学目标与内容；二是提高了学习程度，注重加强基础知识和基本技能的训练，注意知识的科学性、思想性、系统性和严密性，使学生牢固地掌握算术和珠算的基础知识，培养学生正确、迅速进行四则计算的能力，正确地解答应用题的能力，以及具有初步的逻辑推理的能力和空间观念，以适应他们毕业后参加生产劳动和进一步学习的需要。但没有实行算术与代数相结合，四则运算和应用题过于繁难。

“文化大革命”期间，各地也编写了一些教材，虽注意联系实际，但打乱了知识系统，削弱了知识基础。

5. 第五套教材(1978—1985年编)

1977年9月起，教育部着手进行制订新大纲、编写新教材的工作。此次编写的指导思想是：小学数学教学必须为社会主义现代化建设培养人才切实打好数学基础；遵循邓小平同志关于教材要“按照中小学生所能接受的程度，用先进的科学知识充实中小学的教育内容”的指示，选择学习现代科学技术所必需的数学基础知识作为教学内容；用唯物辩证法处理和阐述教材，注意理论联系实际；在进行知识教育的同时注意发展学生智力，培养能力，并对学生进行思想教育。

1978年秋季，人民教育出版社编写的全日制十年制小学课本《数学》第一册(试用本)出版，在全国开始使用，开始了我国小学数学教材改革的新阶段。1980年后，有不少省市改行小学六年制，之后，教育部确定“小学学制五年、六年并存”。为此，人民教育出版社开始修订原有的全日制五年制小学数学课本，改称五年制小学课本《数学》，此套教材共10册，从1981年起陆续出版，到1984年全部出齐。同时，参照五年制课本编写六年制小学课本《数学》，从1984年开始出版，到1985年全部出齐。

这套教材不仅改变了课程名称，更突出之处在于根据数学知识间的联系和学生的认知规律合理编排内容，强调打好基础，培养能力，注重知识的系统性。教材对传统的算术等内容采取“精选、增加、渗透”六字方针，适当更新了教学内容，还增加了插图，以突出重点，加强基础知识教学；注重知识间的内在联系，较好地处理了笔算、口算和珠算的关系，以提高学生的计算能力；适当增加代数、统计、几何初步知识，以渗透数学思想方法。这样改革的结果，传统的算术内容约占95%，新增加的内容仅占5%，比较切实可行，不至给教学带来很大困难。但编写形式比较单一，说明较少，不便于自学，思考题缺乏系统性。

这套教材修订后，在全国广泛使用了20多年。实践证明，这是一套质量较高、使用时间最长的小学数学教材，从内容到编写思想都更加体现时代的特点和要求，反映了近代数学的发展以及现代数学教育的特点，较快地跟上了时代发展的步伐。对当时教育领域的拨乱反正，正本清源，稳定教学秩序以及提高教学质量起到不可磨灭的作用，是改革开放30年来影响较大、最稳定的一套教材，也是改革步伐较大的一套教材。

6. 第六套教材(1986—1990年编)

1986年4月，《中华人民共和国义务教育法》颁布。1986年秋季，人民教育出版社编写的小学实验课本《数学》正式出版，实验范围扩大到全国 100 多所学校 200 个班，取得了较好的效果。这项改革实验工作的开展，不仅为义务教育小学数学教材的编写作了准备，还为各地培养了一些骨干教师，从而为新的数学教材大面积使用做好了准备。

由于我国各地经济、文化、教育的发展极不平衡，全国使用统一教科书的做法已不能适应教育发展的需要。1986 年 9 月，国家教育委员会在北京成立全国中小学教材审定委员会和各学科教材审查委员会，审议中小学各科教学大纲和审定中小学各科教材，以促进教材改革，使教材建设正规化。新中国中小学教材体制由国定制转变为审定制。同月，国家教委委托人民教育出版社等单位对全日制中小学各科教学大纲进行全面修订。同年 11 月，新成立的全国中小学教材审定委员会首次审查、修改并通过了全日制小学、中学各科教学大纲(共 18 个学科)，并于 12 月出版。

人民教育出版社根据新颁发的全日制中小学各科教学大纲，对中小学教材进行全面修订、改编，于 1987 年秋季开始在全国使用。这套根据新大纲编写的中小学教材知识结构更加合理均衡，教学要求更加明确具体，适当降低了难度，减轻了学生过重的负担。

1988 年 5 月，国家教育委员会在九年义务教育教材编写工作会议上决定要编写适用于不同学制、不同地区、不同层次使用的教材：面向全国大多数地区适合一般水平学校使用的教材；面向经济文化比较发达的地区和办学条件较好的学校使用的教材；面向经济文化基础较薄弱的边远地区、农牧地区和山区，以及办学条件较差的学校使用的教材。由此，全国组织编写了“八套半”教材，分别是人民教育出版社编写的“六三制”和“五四制”教材各一套；北京师范大学编写的“五四制”教材一套；广东省教育厅、福建省教委、海南省教委以及华南师范大学组编的“沿海版”“六三制”教材一套；四川省教委与西南师范大学组编的“内地版”“六三制”教材一套；东北师范大学等八所高等师范院校出版社协作委员会编写的“六三制”教材一套；上海市和浙江省编写的“六三制”教材各一套；河北省编写的农村小学中低年级使用的复式教材(称半套)。其中，人民教育出版社编写的义务教育中小学教科书于 1990 年秋季开始在 28 个省、自治区、直辖市的部分中小学进行实验。

这“八套半”教材经实验送审后，在全国各地的中小学起始年级全面选用，适应了全国不同地区的需要。教材改革呈现出多样化态势，为 90 年代的义务教育多种版本的小学数学教材作了很好的准备。

此次教材变革是适应我国基础教育由应试教育向素质教育转变的改革需求之下而应运而生的，其最大特点就在于为适应不同地区不同学校不同学生的要求，打破了一套通用教材“一统天下”的“一纲一本”局面，提出了“一纲多本”“教材要多样化”等主张，出现了按照义务教育小学数学教学大纲所编的多套教材。这些教材的编写均关注基础知识领域的认知目标，初步能力领域的技能目标，思想品德领域的情感目标三大领域，采取“精选数学知识，反映认知过程，体现教学方法”的编写策略，使教材便于教，也利于学。对普及九年义务教育，推进小学数学教学改革，提高小学数学教学质量，具有十分重要的意义。

7. 第七套教材(1990—2005 年编)

人民教育出版社在 1990—1995 年先后编写出版了义务教育全日制小学五年制和六

年制的两套数学教材(实验本),供全国实施义务教育的试验区选用并征求意见。

1992 年,人民教育出版社对原有的教材进行了全面修订,并经国家教委中小学教材审定委员会审查通过,于 1993 年秋季开始作为适用教材供全国城乡实施义务教育的小学选用。

2000 年,根据《九年义务教育全日制小学数学教学大纲(试用修订版)》的精神,各种版本的教材都作了适当的修改。人民教育出版社新修订的起始年级教材(试用修订本)于 2000 年秋季开始供全国小学一年级选用。2001 年秋起,经全国中小学教材审定委员会审查通过后的义务教育教材在全国小学各个年级同时选用。

上述 1990 年秋开始在部分中小学校实验、修订后于 1993 年秋开始在全国推广,并于 2000 年再次修订的义务教育教材,是新中国成立后的第一套义务教育教材。此次小学数学教材变革,是在普及九年义务教育的大力推行以及计算机等工具的普及对小学数学教材及学生的数学能力等提出了新要求的背景之下进行的。

这套跨世纪的教材,是在提高全体国民素质,面向 21 世纪、顺应科学技术发展,面向全体学生的义务教育基本思想指导下,在总结过去全国通用教材建设经验的基础上加以创新而编写的。围绕"精简、更新、增加弹性"的编写原则和指导思想,其编排体系、教材特点、内容选择等,继承了传统教材的优点和成功经验,克服了传统教材中存在的问题,并提出了对学生进行素质教育和因材施教的要求。在教学内容的编排上,重视把数学逻辑顺序和儿童认知顺序恰当结合,根据内容难易和抽象程度以及学生年龄特点,按照由易到难、适当划分阶段、螺旋上升的原则来编排。

8. 第八套教材(2001 年后的和 2011 版新课标实验教材)

在新课改的理念与思路指引下,多家出版社组织编写的多套小学数学新课程实验教材纷纷登场。2001 年秋季起,人民教育出版社、北京师范大学出版社、江苏教育出版社、西南师范大学出版社、河北教育出版社和青岛出版社六家出版社根据义务教育课程设置实验方案和各学科课程标准(实验稿)组织编写的人教版义务教育课程标准实验教材共 14 个学科陆续通过了全国中小学教材审定委员会审查,供全国 38 个国家级基础教育实验区选用,此后实验区逐年扩大。2006 年秋季,义务教育阶段全国中小学各起始年级全部选用新课标实验教材。此套教材分别于 2011 年和 2020 年经过两次修订改编。

这些新世纪诞生的全新教材,在素质教育思想指导下,结合新课改的基本精神,小学数学教材改革本着削枝强干、删繁就简、加强基础、突出本质的原则,对义务教育阶段的数学内容进行通盘考虑。其重要特点是注重内容的现代化和开放性,对以往教学内容进行增删整合:删除部分陈旧、繁难的内容,引入新时期需要的新知识,同时还增加一些直接联系学生日常生活的内容,重视学生综合素质和创新实践能力的培养,全面落实与贯彻素质教育的精神。

纵观新中国成立以来小学数学教材建设的历程,可以发现,小学数学教材建设与国家的政治经济文化背景密切相关,适应并推动着小学教育的整体改革与发展。20 世纪 80 年代末的教材与九年义务教育教材的编写理念,都强调数学是一种基础和工具,应该使学生掌握数学的基础知识和基本技能,强调在加强基础教学的同时,重视发展学生的智力,培养学生的能力,并且结合学科特点对学生进行思想品德教育。新课程教材则进一步强调学生的全面发展，数学学习内容与学习方式的改革，教师的教学观念、角色和教学方式的转变，数学学习评价方式的改革，现代信息技术的发展对数学教育的价值、目标、内容以及学与教的方式产生的影响。新课程实验教材在遵循科学性、思想性的基础上，较以前的教材更注重可读性、实践性、综合性、创造性。但也存在偏重科学性、对数学文化关注不足、地方性特色缺失等弊端。特别是在教材结构的研究方面，如何从活动本质观出发，构建系统合理的教材层次，赋予教材促进学生个性发展的全面功能，更是显得迫切，需要深入展开。

二、新课标实验教科书介绍

（一）实验教材各版本概况

1. 人民教育出版社数学实验教材

人教版课程标准小学数学实验教科书的编写，秉承素质教育理念，根据教育部新颁布的《义务教育数学课程标准（实验稿）》，遵循德育为先、育人为本的根本原则，坚持“在体现新理念的同时注意具体措施的可行性”和“处理好继承与发展的关系”，力求使实验教材具有创新、实用、开放的特点。注意符合教育学、心理学的原理和儿童的年龄特征，关注学生的兴趣和经验，体现数学知识的形成过程，努力为学生的数学学习提供生动活泼、主动求知的材料与环境；使学生在获得数学基础知识、形成基本技能的同时得到情感、态度、价值观的熏陶与培养，促进学生全面而富有个性的发展，在思想性、基础性、创新性、时代性、适切性等方面都日臻完善。

（1）充分体现科学发展观和社会主义核心价值，强化优秀传统文化教育；注意反映数学与人类生活的密切联系以及数学的文化价值。

教材有意识地将科学发展观、社会主义核心价值体系有机渗透到学习内容之中，渗透方式强调自然贴切、潜移默化，不穿靴戴帽。同时，强化了中华民族优秀传统文化教育、民族团结教育，注意反映数学与人类生活的密切联系以及数学的文化价值。

教材采用阅读材料的形式，结合教学内容编排一些有关的数学史料，突出数学的文化特色，丰富学生对数学发展的整体认识，培养学生探索数学、学习数学的兴趣与欲望。

如第七册教材除了在正文中介绍有关数和计算工具的产生和发展历史外，还安排了6个“你知道吗”、1个“阅读资料”和2个“数学游戏”等板块，介绍了数字、数和计算工具的发明发展史、古代劳动人民的记数方法和计算方法等。这些内容不仅可以使学生对数学本身产生浓厚的兴趣，激励他们扩充知识面和进一步探索研究的欲望，而且对学生的情感、态度、价值观的形成与发展也能起到潜移默化的作用。

（2）强化基础，能力为重，控制课程容量和难度，减轻学生不合理的学业负担；内容丰富、与时俱进，提高教材的适切性，体现时代发展的新要求和科技进步的新动态。

教材依据课程标准，调整教材内容与结构体系，进一步精选对学生终身发展有重要价值的课程内容，删减过难或过偏的内容，适当调整不同年级的教材难度，控制课程容量和难度，使梯度更加清晰，使之更好地体现循序渐进的原则，更符合学生的学习心理和认知规律，减轻学生不合理的学业负担。

如教材采用两种策略降低了对一年级小学生认识时间的要求：一是一年级上册只安排认识“整时”，在二年级上册再安排认识“半时”；二是安排了“几时过一点儿”“几时差一点”的练习形式，这些“接近整时”的习题可以使学生较好地掌握用“整时”表达时间，也可以降低二年级“认识几时几分”的学习难度。

教材增强了时代性，加强了课程内容与现代社会和科技发展以及学生生活的联系，教材的内容选择强调与学生生活经验、社会生产生活密切联系，及时反映我国和世界经济社会发展的新动向、新思想、新成就以及科技进步的新成果。教材为学生的数学学习提供了丰富素材，在坚持吸收国内外教学研究及教育理念发展的新成果时，也充分考虑我国的国情，尤其是办学条件和师资力量的现实，对不太适合我国现实情况的方面进行了调整，将一部分原来隐含在活动中的知识变为显性的文字叙述，提高教材的适切性，注重激发学生的学习兴趣，使学生学得更轻松更愉快。

（3）导学导教，注重改变学生的学习方式，体现知识的形成过程，落实学生创新精神和实践能力的培养；知行结合，关注学生的经验与体验，有步骤地渗透数学思想方法，培养学生数学思维能力和解决问题的能力。

教材注重改变学生的学习方式，注重学生自主学习能力的培养。为体现知识的形成过程，教材设计了多种栏目、板块，既引导了教师的教学过程，也向学生示范了有效的学习过程，并对学习方法进行了指导，使学生学会学习，为学生终身学习奠定基础。如问题解决的教学，教材通过“知道了什么—怎么解答—解答正确吗”等通俗易懂的语言提示来帮助学生提炼解决数学问题的基本步骤和一般方法，即：理解现实的问题情境，发现要解决的数学问题—分析问题从而找到解决的方案并解决之—对解答的结果和解决的方法进行检验和回顾反思，为引导学生探索或经历知识的形成过程提供了清晰的线索，注重知行结合，落实学生创新精神和实践能力的培养。

教材注意体现开放性的教学方法，为教师创造性地组织教学提供丰富的资源，设置“数学广角”，安排渗透数学思想方法的内容，使学生逐步学会数学思维，提高解决问题能力。

教材呈现数学知识时以实际问题为出发点和归宿，体现知识的形成和应用过程，突出建立数学模型的基本思想。为实现课程标准提出的发展学生“四基”（基础知识、基本技能、基本思想、基本活动经验）和“四能”（发现问题、提出问题、分析问题、解决问题的能力）的目标，采取了多种措施，通过设计丰富的素材与情境，培养学生用数学的眼光观察世界、从生活中发现并提出数学问题的能力。充分重视“综合与实践”领域对学生探究和实践能力培养的价值，在每一册教材中都安排 1～2 个“实践活动主题”，努力为学生获得数学基本活动经验创造条件。如第七册教材数学实践活动“1 亿有多大？”让学生自己想办法找出标准感受 1 亿的大小；“数学游戏——神奇的莫比乌斯带”要求学生理解并学会自己制作莫比乌斯带，体会它的神奇。

教材在每单元学习结束时，为学生提供了反思与自我评价的板块“成长小档案”，还在全部学习结束后，让学生对本学期自己的学习状况进行自我评价。这样的安排，给学生提供了进行反思、归纳、整理体验的机会，有助于学生形成良好的学习习惯，增加他们学习数学的兴趣和信心。

人教版义务教育课程标准小学数学实验教材是在全国范围内使用面最广的一套小学数学教材，具有独特的整体优势。

2. 江苏教育出版社数学实验教材

苏教版小学数学教材领先于全国其他版本的教材通过审核，数学教材中的内容更加贴近生活，来源于生活。教材内容板块之间联系紧密，编排结构、内容新颖，形式活泼，具有启发性。具体来说，主要呈现以下特色：

（1）情境创设紧密联系学生生活实际，呈现生动活泼

教材在情境创设方面特别注意紧密联系学生的生活实际。学生不是空着脑袋进入课堂，而是已形成了一定的生活经验，创设密切联系他们生活实际的情境，以建立起其已有经验与所学内容的关联是充分发挥教学对学习促进作用的重要环节。具体而言，创设紧密联系学生生活实际的情境有以下两方面的优点：一方面，学生熟悉，容易产生亲切感，可减少因情境理解困难而造成的数学学习困难；另一方面，让学生经历和感受数学与现实生活的联系及数学在解决实际问题中的运用，使学生充分感受到数学在生活中的广泛应用，提升学生数学应用意识，增强解决问题能力，增强学生学数学、用数学的兴趣和信心。

刚升入小学的儿童社会经验不足，更多的是家庭和学校生活经验，因此教材基于学生的心理发展特点和认知规律来选择和安排情境素材。

在第一学段，多选用家庭和学校生活场景，如教材第五册第 11 页，通过呈现两个小朋友买练习本时和售货员阿姨对话的生活情境图（见图 3－1），引导学生学习并掌握运用两步算式来解决除法问题的策略。

图 3－1 购物情境图

第二学段，则多选用社会生活场景，以使学生感受到数学的价值和趣味，如教材第七册第 28 页通过情境图（见图 3－2），引导学生通过实验来了解："你知道斜坡与地面成什么角度时，物体滚动得最远吗？"

图 3－2 物体斜坡滚动情境图

教材表现出形式多样、图文并茂、丰富多彩、生动活泼等特点，文字内容多配有相应的实物图、卡通画、学具图等多种类型；人物形象有动画片中的人物、卡通人物、小动物等；安排的情境有小学生喜闻乐见的动画场景，丰富其知识结构的自然场景、常见的生活场景和游戏场景等。如“数学体育场”“数学节日礼物”“数学街心广场”等习题模式的出现，都是以平时学生感兴趣的小游戏作为载体，吸引学生的注意。

（2）充分体现计算方法的多样性，注重学生对计算方法的理解和运用

数学课程标准中指出：“由于学生生活背景和思考角度不同，所使用的方法必然是多样的，教师应尊重学生的想法，鼓励学生独立思考，提倡计算方法的多样化。”

教材充分体现新课程标准下计算方法的多样性，在发展学生计算能力的同时培养学生个性发展，编写时十分注重学生对计算方法的理解和运用。从低年级就开始加入了多种方法理解加减法，如摆小棒、用计数器、用拨算盘等。再如，在进行解决问题的教学时，可能出现多种解决问题的方法，新教材则会提示学生：“选择你喜欢的方法解决。”或者是：“你还可以怎样算？”等方式鼓励学生用多种算法解决问题，这不仅是体现着算法的多样性，还体现着注重学生对“新”和“异”的追求，发展学生的个性。

教材对算法多样性的渗透不仅表现在计算方法上，还表现在对计算方法的理解上，如第五册“两位数乘整十数的口算”，教材中出示了这样的情境：李叔叔培育一批新品种菜椒，送给敬老院10盒，每盒12个。送给敬老院多少个？根据题意可以列式：12×10，然后放手让学生想办法算出得数并和同学交流。教材还出示了小萝卜、小蘑菇、小西红柿和小辣椒的想法，分别代表了四种不同计算方法，实际上也是预设了学生的不同想法，对于这些不同的方法，教材没有指定哪一种方法需要学生统一掌握，而是鼓励学生选择自己能理解的方法，把选择权交给学生。因此，教师在进行计算教学时，应鼓励学生从不同的角度思考，发现多种计算和理解的方法，寻求不一样的解决思路，发散学生的思维，发展学生的个性。

（3）注重对学生问题意识的培养，培养学生的数学思维能力

教材十分注重对学生问题意识的培养，因此，在编写时十分注重对教材问题的设计。教材经常在练习的题目中出现：“从表中你还能知道求出什么？”“你还有什么疑问吗？”“根据图中的信息你还能提出什么问题？”等问题提示。这些问题的设计看似简单，实际上是在引发学生深入思考，让学生自己去提出问题、解决问题，在激励学生自主探究的同时，发展学生的发散思维，鼓励学生去追求“新”和“异”，逐步培养学生的问题意识。

教材还注重积极培养学生的创新意识，增强学生的动手能力，挖掘学生的潜力，强化学生的数学思维能力培养。如让学生抓一把黄豆，数数有多少粒，再让同一个学生抓一把糖果，数数有多少粒，为什么黄豆粒要比糖果的粒多。通过在实践活动中提出问题，培养思考问题的意识，激发学生的想象力，学会主动学习，强化学生思考能力。

数学来源于生活，在培养学生问题意识时，教师可以引导学生用数学的眼光去观察生活，发现生活中的数学问题，鼓励学生用数学的方法解释和解决生活中的问题。

教材非常善于挖掘生活中的问题，很多问题情境的设计都来源于生活，如购物、测量课桌、估算粮食产量、计算花园的面积等。教材将生活问题搬进了学生的课堂，那么教师

也可以将课堂学习搬到生活中去，让学生产生疑问，从而提出问题并解决问题。教材的问题设计不仅能够培养学生的问题意识，为教师教学提供了很好的示范，启示教师要以新的教学理念、教学方法和教学思路去培养学生的数学思维能力。

3. 北京师范大学出版社数学实验教材

北师大版小学数学教材以“构建情境＋提出问题串”为主要呈现方式，实现“四位一体”目标，即教学内容的开展、学生的学习、教师的教学、课程目标的完成四个过程一体化，强调情景贴近少儿经验、情景有趣、联系生活、有挑战性，理论知识更加客观，能让小学生更好地掌握小学数学理论知识。

(1) 确立学生的主体地位，促进学生全面发展

“以学生为主体、以教师为主导”是在课堂教学中如何确立学生主体地位基本原则。教材注重引导学生通过亲身实践去感知、探索、思考与解决数学问题，提高学生的动手实践能力，让学生之间通过合作交流，在互相启发中获得数学知识，在学习过程中提高逻辑思维和创新意识。

例如，在北师大版一年级上册“比较高矮”知识点的学习中，通过教材第 20 页例题导入谁高谁矮的问题，一个男孩和一个女孩背对背站在一起比高矮，让学生通过实践探究比较方法，判断比较方法是否正确。学生通过实践得出结论：男孩的脚跟跷起来，他们不是在同一起点上进行比较的，对女孩来说不公平，正确的比较高矮的方法是两个小朋友站在同一水平面上进行比较，通过观察头顶来得出谁高谁矮。

(2) 设计“构建情景＋提出问题串”的呈现方式，实现“四位一体”目标

教材通过设计一系列有趣的故事情景，提出有用的、贴近儿童生活的问题，激发学生的学习兴趣，让学生在教学活动中，愉快地获得数学知识。

例如，对生活中数的学习，在一年级上册第 4 页“快乐的家园”中，构建了这样一个场景：早晨，太阳已经升起来了，天空中有两只小鸟在飞翔，三朵白云飘向远方，山脚下有一座房子，房前有一条弯弯的小河，几只鸭子在水中快乐地游着，一个小男孩领着一只小狗在河边玩耍。教材在情景中设计了一些问题串：图中哪些物体的数量能用 1 来表示？哪些物体的数量能用 2 来表示？哪些物体的数量能用 3 来表示？教师引导学生数图中的物体，并用相应的数来表示，图中有 1 个太阳、1 条小船、1 筐萝卜、1 只小狗……它们都可以用 1 来表示。图中有 2 只小鸟、2 个人，可以用 2 来表示；有 3 朵白云、3 个苹果，可以用 3 来表示。在这一系列问题中，学生感知了数的存在，理解了数的真正含义。

(3) 注重学生学习兴趣和学习习惯的培养

教材通过呈现一系列贴近生活的故事情境、设计符合儿童性格特征的问题，以求达到不断激发学生内在学习兴趣的目的，体现数学的价值。例如：在北师大版一年级上册“比较大小”知识点中，设置了这样一个情景：今天是妈妈的生日。桌子上放着一个大西瓜和一些饮料，妈妈面前摆着一个很大的蛋糕，一家人正在为妈妈过生日，多快乐啊！小朋友都喜欢过生日，吃生日蛋糕，设定这样的情景，能够激发学生对数学学习的兴趣，加深对数学与生活的理解和联系。同时教材始终贯穿对学生良好数学学习习惯的养成教育。

北师大版小学数学教材偏于活泼，色彩鲜艳，图文并茂，寓教于乐，贴近学生的生活，符

合小学生的性格特征和喜好偏向，是由问题引发思考，由思考得出结论，引导学生自主解决问题，让学生通过实践感知得出学习结论和知识点，利用不同的数学方法探索数学问题。

4. 西南师范大学出版社数学实验教材

西师版教材采用“例题—课堂活动—练习”的编写体例，例题创设适当的情境，反映与问题解决相关的信息和提供解题的线索；“课堂活动”提供选择多样的学习活动，及时巩固所学内容，积累基本活动经验；练习选材广泛，既有基础题也有拓展题，还有为学有兴趣、学有余力的学生安排的思考题，供不同学习需求的学生灵活选用。该体例兼顾了通过模仿训练巩固所学知识和通过游戏、操作和对话等活动使学生学会合作交流，学会动手实践，学会数学学习的功能，有助于引导教师转变“授完新课组织学生做练习”的传统教学方式，逐渐形成了自己的风格与编写特色。

（1）“课堂活动”指向“四基”，独创学生活动平台

“课堂活动”栏目旨在帮助学生在动口、动手、动脑中深化对新学内容的理解，积累基本活动经验。在动口中学会数学表达；在动手中体验感知，提升操作能力；在动脑中锻炼和提升逻辑思维能力。“课堂活动”栏目在编写时多以游戏性活动、操作性活动、对话交流性活动、探究性活动等方式组织内容，并相互配合、互为补充，共同促进学生数学兴趣的激发，增强实践能力、表达能力，发展数学素养和数学能力，搭建起帮助学生发展“四基”的独创平台。如，第三册“用厘米作单位量长度”的“课堂活动”栏目包含了“操作性活动”和“交流表达性活动”。

“课堂活动”栏目编排在例题与练习之间，表现出趣味性、活动性、合作交往性等特点，力图为学生提供丰富的动手、动口、动脑的学习机会，一个栏目至少包含一个任务，并设置了大量的探究性活动，其中有体现高水平认知要求的任务、解答要求解释或判断的任务、答案不唯一的任务等。许多任务可同时引导学生进行多项活动，第一学段较重视趣味性，第二学段更加突出探究性，这种安排方式符合小学生的年龄特征和认知发展规律。

（2）概念呈现重视“淡化形式，注重实质”

教材在概念、定理、法则等的呈现上，不以特殊的字体、字号或颜色等加以强调，而较注重展现其形成或应用过程，以防止学生对概念、公式、法则等死记硬背却忽视了对概念等的理解或应用。如第十册分数概念的呈现，教材首先引导学生折纸、涂色等，认识几个常见的分数，如，1/2、3/4、1/10 等，再讨论一些简单分数与其分数单位的关系，然后给出分数概念。学生在动手操作、归纳的过程中逐步理解分数，建构对分数的认识。在分数概念的呈现上，教材并未作特别编辑处理，这是西师版教材在概念、法则等呈现上重视“淡化形式，注重实质”的具体体现。

（3）素材选取关注西部和三峡，重视农村

西师版教材在素材选取上较多地关注西部、三峡，同时重视农村。据统计分析，整套教材西部素材 111 处，农村素材 200 处，西部和农村素材平均每个年级 52 处。西部地区有广泛的素材可供教材编写选用，如地理知识、少数民族习俗文化、社会生活和旅游建筑等，尤其是三峡内容值得关注。

同样，中国广大的农村也有广泛的素材可供选用，诸如传统的种植和养殖题材，反映新时

期新农村建设面貌的题材等。这些素材为西部、农村小学师生所喜闻乐见，产生亲切感，能较好地激发他们学习数学的兴趣。如主题图、例题、课堂活动、习题、综合与实践等，其中尤以在习题中的呈现最多，这是由于习题无论在数量还是设计弹性上皆高于主题图、例题等。

（4）“综合与实践”紧扣学习内容，提供操作性强的学习

“综合与实践”的情境素材多选自与学生密切相关的家庭、学校生活以及社会生活题材等，其知识内容与所在单元节及之前的知识紧密相连。如第八册“小数”的综合与实践内容“防灾小常识”，即有和本单元“小数”密切相连的问题：“如果消防大队接火警后集结需 1.5 分钟，以每时 60 km 的速度到 3 km 外的小芳家，共需多少时间？”也有和第五册第三单元“辨认方向”相关的内容：“看学校的紧急疏散图，说一说如何疏散，并进行疏散演练。”既有数学知识，也有生命安全知识，还在“活动拓展”中引导学生关注更多防灾自救的信息。

教材的“综合与实践”以主题图加分步图的形式呈现，主题图展现问题情境的全貌，分步图展现具体需要解决的问题，引导师生对所要完成的任务既有宏观的了解，又有微观的目标，操作步骤较为清晰。随着年级的升高，小学生抽象思维能力及综合素养会逐步提高，因此在编写上低年级的活动图多，文字较少；高年级减少分步图，多用文字表述内容步骤。此外，为了拓展学生的学习视野，丰富学生的学习内容，从四年级开始在“综合与实践”最后设置了“拓展活动”，引导学生自主学习，将所学应用到更为广泛的社会生活中。

（5）“数学文化”内容丰富，呈现方式新颖

西南师大版教材紧密围绕“数学知识的形成和发展”“数学应用”“数学内容拓展”“数学趣事、趣题”“数学家的故事、数学著作”等方面选材，以“你知道吗”为专题结合章节知识来编排数学文化内容，既体现对数学内容的拓展和延伸，又丰富教师的教学资源，同时培养学生的人文精神、开阔学习视野、激发学习数学的兴趣。

西南师大版教材在编写理念、数学内容的选取与阐述、栏目设置、图文呈现方式等诸方面的编写特色已有一定成效。然而同时也存在一些不足，如在题材选取的广泛性上尚需加强，目前选取的题材多为生活题材、数学题材，而其他学科题材甚至动画、神话等题材则涉及较少；部分课堂活动存在在课堂上难以完成等问题，还需以后进一步完善。

5. 其他版本数学实验教材

新课改以来，除上述四个版本的小学数学教材以外，河北教育出版社、青岛出版社和浙江教育出版社出版的小学数学教材（简称冀教版、青岛版、浙教版）分别于 2002 年、2003 年和 2008 年陆续通过了国家审定，并在一定范围内开始使用。

相比于新课改以前的教材，这些版本的新教材同时展现出一些利教利学、体现新课改理念的特点：① 选材丰富多样，密切联系学生的生活实际；② 重视学生的主体地位，充分调动学生学习的积极性和主动性；③ 图文并茂，呈现方式多样；④ 倡导新的学习方式和教学方式，引导学生主动探索、合作交流；⑤ 重视知识的形成过程，强调知识的理解和应用等。

各版本的小学数学新教材在长期的发展中，逐步形成了自己相对稳定和独特的优势。尤其自《义务教育数学课程标准（2011 年版）》颁布以来，各版本的小学数学新教材进行了全面修订，在凸显特色方面做出了进一步的积极尝试。

（二）实验教材整体编写特色

新世纪课程实验教材的重大突破就是从以教学大纲为依据编写教材，到以课程标准为依据编写教材，开启了“一标多本”的小学数学教材改革新时期，在很大程度上体现了“基础性、普及性和发展性”的指导思想，在内容上较以前的教材作了较大幅度的增添和删减，在编写风格上呈现出多样化的态势，在素材选择、结构编排上，则充分体现了最新的数学教育理念，为教师的“教”和学生的“学”都注入了新的内涵。初步实现了由“便教利学”向“引教导学”的转变。

就目前已有的几套国标本小学数学教材而言，教材结构呈现出多元化的趋势。比如，对于“解决问题”的处理，有的教材将其有机融合在计算教学的内容中，使得“算理”得到进一步的明晰；有的教材将“解决问题的策略”分单元进行单列编写，选取小学生可以接受的一些常用的策略，比如，“画图的策略”“列表的策略”“倒推的策略”“替换的策略”“假设的策略”等，分散在各年级中进行编排。新课程实验教材结构多元化的趋势，反映了教材编写者在如何处理好数学知识与儿童心理特点的关系方面进行了多种探索。实验教材已“不再过分追求学科本身完备性和知识的覆盖面，而是把学生的发展和引导学生学会学习作为根本理念，即把教材的中心价值转移到学生怎样使用教材上，并且赋予教材中的内容以更多的价值和意义”。

通过教材的改革，引导学生的学习从“客观反映”向“主体建构”的转变，这与教学方法的改革是一致的，与2001年颁布的数学课程标准的精神相吻合。总体上看，新的实验教材积极探索教材的多样化，在满足科学性、整体性的前提之下，根据学生的认知规律、知识背景和活动经验，合理安排学习内容，有利于促进学生对知识学习的体验、理解，有利于激发学生数学学习的热情，有利于发展学生的创新意识和实践能力，都形成自己的编排体系，体现出自己的风格和特色。其中主要特色体现在以下几个方面：

1. 教材内容的素材贴近学生现实

素材的选用充分考虑学生的认知水平和活动经验，在反映数学本质的前提下尽可能贴近学生的现实。学生的现实主要包含生活现实、数学现实和其他学科现实三个方面。

第一学段，由于小学生所感知的生活面较窄，从学生身边熟悉的、有趣的事物中选取学习素材，激发他们的学习兴趣，帮助他们理解相关的数学知识，使学生感受到数学就在自己身边，体会到数学的作用；第二学段，小学生的活动空间有了较大的扩展，教材增加了来自自然、社会中的现象和问题，以使学生感受到数学的价值和趣味。

随着数学学习的深入，学生所积累的数学知识和方法，就成为学生的“数学现实”，这些现实也成为学生进一步学习的素材。选用这些素材，不仅有利于学生理解所学知识，还能够揭示相关数学知识之间的内在联系，有利于学生从整体上理解数学，构建数学认知结构。

数学的许多知识与其他学科知识有着密切的联系，因此，其他学科的知识也会作为学生的现实，被选入数学教材。

2. 教材内容的呈现体现过程性

教材选用合适的学习素材，介绍知识的背景，设计必要的活动，让学生通过观察、实验、猜测、推理、交流、反思等，感悟知识的形成和应用。

(1) 体现数学知识的形成过程

教材致力于改变小学生的数学学习方式，倡导自主、合作、探究的学习方式。每个知识点一般采用“创设情境—建立模型—解释、应用、拓展”的方式编排，在新知识的学习活动中，还安排了诸如“摆一摆、做一做、说一说、猜一猜、议一议”等活动。这个过程有利于学生经历数学知识的形成过程，激发学习兴趣，理解数学实质，发展思考能力，了解知识之间的联系。

(2) 反映数学知识的应用过程

根据课程内容，在运用数学知识解决问题的活动中，教材一般按照“问题情境—建立模型—求解验证”方式进行编排，较好地反映数学知识的应用过程。这种过程有利于学生理解和掌握相关的知识和技能，感悟数学思想，积累活动经验；有利于提高学生发现和提出问题、分析和解决问题的能力，增强应用意识和创新意识。

3. 教材内容的设计具有一定的弹性

按照标准的要求，教材的编写既注意面向全体学生，又考虑到学生发展的差异，在保证基本要求的前提下，体现一定的弹性，以满足学生的不同需求，使不同的人在数学上得到不同的发展，也便于教师发挥自己的教学创造性。具体的做法有：

(1) 就同一问题情境提出不同层次的问题或开放性问题。

(2) 提供一定的阅读材料，包括史料、背景材料、知识应用等，供学生选择阅读。

(3) 习题的选择和编排突出层次性，设置巩固性问题、拓展性问题、探索性问题等；不要求全体学生掌握的习题，一般用 * 等做出明确标注。

(4) 在设计综合与实践活动时，所选择的课题使所有学生都能参与，不同的学生通过解决问题的活动，获得不同的体验。每册教材至少安排一个适用于“综合与实践”学习活动的题材，将课堂内的活动延伸到课外，让学生经历收集数据、查阅资料、独立思考、合作交流、实践检验、推理论证等多种形式的活动。

(5) 编入一些拓宽知识和选学内容。数学是一种文化，是人类悠久的历史文化的重要组成部分。教材考虑到小学生的阅读和理解水平，精选了部分数学文化背景材料，丰富学生对数学文化的认识和感受。

4. 教材具有较强的可读性

在准确表达数学含义的前提下，教材根据学生的年龄特征，采用图片、游戏、卡通、表格、图像、文字等多种方式，直观形象、图文并茂、生动有趣地呈现素材，使学生易于接受，提高学习兴趣，拓宽思维空间。

小学数学教材建设是一个动态发展的过程，需要不断地进行反思，反思理论与实践之间的距离，反思理想与现实之间的差异，不断进行有计划的试验、调整和完善，不断向更高水平迈进，促进小学数学教育教学改革的顺利进行。

实践与反思

<table>
<tr><th>实　践</th><th>反　思</th></tr>
<tr><td>1. 举例说一说第六套小学数学教材有什么特点?</td><td rowspan="2">1. 新中国成立以来,小学数学教材改革经历了哪几个阶段?</td></tr>
<tr><td>2. 阅读各个版本的小学数学教材,说说义务教育课程标准实验教科书主要有哪几个版本? 分别有什么特色?</td></tr>
<tr><td>3. 选择一本教材,仔细阅读,简述实验教材在结构与内容上的主要变化。</td><td>2. 义务教育课程标准实验教科书有哪些共同的编写特点?</td></tr>
</table>

第三节　小学数学教材分析

在小学阶段,师生对教材表现出很强的依赖性。数学教材既是数学教师备课、上课等教学活动的主要抓手,也是学生数学学习活动的主要资料来源。小学数学教师只有品出教材的内涵,悟出教材的精髓,把握新课堂的脉搏,才能有效地实现数学教学“再创造”的过程。

一、教材分析的意义

教材是最基本的课程资源,是教与学的主要依据,也是教师与学生相互作用的中介,更是小学生获取数学知识、开发智力和发展数学能力的源泉。

1. 教材分析是备好课、上好课的基本前提

授课前教师必须认真分析和研究教材,领会教材编写意图。在此基础上,收集和整合教学资源,组织教学内容,编写教案、选用教法、实施教学,以实现教学目标,完成教学任务。所以,教材分析是备好课、上好课的前提。

2. 教材分析是教师熟悉教材、把握并驾驭教材的有效途径

在分析教材的过程中,教师要仔细琢磨教材的知识结构,各个知识点的地位、作用和前后联系,重点、难点和关键,以及所蕴含的数学思想和德育因素,再确定教学目标。所以,教材分析又是教师熟悉教材、把握教材并逐步达到驾驭教材的途径。

3. 教材分析是促进教师成长、教材建设的重要助力

分析教材是教师备课过程中的重要环节。分析教材的能力是教师的一项重要基本功,它直接关系到教学的成败,也关系到教师的专业成长。教师在使用教材的过程中,不断分析和研究教材，发现问题，发表意见，创造性使用教材，这无疑有益于教材建设，促使教材日臻完善。

二、教材分析的原则

1. 目的性原则

小学数学教材的分析要明确教材分析的目的，不仅要分析数学知识的结构体系，也要分析数学知识产生、发展的过程；不仅要分析数学知识在促进学生智力提高方面的作用，也要分析数学知识中蕴藏的非智力因素。

2. 系统性原则

数学是一门系统性、逻辑性都很强的学科，各部分知识之间的内在联系十分密切。义务教育阶段的小学数学教材也不例外，小学数学教材是以数与计算为主线，将量与计量、函数初步知识、几何初步知识、统计与概率等内容随数与计算教学的深入和范围的扩大而有机地结合起来编排的。

教师在教材分析时，既要分析教材内容的基本结构及其关系，又要系统考虑和处理教材与学生、教学方法、教学手段等多方面因素之间的关系，以实现教学过程的最优化。

3. 客观性原则

教材编写具有一定的指导思想，教材内容客观地反映了社会发展、数学学科发展对学生发展所提出的要求。但受到教师自身的主观意识、已有的知识基础和经验的影响，教材内容又具有一定的主观性。因此，在进行教材分析时，既要求教师发挥其主观能动性，也要求遵守客观性原则，对教材进行客观描述和分析。

三、教材分析内容与步骤

小学数学教师在开展教学前，应先对所任教的整套和整册教材进行大致了解和研究，再对整单元教材或者整小节教材有一个整体的、全局的了解和分析，再针对某个具体的课时或例题开展教材分析。主要包括整套教材的分析、整册教材的分析、单元教材的分析、各小节教材的分析和课时教材的分析等五个层次，每一个层次的教材分析，都要根据教材编排体系、编写特色、教学内容、教学任务、教学目标、课时安排等方面来进行，但不同层次的教材分析各有侧重点。

（一）整套教材的分析

主要分析整套教材（第 1～12 册）的指导思想、编写思路与编写特色等，可以参见本章第二小节对不同版本实验教材的介绍。

（二）整册教材、单元教材、各小节教材的分析

主要分析某一册教材、或单元教材、或某个小节教材中的内容、编排体系、重点难点、教学目标、教学任务与课时安排等，可以参见各出版社对应每一册教材出版的《教学参考书》或《教师教学用书》等。

（三）课时教材的分析

分析时不仅要深入研究解读教材文本，弄清教材的知识结构、地位作用和前后联系等，还要逐个研究推敲教材中的习题，同时还要仔细琢磨编者的编写意图，才能更好地把握教材重点、难点和关键，确定教学目标，设计教学环节，实施课堂教学。因此，教材分析的主要内容和基本步骤如下：

1. 研究解读教材文本

（1）分析教材的编排体系和知识之间的内在联系

教师分析教材时，要认真阅读教材文本。首先，要读懂具体章节的编排顺序，读懂具体内容的结构特点，读懂情境图、导语、提示语及旁注。理清教材中所包含的数学基础知识（如概念、性质、法则、公式等），所涉及的基本能力（如读、写、算、绘图、测量、制作等）和所渗透的数学思想等。其次，要认清各类知识的来龙去脉与纵横联系，以及它们在整个小学数学教材中的地位和作用。教师要掌握教材的编排体系和知识之间的内在联系，可以从整体上把握各类知识在小学数学教材中的分布。即以某知识为起点，顺向往后，有如“综合法”，明确“启后”，理清由此往后相关知识的头绪；或以某知识为终点，逆向往前，有如“分析法”，找出前面相关基础知识的联系。尤其是分布在几册教材里的相关、相近或相同内容的联系，可以充分认识到所要教的那部分内容，其知识基础是什么，为哪些后续知识的学习作铺垫等。然后再对某一课时教材进行深入具体的分析研究。这样，还可以避免教学过程中知识的前后脱节或者重复，有利于准确把握教材的重点、难点和关键，以有效地为课堂教学服务。

（2）分析教学重点、难点和关键点

分析教材的重点、难点和关键点，是为了科学地组织教学内容、设计教学过程，做到突出重点，抓住关键，突破难点，带动全面，有效地提高课堂教学质量。

教材重点是指教材中关系全局、直接影响其他知识学习的内容。“数和代数”是整个小学数学教材的重点；整数的认识和四则计算又是“数和代数”的重点；其中，又以 20 以内的加减法、表内乘法和相应的除法为重点；在 20 以内的加减法中，又以进位加法和退位减法为重点。又如，平面图形的面积计算中，如果不掌握长方形的面积公式，那么就无法推导出其他图形的面积公式，因此长方形面积的计算是重点。

确定教材的重点，要以教材本身为依据。瞻前顾后，溯源探流，深刻分析研究所教的内容，并将其放到整个知识系统中去判定其地位和价值。

教材难点是指教师难教，学生难学、难懂、难掌握，以及学生学习中容易混淆或产生错误的内容。

小学数学教材中，有的内容比较抽象，不易被学生理解；有的内容纵横交错，比较复杂；有的内容本质属性比较隐蔽；也有的内容体现了新的观点和新的方法，在新旧知识的衔接上呈现了较大的坡度；还有些内容相互干扰，易混、易错。如在两位数除法中，试商就较为复杂，是学习难点；连续退位减法、分数除法等，因其原理复杂隐蔽而构成学习难点；从自然数单位到分数单位、从普通数字到用字母表示数等，因新旧知识衔接过程中有较大坡度而成为学习难点；多位数的读写、数位与位数等内容，因为易混易错而成为难点。

教材难点具有相对性，它与学生的知识基础、认知水平、思维能力以及学习精神等有一定关系。在相同内容的学习中，对一部分学生构成了难点，但对另一部分学生来说可能不是难点。当然，难点的形成与教师的教法也有一定的关系。

应当指出，教材的难点具有积极与消极的双重性。通常我们对难点的消极面关注较多，但也应当看到教材难点在教学中积极的一面，它对深化认识、发展思维和培养数学素养有着不可替代的功能。事实上，没有困难也就谈不上去积极探索和刻苦学习，从这个意义上讲，数学教学中的难点不仅体现着数学的魅力，还蕴蓄着思考、探索的动力。在难点教学中，学生不仅深刻地领悟知识和锤炼思维，而且还可以培养毅力、磨炼意志和学会探索。

教材关键点是指对掌握某一部分知识或解决某一类问题有着决定性作用的内容，它在攻克难点、突出重点过程中往往具有突破口的功能。一旦掌握好教材的关键，与其相关内容的教学就可以迎刃而解。如掌握“凑十法”是学习 20 以内进位加法的关键，而理解分数的意义和分数单位的意义则是掌握分数四则运算法则的关键。

教材的重点、难点和关键点有时可以相同。如，“凑十法”既是 20 以内进位加法的重点，也同时是关键点；掌握试商方法既是两位数除法的重点，又是难点，同时也是关键。

只有准确地掌握教材的重点、难点和关键，才能保证学生正确理解和掌握教材内容，取得事半功倍的效果。如“小数除法”应以除数是整数的小数除法为重点，以除数是小数的除法为难点。教学中要利用转化想想，引导学生根据商不变的规律和小数点位置移动引起小数大小变化的规律，把“除数是小数”的除法转化为“除数是整数”的除法，这是小数除法教学的关键。

(3) 分析教材中数学思想方法的渗透及数学能力的培养

数学学习不仅可以使学生获得参与社会生活必不可少的知识，而且还能有效地提高学生的各项能力，进而奠定发展更高素质的基础。因此，小学数学教学中，教师在知识传授的同时还必须重视学生能力的培养。在小学数学教材分析的过程中，应该重视数学基本知识的学习价值，深入分析数学基本知识、技能与数学能力之间的关系及其转化的条件，要深入思考“如何才能使知识转变成能力”，并注意从数学知识的特点出发，对数学知识中蕴藏的数学思想方法进行分析。

如学生计算能力的培养就是要通过教材中数的运算知识进行分析，选用恰当有效的方法，持之以恒地把口算、笔算、估算和巧算等教学落到实处。特别是简便计算的训练，对培养学生探索和发现的能力、非常规思维的能力、灵活运用的能力等都有其独特的作用。如计算 48×25，常规算法是列竖式或者是($48\times20+48\times5$)，而使用运算定律计算($48\times25=25\times48=25\times4\times12$)就要简便得多。教学时不能只强调算法的多样化，还应强调算法的规范化(即法则教学)和算法的优化，加强简便计算的训练。

每一个数学知识背后都隐藏着数学思想或方法。数学思想方法和数学知识一样，是人类在长期的数学活动中发展和积累起来的，是学生形成良好认知结构的纽带，是由知识转化为能力的桥梁，也是学生智能发展和数学素养提高的重要因素。渗透数学思想方法，就是把数学思想方法融入有关的教材内容中去，它是一种高水平的深入浅出。如在教学最大公约数和最小公倍数时，渗透了集合思想；学习比和比例时，渗透了函数思想；在圆面积公式的推导中，渗透了极限思想。

教师在分析教材时要深入挖掘、时时推敲：可以培养学生哪些能力？在什么地方渗透哪些数学思想方法？只有在分析教材时看得清、抓得准，才能在教学过程中做到有的放矢，达到渗透数学思想方法的目的。否则，就会在教学中错过良机。

（4）挖掘教材中的情感、态度等非智力因素

教书更是为了育人。在开发学生智力的同时，小学数学教学还必须重视德育、美育等非智力因素的培养，以丰富学生的精神世界，增强做人的基本修养。

教师在对教材进行分析时，要深入挖掘教材，从数学知识的特点出发，充分挖掘教材中情感、态度等非智力因素，让学生体验数学活动中的美感，增强学生学习的内驱力，强化学生的学习动机，渗透辩证唯物主义观点的启蒙教育，激发爱国主义和民族自豪感，形成科学世界观和正确价值观，培养刻苦学习、独立思考、不怕困难、积极进取的精神，提高学生对数学价值的认识，进行爱数学、相信数学的“力量”的教育，培养新时代的社会主义接班人。

数学的抽象美、图形的对称美、符号的简洁美、表达的形式美、内容的和谐美等都隐藏在数学学习内容之中，数学的知识、方法及其来源和发展，都充满着辩证法，蕴含着独特的数学学科魅力。

如：在 24 时计时法的教学中，进行守时、惜时的教育；在计算教学中，培养学生严格认真的学习习惯；在统计教学中，感受我国生产建设的飞速发展，进行热爱祖国、热爱社会主义的教育；通过感受数学在生活和国家建设中的作用，体会到掌握数学知识的重要性，通过阅读我国著名数学家的故事和介绍数学史上的伟大成就，激发学生的民族自信心和自豪感。

2. 研究教材编者的编写意图

正确理解编者的编写意图，能帮助教师更好地分析、解读和利用教材资源，使学生在认知的冲突、问题的解决中体验到成功，感受到数学学习的乐趣，使学生在学习数学的过程中理解数学，培养数学思维能力。

如：《倒数的认识》（见图 3－3）先呈现了几组乘积为 1 的乘法算式，再引出倒数的含义。这样的编排，是希望教师在教学时紧扣倒数的概念，让学生先计算，再通过观察、讨论、归纳发现规律（两个数的乘积为 1）。

算一算，说一说你有什么发现。

$\frac{2}{3}\times\frac{3}{2}$	$2\times\frac{1}{2}$	$\frac{7}{9}\times\frac{9}{7}$
$\frac{1}{10}\times10$	$\frac{6}{5}\times\frac{5}{6}$	$7\times\frac{1}{7}$

图 3－3　倒数的认识

教师在教学时可以这样设计：出示两组乘法算式让学生开展速算比赛，一组乘积为1，一组乘积不为1的任意乘法算式。毫无疑问，第一组肯定会算得又对又快。学生会更主动地去比照第一组算式和第二组算式的区别，去寻找发现第一组算式的规律。这样的学习活动，不仅能激发学生的学习兴趣，也更能体现数学课的特色，更能以数学自身的魅力来吸引学生，同时使课堂教学更高效。

3. 研究教材中的习题

在数学学习中，学生进行有目的、有计划、形式多样、层次递进、角度多变的解题训练，是他们巩固新知、发展能力、拓展思维、渗透情感的必要途径。因此，在分析教材时，应特别重视分析教材中的习题。

(1) 研究习题的层次和作用

小学数学教材中的习题一般分为三个层次。一是针对知识点(例题)教学的试一试、想一想、做一做等习题；二是针对每小节教学的整套练习；三是针对单元或一学期教学的整理与复习。

教师要弄清哪些是基本题，哪些是变式题、综合题、发展题和思考题；弄清楚每一类习题的编排是否由浅入深，由易到难；研究每一个习题的作用，尤其是要弄清哪些习题是学生学习的难点。

(2) 掌握习题的设计目的和要求

教师要分析每一个习题的设计目的，思考编者的编写意图，找准习题与例题的对应关系，明确练习要求。特别是一些思考性强、难度较大的习题，教师应亲自演算一遍，分析预测学生练习时可能遇到的问题，然后在教学中有计划、有目的地让学生练习。

(3) 研究习题中的不足

教师在研究习题时要不断思考质疑：这些习题的设计是否符合学生的实际和需要？是否有更好的习题替换？习题的分量、难易是否适宜？习题的形式是否多样、有趣？再根据班级学生的具体情况酌情处理，或减少同质习题的重复，或更换更加切合学生实际的习题，或改变练习的形式(文字表述、表格式、图形、动手操作)，或增添富有思考性或开放性的习题，尽量做到精讲巧练，激发学生练习的兴趣，提高练习的效率，发展数学思维。

四、教材分析的方法与思路

小学数学教材是数学课程标准的一种载体，体现着新的课改理念，需要每一位小学数学教师去挖掘，加强对教材的分析和解读，研究其中的奥秘，体会其中的真谛。教师可采用换位思考、质疑审视等方法对教材进行深入分析。

1. 换位思考读懂教材

教材是很多专家和一线名师经过认真思考、系统规划和多方考证编写的。教材上每一幅情境图的选取都是编写者经过深思熟虑和仔细琢磨的。我们应该慎重对待每一个例题和练习题，挖掘其中蕴含的数学思想或教育因素，读懂教材编写者的良苦用心。

如：人教版五年级上册《可能性》例1后面的做一做，教材呈现的是孩子们在做摸棋游戏的情境图。一个盒子里全部是红棋，另一个盒子里有红、黄、蓝、绿四色棋子。

教学时，如果教师先让学生看清楚两个盒子里的棋子颜色，再去进行摸棋试验，课堂上往往会索然无味。教材中的情境设计主要是为了培养学生的随机思维和概率素养，使其充分感受和体验简单随机现象中数据的随机性，学会用概率的眼光去观察大千世界。情境设计图中盒子透明的显示出棋子颜色是让老师知道盒子里是怎样放球的。因此，教师在教学时可以这样做：出示两个封闭的盒子，请同学上台开展摸棋比赛（规则：摸出红球次数多的为胜）。学生摸球后，发现不公平（全部、有时），会强烈要求老师拆开盒子，当知道盒子里棋的颜色后，老师可质疑：改变游戏规则为摸出绿棋次数多的为胜是否公平？为什么？

这样的解读能使孩子们在游戏中产生认知冲突，在问题解决中体验到数学思考的美妙，使孩子们在学习数学的过程中理解数学，感受数学学习成功的乐趣，培养观察、分析、比较、联想等思维能力。

2. 物尽其用善待教材

小学数学教材上的每一个情境都是为了解决数学问题，每一个数学活动都是为了实现教学目标。教师应深入思考，读懂情境背后隐藏的数学问题，挖掘活动过程蕴含的教育因素。

如苏教版二年级教材《有趣的七巧板》中，教材编排的是“比想拼说”七巧板的情景图（见图 3－4）。

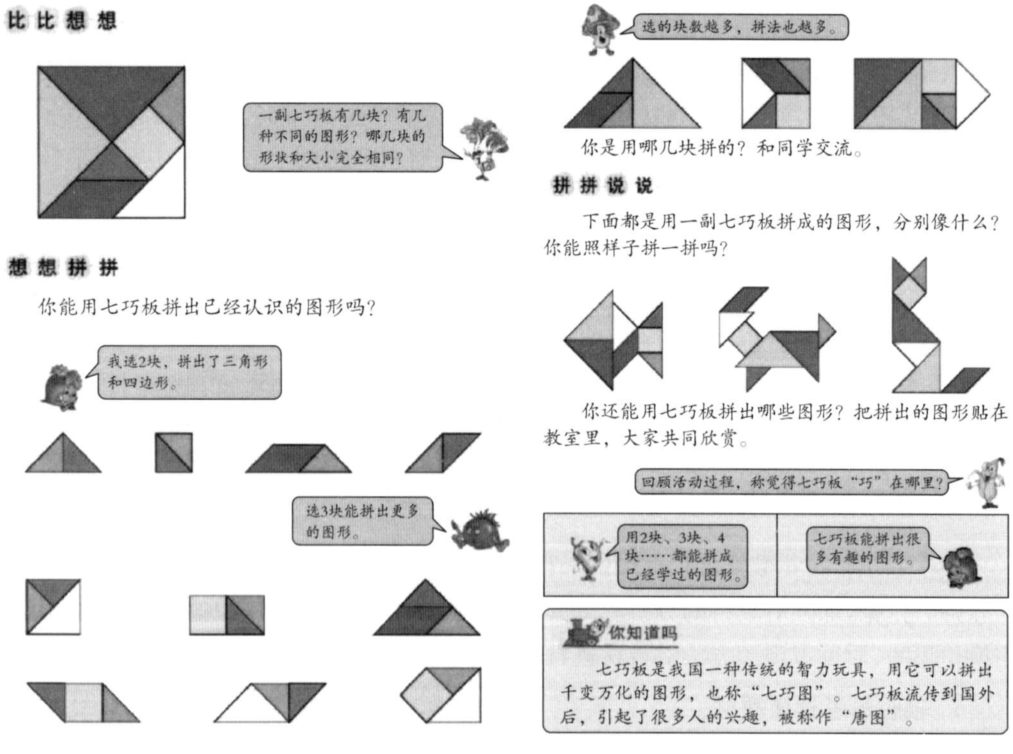

图 3－4　有趣的七巧板

编者是希望通过引入七巧板，让学生在拼摆七巧板活动的过程中进一步认识图形，感受图形之间的相互联系，同时培养学生的空间想象能力。教师还可以适时介绍七巧板的历史，既体会中国古代劳动人民的智慧，又可培养学生作为中国人的自豪感，可谓一举多得。

《数学课程标准》指出：“要根据学生的具体情况，对教材进行再加工，有创造地设计教学过程。”教师在备课时一定要善待教材，要仔细斟酌，反复推敲，物尽其用。特别提出的是，教师改编教材或更改教材主题情境图时要慎之又慎，不要随意更改或为了更改而更改，除非改编的教学情境确实比教材主题图更有价值，更能体现数学的学科本质，否则改编教材会适得其反。

3. 质疑思想审视教材

教师在分析某个版本教材时，还可以将其他版本的教材进行对比，以质疑思想审视教材，可以促使我们更好地反思数学本质，开阔研究视野。

如：《小数的意义和读写》在人教版和苏教版中的编排就各不相同（见图 3 - 5）。

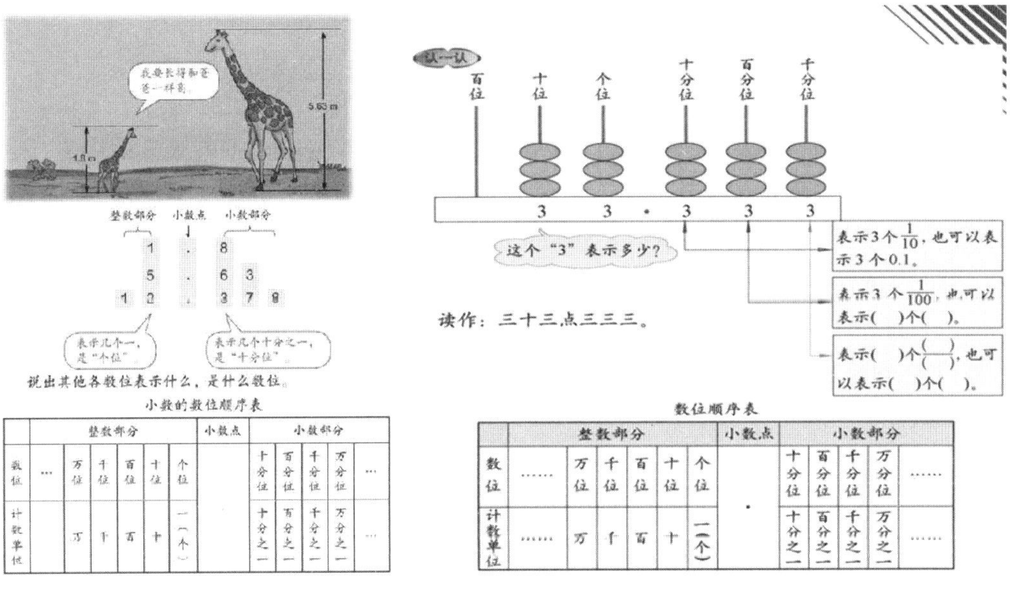

图 3 - 5　两个版本教材中“小数的意义和读写”例题设计

人教版（图左）是通过大小长颈鹿的身高来读写小数，苏教版教材（图右）是通过计数器来读写小数。两个版本教材选取的数据也不一样，人教版是三个不同的数据，苏教版只有一个数据，而且这个数据每个数位上的数字都一样。

通过两个版本教材的对比，你会发现什么？哪个版本的教材设计更能帮助学生读写小数，理解小数的组成？如何区别 33.333 各个数位上的数字？

在钻研教材时，我们除了对比各个不同版本的教材，还可以了解其他国家或地区的小学数学教材同类知识点的教材编排或要求，能帮助我们更好地开阔研究视野，提高课堂教学的有效性。

教师在分析教材时，要认真推敲教材的编写意图，要明确通过教学可以使学生掌握哪些基础知识，达到什么要求；侧重培养哪些能力；可渗透哪些思想品德教育或哪些数学思想方法等。根据各部分知识及例题的安排顺序、难易程度与地位作用等来制定每个课时的具体教学目标。

五、教学目标的确定与表述

教学目标是预期教学结束时所应达到的学习结果或终点行为，也可以说是对学生学习终点行为的具体描述。教学目标是师生课堂活动的指南，也是评价教学效果的依据。

教师在前面分析的基础上，综合考虑，确定教学目标。在明确教学目标后，再了解学生的学习准备，然后选择合适的方法进行教学，课堂教学完后对照教学目标来开展教学评价。如果达到目标要求则进入下一个知识点的学习，如果未达到目标要求，则需要重新选择更合适的方法实施课堂教学，直至达到教学目标。因此，教学目标既是教学活动的出发点，也是教学活动的归宿。

1. 教学目标的特点

作为预定的教学结果，教学目标具有以下特点：

（1）客观性和主观性

教学目标一般要反映社会的政治、文化、科技发展的客观要求，具有现实的内容，因此它具有客观性；但因为它是由人确定的，是客观要求在人脑中的主观反映，所以其形式是主观的。为了避免产生歧义，我们要进行确切的表述。

（2）系统性和层次性

教学目标作为学生通过教学可能或一定能达到的结果，往往由多个子目标构成一个目标群，但目标群里的每一个目标，并不处在同一个层面，而是分层分级的，因此具有系统性和层次性。

（3）动态性和稳定性

教学目标常常随着客观需求和教学进展而不断调整、补充修正或更新，因此具有动态性、可变性。但它一经确定，就必须在一定时限内确定不变。相对的稳定性和绝对的可变性是辩证的统一。

2. 教学目标的作用

教学活动是围绕教学目标的实现而进行的，目标的确定是教学过程中不可或缺的环节。在教学过程中，教学目标既要指示教学的方向、预定教学结果，又要引导教师执行和控制教学活动，同时激发学生学习动机，帮助教师评鉴和修正教学过程，衡量教学效果。因此，教学目标具有导向、激励、控制和测度等方面的功能。

（1）导向功能

教学目标预先规定了教学活动的大致进程，教学活动的开展过程也就是教学目标一一落实的过程。教学的整个过程都受教学目标的指导和支配；整个教学过程也是围绕教学目标而开展的。教学设计前，教师不仅要关注怎么教和怎么学，更要关注教什么和学什么，往往教什么比怎么教更重要。也就是说，教学目标的确定是教学方法的选择与教学环节的设计的前提条件。教学目标不仅制约着教学系统设计的方向，也决定着教学设计的具体步骤、方法和组织形式。因此，教学目标在教学过程中起着指示方向、引导执行和预定结果的作用。

（2）激励功能

制定好的教学目标越接近学生的需要，越能引起学生的关注，越能激发学生的学习兴趣，起到的激励作用越大。教学目标的制定应定在学生的“最近发展区”，既高于学生的已有水平，又是学生可以承受的，使学生认识到通过努力是可以达到教学目标，这样难易适度、高低适宜的教学目标能有效地激发学生的学习动机。学习前，学生了解预期的学习成果，明确成就性质，进行目标清晰的学习活动，并最终获得认知、自我提高和获得赞许的喜悦。

（3）控制功能

教学目标一经确定，就对教学活动起着控制作用。教师要根据教学目标选择教法、设计活动、确定环节，学生要根据教学目标调整行为、参与学习，师生一起为实现目标而共同奋斗。在课堂教学过程中，教师要时刻关注课堂学生的表现及个体差异，并根据教学目标适时调控教学，不断调整和修正自己的教学行为，不断提高课堂教学效率。

（4）测度功能

教学目标作为预先规定的教学结果，自然是测量、检查、评价教学活动中成功与否、是否有效的标准和尺度。因此，教学目标可以帮助教师评鉴教学过程。人们依据教学目标的达成情况来对教学活动进行分析、判断，可以全面掌握教学活动的实施状态——即教师教的状态和学生学的状态，以及教学方法和教学资源的利用状态等等。通过对这些状态形成原因的诊断，可以获得对教学具有重要指导意义的经验和教训，促进教学水平的不断提高。

3. 教学目标的分类

《数学课程标准 2011 版》从知识技能、问题解决、数学思考和情感态度四个方面具体阐述课程目标。教学目标也要从这四个方面思考、确定，但它们是多位一体、有机融合的，表述时不能人为分裂开。

我国数学课程标准将教学目标分为结果性目标和体验性两类。其中结果性目标主要应用于“知识与技能”领域，主要用“了解、理解、掌握、应用”等行为动词；体验性目标主要应用于“过程与方法”和“情感态度与价值观”领域，主要用“经历、感受、体验”等行为动词。在课程标准的附件中分别阐述了目标行为动词的具体含义。教师应该理解并掌握这些词义，并合理、准确用词，恰当把握要求，既要关注知识技能的学习结果目标，又要关注数学思考、问题解决和情感态度的学习过程目标。

4. 教学目标的表述

教学目标是否明确和具体，直接影响着教学的成效。在表述教学目标时应注意两点：一是要用特定的术语进行描述；二是要尽可能的详细具体化，做到可操作、可观察和可测量。

教学目标在表述时一般要包含行为主体、行为动词、行为条件和行为标准（或表现程度)等四个要素。如“在步测实践过程中,每个小组要通过正确步测方法,得到准确的测量数据。”这一教学目标中,“学生”是行为主体,“在步测实践过程中”指行为条件,“通过正确的步测方法”指行为动作,“得到准确的测量数据”指行为标准。

教学目标的确定与表述看似简单,但很容易出现误差。教师在表述教学目标时容易出现以下问题:

(1) 把教师当作目标的行为主体来表述。如“使学生掌握 9 加几的计算方法”等;

(2) 把教学目标当作教学任务来表述。如“引导学生自学”“完成课后练习题”等;

(3) 只列出了教材的主题、原理或概念,没有明确学生学习后要达到什么样的行为变化。如:“学习长方形面积计算公式”等;

(4) 教学目标过于笼统、抽象、不具操作性。如“学会用数学的眼光看问题”等。

教学目标的确定,是教学分析的结果,也是课时教学设计最重要的环节,需要教师在深入分析教材的基础上,仔细琢磨、精心设计,才能更好地发挥它应有的功能。

教材分析是一项复杂细致、精益求精的工作。随着课程改革的不断深入,教学内容和教学手段的不断更新,教材分析的要求也将不断改进和提高。教师应不断提高自身教材分析的能力和水平,为教学设计和实施夯实基础,使教学达到事半功倍的效果。

实践与反思

<table>
<tr><th>实　践</th><th>反　思</th></tr>
<tr><td>1. 选取你最感兴趣的一个案例开展实训,并请同伴进行评价。</td><td rowspan="2">1. 小学数学教材分析的主要内容和基本步骤是什么?教材分析应该从哪几个层次上进行?</td></tr>
<tr><td>2. 选择一个教学单元,尝试开展单元教材分析。</td></tr>
<tr><td>3. 选择一个课题,仔细阅读教材并进行简要分析,撰写好教学目标。</td><td>2. 在进行小学数学教材分析时怎么确定教学目标?教学目标表述时应注意什么?</td></tr>
</table>

第四章　小学数学教学准备

扫码查看
学习资源

知识导图

小学数学教学准备

- 第一节　小学数学教学过程与原则
  - 1. 小学数学教学过程的内涵
  - 2. 小学数学教学的原则
- 第二节　小学数学教学方法
  - 1. 教学方法概述
  - 2. 教学方法的分类
  - 3. 常见的教学方法
  - 4. 教学方法的选择与配合
- 第三节　小学数学教学手段
  - 1. 教学手段概述
  - 2. 教学手段的分类
  - 3. 教学手段的选择与优化
  - 4. 信息技术与小学数学课程深度融合的策略
- 第四节　小学数学教学设计
  - 1. 教学设计的含义和特征
  - 2. 教学设计的原则和要求
  - 3. 教学设计的分类
  - 4. 教案的具体撰写

学习目标

1. 了解小学数学教学的过程与原则；

2. 了解小学数学教学的方法及其选择与配合；

3. 了解小学数学教学方法的改革趋势；

4. 了解小学数学教学设计的含义及要求，掌握小学数学教学设计的一般步骤和方法，学会撰写教案。

案例再现

圆的认识

一、情景导入

(出示课件,演示秒针走一圈)指名说:秒针针尖的运动轨迹是什么图形?

教师质疑:它和以前学过的长方形、三角形等平面图形相同吗?

引出:圆是由曲线围成的图形,叫作曲线图形。

师引导:以前我们对圆有了初步认识,如果想进一步了解,你想了解圆的什么知识?揭示并板书课题。

二、自主探究

1. 明确自主学习的要求(我们先来自主学习,谁来读一读,其他同学认真倾听!)

① 自主阅读教材56页,划记重要的语句。

② 将手中的圆折一折、量一量,你发现圆有哪些特征? 及时记录你的发现和问题。

③ 组内交流,做好汇报准备。

2. 学生自主探究,教师巡视指导。

指名汇报:谁来说,通过看书,你划记了哪些重要的语句? 找到了圆的哪些特征?(根据学生的汇报,教师适时课件演示)

3. 概念梳理

① 拿出你手中的圆,指出它的圆心在哪里! 你是怎么找到圆心的?

师小结:是的,折痕的交点就是圆的圆心。(板书)这是我对折后的圆,它的圆心在这儿,用字母O表示。

② 再请你指出手中圆的一条半径! 能指出我这个圆的半径吗? 请你上来!

只有这样一条吗? 还有吗? 这个圆的半径有多少条?

老师在圆内画一条半径,仔细看,可以吗?(没画到位)一定要画到哪里?(圆上)还要继续吗?

小结:连接圆心和圆上任意一点的线段叫作半径。

③ 你能画一条直径吗?(你确定吗?)你是怎么找到圆的直径的?(通过折痕)

师:直径把圆平均分成了两部分,它也是圆的对称轴。

直径有多少条? 我这样画直径,可以吗?(必须要通过圆心)

在圆内能不能找到一条比直径更长的线段?

强调:直径是圆内最长的一条线段。

4. 通过刚才的折一折,量一量,你发现了什么?

① 生1:半径长度相等,直径长度相等。

教师质疑:你的圆半径和我的圆半径长度相等吗? 你是怎么发现的?(折、量)量出数据是多少?(半径5厘米,直径10厘米)你量的半径都是5厘米,直径都是10厘米吗?

师质疑：还有谁量的半径长度是5厘米？举起来看看，是不是一样？像这样半径相等的圆叫作等圆。

师质疑：是不是所有圆的半径长度都相等？（不是，我的圆半径是4厘米）举起来！这边的圆和那边的圆一样吗？谁决定了圆的大小？（半径）

教师小结：只有在同圆或等圆里，所有的半径长度相等，所有的直径长度相等。

② 生2：同一个圆内，半径是直径的一半，直径是半径的2倍。

追问：你是怎么发现的？你手中圆的直径是我这个圆的半径的2倍吗？

教师小结：必须是在同圆或等圆里，直径是半径的2倍。

用字母怎么表示它们之间的关系？（$d=2r$）。

③ 你们还有不同的发现吗？

指名学生回答，教师适时引导。

思考

案例中，教师是如何教学“圆的认识”的？经历了哪些教学过程？遵循了哪些教学原则？运用了哪些教学方法？

小学数学教学是一项十分复杂和细致的工作。要保障教学质量，教师必须要做好教学准备。教学准备质量的高低，很大程度上取决于教师工作态度的好坏，从某种程度上也表明教师业务水平的高低。

第一节 小学数学教学的过程与原则

一、小学数学教学过程的内涵

对于教学过程的认识，主要有以下三种不同的观点：一是认为教学过程是一种特殊的认知过程；二是认为教学过程是教师和学生之间教和学双边活动的过程；三是认为教学过程是一个促使学生知识、能力和品德全面发展的过程。由于教学最基本的特性是育人，因此教学过程主要是一个促使学生知识、能力和情感、态度、价值观全面和谐发展的过程。作为一门特定的学科教学，必须充分体现小学数学的特点。

《数学课程标准(2011年版)》强调：教学活动是师生积极参与、交往互动、共同发展的过程。学生学习应当是一个生动活泼的、主动的和富有个性的过程。因此，小学数学教学过程是在教学目标的指引下，以小学数学课程的内容为学习载体，教师组织和引导学生，系统地学习和掌握数学知识，发展和培养数学能力，形成良好的思想品德和个性心理品质的认识和发展相统一的过程。它应该具有以下特征：

(1) 形象思维与逻辑思维、合情推理与论证推理相结合的过程

小学生思维的特点是以具体的形象思维为主、逐步过渡到抽象的逻辑思维，而这种抽

象的逻辑思维很大程度上还依赖于形象思维。由于数学知识具有高度的抽象性和严密的逻辑性，小学生对于数学知识尚不具备直接的理解力。

在教学中，教师不仅要加强直观教学，借助于充分的感知和丰富的表象来支撑学生的思维，还要按照儿童认知发展的顺序和数学知识的逻辑顺序组织教学，注意形象思维与逻辑思维、合情推理与论证推理的有机结合。如解决数学问题时，既要借助线段图等直观教学的手段使学生认识其中的数量关系，又要用分析与综合的方法去寻求解题的途径。

(2) 一个以发展思维能力为核心的促进学生素质全面发展的过程

小学数学教学过程要求小学生掌握数学知识，发展计算能力、思维能力、空间观念和创新意识，培养运用数学知识解决问题的能力，形成良好的思想品德和个性心理品质，以促进学生素质的全面发展。

数学是思维的体操，数学教学对于学生思维能力的培养与发展具有得天独厚的条件与优势。因此，在教学中要紧紧围绕促进学生思维发展这一核心开展教学活动。小学数学教师要鼓励学生运用多样化、个性化的学习方式获取数学知识，让学生通过学习具有现实性、趣味性和挑战性的学习材料，感受数学的价值，发展数学思维能力，增强应用数学知识解决实际问题的意识，让小学数学教学过程成为一个以发展小学生思维能力为核心，以促进小学生素质全面发展为目标的育人过程。

(3) 一个以小学数学教材为中介的教师与学生、学生与学生多边互动的合作过程

小学数学教材是教师与学生、学生与学生在教学过程中多边互动的重要媒介。教师主要根据小学数学教材实施日常教学活动；小学生是学习活动的主体，他们根据教师的指导阅读数学教材，开展数学活动，获取数学知识，发展数学能力，提高数学素养。在小学数学教学过程中，师生以教材为中介，教与学相互作用，形成双边活动。教师既是学生学习的参与者和合作者，也是教学过程的引导者和组织者，必须采取有效的教学手段和方法，帮助学生理解和掌握小学数学课程所规定的内容，并把教材的知识结构转化为学生的数学认知结构。

二、小学数学教学的原则

作为一门学科教学，小学数学教学过程应遵循一定的规律和原则。教学原则是指导教学工作的基本要求和一般原理，它是设计教学过程、进行教学活动所应当遵循的行为准则。

17 世纪教学论奠基者夸美纽斯提出的直观性原则、主动性原则、巩固性原则、循序渐进原则、量力性原则等，以及后来的研究者和实践者相继提出的教育性原则、启发性原则、系统性和连贯性原则、直观性与抽象思维发展相结合原则、理论与实际相结合的原则、统一要求与因材施教相结合的原则、对学生进行个别指导的原则、使学生理解学习过程的原则、使全体学生都得到一般发展原则等。这些原则对于小学数学教学，仍然有着一定的指导意义。

根据教学论的基本理论，同时结合新课标要求和小学生的认知特点，小学数学教学必须遵循以下原则：

1. **教育性原则**

教学与教育之间密不可分，缺乏教育的教学只是一种没有目的的手段，教育只有通过教学才能产生实际作用，教学是实现教育的基本途径。2022 年 4 月，《义务教育课程方案和课程标准方案(2022 年版)》颁布，强化了课程育人导向，将党的教育方针具体化，要求教师要在坚定理想信念、厚植爱国主义情怀、加强品德修养、增长知识见识、培养奋斗精神、增强综合素质上下功夫，突出体现正确价值观、必备品格和关键能力的培养，要求学生成为“有理想、有本领、有担当”的德智体美劳全面发展的社会主义建设者和接班人。

在义务教育的基础阶段，小学数学教学不仅要给学生打好数学知识与能力的基础，聚焦数学核心素养，还要打好世界观、人生观和价值观的基础。因此，小学数学教学首先必须遵循教育性原则，要在数学知识技能学习的同时从小培养学生热爱祖国、热爱社会主义事业，具有为振兴祖国、振兴中华民族而艰苦奋斗的精神。

2. **直观性原则**

学生对教材的理解总是建立在对事物感知的基础上。根据皮亚杰的研究，小学阶段儿童的心理发展尚处于具体运算阶段，其思维能力发展以具体形象为主，逐步向抽象逻辑思维过渡。小学生的认知发展往往离不开具体事物的支持，而学具操作和教具演示等直观活动能促进学生对于抽象数学知识的理解。鲜明生动的直观形象，更容易吸引学生的注意，激发学习兴趣和热情，有助于促进学生对知识的理解和巩固，有助于解决抽象概念脱离具体形象、理解脱离感知等矛盾。因此小学数学教学必须贯彻直观性原则。

小学数学教学过程应富于直观性。教师要充分运用学具操作或教具演示等直观活动，帮助学生理解和巩固抽象的数学知识，解决数学学科特点与学生思维特点之间的矛盾，以及培养辩证唯物主义观点。教师采用直观教学的原则，要跟运用语言讲解和启发思考结合起来，要充分利用直观材料培养学生的观察能力，并掌握事物的本质和规律。

如：在学习长方形时，教师引导学生观察桌面、书面、黑板面等，启发学生抽象出几何图形，从中总结出这些图形的共同特点：都有四条边、对边相等、四个角都是直角，使学生形成对边相等、四个角都是直角的四边形是长方形的概念。

直观材料的种类是多种多样的，包括提供真实的事物本身，或者如标本、模型、挂图等运用经过精心设计、改造和典型化的模拟物、代替物和象征物，在特定条件下也可以是由教师用形象化口头语言描绘、或用比喻等其他方式唤起与改造学生已有的表象等。随着电影电视、录音录像、电子计算机等现代化技术手段的发展和应用，使直观对象本身和人的感官本身的局限有重大的突破，这为直观教学原则的发展开辟了新的广阔前景。

直观本身不是目的而是手段，是为了帮助学生形成生动表象并借以形成概念。在直观教学的同时，还应该注意将直观性与抽象思维相结合，引导学生对直观材料进行观察、比较、分析、综合、抽象、概括等思维活动，发展学生的观察能力、形象思维能力，使学生的认知发展从具体运算阶段上升到形式运算阶段，促进抽象思维能力的发展。

3. **启发性原则**

学生是学习的主体，教师应注意调动他们的学习主动性，引导他们独立思考、积极探索，生动活泼地学习，自觉地掌握数学知识和提高分析问题、解决问题的能力。

根据奥苏伯尔学习理论，学习知识的心理机制是一种同化，学习的过程是新知识与学生原有认知结构建立实质性联系的过程。启发的实质就在于找准学生的原有观念，使之与新知识发生联系，进而同化新知识，使之进入学习者的认知结构中。

首先，启发性原则强调学生在教学过程中的主体地位。教师在教学中要充分调动学生学习的自觉性、积极性，使得学生学会主动学习，而不是被动接受。教师可指明所学知识的价值，以激发学生对知识本身的兴趣，并进一步培养学生对真知的探索和追求；还可以对学生进行学习目的教育，强调学生的学习责任，培养学生自觉积极的学习态度；学习过程中，让学生自己动手动脑，主动学习，以达成对所学知识的理解和掌握，培养独立解决问题的能力。

其次，启发性原则重视教师的引导作用。启发的关键是使学生思维活跃起来，向纵深发展。教师要善于质疑，提出少而精且富有启发性的问题，引导学生独立思考，并给学生充分思考的时间，然后因势利导，使学生的认识步步深入；并结合学习过程对学生进行思维方法的指导，使学生掌握思维的方法，发展逻辑思维能力，引导学生亲自观察、动手操作，在理解学习的过程中激发和培养学生积极思考及其解决问题的能力。

再次，启发性原则要发扬教学民主。这是启发的重要条件，包括建立平等民主的师生关系，创造民主和谐的教学气氛，鼓励学生发表不同见解，允许学生向教师提问质疑等。

启发性原则要求教师应创设有利于学生主动学习的情境，并且采取有效措施促使学生以饱满的热情和积极的心态投入学习；要给学生留下充足的思考时间，通过问题导向，促进学生主动学习、内化新知，拓展认知结构。

4. **循序渐进原则**

循序渐进原则是指小学数学教学要按照数学知识的逻辑顺序和小学生的认知规律，持续、连贯、有系统地进行，由易到难，由简到繁，逐步深化提高，使学生系统地掌握数学基础知识和基本技能。

首先，在教学中教师要严格遵循数学知识的逻辑顺序进行教学。

小学数学教材中的知识结构是科学数学知识结构与特定年龄阶段儿童心理结构相结合的产物，它按照数与代数、图形与几何、统计与概率、综合与实践四大领域分年级、分单元进行编排，每个单元教学内容构成了一个循序渐进的数学知识微系统，从低年级到高年级，力求做到由易到难、由浅入深、循序渐进、螺旋上升。

教师不能随意调整教学内容的前后顺序，要尊重教材编写者的思路，遵循教材内容编排体系，努力地从宏观到微观不同层次去展现教材知识内部的逻辑顺序，在此基础上对数学知识作系统整理，循序渐进地组织教学过程，并揭示同类课题的数学内容之间的差异性和联系。

如“10 以内各数的认识”就是按照“数数→认数→数的顺序→数的大小比较→数的组成→数的序数意义→数的写法”的逻辑顺序编排的。又如：在教学“九加几”前，教材依次安排了 10 以内的加减法和十加几，这些都是为了学生学习用“凑十法”计算“九加几”做准备。教师要引导学生逐步学会将新算题的算法转化为已经会算的算题，体现化归的思想方法。随着教学过程的不断深入和学生数学知识的不断积累，教师还应引导学生对所学数学知识进行适度的概括和提炼，逐步形成更加概括化和具有更大包容性的知识系统。

其次，在教学中教师要严格遵循小学生的认知规律进行教学。

教师要了解学生的数学认知是以什么为起点，按照什么样的发展轨迹去不断充实和完善的，并以此作为安排教学进程、采取教学措施的主要依据，使学生形成系统化的知识结构。

教师应利用学生的生活实际和所熟悉的事物及实例引入新知识的学习，也可以借助旧知识推导新知识，强化知识之间的内在联系，帮助学生弄清知识的来龙去脉和前因后果，使学生形成系统化的相对完整的知识结构。

如：学生对分数加减法的认知学习就是以分数的意义为认知起点，按照分数的意义→同分母分数加减法→异分母分数加减法→分数加减法混合运算的轨迹去充实和完善其认知结构的。

又如："一个数除以小数"就是在整数除法的基础上学习的。教师应引导学生根据商不变的性质，将一个数除以小数转化为除数是整数的除法，从而推导出"一个数除以小数"的计算法则，这样的教学遵循了学生的认知规律，学生容易弄懂，教师也教得轻松。

5. 归纳与演绎相结合的原则

数学中最基本的推理方法就是归纳和演绎。归纳是指从许多同类的个别事物中，概括出一般原理或原则；演绎是指运用一般性原理、原则，推导出对新的个别事物的认识。归纳和演绎是两种不同的逻辑推理，是根据思维过程的不同来加以区分的，但它们又有着密切的联系。对于数学而言，演绎推理是为了证明，归纳推理是为了推断，把两种推理模式结合起来，就得到数学推理的全过程：从条件出发，借助归纳推断结果，再借助演绎证明结果的正确性；或者，从结果出发，借助归纳推断条件，再借助演绎证明条件的必然性。学生的数学学习是归纳与演绎统一的过程。

案例 4-1《鸡兔同笼》中，正是前面的尝试、列表、观察、归纳等具体解题经验启发学生思考解决此类问题的道理，进而归纳出解题方法。

遵循这条原则，就是要正确处理好归纳与演绎的关系。在教学中，教师既要引导学生进行归纳推理，也要指导学生进行演绎推理；具体地说，课堂教学中不仅要表现知识的结果和状态，还要突出知识的演化和过程，教师要选择充分体现知识发生过程的"归纳性"材料，要引导学生像科学家发现真理一样去学习，一方面鼓励学生善于归纳，大胆猜想，另一方面又教会学生善于运用演绎推理的方法，对猜想进行证明和整理。归纳和演绎对于数学学习来说，是相辅相成、缺一不可的。教学中必须正确处理好归纳与演绎的关系，使学生的归纳推理能力和演绎推理能力都得到培养。

6. 理解巩固与探索创新相结合的原则

课标要求，"学生掌握数学知识，不能依赖死记硬背，而应以理解为基础，并在知识的应用中不断巩固和深化"。这就是说，数学基础知识的掌握应该注重理解和巩固。每个数学知识点都是有背景和来龙去脉的，与其他知识或学生生活之间都是有联系的。只有在理解的基础上，学生才能够运用这些知识去解决数学问题，这才体现出学生掌握了这些知识。同样，数学基本技能的学习中，不仅要使学生掌握技能操作的程序和步骤，还要使学生理解操作程序和步骤的道理，并且需要一定量的训练和重复，才能达到数学基本技能的形成和熟练。

著名数学教育家波利亚指出："学习任何知识的最佳途径是自己去发现。因为这种发现理解最深，也最容易掌握其中的内在规律、性质和联系。"好奇与发现是学生的天性。他们乐此不疲地去发现、尝试、对比、讨论、交流，在合作交流中互相启发、互相激励、反思总结、共同发展。这样的学习过程中，学生不仅掌握了新知识，而且在不同观点和创造性思维火花的相互碰撞中，其发现问题、探索问题、解决问题的能力逐步增强，创新意识与能力得到不断提高。因此，教师既要重视学生对数学基础知识的理解和运用，又要关注学生在学习过程中的探索和创新。在教学中，教师要引导学生参与知识的形成过程，让学生在探索知识的发生、发展中理解新知。并且，增强学生运用数学知识的意识和能力，在问题解决中提高学生知识掌握水平，培养他们的创新意识和实践能力。只有这样，才能在提高学生的数学基础知识和基本技能水平的同时，培养他们的探索精神和创新意识，从而获得全面发展。

实践与反思

实　践	反　思
1. 选取你最感兴趣的一个案例开展实训，并请同伴进行评价。	1. 什么是小学数学数学过程？它具有哪些特征？
2. 结合案例 4－1，简要说明为什么"小学数学教学的过程是形象思维与逻辑思维、合情推理与论证推理相结合的过程"？	
3. 结合案例说明在小学数学教学中如何遵循"归纳与演绎相结合的原则"？	2. 小学数学教学为什么要遵循"直观性原则"？如何处理好直观与抽象的关系？

第二节　小学数学教学方法

一、教学方法概述

要完成教学任务、实现教学目标，教学方法的选择和优化是关键。什么是教学方法？自从人类有教学活动开始，随之也就有了教学方法的创造和应用。在千百年的教学实践活动中，人们创造和总结出难以记数的各种教学方法。

人们对教学方法的定义有着多种不同的表述。有人认为教学方法是教师在教学过程中为了完成教学任务所采用的工作方式和在教师指导下学生的学习方式。有人认为教学方法是教师为了完成教学任务，实现教学目的，在教学过程中所采用的一系列方法措施。有人认为教学方法是教师为完成教学任务所采用的教学手段或教学方式。也有人认为教学方法是为达到教学目的，实现教学任务，运用教学手段而进行的，由教学原则指导的师生相互作用的活动。还有人认为教学方法是在教学过程中教师指导学生学习以达到教学目的，由一整套教学方式组成的操作策略。

虽然表述不尽相同，但从不同的角度揭示了教学方法的一些共同的本质属性：① 教学方法要服务于教学目的和教学任务的要求；② 教学方法是师生双方共同完成教学活动内容的手段；③ 教学方法是教学活动中师生双方的行为体系。即教学方法是为了实现教学目标、完成教学任务所采用的活动方式；教学方法注意了学生的主体地位以及师生的相互作用；教学方法不同于教学工具或手段，而是对工具或手段的运用；教学方法不是某种固定的方式或动作，而是一系列有目的的行动。

由此可见，教学方法是指为了达到教学目的、完成教学任务、遵循教学规律、运用教学手段而制定的师生相互作用的一整套活动方式和手段，是由语言系统、操作系统、实物系统和情感系统等构成的师生双方的活动系统。我们可以从以下三个方面来理解：

首先，它是指具体的教学方法，是教学方法论的一个层面。教学方法论由教学方法指导思想、基本方法、具体方法、教学方式四个层面组成。

其次，教学方法包括教师教的方法（教授方法）和学生学的方法（学习方法）两个方面，是教法与学法的统一。教法必须依据学习法，否则会因为缺乏针对性和可行性而不能有效地达到预期目的，但由于教师在教学过程中处于主导地位，所以在教法与学法中，教法处于主导地位。

再次，教学方法不同于教学方式。教学方法和教学方式是两个既有密切联系又有严格区别的不同概念。教学方式是构成教学方法的基本单位，它是教师和学生在教学过程中具体的、某个单独的操作行为方式，只被运用于教学方法中，并为促成教学方法所要完成的教学任务服务，其本身不能完成某项教学任务。教学方法不是一个单独的操作行为方式，而是由语言系统、操作系统、实物系统和情感系统等构成的师生双方的活动系统。任何一种教学方法都由一系列教学方式组成的，是许多教学方式的有机组合，它可以分解为多种教学方式。教学方法是一连串有目的的活动，能独立完成某项教学任务。例如，讲解法是一种教学方法，在讲解时教师说明、描述某个概念，解释某个名词术语或论证某个命题。这里的说明、描述、解释、论证等就是教学方式，在不同的教学方法中可以利用同一种教学方式，在同一种教学方法中也可以采用不同的教学方式。

与教学方法密切相关的概念还有教学模式。教学模式是在一定教学思想指导下建立起来的为完成某个教学课题而运用的比较稳定的教学方法的程序及策略体系，它由若干个有固定程序的教学方法组成。每种教学模式都有自己的指导思想，具有独特的功能。他们对于教学方法的运用，对教学实践的发展有很大影响。

教学方法是教学思想的反映，是教学原则的具体化和行为化，它随着教学思想的更新、教学目标和教学内容的变化而变化。长期以来，我国教育界存在着“重教轻学”的现象。到20世纪80年代，由于关注学生智力发展而强调激发学生的主动性，确认学生的主体地位，开始重视学法的研究。后在新课程理念的影响下，教学内容突出与学生生活的联系，强调让学生学习现实的、有意义的、富有挑战性的数学。所以在教学法的改革上，强调学生动手实践、自主探索与合作交流，重视教师教法与学生学法的有机统一，突出对学生学习方法的指导。

教学方法体现了特定的教育和教学的价值观念，它指向实现特定的教学目标要求。它受到特定的教学内容的制约，同时也受到具体的教学组织形式的影响和制约。

教学方法对完成教学任务、实现教学目标具有重要意义，直接关系到教学的成败。小学数学教学方法具有综合性和相对性。综合性表现在一节课中，常常是一法为主，多法相助，互相补充，综合运用。相对性表现在没有也不可能有某一种或某几种教学方法能普遍适用于一切场合。教师要根据具体情况科学选择，灵活运用。

二、教学方法的分类

人们从教学实践、教学实验中创造出来的教学方法是非常多的，且随着教育理论、教学手段的发展，新的教学方法还将层出不穷。这些多种多样的教学方法，如果按照一定的规则或标准，可以将它们进行分类分层。

各种教学方法体系都是以一定的教学思想为指导的。根据其指导思想来说，教学方法可分为注入式和启发式两种。在注入式教学思想的指导下，教师教学从主观愿望出发，不考虑学生的实际情况，将其看作完全被动接受知识的容器，照本宣科、生硬灌注。注入式教学方法阻碍学生独立思考、压制学生学习的主动性和积极性，其结果是培养出书呆子。现代教学方法以启发式精神为指导思想，强调学生是学习的主体，启发式教学方法从学生的实际出发，充分调动学生学习的自觉性，启发学生积极思考，主动地理解和掌握知识，培养和提高其分析问题、解决问题的能力。启发式具有这样三个特点：一是启发式教学把学生学习看作是一种积极的、能动的认识过程，而教学是教师启发诱导学生自己去独立思考、实践认识的过程；二是启发式教学符合学生心理发展的特点，是教学规律的反映；三是启发式教学具有多种功能，启发式教学方法体系具有全面完成教学任务的功能。它不仅能使学生切实地掌握知识，而且能促进学生的智力和非智力因素以及思想品德的形成和发展。

根据学生认知活动的特点，教学方法大体可分为五个系列。一是传递接受型。主要通过教师的系统讲授使学生掌握知识，如讲解法。二是自学辅导型。把原来由教师讲解的部分内容，改由学生在教师指导下自学，如阅读法、自学法、辅导法等。三是引导发现型。教师向学生提供研究的材料，引导学生探索，发现应得出的结论，如引探教学法、问题探索法、引导发现法、迁移教学法等。四是情境陶冶型。通过教学环境的情感渲染，利用人的可暗示性，调动学生大脑中无意识领域的潜能，使学生在精神愉快的气氛中进行学习。如游戏法、情境教学法、愉快教学法、暗示教学法等。五是示范模仿型。通过教师或课本示范，让学生进行模仿练习，从而培养学生的技能、技巧和能力。如果案例教学法、尝试教学法等。

根据其组成结构，教学方法一般可分为三个层次。第一层次是基本的教学方法，主要有讲解法、谈话法、练习法、演示法、实验法、阅读法等，它们是教法体系的基础。小学数学教学可以凭着几种基本的教学方法，创造出许多具有特色的教法。第二层次是综合性教学方法，这些教学方法实际上都是几种基本教学方法的组合。比如，引导发现法是谈话法、实验法、演示法、讨论法的结合；自学辅导法是阅读法、练习法、讲解法、讨论法的组合。第三层次是创造性教学方法。在学习和模仿各种综合性教学方法的同时，不断总结，有所创新，创造出具有自己个性特色的教学方法，步入看似无法实有法的自由王国。如邱学华老师提出的“尝试教学法”、刘显国老师的“反馈教学法”、华应龙老师的“化错教学法”等。要注意的是，一旦创造性教学方法得到大家的普遍认同和运用，就会变成一种综合性教学方法。

三、常见的教学方法

小学数学教学的基本方法主要有讲解法、谈话法、练习法、演示法、实验法、阅读法、参观法、讨论法、复习法和实习作业法等十种。

按照教学方法的外部形态，基本教学方法可以分为三类：第一类是以“语言传递信息”为主的方法，包括讲解法、谈话法、讨论法、阅读法、复习法。第二类是以“直接感知”为主的方法，包括演示法、参观法等。第三类是以“实际训练”为主的方法，包括练习法、实验法、实习作业法。下面具体介绍几种常用的基本教学方法。

（一）讲解法

讲解法是指教师在课堂上运用口头语言，辅以表情姿态，向学生解释概念、说明规则，系统地、有论据地讲述新的规律性知识的一种教学方法。学生采用一种接受式学习方式，所学习的内容是教师通过系统的讲授呈现给他们的，比较节省时间和精力。

这种教学方法以语言为主要传播媒介，需要学生有一定的听讲和理解能力。学生只能被动接收信息，难以直接体验知识的内涵，影响对教学内容的理解。很难实现师生之间的交流与反馈，容易形成“满堂灌”的局面，使用不当会抑制学生的智力发展。

讲解法主要用来教学新知识，有时也用来复习旧知识。一般包含四个步骤：① 准备——教材和教参的收集、教具的选择和教师的心理准备；② 导入（直观型、问题型、趣味型）——集中学生注意，引发兴趣，激发动机；③ 讲解——通过恰当的语言促使知识内化；④ 结束——帮助学生抓住要点，掌握规律，增强记忆，实现学生思维模式的转换和深化。

讲解法常用于小学高年级，采用讲解法必须注意以下问题：

（1）要运用规范的数学语言，不能随意运用日常语言取代数学语言。教师要正确、清楚地阐明数学概念，语言要简练易懂，生动有趣，要注意体态语言的有效运用。

（2）要系统完整，层次分明，注意新旧知识联系，充分利用儿童已有知识和经验，从具体到抽象。讲解时要重点突出，注意儿童的年龄特点。对于结论性语言，要逐字逐句讲清楚，使学生懂得讲解的内容，并且印象深刻。

（3）要注意运用分析和综合、归纳与演绎等逻辑方法。如讲解解题策略时，应该运用综合或分析的逻辑方法，引导学生从“已知”想“可知”，或者从“未知”想“需知”。

（4）注意启发学生积极思维，并留给学生思考的时间。教师讲解时，要掌握学生原有的认知结构与现有的发展水平，努力创造“最近发展区”。

如讲解《乘数是两位数的乘法》。计算方法，可以从乘数是一位数的乘法（如 34×3）复习开始，然后出现 34×23，提出问题，引导学生思考：“乘数十位上的 2 表示的数值是多少？怎样解决用十位数乘的问题，得到的部分积的末位应该记在哪里”等，在学生充分思考后教师再进行讲解，就能达到事半功倍的效果。

（二）谈话法

谈话法是教师根据教学目标的要求，把学习内容概括成一系列前后连贯而又富有启发性的问题，有目的、有计划地向学生一一提出，引发学生回忆，引导他们通过答问、质疑、反问、补充和讨论，沟通新旧知识联系，驱动学生思考，从而发现规律，得出结论，借以获得新知识或巩固旧知识的一种教学方法。

谈话法的表现形式是师生对话，核心是启发学生思维，培养学生思维的积极性、主动性和灵活性，主要分为三类：一类是为传授新知识而进行的启发式谈话，引导学生观察、思考、发现；一类是为巩固知识或检查知识而进行的问答式谈话，引导学生回顾旧知；还有一类是教师在讲授过程中或者在学生活动过程中进行的讲授式谈话，引导学生明确学习重点。

谈话法要求学生对教师提出的问题具备一定的知识基础和必要的实际生活经验或表象；如果缺乏知识基础或经验，则要求学生能够运用观察、实验、操作进行逻辑推理或者用已知的现象做对比。

谈话法比较容易集中学生的注意，激发积极的思维活动，提高教学效果，因此运用范围较广。但在运用谈话法时应注意以下几点：

（1）要充分准备，精心设计所提问题。教师要根据教材和学生的情况做出充分准备，找准新旧知识的联结点或原认知结构的生长点，设计好所提的问题，对谈话的内容等要事先做周密考虑，要有层次性，最好先拟定出谈话提纲。

（2）谈话要面向全体学生，让不同程度的学生都有发言机会。提问的对象要普遍，要面向全班提问；所提问题的表述要简练易懂，含义明确，便于理解；所提问题要难易恰当，富有启发性，能吸引全班同学参加，对不同性质、不同程度的问题，要适当地让不同程度的学生回答。

（3）教师要掌握课堂的主动权，把谈话引向正确的方向。教师提出的问题要有一定的逻辑联系，循序渐进；不仅教师提问学生，学生也可以向教师质疑，但教师要掌握课堂的主动权，把谈话引向正确的方向。

（4）教师要掌握谈话的技巧。教师要注意创设民主氛围，巧妙运用谈话技巧：提问以后不要立即让学生回答，应给学生思考的时间；要有耐心，等学生把话说完；倾听时要采用适当的表情，同时进行分析、判断；在学生回答后教师不要急于表态，便于发言者回顾补充，其他学生倾听后思考；要先引导学生对同伴的作答进行分析、判断，教师最后进行小结。

（三）讨论法

讨论法是学生在教师的指导下为解决某个问题而进行探讨、辨明是非真伪以获取知识的教学方法。学生通过独立阅读教材、收集资料然后再展开群体性的讨论，借以交流信息，深化认识，发展智力。

其特点是以学生自己的活动为中心，能更好地发挥学生的主动性、积极性，有利于培养学生独立思考能力、口头表达能力，促进学生灵活地运用知识。但运用讨论法需要学生具备一定的基础知识、一定的理解能力和独立思考能力，因此讨论法在高年级运用得比较多。

讨论法的使用分两种情况：一是教师预先设计好的一个环节，前面已为讨论做了充分的铺垫，学生经过讨论对所学知识有更深的认识；二是教师没有提前预设，而是在教学过程中意外出现必须讨论或适合讨论的问题，学生经过讨论能厘清观点或使思考更全面。

讨论法体现了现代学习方式的主动性、独立性、体验性、问题性等特征，能有效提高课堂教学质量。随着新课程的实施，课堂讨论被越来越多的教师所重视并在教学中使用。在使用时应注意以下几点：

（1）选择好讨论的主题或时机，做好讨论前的准备。讨论前教师应精心设计好讨论的问题，或选择、把握好讨论的时机。选择讨论的问题要切合教学内容，且难易适中，具有吸引力。随机讨论应选择学生遇到困难时或进入一种“愤悱”状态时采用。还需明确讨论具体要求，要指导学生先收集、阅读有关资料或进行调查研究，或者先独立思考，也可以提前写好发言提纲。

（2）做好讨论过程的组织和引导。

首先，要分配好讨论的角色。讨论一般采取 4～6 人的小组形式，组内学生又分为主持人、中心发言人、讨论记录人等角色，这需要学生民主分配或教师指派，力求人人积极参与，使讨论处于一种有组织有秩序的状态。

其次，要安排好讨论的程序。小组讨论一般分为三步：① 组员分别交流，说出各自对讨论问题的看法或思考；② 小组成员表态对其他人的看法或观点是否接受，提出改进、补充意见，完善彼此观点或看法；③ 小组内部达成比较一致的看法，总结小组观点并根据教师要求向全班学生表述本组观点。

再次，在小组讨论时，教师要巡回指导，善于引导学生围绕中心积极参与讨论，学会联系实际，让每个学生都有发言机会。在集中汇报时要适当鼓励和表扬，启发引导学生自由发表意见，仔细倾听他人意见。

最后，讨论结束时，教师应进行小结，概括讨论的情况，使学生获得正确的观点和系统的知识，使之成为展开下一步学习的资源要素；也可引导学生将讨论过程和结果写出来，使之思维缜密化，使观点经得起推敲；还可引导学生进一步发挥，课外开展更深入探究。

（3）开展讨论技能的常规训练。教师要注意对学生开展讨论技能的常规训练。一是养成先独立思考再讨论的习惯，逐步培养学生思维的深刻性、灵活性、创造性、批判性、敏捷性。二是培养良好的口头表达能力，使学生知道先倾听再表达，逐步学会用口头语言清晰、准确、有逻辑性地表达自己的观点。三是培养有效沟通交流能力，逐步训练学生乐于与人交往、善于与人交往的能力，尤其注意改变部分学生自我封闭的倾向。这些技能需要在学习过程中有意识地持续训练，才能提高课堂讨论的效果。

（四）练习法

练习法是在教师指导下，学生通过反复地完成一定动作或活动方式或一定数量的习题，借以巩固知识，形成技能和技巧，并且发展智力的一种教学方法。它的特点在于应用知识，形成技能和技巧，达到会用的目的。

练习法对于巩固知识，引导学生把知识应用于实际，发展学生的能力以及形成学生的道德品质等方面具有重要的作用。它有利于促进学生数学思维的发展，有利于学生自学能力的发展。但费时较多，对水平相差悬殊的班级，不易面面俱到，无法使全班学生得到共同提高。另外，题海战术或大运动量式的练习或机械重复的惩罚式练习容易降低学生学习兴趣。

数学练习的类别是多种多样的，可分为各种运算、解题、作图、测量等，它一般包含以下四个步骤：① 布置任务——教师提出练习任务、要求和方法，并作出必要的示范；② 独立练习——学生进行半独立、独立的练习，教师进行个别指导；③ 检查指导——由教师检查练习情况，指出存在问题，提出改进措施；④ 共同总结——由师生共同进行总结。

练习法是学生掌握知识并使之内化形成技能的基本途径。使用练习法时应注意以下几点：

（1）要明确练习的目的和要求，注意发展学生的智力。练习不是简单的机械重复，而是有目的、有步骤、有指导地学习。因此，在练习时，不仅教师要有明确的目的，而且也要使学生了解每次练习的目的和具体要求，增强练习的自觉性。教师还要注意发展学生的智力，可精选习题、鼓励用多种方法解题、设置少量思考题等，促进其知识的有效掌握和技能的积极迁移，学会举一反三、触类旁通，提升实际操作能力和创造能力。

（2）要掌握正确的练习方法。练习要有计划地进行，练习的分量和练习时间要适当，练习的方法要正确。一是练习要按照确定的步骤进行。有的可采用综合练习，有的可采用分段或专项练习。练习时，要先求正确，后求熟练。不管何种练习，都要求学生积极思考。二是要根据数学的学科性质、练习的材料和学生的年龄特征来适当分配练习的分量、次数和时间。练习的分量和次数要足够，但并不是越多越好。一般说，适当的分散练习比过度的集中练习效果更好；开始阶段，练习的次数要多但时间不宜过长，然后可逐渐延长练习的时距，每次练习的时间略可增加。三是练习方式要适当多样化，要加强基本技能的训练，把典型练习、变式练习和创造性练习等有机结合起来。

（3）对练习的检查和指导要及时，并严格要求。每一次练习之后，检查哪些方面有成效，哪些方面存在着缺点或错误，保留必要的、符合目的的练习，舍弃多余的练习，或组织一些纠错性练习。要做到因材施教，当学生有问题或产生厌倦时，要帮助其分析原因，指导改进，提高学生练习的兴趣和效果。

（五）演示法

演示法是教师通过演示教具或实物来说明或印证所教的知识，将教学内容以生动、形象的方法展示给学生，使学生在观察中获得关于事物的感性知识的一种最常用、最重要的教学方法。它具有直观形象性、趣味性，容易激发学生的学习兴趣，集中注意力，有助于理解抽象的数学知识，发展学生的观察力和思维能力。

数学概念比较抽象，学生有时比较难掌握。通过对实物或感性材料的直观认识，能加深对抽象概念或理性知识的认识；或者突破时空的限制，直观感知更多的事物和现象，获得生活中缺乏而又必须掌握的感性知识。因此，在小学数学教学中，应当十分重视应用演示法。

随着自然科学和现代技术的发展，演示材料、手段和种类日益繁多。根据所使用的工具，演示可分为：实物、标本、模型等的演示；图片、照片、图画、图表、地图等的演示；实验演示；幻灯、录音、录像、教学电影的演示等。

在演示过程中，一般伴有教师的解释或提问，引导学生观察和分析。根据讲解时机的不同，演示法一般可分为先演再讲、边演边讲和先讲再演。在使用演示法时应注意以下事项：

（1）演示要有明确的目的，做好演示准备。演示要符合教学的需要和学生的实际情况，有明确的目的；选择并准备好恰当的演示教具。

（2）演示要适时，过程应清楚，同时引导学生进行观察思考。演示时要与讲解相结合，使全体学生都能观察到演示活动，能清晰地感知到演示的对象；演示的过程中应引导学生进行观察，明确观察什么和怎样观察以及思考什么问题，把学生的注意力集中于对象的主要特征、主要方面或事物的发展过程，发展学生的观察力、注意力和思维能力。

（3）演示后要及时反思，使演示事物与书本知识学习密切结合，引导总结归纳，得出规律或应有结论，使学生的感性认识上升到理性认识。

（六）实验法

学生在教师指导下运用器具和材料进行独立作业并观察其变化，从而获取数学知识，培养实验技能。它是学生通过实验操作来掌握数学概念或规律的一种教学方法。其特点是让学生亲自动手，手脑并用，能较好地培养学生的动手操作能力，发展学生的智力和探索精神，培养学生实事求是的科学精神。

实验法是利用特定的器具和材料，通过有目的、有步骤的实验操作和观察、记录分析，发现或验证科学结论。运用实验法要明确实验目的和实验步骤。一般包含七个步骤：① 发现并提出问题；② 收集与问题相关的信息；③ 做出假设；④ 设计实验方案；⑤ 实施实验并记录；⑥ 分析实验现象；⑦ 得出结论。

近年来，实验法得到了教育界普遍重视。但数学是一门理论科学，而不是实验科学。在运用时应注意：

（1）做好实验准备。所有的实验教师课前要亲自做一遍，摸清实验中可能产生的问题。同时，课前还要准备好学生的实验器材。实验前教师要指导学生先收集好相关信息，认真编写好实验方案。

（2）加强实验指导。开始实验前教师要讲清实验方法和要求。实验中要求学生及时记录，并注意对个别学生加强辅导，帮助学生做好实验。尤其要注意实验过程中的安全教育。

（3）做好实验总结。实验后教师要引导学生分析实验想象，及时总结，得出结论。

（七）阅读法

阅读法是学生在教师指导下通过阅读教材或参考资料以获得知识、巩固知识，并培养阅读能力的一种教学方法。它是学生一生中最重要的学习方法。

小学生在阅读时必须辅之以教师的讲解与指导。在实际教学中，教师运用阅读法一般分为先读后讲，先讲后读，边讲边读等三种方式。一般地，知识点比较容易，教材中叙述得又比较详细，可先读后讲，但学生阅读前，教师应提出阅读的要求，并帮助他们扫除阅读上的障碍。如果知识点比较难或教材叙述不是特别通俗易懂，学生又没有这方面的知识基础，可“先讲后读”，即教师先讲解，学生再阅读，进一步明确教师讲解要点，深入理解所得结论。低年级学生由于各项能力偏弱，适宜采取“边讲边读”的方法，即教师一边讲解一边指导学生阅读。教师应根据儿童的年龄特点灵活地选用这三种方式，不断提高学生的阅读能力和自学能力。

运用阅读法应注意以下事项：

（1）阅读前要向学生提出阅读要求。教师要让学生明确阅读的目的，并提出具体明确的要求，如阅读的范围、重点以及阅读时要思考、解决的问题等。学生只有带着明确的目的和要求才能有效避免无效的泛读，更好地确保阅读效率。

（2）重视阅读方法的指导。教师要用多种方式指导学生阅读，如要求学生先要通读一遍，然后精读重点部分。提醒学生不理解的要做上记号，以备提问或留心听教师的讲解。教师还要教会学生使用工具书，帮助学生逐步学会阅读的方法，提高学生阅读能力。

（3）及时检查学生的阅读情况，鼓励学生质疑问难。教师要引导学生通过阅读，尝试从教材或资料中找出问题的答案，学会总结和分享自己通过阅读学到的新知识。对学生提出的质疑要针对性讲解，引导学生通过分享答疑来增进自己的知识。

上面介绍了小学数学教学中几种常用的基本教学方法。随着教育科学的发展和现代信息技术与学科教学的不断融合，新的教学方法还会不断产生。

四、教学方法的选择与配合

制约教学活动的因素是多方面的，如不同的教学目的任务、不同的教学内容、不同的学科性质、不同的教学对象、不同的教学条件等。这些诸多因素构成多种不同的有机结合，就构成了教学法的千差万别，多种多样。

教学方法是联系教师教与学生学的重要纽带，是实现教学任务的必要条件，是提高教学质量和教学效率的重要保证，也是影响教师威信和师生关系的重要原因。教师要善于根据课题的内容、教学目的、学生的实际情况、教师的教学风格以及学校教学设备等因素综合考虑，灵活选择有效的教学方法配合使用，以提高课堂教学效率。

1. 依据教学目标选择教学方法

每节数学课都应有一定的教学目标和任务。不同学习领域或不同层次的教学目标，需要借助相应的教学方法和技术手段才能有效达成。如需要学生获得直观认识和感性体验、培养学生操作能力，实验法与演示法无疑是比较适合的；需要给学生形成完整的知识体系，使用讲解法与复习法更恰当有效。因此教师依据具体的可操作性目标和任务来选择与之相应的具体的教学方法，以实现教学设计预定的教学目标，完成教学任务。

2. 依据教学内容特点选择教学方法

教材的内容与教学方法的关系十分密切。不同领域知识的内容与学习要求不同；不同单元、不同课时、不同环节的内容与学习要求也不一致，教师要依据教学内容的不同特点选择适宜的教学方法。如，数与代数学习常用讲解法、谈话法、讨论法、阅读法等；几何与图形领域学习常用演示法、实验法、谈话法、讨论法等。另外，在同一节课的教学过程中，随着具体教学内容的不同，每个环节采用的方法也不同。因此，教学方法的选择具有多样性和灵活性的特点。

3. 根据教学方法的职能、适用范围和使用条件选择教学方法

教学方法是多种多样的，其作用、特点和优势各有千秋，每种教学方法都各有其适用范围和使用条件。如讲解法更能帮助学生建立知识的整体框架与结构，形成知识体系；演示法、参观法更能帮助学生获得感性知识；谈话法和讨论法更能启发学生思考，培养合作交流能力；练习法能帮助学生巩固、深化知识理解和加快、强化技能掌握。包治百病的万灵药是不存在的；同样，包揽所有的万能教学方法也是不存在的。教师要加强对各种教学方法互补性和相关性的研究，综合考虑各教学方法的职能、适用范围和使用条件，再慎重选择与确定适宜的教学方法。

4. 根据学生实际情况选择教学方法

不同学段、不同年级或不同班级学生的年龄特点、学习程度和知识水平不同，学生的身心发展、思维发展和学习特点也各不相同。学生的这些实际特点直接制约着教师对教学方法的选择。如低年级学生注意力易分散，理解力不高，教学方法宜多样化且具有新颖性；高年级学习能力逐步增强，具有一定的知识水平，可适当采用阅读法、谈话法或讨论法。这些都要求教师能够科学而准确地研究分析学生的年龄特点和知识水平等实际情况，有针对性地选择和运用相应的教学方法。

5. 依据教师的自身素质选择教学方法

每种教学方法的使用都需要教师具备相应的素养条件才能达到预定的效果。有些方法虽好，但教师缺乏必要的素养，驾驭不了，就不能产生良好的效果。任何一种教学方法，只有教师具备与之匹配的素养，并能充分理解和把握教学方法的特性，才有可能在实际教学活动中有效地发挥其功能和作用。如，讲解法需要教师的语言表达能力较强，讨论法、实验法等需要教师的课堂组织驾驭能力较强等。因此，教师在选择教学方法时，还应当根据自己的自身素质，扬长避短，选择与自己最相适应的教学方法。

6. 依据教学环境条件选择教学方法

不少教学方法的运用需要一定的设备条件或适当的教学时间。如演示教学法需要一定的直观教具，实验教学法需要一定的仪器、材料，讨论法需要一定的场地、时间；阅读法需要一定的材料、必要的时间等。教师在选择教学方法时，要在时间条件允许的情况下，最大限度地运用和发挥教学环境条件的功能与作用。学校如果不具备相应的条件，教师可因陋就简，尽量创造条件加以运用，但不宜过分强调。

教学方法具有科学性与艺术性的双重特性，因此“教学有法，教无定法，贵在得法”。教师既要根据教学本身所具有的规律选择和运用教学方法，又要善于对教学方法进行艺术性的再创造，灵活地加以利用。

苏联教育家巴班斯基曾经指出：“教学方法的最优化程序中一个最重要的、也是最困难的问题是合理地去选择各种教学方法并使之达到这样的结合，即能在该条件下，在有限的时间内获得最好的教学效果。”他的团队通过调查研究，认为教学方法的选择一般要经历以下步骤：

(1) 决定是选择独立学习还是在教师指导下学习。

(2) 决定是选择再现法还是探索法。

(3) 决定是选择归纳法还是演绎法。

(4) 决定关于选择口述法、直观法和实际操作法或如何结合问题。

(5) 决定关于选择激发学习活动的方法问题。

(6) 决定关于选择检查和自我检查的方法问题。

(7) 认真考虑所选择的各种方法相结合的不同方案。

“教学有法，但无定法，贵在得法。”教师要根据教学内容、教学目标、师生的特征和水平，以及学校教学设备等因素综合考虑，同时还应考虑教学过程中效率的高低，对各种可供选择的教学方法进行比较，研究各种方法的最佳组合。

实践与反思

实践	反思
1. 选取你最感兴趣的一个案例开展实训，并请同伴进行评价。	1. 什么是教学方法？小学数学教学的基本方法有哪些？各有什么特点？
2. “案例再现”中，教师是如何用谈话法进行教学的？运用谈话法要注意哪些问题？	
3. 结合某一案例，指出教师在主要的教学环节上所用的教学方法。	2. 小学数学教学中，教师怎样进行教学方法的选择与配合？

第三节　小学数学教学手段

一、教学手段概述

在教学过程中，学生是在教师指导下，借助教学手段认识周围世界的。教学手段是指师生为实现预期的教学目的，开展教学活动时相互传递信息的工具、媒体或设备。它包含了三层意思：首先，教学手段的运用不是盲目的，要受教学目标与教学任务的制约，不同的教学任务要使用不同的教学手段；其次，教学手段既是教师教的手段，也是学生学的手段；再次，教学手段包含教学活动中所使用的用以运载知识、传递教学信息的教具学具、媒体或设备等一切物质工具。

教学手段是教学过程的构成要素，其功能主要在于把课程内容有效地传递给学生，并促进学生对这些内容的理解和掌握。一般来说，它具有以下作用：

第一，使用教学手段体现了直观性教学原则，可以为学生提供感性经验，帮助他们理解和掌握数学知识。

第二，符合小学生的心理特点，有利于激发学生的学习兴趣。小学生具有好奇、爱动的特点，新异事物可以引起学生的学习欲望。教学手段在教学中的应用，可以将枯燥无味的教学内容生动化，让学习变得形象生动，学生不仅可以动眼、动耳、动脑、动口，而且可以动手操作，既活跃了课堂气氛，使教学活动游戏化，又极大地激发了学生的学习兴趣。

第三，活化课堂教学内容。教学手段在教学中的应用，能改变传统的教学方式，突破时间和空间的限制，把学生难以直接感知的事物和现象直接有声有色地呈现出来，启迪思维，尤其是现代化教学手段的应用，还能培养学生应用信息技术的能力。

第四，能提高课堂教学效率。教育心理学的研究表明，人的感官中，学习效率最高的是视觉，其次才是听觉。从记忆方面来看，视听并用记忆效果最好，三天后的保持率达66%，而单靠视觉三天后的保持率仅为27%，单靠听觉三天保持率仅有16%。在教学中应用现代化教学手段，能把视听结合起来，引导学生深入思考，为学生解决问题提供有力帮助，大大地提高课堂教学效率。

二、教学手段的分类

随着人类社会的不断进步和信息技术的飞速发展，小学数学教学手段也随之不断发展，从最初的口耳相传，到实物、模型使用，到今天的计算机、网络等，是教师进行教学活动所必不可少的辅助用具。根据教学手段产生发展的时间和技术水平分类，可将教学手段分为传统教学手段和现代化教学手段两大类。

（一）传统教学手段

传统教学手段主要指目前学校经常使用的直观道具，包括教科书、粉笔、黑板、图表、挂图、实物、标本、模型等教具与学具。其中教师演示用的工具称为教具;学生操作用的工具称为学具。以往人们主要关注教具的研究。随着新课改的深入,对学具的研究与使用越来越受到人们的重视。

传统教学手段是教学活动赖以存在的基本教学手段,在教学中使用较早。首先,它们可以为学生提供丰富的感性经验,帮助学生理解和掌握数学知识。儿童的思维是从直观行动思维发展到具体形象思维,再发展到抽象逻辑思维。由于数学概念和规则相对比较抽象,因此他们在学习数学知识时,需要自己亲自动手操作学具或观察教师进行的教具演示,才能从动作感知表象,再抽象概括,上升为理性认识。教学中教师适当运用教具、学具,能更好地加深学生对数学知识的理解和掌握。其次,传统教学手段的应用能有利于活跃课堂气氛,激发学生的学习兴趣。小学生具有爱动、好奇的特点,把形象生动的教具或学具引进课堂,使某些教学活动游戏化、情景化,学生通过动眼、动耳、动脑、动口和动手操作,既活跃了课堂气氛,又极大地激发了学生的学习欲望,同时有利于促进学生思维的发展和动手能力、语言能力的发展。因此,到目前它们仍然是小学数学教学中广泛运用的教学手段。

传统教学手段一般具有单一性、静态性、视觉性等特点。也有人把标本、文物等叫作实物性教学手段;把挂图、各种模型等叫作形象性教学手段;把图画、图表等叫作象征性教学手段。

在使用传统教学手段时应注意以下问题:

一是使用教具时要让学生看清楚教具演示的过程,同时要配合讲解,引导学生观察、分析、思考。要正确处理使用直观教具与发展学生抽象思维的关系,要通过分析讲解,及时进行抽象;直观教具的大小要适当,色彩要鲜明,以利于集中学生的注意力。

二是学具操作时要适时、适度。应及时引导学生观察、分析、比较,引导学生回忆操作过程,然后进行抽象概括,掌握数学知识,发展思维能力;还要重视培养学生的语言表达能力,可要求学生边操作边说,也可在操作后说出操作过程或得出结论;另外,可以让学生自己制作一些学具,在制作学具的过程中加深对概念的认识。

(二)现代化教学手段

现代化教学手段是与传统教学手段相对而言的。现代化教学手段是以计算机为核心,并且运用网络技术和通信技术的教学手段。现代化教学手段可以实现再现功能、集成功能、交互功能、虚拟功能等多方面的教学功能,具有形象性、多样性、新颖性、趣味性、直观性、丰富性等特点,它可以集声音、图像、视频和文字等多种媒体为一体,能给学生提供图、文、声、像并茂的多种感官综合刺激,还能提供交互式学习环境,有利于情境创设和大量知识的获取与保持;有利于激发学生的学习兴趣,创设生动活泼的教学气氛;有利于学生的主动发现、主动探索,促进学生认知结构的形成与发展;还有利于发展联想思维和建立新旧知识之间的联系,为实现建构主义的学习环境提供理想的条件。

根据使用媒体的不同,现代化教学手段一般包含电化教学手段、计算机辅助教学(简称 CAI)、网络教学等,下面主要介绍网络教学。

网络教学指教师利用计算机设备和互联网技术为主要手段对学生实行信息化教育的教学模式。网络以其灵活便捷联通的特点和高度的互动性成为实现互动双向交流的代表性媒体。网络教学在这里特指将网络技术作为构成新型学习生态环境的有机因素，以探究学习作为主要学习方式的教学活动，是在传统的课堂和网络等方面同时展开的教学活动。网络教学主要实现手段有视频广播、Web 教材、视频会议、多媒体课件、BBS 论坛、聊天室、E-mail 等。

我们面临的是一个网络服务日臻完善的时代，是一个教育高度信息化的时代，开展网络教学是时代的需要和必然选择，主要有以下优势：

首先，相比传统教学手段，网络的信息量大、信息传递便捷、知识传递效率高、交互性强的特点，有利于教师开展发现式和协同式教学，培养学生提出问题、解决问题的能力，从而有利于培养学生具有发散性思维、批判性思维和创造性思维等高度的创新能力。

其次，网络教学打破了传统的时空限制，改变了传统课堂的教学方式。教师角色也由传统课堂教学中的知识讲授者变成学习信息的组织、编制者，由学生学习的控制者变成学生学习的引导者、帮助者和促进者；学生由被动接受知识变成了主动探究学习，从生搬硬套、死记硬背地学习变成了带着任务解决实际问题的学习，从按部就班的学习变成了自定步调、自定目标的学习。网络庞大的信息资源、优越的多媒体功能、多感官的学习刺激和多向交互功能让学生的学习更方便，沟通更便捷，有利于大幅度地提高教学质量和教学效果。

再次，网络是信息社会最为有效的信息获取工具。开展网络教学，有利于培养学生利用网络进行信息的获取、加工、分析、创新、利用、交流的能力，从而能够培养学生学会如何学习、与时俱进，具有良好的信息素养和能力。信息技术作为支持学生终身学习和合作学习的手段，为适应信息社会的学习、工作和生活打下必要的基础，使学生素质结构更为科学合理。

随着教育信息化进程的推进以及网络教学技术的不断发展，网络教学将成为 21 世纪主流的教学方式。

三、教学手段的选择与优化

不可否认，现代化教学手段有着传统教学手段所无法比拟的优势，但现代化教学手段并非完美无缺，传统教学手段也并非一无是处，它也有着现代化教学所不具备的优点。

网络教学存在以下缺陷：一是对教学设备的要求高；二是对情感目标（思想品质、心理素质等）和动作技能目标（如实验、操作技能等）的教学效果不是太理想；三是对自控能力较弱的学生容易降低其听课效率。特别是年龄较小、学习依赖性比较大的小学生，他们对教师主导作用的要求比较高，不太适合利用网络进行自主学习。因此，在发展网络和远程教学的进程中，不可盲目夸大网络的作用，而忽视教师主观能动性的发挥。网络与远程教学只是一种手段，只能是学校教育的补充，教师仍为核心。

传统的课堂教学也有其明显的优势：有利于教师主导作用的发挥，有利于教学的组织、管理和教学过程的调控，对教学环境建设要求比较低，教学效率比较高，更重要的是教师与学生之间的人际交流对学生成长所起的作用，则远远超出了课堂教学的本身。

因此教师在课堂教学中对教学手段要适时、适度地进行选择与优化，有效地为数学教学服务。

1. **要服从教学目标和教学对象的需要**

教学目标的不同，选择的教学手段往往也不同。如培养学生计算能力，更多可以选用传统教学手段；如让学生体验统计的过程，大多数教师会选择现代化教学手段重现生活场景，引导学生亲历感受；如需要引导学生掌握烙饼问题的策略，教师往往选择传统教学手段和现代化教学手段相结合。

教学对象的特点不一样，选择的教学手段也应该不同。如低年级学生自控力弱、好奇心强，运用集声音、画面、文字显示等为一体的现代化教学手段更能吸引学生注意力，激发其求知欲望；高年级学生自控力更强，适当运用传统教学手段，让学生通过动手操作、合作探究来获取新知，也能事半功倍。

一切教学手段的使用都应有助于教学目标的实现。教师要根据教学目标的不同和教学对象的特点来选择合适的教学手段。

2. **要根据教学内容和知识性质的不同来选择**

一切教学手段的选取都应围绕教学内容来进行。教学内容或知识性质不同，呈现方式不同，在教学手段的选择和应用上也有所不同。不是所有的教学内容都能通过运用现代化教学手段来达到教学效果，有的知识点适合用现代化教学手段来进行学习，有的知识点适合用传统教学手段来进行学习，有的教学手段必须用多种教学手段相结合才能学得更好。在实际教学中，教师要根据教学内容合理选择不同的教学手段，并且要避免过分依赖教学手段，而忽视对教材内容的挖掘、补充、提升。教师做到课前认真备课，努力钻研教材，课中才能胸有成竹、得心应手。

3. **根据学校的物资设备条件来选择**

教学中运用现代化教学手段确实有很大的优越性，但是它对学校的设备条件要求也比较高，而且也存在一定的适应性和局限性。教师要从现有的教学条件出发，根据学校的物资设备来选择和优化组合各种教学手段，以便在教学中灵活使用。

教学手段运用合理是提高教学活动效率的关键。不同教学手段具有不同的特性和功能，我们不能盲目地推崇任何一种教学方法与手段，任何一种教学手段教学方法都有各自的优缺点和局限性，“孰优孰劣”不能一概而论，只有合理地运用才能使教学达到事半功倍的效果，要形成和建立科学的教学手段功能观。不管选用哪种教学手段，应把握适时、适当、适度原则进行恰当地选用，实现教学手段的最优化。

四、信息技术与小学数学课程深度融合的策略

《课标》指出：“数学课程的设计与实施应根据实际情况合理运用现代信息技术，要注意信息技术与课程内容的整合，注重实效。”数学课堂教学中，要在有限的40分钟内较好地实现教学目标，信息技术与数学学科课程深度融合的策略起着重要作用。目前小学数学课堂教学中，主要有以下四种深度融合策略。

1. **知识情景化，激发兴趣**

对小学生而言，兴趣是最好的老师。大部分学生觉得数学学习非常枯燥无味，存在畏

难情绪。其原因之一是受数学知识本身的抽象性和严谨性所困，其次就是因为教师经常使用的常规教学媒体不能有效地激发学生学习兴趣。在教育信息技术环境下，教师呈现教学信息的方式相对丰富、多样，教学信息显得更加立体形象和生动有趣，更能激发小学生强烈的好奇心。这种好奇心如果发展为学生的认知兴趣后，将会表现为旺盛的求知欲，极大地提高学生参与学习的广度与深度。

如在教学二年级“统计”时，教师先动画模拟演示学校门口车来车往的情境，引导提出问题：“学校门口经过的什么车最多？”让学生体验统计就在身边，自觉产生统计的需要，为随后自主参与统计活动奠定良好的基础。

巴普洛夫说：“在学习过程中，如果有多种器官参加，可提高大脑皮层的兴奋灶。”多媒体课件中鲜艳生动的图像、动静结合的画面，能给学生多形式、多方位的感官刺激，给小学生留下难忘的深刻印象，有助于激发小学生浓厚的学习兴趣和强烈的求知欲望。

2. 内容可视化，生动体验

在小学数学教学中，由于概念、法则具有较强的抽象性，给学生形成新的数学认知结构带来一定的困难，往往既是教师教学的重点又是学生学习的难点。教师如果充分运用多媒体动画进行演示或突出强调，不仅能把这些抽象的概念或法则直观演示出来，而且其较强的刺激作用有助于小学生深入理解概念的本质属性或挖掘法则的内在规律。运用信息技术手段更好地展示知识间的联系，创设虚拟化场景或重现客观情境，让小学生“身临其境”，帮助他们获得更加具体的直观感受或更加生动的情境体验，从而较深刻地理解数学知识的本质、掌握其内在规律。

如：在“平行四边形面积”一课中，教师在练习拓展中出示了这样一道题：一个平行四边形停车位的面积是 12 平方米，它的底边长 3 米，邻边长 6 米。有一辆汽车宽 2.2 米，它能不能停在这个车位上？学生展开了激烈的讨论，持对立观点的同学谁也无法说服谁。这时，教师用课件演示小车驶入车位与旁边的小车相撞的模拟动画，学生注意力一下子被吸引住了。强烈直观的视觉刺激让学生形象、深刻地体验：判断平行四边形能否停进去，主要看斜边上对应的高和车宽进行比较，帮助学生顺利疏通知识之间的内在联系，有效培养学生良好的数学思维品质。

3. 探究过程化，突出重点

小学生的抽象思维能力较差，尤其在学习有关图形与几何知识时，学生常常很难进行正确的理解和建构。这时，将教学中涉及的事物、形体或过程等利用多媒体课件再现于课堂，变抽象为直观，通过向学生展示实践情境，呈现观察与思维过程，提供丰富表象，经历知识的产生和发展过程，为学生实现由具体感知到抽象思维的飞跃架设“桥梁”。

如：在“观察物体”一课中，在学生根据要求摆放多个小正方体环节，教师将学生摆放好的作品通过手机电脑同屏软件投影到大屏幕上，引导全班同学观察、分析、评价，即有利于教师对课堂纪律的组织，又方便了学生多角度多方位观察实物，较好地帮助学生建立空间观念。

信息技术具有多种感官同步进行的直观效果，能向学生提供丰富感知，使学生闻其声、见其形、入其境，引导学生主动参与，借助于观察和比较，逐步探究知识的形成过程，极大地支持了学生对知识探究、逻辑推理和问题解决的寻求与研究，帮助学生更加准确快捷、更加深入地把握学习重点，突破学习难点。

4. 形式多样化，弥补不足

信息技术手段可弥补教师自身能力欠缺或打破常规媒体限制。再优秀的教师也不可能是全才，有时会因为自身能力不足或常规媒体受限等缺憾而影响教学效果。如板书字迹不漂亮或作图不规范，难以给学生以示范；或者一节课知识点太多，担心黑板容量、板书方式和板书时间等问题。教师可以借助信息技术手段快速、准确地作图，也可以先将大量的信息存储在电脑上，上课时根据需要，随时出现所需的文字、图片等，还可以创造学习时机，增加活动体验，拓展师生交流面，提高课堂效率。

对教学过程实时控制或帮助学生突破思维障碍。数学概率教学时对于可能性大小和概率随机性的体验如果通过真实实验，课堂预设往往很难达到，如果运用信息技术就可以顺利实现。

如：在“可能性”一课中，教师引导学生观察幸运转盘并质疑：你想拿几等奖？你可能会转到什么？为什么？学生多半会说：想拿一等奖，但有可能会转到谢谢参与。因为它的面积最大，转到它的可能性就越大。但我并不是就一定会转到谢谢参与。接着让学生启动转盘实验，体验“可能会转到谢谢参与，也可能会转到一等奖”。如果是真实的转盘，课堂预设很难达到。但通过信息技术手段则可以预先设计好，对教学过程进行实时控制，巧妙达到预设目的，让学生感受可能性大小的同时，更深刻感受到概率的随机性。

另外，小学生在数学学习中经常会遇到困难，教师可充分利用信息技术优势，通过诱导、点拨，帮助学生沟通遇阻的思维，从而突破思维障碍。

信息技术与小学数学学科课程深度融合的主体是课程。教师应遵循“宁缺毋滥，低投入高产出”的原则，紧密结合小学数学课程教学特点，根据学情基础和教学目标，巧妙融合信息技术优势，优化教与学的过程，才能使数学课堂教学事半功倍，收到出奇制胜的效果。

实践与反思

实　践	反　思
1. 选取你最感兴趣的一个案例开展实训，并请同伴进行评价。	1. 教学手段大致可以分为哪几种类型？分别有哪些特点或优势？
2. 结合本章开头的“案例再现”，说一说使用教具和操作学具时，应注意哪些问题？	
3. 案例 4-1 中，教师运用了哪些教学手段，如何进行教学手段的选择与优化？	2. 如何将信息技术与小学数学课程进行深度融合？

第四节 小学数学教学设计

教学准备是指教师为教学活动顺利开展而进行的各种准备工作，包括物质准备、思想准备以及活动设计规划等。教学准备中，人们把对教学活动系统规划、决策的过程又叫作教学设计。

一、教学设计的含义和特征

任何设计活动的宗旨都是提出达到预期目的最优途径。教学设计是一个系统化规划、设计教学活动，并实现学习目标的过程；在分析教学需求与问题的基础上，进一步确定解决教学问题的步骤和最优方案，通过评价和反馈来检验方案实施的效果，并修订完善方案。它是一门运用系统方法科学解决教学问题的学问，它以教学效果最优化为目的，以解决教学问题为宗旨。

小学数学教学设计是根据数学课程标准的要求和小学生的特点，确定合适的教学起点与终点，将教学诸要素有序、优化地安排，确定合适的教学方案的设想和计划，以优化教学的一种规划过程操作。

教学设计不仅要依据教学论、教育心理学、行为科学的研究成果，还要凭借自己的感受和经验。因此它既是一门科学，也是一种艺术，还需要经验的支撑，并且具有很强的创造性。具体而言，教学设计具有以下特征：

第一，教学设计是把教学原理转化为教学材料和教学活动的计划。教学设计要遵循教学过程的基本规律，确定教学目标和教学任务，以解决教什么的问题。

第二，教学设计是实现教学目标的计划性和决策性活动。教学设计以计划和布局安排的形式，对怎样才能达到教学目标进行创造性的决策，以解决怎样教的问题。

第三，教学设计是以系统方法为指导。教学设计把教学各要素看成一个系统，分析教学问题和需求，确定解决问题或达成目标的程序纲要，力求教学效果最优化。

第四，教学设计是提高学生获得知识、技能的效率和兴趣的技术过程。教学设计是教育技术的组成部分，它的功能在于运用系统方法设计教学过程，提出解决问题的策略，使之成为一种具有操作性的程序。

教学设计通常也称之为备课，它是教师的一项基本功。教师通过认真备课，能不断地提高自己的教学水平，有效保障教学质量。由于每年的学生情况不同，教学内容也不断变化，更重要的是随着课程改革的逐步深入和信息技术的飞速发展，教学方法和技术手段也在不断革新，因此备课不能一劳永逸，无论是青年教师，还是有多年教学经验的老教师，都要认真备课，不断地精益求精。

二、教学设计的原则和要求

(一) 基本原则

教学设计是上好课的前提，是提高教学效率和教学质量的保证，是为了使学生在单位时间内能够学到更多的知识，更大幅度地提高学生各方面的能力，从而使学生获得良好的发展。教学设计一般应遵循以下四个基本原则：

1. 系统性原则

教学设计是运用系统方法分析研究教学过程中相互联系的各部分的问题和需求。教学设计是由教学目标和教学对象分析、教学内容和方法的选择、教学措施和步骤预设、教学评估等子系统所组成，各子系统既相对独立，又相互依存、相互制约，组成一个有机的整体。在这些子系统中，各子系统的功能并不相同，其中教学目标起指导其他子系统的作用。同时，教学设计应立足于整体，每个子系统应协调于整个教学系统中，做到整体与部分辩证地统一，系统的分析与系统的综合有机地结合，最终达到教学系统的整体优化。

2. 程序性原则

教学设计是一项系统工程，它的各个子系统的排列组合具有程序性特点，即这些子系统有序地成等级结构排列，且前一子系统制约并影响着后一子系统，而后一子系统依存并制约着前一子系统。根据教学设计的程序性特点，教学设计中应体现出其程序的规定性及联系性，确保教学设计的科学性。

3. 可行性原则

教学设计要成为现实，必须具备两个可行性条件：一是符合主客观条件。主观条件应考虑学生的年龄特点、已有知识基础和师资水平；客观条件应考虑教学设备、地区差异等因素。二是具有操作性。教学设计应能指导教师开展具体的教学实践活动。

4. 反馈性原则

在教学中，教师要对学生参与过程与活动及时做出信息反馈，让学生获得成就感。教学成效考评只能以学生参与教学过程前后的变化以及对学生作业的科学测量为依据，其目的是为了获取反馈信息，以修正、完善原有的教学设计。

(二) 基本要求

教学设计一般还要遵循以下四点基本要求：

(1) 要学习课程标准。课程标准为课堂教学指明了方向。因此，教师要逐字逐句领会课标精神，理解其基本理念、目标内容、实施建议等。

(2) 要钻研教材。小学数学教材是按照数学课程标准编写的，是实现数学课程标准的重要载体，是教师进行教学的主要依据。教学设计前，先要钻研教材，熟悉教材，掌握教材。一般要达到如下要求：一是在了解全套教材的前提下，深入钻研自己所教的那册教材，了解该册教材在全套教材中的地位、作用，了解该册教材的教学内容、任务与要求、重难点，以及各个单元的课时分配。二是还要掌握所教的这册教材中各个单元之间的教学目标、重难点和前后联系。三是要掌握所教的这册教材中每个课题的教学目标及其知识之间的前后联系，注意教材的系统性和阶段性，防止前后脱节或不必要的重复，避免超越或降低阶段要求。

（3）要了解学生。了解学生的原有认知基础、学习兴趣以及学习态度、学习习惯等情况。主要从以下两方面进行：一是针对所教班级学生的具体情况做学生学习水平、认知结构及学生已有经验对学习的帮助和干扰分析。二是对所教班级学生的非智力因素进行分析。如学习态度、兴趣、学习习惯等。

（4）要优选教法。教学有法，但无定法，贵在得法。选择合适的教学方法，往往能够取得事半功倍的效果。它包括教与学的形式、媒体、活动等方面的选择与设计。一堂课往往不会只采用一种教学方法，而是多种方法结合使用，因此还要注意各种方法之间的组合与优化。

三、教学设计的分类

教学设计既可以包含每学期开学初对整个学期教学活动的系统规划和决策，又可以仅指对某一个课题的教学活动的规划和决策。一般主要包含制定学期教学设计、单元教学设计和课时教学设计三方面工作。

（一）学期教学设计

学期教学设计又称学期教学计划，是一个学期的总备课。周密的学期教学计划是编写单元教学计划和课时计划的依据，必须在开学前就制定好。有条件的学校可先经过同年级备课组的老师一起讨论后再制定（参看案例 4－2《第七册数学教学计划》）。

学期教学计划一般包括下面一些内容：

（1）学期教学总目标和教学任务与要求。主要指教师所任教年级的那册教材的全册教学目标、内容、任务与要求、重难点等，可以通过阅读相应的教师用书或教学参考资料获取。

（2）任教班级学生简要分析。包括上学期的学习成绩，好、中、差等不同程度学生掌握知识的状况、学习态度、学习方法、习惯及作业情况等。可以从多方面进行，如请教原任教师、查阅上学期成绩册、分析上期期末考试试卷、找学生谈话以及平时检查作业、复习提问、个别辅导都是有效的途径。必要时还可以采用摸底测验的方法来了解学生的学习知识基础。

（3）提高教学质量的保障措施。可以从钻研教材、认真备课、改进教法、加强辅导、开展课外活动、发展兴趣爱好等方面考虑。措施要具体，切实可行。

（4）教学进度安排。针对实际情况对本学期的具体内容进行教学时间进程的安排，包括各单元或各小节的课时分配，阶段复习和测验时间安排等。

（5）其他事项。根据各个地区和学校常规不同要求进行适当安排，如可以包含本学期公开课或观摩课的课题、研究小专课、培优辅后计划等。

（二）单元教学设计

单元教学设计又称单元教学计划，是对本单元的教材内容和教学要求做全面考虑，具体划分课时，并确定各课时的教学要求、课型、教具学具和单元测试等（参看案例 4－3《小学数学第九册第五单元教学计划》）。

单元教学设计一般包括以下几方面的内容：

（1）单元教材分析。了解本单元教材的教学内容，本单元教材在全册教材中的地位、作用以及与其他单元知识之间的前后联系等，可以通过阅读相应的教师用书或教学参考资料获取。

（2）单元教学目标和要求。了解本单元教材的任务与要求，确定本单元的教学目标，主要从知识技能、数学思考、问题解决和情感态度价值观四方面进行思考。

（3）单元教学重难点。了解本单元教材的教学重点、难点，以及如何进行难点突破的知识关键点。

（4）课时安排。对本单元教学内容进行课时划分，确定每节课的主要内容和要求、配备的例题和习题等。

（5）完成教学任务的主要措施。结合师生情况和学校实际，思考达成本单元教学目标与任务、突出重点突破难点的途径与方法，包括教学方法的选择、教具学具或现代化教学手段的使用等。

（6）复习安排。根据本单元教学内容、目标以及预设的学生掌握情况，安排必要的复习课，使学生弄清本单元知识的内在联系，并为后续内容的教学做好铺垫。

目前也有很多学校对单元教学计划的制定没做硬性要求，或者只要求同年级备课组制定一份单元教学计划。

（三）课时教学设计

课时教学设计又称课时教学计划或教案。制订课时计划，是课前准备的最后一步，也是最关键的一步，学校一般要求必须提前 3 天完成。上课前一天再进行必要的修改和补充，并且检查各项准备工作。课时教学计划一般包括以下内容：

（1）课题和教学内容。

（2）教学目标和重难点。教学目标力求明确具体，包括学生需掌握哪些基础知识，培养哪些能力，进行哪些数学思考，尤其是在情感态度价值观方面如何进行渗透等。

（3）教具学具以及现代化教学手段的准备。

（4）教学过程。这是课时教学计划的核心部分。教师应对教学过程中的每个环节进行周密安排，尽量做好预设，充分考虑课堂教学过程中可能发生的情况，才能应对自如。

（5）板书设计。板书是课堂教学主要内容的浓缩，是教师教学艺术和综合素养的充分体现。

（6）教学反思或后记。青年教师一般要求每天都要撰写教学反思或后记。

四、教案的具体撰写

（一）教案的格式与要素

1. 教案的意义和价值

教案是教师进行课时教学设计的具体成果呈现，是教师经过教学设计，以授课单元或课时为单位编写的具体教学方案，是授课思路、教学内容、教学技能的客观反映，是教师课堂教学思路的提纲性方案，更是保障教学活动有序、有效进行的工具。

撰写教案是教师整个教学工作计划中最重要的组成部分，它不仅是教师备课过程的反映，也是教师进行课程教学的主要依据，还是检查是否完成教学任务的主要依据和总结教学经验的宝贵材料。撰写教案的过程是教师对教学内容进行消化、加工、提炼的过程，是教师最重要的一项教学技能和基本功。

2. 教案的格式

教案的形式一般分为纯文本式和表格式。表格式教案和纯文本教案最大的区别在于对教学过程的叙述。教师撰写教案时主要采用纯文本格式，但有些学校根据需要也会采用表格式教案。纯文本式教案往往对教学过程中师生的活动预设按照教学环节和时间顺序进行叙述(参看案例 4－4《垂直与平行(文本式教案)》；表格式教案则往往将教学过程中的师生活动预设进行分开表述，或者是针对每一教学环节中的师生活动预设进行设计意图的说明(参看案例4－5《垂直与平行(表格式教案)》。开展集体备课的老师，学校往往要求撰写个性化批注(见表 4－1)。

表 4－1　课题：________

<table>
<tr><td>主备人</td><td></td><td>教学时间</td><td></td><td>累计课时</td><td>第　　节</td></tr>
<tr><td>教学内容</td><td colspan="5"></td></tr>
<tr><td>教学目标</td><td colspan="5"></td></tr>
<tr><td>教学重点</td><td colspan="5"></td></tr>
<tr><td>教学难点</td><td colspan="5"></td></tr>
<tr><td>教学准备</td><td colspan="3"></td><td>课时安排</td><td></td></tr>
<tr><td colspan="6">教学过程</td></tr>
<tr><td colspan="3">教学环节及教师活动预设</td><td colspan="2">学生活动预设</td><td>个性化批注</td></tr>
<tr><td colspan="3"></td><td colspan="2"></td><td></td></tr>
</table>

3. 教案的要素

教案的质量直接影响教学的效果。无论纯文本式教案，还是表格式教案，它一般必须包括以下要素：课题、授课时间、教学内容、教学目标、教学重难点、教学准备、教学过程(步骤)、板书设计、教学后记等。也有些学校还要求注明授课班级、教学方法、累计节次等。

课题主要指一般由教案中的主要知识点确定；教学内容主要指对应教材的具体页码、

例题及练习题等；教学目标主要指通过本节课学习后学生需达到的预期效果，它和教学重难点在前面章节已经进行了表述；教学准备主要指教具学具等教学手段的准备；教学过程主要指在一节课的课堂教学中各教学环节安排、时间的分配和师生活动及互动等预设；板书设计指整节课主要知识点的归纳与概括；教学后记主要记录教师对整节课的教学效果、亮点与不足等的回顾与反思，为以后的教学提供经验和素材。

在这些要素中，教学过程（也称教学步骤）是整个教案的主体部分与核心环节，能充分反映教师教学设计思想，体现教师的教学经验和风格。教师在撰写时既要体现出各个教学活动之间的逻辑程序，又要划分出若干环节或步骤，还要考虑到各环节或活动的时间分配、教学方法的具体应用、衔接与过渡，以及教学板书的呈现与协调等。

撰写教案前必须先要研读课标、分析教材、了解学生、确定目标、选择教法，并思考清楚如何优化教学环节的设计、板书设计以及板书时机等。教案的撰写要求详略得当，讲求实效。新教师尽量写详案，要对教学过程中学生可能出现的多种情况进行预设，思考其应对、指导策略，才能在教学实施过程中做到胸有成竹。有经验的教师在教案撰写时，可适当简略。

（二）教案撰写的注意事项

1. 教案撰写前的教材钻研要透彻

钻研教材是撰写教案的基础。钻研教材一般要经过懂、透、化三个阶段：一是弄懂教材，掌握其基本思想、概念和知识体系；二是钻透教材，能够运用自如，使之成为自己的知识体系；三是内化教材，能将自己的思想感情和教材的思想性、科学性融为一体。另外，教师不能完全依赖课程标准和教科书，还需充分发挥自己的主观能动性，广泛阅读相关的教育专著、学术杂志、学术网站等资料，了解小学数学学科发展和教学改革的最新动向，对教材有关内容做必要的补充，要在课堂教学中展现自己的特色和风格。

2. 教案撰写前的学情分析要细致

了解分析学情是进行教学设计、撰写教案的前提。学情了解越详细，分析越细致，撰写的教案越具有实用性。应对学情进行以下三方面的分析：一是对学生进行认知因素的分析。主要包括学生已有智力发展水平、学习的技能技巧、知识储备、认知结构和认知风格。二是对学生非认知因素的分析。主要包括学生的一般生理发展水平和成熟程度，学生的学习动机状态，如学习兴趣、爱好、态度、需要、意向以及情绪情感思想状态等。三是对学生社会因素的分析。主要包括学生学习方法和习惯、家庭的文化背景和职业背景，学生间的社会交往、相互关系以及师生间的人际关系等。

3. 教案是教学行动方案，不能过于琐碎

教案是为实现教学目标的具体细化而精心设计的授课框架，也是教师为实施课堂教学而做出的具体行动计划，教学过程一般采用第三人称的方式进行叙述。要注意的是教案不是教学实录，不建议用师问生答的方式进行叙述。

教案是对课堂教学的总导向和总规划，它只是实施课堂教学过程的一个骨架结构，是课堂教学规划的蓝本。撰写时不能将课堂中教师所说的每一句话、每一个想法、每一件事

都写进去。

在课堂教学实施的过程中，会有许多的不定因素出现，要靠备课时准备充分，靠平时的知识积累，靠实事求是地真诚对待。

4. 教案是教师进行教学研究的宝贵资源

用心撰写的教案不仅保存着教师从各种渠道获得的珍贵材料，还包括教师自身教学的经验与心得。日积月累，将形成一座教学资料宝库，可供教师随时提取或查阅。其中丰富的教学案例、精心思考的问题、教学的得失体会等都会成为教师选择研究课题或进行教学研究的宝贵资源。

总之，小学数学教学设计是一项十分复杂和细致的工作，尤其是课时教学计划设计。教学设计是一门科学，也是一门技术，更是一门艺术，需要教师不断地学习和精进。

实践与反思

实　践	反　思
1. 选取你最感兴趣的一个案例开展实训，并请同伴进行评价。	1. 什么是教学设计？它有哪些具体特征？
2. 案例 4-1 中，教师遵循了哪些教学原则？	
3. 结合案例 4-4，说说教案包含哪些要素，应注意什么？	2. 学期教学计划主要包含哪些内容？

第五章　小学数学教学组织

扫码查看
学习资源

知识导图

- 小学数学教学组织
  - 第一节　小学数学组织教学概述
    - 1. 小学数学组织教学的含义
    - 2. 小学数学教学组织的基本原则
    - 3. 小学数学教学组织的基本形式
  - 第二节　小学数学课堂教学组织与策略
    - 1. 小学数学课堂组织教学的特点
    - 2. 小学数学课堂座位编排形式
    - 3. 小学数学课堂教学组织的策略
    - 4. 小学数学课堂教学组织的注意事项
  - 第三节　小学数学课外活动组织与策略
    - 1. 小学数学课外活动概述
    - 2. 小学数学课外活动的基本形式
    - 3. 小学数学课外活动组织的策略
    - 4. 小学数学课外活动组织的注意事项

学习目标

1. 了解小学数学组织教学的含义、特点及基本原则；
2. 了解并掌握好小学数学课堂教学组织的基本形式及策略；
3. 了解并掌握小学数学课外活动组织的基本形式及策略。

案例再现

“认识人民币”教学片段

在新授环节认识了人民币以后，令人期待的“市场买卖”活动开始了：老师展示出10个精美的玩具，要求学生用不同的付钱方式来买这些玩具。此举一下子吸引了所有的学生，孩子们立刻情绪高昂起来，都把手举得老高，不停地对老师示意：“我来我来！”课堂气氛一下子变得非常活跃。

当第一个孩子买到玩具以后，其他的孩子早就坐不住了，纷纷站起来大声喊叫，希望借助大嗓门吸引老师的注意力；老师尽量地设法控制着场面，于是请那个叫得最凶的学生上来买。

可是，当这第二个玩具卖出去以后，更多的孩子忍不住跑到了讲台上，几乎要到老师手里去抢玩具了。

看到局面实在难以控制，老师连声说“不卖了！不卖了”但是此刻，老师不卖也不行了，学生已经无法平静，他们不停吵闹着，要买老师手里的玩具，教室里顷刻乱成一团……

下课了，学生还在不停地埋怨老师没有卖玩具给他……

思考

很明显，这个教学片段反映出来的状况虽然很“活”、学生积极性很高，但课堂却显得有些乱。老师的意愿本是良好的，老师尊重学生的年龄特点，设计了孩子们喜欢的模拟买卖活动，可为什么会出现课堂秩序维持不下去的情况？在这样的课堂上，一些无关的争抢代替了应有的关于教学内容的讨论，教师和学生都忘记了“人民币”这个学习内容，教学已经偏离了教学目标，其效果可想而知……面对这种情况，老师该怎么办？究竟应该怎样做好小学数学课堂教学组织？这是值得我们思考的一个问题。

教学是一个复杂的动态系统，如何使系统中的各组成要素（如教师、学生、教学方法、教学手段及教材等）组成最佳结构，充分发挥各自作用和整体功能，提高教学效能，是研究教学组织的主要任务。

第一节　小学数学组织教学概述

一、小学数学组织教学的含义

1. 小学数学组织教学的含义

组织教学是指教师在教学中，通过协调各种教学因素而有效地实现预定的教学目标的过程。它是教学得以顺利进行的保证，是教师为了完成教学任务而将学生的注意力加以组织调控，使其积极主动参与学习的一系列行为方式。

小学数学组织教学是指在小学数学教学中，教师运用各种教学策略和教学方法来协调各种教学因素，以吸引学生注意力，维持教学秩序，引导学生自觉学习数学，建立和谐的教学环境，有效实现预定的教学目标的过程。

组织教学是一项复杂的多方面、多层次、多因素的活动，要体现教学活动灵活性与科学性的统一。尤其是小学数学的组织教学，学生年龄小、活泼多动，而数学知识相对理性，需要沉静与思考，这些都为小学数学教师组织生动有效的教学设计增加了难度，因此小学数学教师要具备一定的组织教学技能和教育机智。

2. 教学组织的相关要素

教学活动是师生通过对话等互动方式进行知识传递、情感交流的双边活动。往往是多种要素交汇组合、相互作用的结果。一般来说，其相关要素主要包括：

（1）教师和学生

教师和学生是教学活动的主体，他们之间的互动以及具体的互动形式决定了教学组织的实践样态。因此，教师和学生是教学组织形式构成中“人”的要素，这是最基本要素也是其实践样态的决定性影响因素。其中，某种互动的方式与机制一旦稳定下来，逐渐形成某种教学制度或教学传统，这时，与之相应的制度化的教学组织形式便会应运而生。

（2）教学时间单位和教学空间单位

教学活动的开展不能置身于时空之外，教学活动的有序、有效开展总是需要将教学时间与空间切分为长短各有其时、大小各有其地的时间单位和空间单位，不同的时间单位与不同的空间单位的组合形成了各种教学组织形式的物质环境，也使教学组织形式体现出了不同的活动面貌。其中，时间单位制约教学组织形式的外显环节与活动程序；空间单位制约教学组织形式的呈现方式与动态结构。因此，教学时间单位和教学空间单位也是教学组织形式的基本要素。

除了前述四种基本要素以外，还有诸如教学方法、手段、工具等其他教学要素也对教学组织形式的形成产生影响，如网络教学、广播电视教学、函授教学、设计教学等。

二、小学数学教学组织的基本原则

小学数学教学组织原则是教师设计小学数学教学过程，实施小学数学教学活动的组织以及评价教学效果等活动中应遵循的一些最基本的要求和准则。它们包含着一般小学教学组织意义下的那些要求和准则，也包含符合小学数学教育价值追求的特殊要求和准则。

一般来说，小学数学教学组织原则除包含一般的教学原则，如直观性原则、启发性原则、科学性原则、思想性原则、过程性原则等外，还必须遵循以下几条原则：

1. 目的性原则

每一堂课都有一定的教学任务和明确的教学目的，因此，小学数学教学组织必须围绕教学目的而进行。这是一条根本性的原则，任何抛开教学目的进行的组织教学都是毫无意义的。

如：有一次，A 老师正充满激情地讲解估算方法，突然一名女生大声哭起来，引起教室哄乱。原来是女生 D 不小心越过了“三八线”，被同桌男生 C 打了。这时，A 老师严肃、诚恳地说：“老师知道，C 同学平时是很有男子汉气概的，还经常帮助女同学呢。这次打人可能是一时冲动，但确实不对，相信他课后会主动向同桌认错的。D 同学，你能暂时原谅他吗？好，我们继续上课。”这里，A 老师晓之以理、动之以情地进行疏导，不仅安抚了 D 同学，也使 C 同学认识到自己的错误，很快平息了事态，转入了正常教学。相反，如果 A 老师大发雷霆，当堂要 C 同学写检查、下保证，恐怕全班学生都一时难以集中注意力，弄不好还会出现“顶牛”现象。如此折腾，教学任务就难以完成，教学目的也难以达到。

2. 教育性原则

课堂上，教师的一言一行、一举手一投足都会对学生产生影响，蕴含着丰富的教育信息。因此，教师进行教学组织时也必须要有利于国家教育方针的贯彻，有利于学生良好道德品质的养成和智能启迪，有效落实教书育人的根本任务。

如学生在课堂上做小动作、随便插话等，教师不能横加指责或不予理睬，而应巧妙处理和正面引导；学生的奇思异想或个性观点，不论正确与否，教师都不能简单评价或粗暴对待，以免限制学生思维、堵塞学生言路，而应尽量发现其闪光点加以鼓励和引导。

3. 情感性原则

教师进行组织教学时，要尽可能地贴近儿童的生活与实际，注意创设一个和谐、积极的教育教学氛围，既要激发他们进行数学探究，引导他们进行自主思考，促进他们积极参与和主动发现，得到教育或受到启发，又要能沟通师生情感和生生情感。

如：一次，Z老师上练习课，走进教室，发现教室里非常热闹，学生议论纷纷。原来在黑板上画着自己的一幅“漫画”。Z老师不免心中有些不快，但他先认真地观察了一下，转身笑眯眯地说：“画得还蛮像！老师真希望当我退休时还能收到你们给我的画像，那时我一定好好珍藏。现在，我们还是先认真学好本领吧！”至此，全班同学深受感动，都带着对老师无比崇敬的心情开始了认真的学习，那两个搞恶作剧的同学课后还主动向老师认了错。

三、小学数学教学组织的基本形式

教学组织形式对于提高教学质量具有极其重要的意义。合理的教学组织形式能够使不同的教学方法和教学手段充分发挥其效用，有效提高课堂教学质量。同时，不同的教学思想、教学原则只有具体落实到教学组织形式之中，才会形成不同特点的教学活动模式。

（一）教学组织形式的含义

对于教学组织形式，苏联教学论学者有较多的阐述。例如，斯卡特金对教学组织形式的历史演变和类型进行分析之后提出：“教学组织形式就是由既定的作息制度和规章制度规定的师生之间的相互作用。”休金娜认为：“教学组织形式是教学过程的极重要的组成部分。教学组织形式中也体现对学生的学习活动进行严密的、按时间的组织，它与教师的活动又是相互联系的。这种活动可以是全班教学、小组教学，还可以是群众性的教学。”

我国的教育学界对教学组织形式也有不同的解释。有学者认为教学组织形式就是“教学活动的结构”。有学者提出“教学组织形式就是关于教学活动应怎样组织，教学的时间和空间怎样有效地加以控制和利用的问题”。有学者认为，“教学组织形式，就是教学活动中师生相互作用的结构形式，或者说，是师生的共同活动在人员、程序、时空关系上的组织形式”。

教学组织形式是为了实现某一学科的课程目标及教学目标，通过一定的教育内容及学习经验，在一定环境下，利用多媒体，教师与学生之间展开互动的方式及程序。即教师根据教学内容及教学要求，结合教学过程与学生实际，运用教材、教案等恰当的教学资源，有目的、有计划、有步骤地开展一系列教学活动的一种方式。它是联系教师的教与学生的学的组带，关系着教学过程的结构以及功能问题，决定着学生在认识活动中的积极性程度和教师对学生的指导程度，对教学效果产生直接影响。

小学数学教学组织形式是指为完成特定的小学数学教学任务，教师和学生按一定要求组合起来进行活动的结构，是师生的共同活动在人员程序和时空关系上的组合形式。

（二）小学数学教学一般组织形式

1. 个别教学

个别教学就是教师在同一时间以特定内容面向一个或几个学生进行教学。这种教学组织形式办学规模小、速度慢、效率低，但却能较好地适应个别差异。

2. 导生制

18 世纪末至 19 世纪初在英国出现的贝尔-兰开斯特制，也称“导生制”。教师选年龄大些、成绩好些的学生为“导生”，先给他们讲授教材，再由他们转教其他学生，这种教学组织形式为资本家培养大机器生产者做出了一定贡献，它自身也是英国“双轨制”教育体制的具体体现。但它难以保证教学质量，所以它并未持续很久。

3. 开放教学

开放教学源于 20 世纪 30 年代资产阶级进步主义者的“进步教育”理论，60—70 年代开始流行于美国，主要在幼儿学校和初等学校实行。在这种教学组织形式中，教师不再分科地按照教材组织教学、传授知识，而是注重为学生创造学习环境，强调尊重儿童的天性、兴趣和需要，强调儿童的自然发展，不拘传统教学的结构，没有固定教学计划、教材和教室。不同年龄、不同程度的儿童聚集在一起，根据各自的爱好选择在教室或其他场所自由开展各种学习活动。

4. 协作教学

20 世纪 50 年代初，美、英等国为了解决中、小学师资不足与提高教学质量的矛盾，提出了一种教学组织形式——协作教学。它是由具有互补性教学技能的两个或两个以上的教师形成灵活的小组，针对学生个体的学习需要，通过教师与教师之间的协作，共同研究拟订教学计划，然后分工合作，协力完成教学计划。显然，协同教学着眼于师资及教学需要来进行教师职能分配并开展教师之间教学协作，试图能同时发挥教师的集体力量和个人专长，并能充分利用图书、仪器等教学设备。它倾向于更多地赋予教师专业自主权；它的根本目的在于使每个教师能更充分地发挥自己的专业特长，以最终实现有效教学。

实施协作教学需要注意如下几点：① 师资及具体的教学需要是教师分组的依据；② 挑选和安排教学人员，要建立在对他们的能力、兴趣准备和义务充分考察的基础上；③ 要给予教师更多的专业自主机会与空间；④ 由于教学任务不同，教师个体所承担的教学职能不同，教师与教师之间协作形式也不同，因而协同教学本身的组织形式也是多种多样的，协同的规模是灵活的、可变的，可以从 2～3 个教师和辅导员到 8～10 个教师和辅助人员甚至更多；协同的人员组成是多样的，具体包括哪些协作教师，可视教学活动的具体情况而定。有一些协同可只包含专业教师，也有一些协同则同时包含教师、辅导员、准专业人员、实验教学人员、图书资料教师、行政人员等相关人员。

5. **班级授课**

最早出现在欧美的一些学校，是一种以班级为单位的教学组织形式。16 世纪末以来，资本主义工商业的兴起和科学技术的进步，对人才培养的规模以及教学内容的传授方式提出了新要求。为适应新的历史形势，捷克教育家夸美纽斯首先对这一新的组织形式从理论上加以整理与论证，使之确定下来，后经德国教育家赫尔巴特的发展而基本定型。工业革命后，这种教学组织形式在欧美逐步推广开来。在我国，1862 年京师同文馆率先采用班级授课，1903 年的癸卯学制以法令的形式确定下来。即把一定数量的学生按年龄特征、知识程度和学习特征编成班组，使每一班级有固定的学生和课程，由教师根据固定的授课时间和授课顺序（课程表），根据教学目的和任务，有计划地对全班学生集体进行连续上课的教学制度。

班级授课制的主要特征包括：一是按学生年龄、知识水平编成固定班级，且人数固定；二是每节课的学习任务不大且大致平衡，彼此连续又相对完整；三是由学校统一和固定师生必须在统一的单位时间里进行授课，小学一般 40 分钟一节课，也有的学校按 60 分钟或 20 分钟的长短课进行安排，每两节课之间会有间歇和休息；四是内容统筹规划，按学校、学年、学科分成许多部分，各个部分相对独立又相互联系，达成系统均衡，每个部分采用相应的教学方法和手段有计划、有步骤地展开。

我国小学数学教学的基本组织形式是班级授课。班级授课的具体形式，根据班额的多少可以将其分为大班教学和小班教学两种；根据师生间关系的不同大体可分为三种：一是全班上课；二是班内小组合作教学；三是班内个别教学。下面针对后三种形式分别加以介绍。

（1）全班上课

全班上课是由任课教师按照课程进度表，向全班学生提出共同的学习任务，教师以系统讲授为主，以其他方法为辅，向学生呈现教材知识结构的教学组织形式。

教师讲授是学生学习的主要信息来源，但学生可以在课堂上与教师、同学进行多向交流。为此，教师必须精心设计课堂，综合考虑课堂内容、上课时间、课堂环境以及人数等因素；同时，教师也可以充分利用自己的情感、态度和行为直接影响学生并使他们产生相应的积极反应。

无论采用接受学习还是发现学习，教师均可采用全班上课的形式。全班上课的效果如何，主要看教师是否了解班上大多数学生的学习需要和学习准备；是否调动了全班学生的学习积极性，并使自己提出的教学目标转化为学生自己的学习目标；是否呈现了难度适合的教材内容，以及教学进度是否连贯有序等。

（2）班内小组合作教学

班内小组合作教学是为了适应儿童的学习程度，适应学生的个性差异，把一个班暂时分为若干个小组，由教师提供学习材料，规定小组学习的目标和内容，由小组合作完成共同学习任务的班级授课形式。

其主要特点是：在全班上课的基础上开展小组合作学习活动，班级仍然保留；小组是临时性的，主要为具体活动而组建，期限一般为几周或一个学期；各小组的人员也不固定，主要根据完成的学习任务划分，一般以 2～6 人为一组；小组成员在学习成绩或活动能力上并不“同质”，一般把程度不同的几个人安排在一组，便于互相交流，互相促进，扩大教育能量；小组活动结束时，都要进行讨论、总结，并向教师汇报；由教师设计并组织小组学习，并经常深入各小组进行指导和督促，随时解决小组中遇到的问题。

（3）班内个别教学

采用班内个别教学，教师可以因人而异地给学生布置学习任务，并利用一定的时间以一对一的形式给学生辅导。其主要特点是：在全班上课的基础上，主要面向班上学习进度较慢或较快的学生；教师给学生布置的学习任务以及教师进行的辅导必须以学生的学习准备、学习难点和性格特点为依据；教师的作用主要在于指导和帮助学生自学和独立钻研；学生的学习由开始完成较少为之规定的学习任务，逐步向完成根据自己能力而确定的任务过渡并逐步带有独立钻研的成分。

班内个别教学的教育学意义是深远的。第一，它可使教学适合每个学生的学习需要、能力水平和学习速度，有利于因材施教；第二，它可调动每个学生的学习积极性，使后进生不至于失去学习信心，优秀生不至于失去进一步学习的机会和条件，从而使每个学生都能从教学活动中受益；第三，它有助于培养学生独立学习、独立钻研能力和自我教育能力。

班内小组合作教学和班内个别教学有它们独特的用途，这是毫无疑问的。但它们仍然是在全班上课基础上进行的，仍属于班级授课，是班级授课的具体形式。在采用全班上课即可完成教学任务的情况下，就不必采用小组合作教学或个别教学。尤其是个别教学，由于其“代价昂贵”，即需要花费比全班上课和班内小组教学多得多的时间和精力，教师一般较少采用这种形式；但对于解决后进生或优秀生问题，它仍不失为一种有益的可选方式。

（三）班级授课的两种变式

班级授课除了前面介绍的三种具体形式外，还有若干变式。我国普遍采用的班级授课主要有“复式教学”和“现场教学”两种变式。它们在我国学校的教学实践中占有一定地位。

1. 复式教学

复式教学是指一个教师在同一教室进行的一堂课上，用不同的教材分别对两个以上不同年级的学生上课的教学组织形式。它仍然保留了班级授课的所有特点，如班级、课堂和统一时间等，所不同的只是教师在一节课内要巧妙地同时安排几个年级或班级的活动。教师给一个年级的学生讲课，同时组织其他年级的学生自学或做作业，使各项活动有计划地交替进行。它是班级教学的一种特殊的组织形式，主要适合于学生少、教师少、校舍和教学设备条件较差的地区，在一定条件下对于普及农村和山区教育具有积极而重要的意义。

实践证明，安排合理、组织得当的复式教学也能取得较好的教学效果。不过，复式教学也存在许多先天缺陷，例如，学生获得教师直接指导的时间少于单式教学，不同年级或班级的学生同在一个教室学习相互之间干扰也较多，教师的工作较繁重等。

2. 现场教学

现场教学也是班级授课的一种变式，它对于加强教学与实际生活的联系，贯彻理论联系实际原则，扩大学生的信息来源具有重要意义。现场教学仍然保留了班级授课的基本特点，但在教学活动进行的地点、施教的人员以及教学的时间限制上与校内课堂教学又有所不同，现场教学的地点不在教室而在事件发生、发展的现场；教学人员可能是任课教师，也可能是现场有关人员或两者协同进行；上课时限也可长可短。

现场教学能给学生提供丰富的直接经验，有利于使学生把直接看到的自然现象或社会现象同书本上的数学知识联系起来，从而加深对数学知识的理解，并通过实际操作，了解运用数学知识的场合，培养学生将数学知识运用于实践的能力；现场教学扩大了学生的信息来源并改变了信息的性质(由文字、语言到实物、实情)，有助于学生所学数学知识的消化、巩固和系统化；现场教学往往同参观、实习等方法结合在一起，有助于克服课堂教学的某些缺陷，使学生产生好奇心和新鲜感，从而调动学生的学习积极性。

现场教学也有其局限性，即在实践中，由于种种因素的限制，教师并不可能组织大量有效的现场教学活动，因而它的使用是有限的；由于只能使学生了解周围现实的局部情况或局部过程，它不可能取代系统的课堂教学，只能作为课堂教学的一种辅助形式。

实践与反思

实　践	反　思
1. 观察小学数学课堂或案例视频，说说小学数学教学组织有哪些要素？	1. 小学数学教学组织一般有哪几种形式？
2. 结合具体的案例，说说小学数学教学组织要遵循哪些基本原则？	
3. 举例说明什么是教学组织形式？它有什么意义？	2. 什么是班级授课？它有哪几种形式？

第二节　小学数学课堂教学组织与策略

在我国，小学数学课堂教学通常使用班级授课制，因此，本小节主要研究班级授课制的小学数学课堂教学的组织与策略。

一、小学数学课堂组织教学的特点

小学数学课堂组织教学是指教师在课堂教学中，运用各种教学策略和教学方法协调课堂内的各种教学因素，以吸引学生注意力，维持课堂纪律，引导学生自觉学习，建立和谐的教学环境，有效地实现预定的教学目标的过程。它是整个课堂教学的中心环节，是教师向学生传授知识、开发智力的重要方式，是一项将科学和艺术融于一体的富有创造性的工作。一般具有以下特点：

1. 以生为本，突出学生学习主体

学生既是教育的对象，又是学习的主人。教师首先要考虑学生的年龄特征，熟悉他们身心发展的特点；其次要了解班级的情况，如班纪班风等；再次，要了解每一个学生，掌握他们的思想状况、知识基础、学习态度和学习习惯等特点，还要根据教学目的、内容等进行课堂教学的组织。

根据小学生的学习特点和兴趣爱好，丰富多样的学习资源和生动有趣的学习情境更能刺激学生的视觉、听觉，给其以直观形象的感受，能更好地激发他们的学习热情和探究欲望，使其积极主动地参与到教学活动中来，注重培养学生独立思考，从而实现课堂教学的有效性。

2. 以师为导，凸显教师主导作用

教师是学生学习活动的组织者和引导者，也是教育过程的参与者和领导者。小学生往往缺乏自制力和思辨能力，更需要教师耐心细致地做好各项指导工作。教师要充分尊重学生、理解学生、关爱学生，也要不断调动学生的积极性和主动性，应从学生学的角度考虑自己的教学行为，充分发挥自己在教学过程的主导作用：在学生偏离教学目标时，要抓住有利时机，适时、适宜地介入，对学习活动进行指导和督促；在学生遇到意外事件时，以讨论、协商的方式解决，调动学生的积极性，保证学生具有安全感；在学生探索和思考遇到困难的时候，引导学生进行观察、推理等探索与挑战性活动，帮助学生解决问题，使之学会与人交流，转变学生的学习方式，让数学课堂更生动、更轻松、更有效。

二、小学数学课堂座位编排形式

在班级授课制中，教师需要按照一定的方式将学生的座位进行编排。在我国小学课堂教学组织中主要有以下几种座位编排形式：

（一）秧田式

"秧田式"座位编排模式也称为"直线型空间排列"的座位编排模式，是班级授课制中最常采用的座位编排形式（见图5－1），在大班额教学中通常采用。在"秧田式"座位编排模式中教师占据了讲桌、讲台以及黑板形成的中心位置，处于整个教室中绝对权威的地位，而全体学生横成行纵成列，一致面向教师和黑板而坐，形状犹如秧田一般。在这种模式中，教师主宰着课堂，学生的座位是较为固定的，且视线和交流空间也十分有限，这在一定程度上意味着学生上课以听为主，缺乏应有的交流和互动。这种编排座位的方式，不能照顾到学生的个体差异，且学生容易被他人贴上标签。

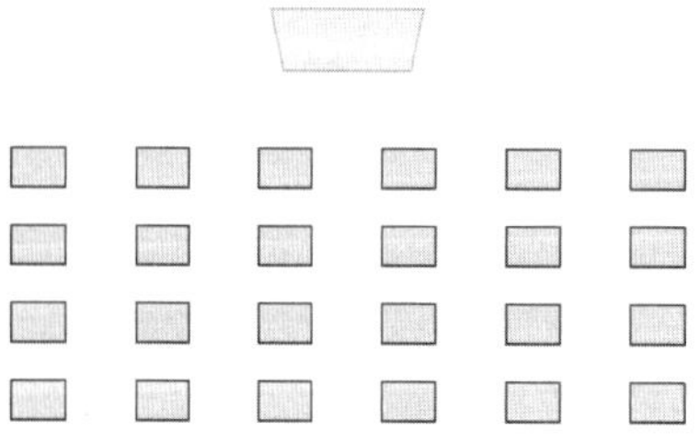

图5－1　秧田式

在采用"秧田式"座位编排模式教学时，教师要注意以下几点：

第一，注重充分利用其他教学资源，调动学生的积极性，让课堂活起来，从而弥补课堂师生交流不足，尤其是生生交流不足的缺陷。

第二，通过让学生进行实验演示、板演、故事表演、动手操作等形式丰富活跃课堂，还可结合其他组织形式开展更为丰富的教学活动，让课堂富有生机，让“秧田式”的课堂“动”起来，让学生对数学学习永远满怀激情，充满兴趣。

第三，巧妙使用空间距离，也可使“秧田式”的课堂更显轻松、和谐。

（二）小组合作式

“小组合作式”座位编排模式是新课改以来对应合作学习最常采用的座位编排形式（见图5-2）。通常是学生以4～6人为单位围在课桌（几张拼在一起的课桌）周围，以小组开展课堂教学活动。这样的编排形式有助于学生成员之间建立起积极的相互依存关系，每个组员不仅要自己主动学习，还有责任帮助其他同学学习，以全组每个同学都学好为目标，教师根据小组的总体表现进行小组奖励。

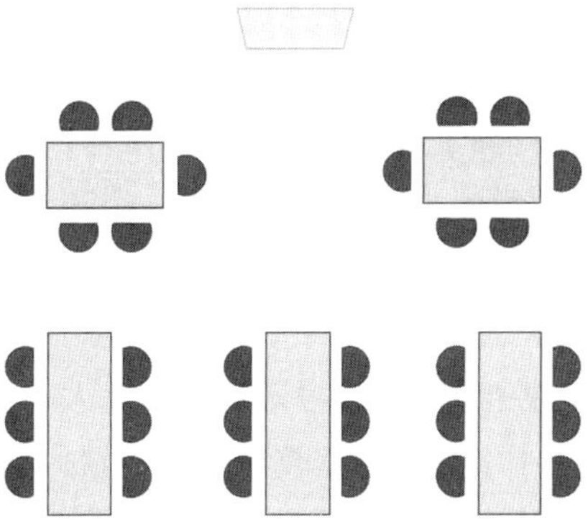

图5-2　小组合作式

但是这种座位编排方式不利于学生听教师讲解或演示；有部分学生课上需长期扭头听课，会对学生身体发育造成不良影响。

（三）半圆式

“半圆式”座位编排模式，就是把学生的座位排成半圆形（或马蹄形），教师与学生间的距离基本接近的一种课堂教学活动组织形式（见图5-3）。这种座位编排模式适用于数学活动教学，能够较好地进行场景模拟，如“模拟购物”等。但是这种座位编排模式比较占据空间，一般不合适人数太多的班级活动。

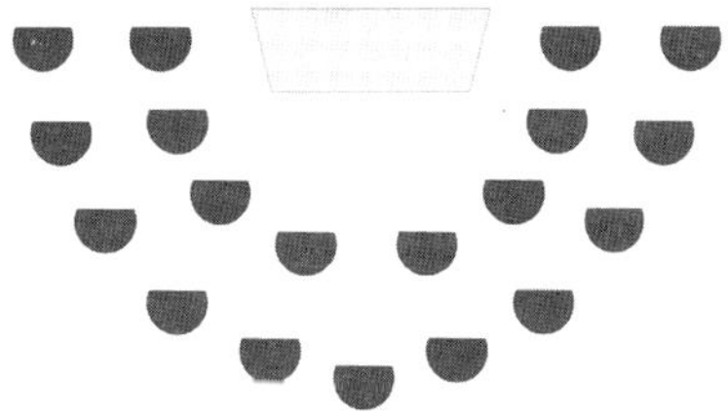

图5-3　半圆式

（四）双翼式

双翼式座位编排模式就是将课桌椅排成两行，像一只鸟飞行的翅膀（见图5-4）。这种座位编排模式适合于意见相对的双方进行辩论活动，更容易营造活动氛围。但是这种座位编排模式和“半圆式”一样，一般不适合人数太多的班级活动。

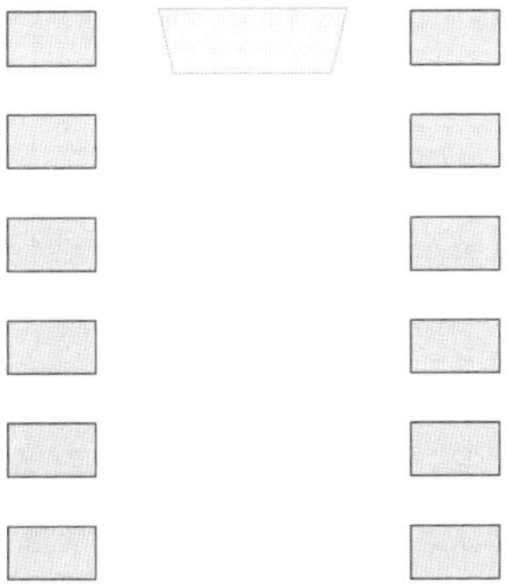

图5-4　双翼式

图5-5　席地式

（五）席地式

“席地式”座位编排模式就是让学生席地而坐，学生根据学习需要自由朝向（见图5－5）。这种座位编排模式相对比较自由，比较适合开展小组合作学习。它也是课堂教学中开展活动的一种组织方式，但是不适合长期使用，也不适合人数太多的班级活动。

三、小学数学课堂教学组织的策略

随着新课改的实施，小学数学课堂教学出现了一派新气象：在课堂里，老师非常尊重和关注学生，努力给学生以赞赏和肯定，师生关系平等、民主、和谐，气氛活跃、轻松，学生个性得到了充分的张扬。经常可以看到，很多学生敢想敢说、敢做敢问，他们有思想、有个性，课堂因此显得非常活跃。但随之而来也出现了学生自我意识日益强烈，少数学生沉醉于表现自我，喜欢在课堂里标新立异、与众不同，教学的进程常常出现因为个人意见而改变等问题与矛盾，课堂变得特别难以驾驭。课堂过分活跃，甚至呈现出一种乱糟糟甚至趋于失控的局面，学习效果也因此大打折扣。

小学数学课堂教学组织是教师顺利实施和完成教学任务，达到教学目标的重要保证。教师应有条理地组织课堂教学，让数学课堂“活”而不乱，一般来说，可以采取以下策略：

（一）建立规则，营造氛围

课堂氛围是学生在课堂教学过程中情绪、情感和心理活动状态的表现。教学过程不仅是师生间知识的传递过程，还是一个情感交流的过程。良好的课堂氛围，可以形成一个具有感染力的催人向上的教育情境，使学生受到感化和熏陶，从而全身心地投入到学习之中，取得最佳的学习效果。因此，创造一个民主平等、团结和谐的良好学习氛围，是课堂教学组织的关键。

1. 建立规则，培养学生自制力

建立必要的课堂教学常规，是组织教学的手段，也是学生遵守教学秩序的行为依据。每个人的自由都是受到一定约束的，所有的言行必须在一定的规则范围内进行，课堂教学中的民主和自由也是如此。学生个性的发展主要依赖于集体，集体活动是发展学生个性的主要途径。教学中，老师要有意识地形成良好的集体习惯。如果集体没有一定的行为准则，那么个人的自由也就无法保证。这个行为准则就是课堂纪律、行为规范等教学常规。

为了让学生明白这些道理，可以在每学期的开学第一课和学生进行沟通，让学生自己参与各种规定的讨论和制定，引导学生形成共识：开始上课，教师走进教室，学生起立致敬，教师要还礼；教师提问，学生应先举手，得到老师允许再发言；学生不准擅自离位，更不准说笑打逗；把学习用具放到指定的地方等。在学习中要做到：① 专心听讲，全神贯注；② 勤于思考，积极参与；③ 敢于质疑，正确表达；④ 独立作业，自我评价。这些课堂常规能促使学生养成自觉遵守纪律的良好习惯，并为创造严肃、活泼、和谐的课堂气氛和学习情景奠定基础。

教师也可以在平时课堂上通过“一切行动听指挥”等一些小游戏，在活跃课堂氛围的同时帮助学生感受规则的必要性和遵守规则的重要性，并和学生一起约定，遵守规则，养

成良好学习习惯。

针对某些不良现象，教师还可以花费一定时间在课堂上组织专门的讨论，师生一起约定相关的课堂规则(参见案例 5－1《建立课堂规则》)。

课堂教学中，当学生的学习进程旁逸斜出时，教师的反应非常重要，此时教师的一言一行都将对全班学生形成一个导向，因此老师必须提高自己的判断和决策能力，把握好评价的尺度。根据学生所答，老师要迅速做出一个判断，给出一个准确定位。当秩序开始乱起来时，老师要用评价语言引导学生。比如："××真棒，他举手从不乱喊。""××同学能积极思考问题，很好！但如果能举手回答问题就更好了！"等，诸如此类的评价语言其实是一种明确的纪律要求，可以有效地引导学生，告诉他们应该怎么去做。适当的时候，也可以改变原有的教学预案，停下脚步，讨论刚才的学习活动中存在的问题。

教师还要注意培养学生的自制力，也就是培养他们排除干扰、克服困难，用坚强的意志集中和坚持注意的能力。对于个别问题学生和后进生，教师要充分运用教育机智，具体问题具体分析，因人而异、因材施教。要充分运用教育与表扬相结合、鼓励与行为替换相结合、教育与批评相结合等方式，创造一种互相信任、自然、亲切的气氛。

经过一段时间耐心的引导，学生的集体意识会慢慢增强，他们也许不再那么任性，开始懂得自我约束，也初步学会尊重他人，行为习惯逐渐好转。课堂上，学生的争吵声会慢慢变少，大家有谦让、有合作、有竞争，老师上课更轻松，课堂效率也能提高不少。

2. 学会倾听，培养学生倾听力

学生良好的倾听习惯是实现有效课堂的保障。现在的儿童都喜欢别人听自己说而不愿意自己听别人说。在小组交流时学生总是急于说自己的想法，很少去听其他同学在说什么。有时候教师总是埋怨学生不听话，其实是因为学生根本就没有听老师说什么。因此，培养学生良好的倾听能力非常重要。

(1) 细化要求，教会方法

对于低年级学生，教师可以通过"正话反做"等游戏帮助学生感受到倾听的重要性和必要性。

首先，细化听的要求，明确"学会倾听要五心"，即做到：一要专心，无论是听老师讲课，还是听同学发言，脑子里不想其他事；二要耐心，不随便插嘴，要听完别人的话，才发表自己的意见；三要细心，当别人的发言有错时，要求学生学会评价，做到不重复他人的意见，要有自己更新颖的想法；四要虚心，当别人提出与自己不同的意见时，要能虚心接受，边听边修正自己的观点；五要用心，在听取他人意见时不能盲从，要有选择地接受，要学会抓住他人发言中的要点，做到"说""听""思"并重，相互促进。

其次要教给学生一些听的方法：其一，猜想发言的同学会说什么；其二，对同学的观点进行归纳；其三，想想同学说的有没有道理。这是一种十分有效的倾听方法，在倾听时要做到：① 眼睛要平视对方；② 边听边思考；③ 不能随意插嘴，尽量不重复；④ 边听边修正自己的观点。

经过一定时间的训练，学生就能学会先听后说，想好再说，真正养成倾听的习惯。

(2) 评价引导，养成习惯

正确适当地评价学生，是培养学生善于倾听的重要手段。在教学时根据学生学习情况应及时恰当地进行引导。如教师可经常说："你看××同学的眼睛一直看着老师，他听得多认真啊。""××同学能认真听别人发言，并能指出不足，我们应向他学习。""这么一点小小的区别都被你找出来了，你可真了不起！"这些富有感染力的评价语言能有效引导学生养成认真倾听的好习惯。

在平时的教学中，教师只要抓住机会就应多强调：听与说同样重要；说是表达自己，让别人明白，听是尊重别人，弄懂别人的意思；说要大胆，听要专心；老师欣赏积极发言的同学，同样也喜欢专心倾听的同学；在专心倾听的基础上，再踊跃发表自己的见解，那才是最好的学生。

倾听是一种本领，是一种能力，是一种素养。学会倾听，这是一种尊重。学生的倾听习惯不是一朝一夕就能形成的，需要我们教师不断地提醒、督促和指导，需要坚持不懈地训练。

3. 小组建设，培养团队协作力

随着新课改的实施，教师们纷纷尝试在课堂上开展小组合作学习。但是很多小组合作都是停留在形式上，没有学生之间的相互合作，没有共同任务中的分工和个人责任，没有达成共识，更没有对成员完成任务进行加工和评估。学习小组建设是开展有效的合作学习，实现有效课堂的关键，一般要做好以下几点：

（1）科学建组

分组时，遵循"组内异质，组间同质"的原则，主要从性格、成绩、性别、特殊学生等方面进行考虑，将学生4～6人为一组，科学合理地分成几个小组。再由小组成员一起讨论，对小组名称、自荐组长、小组口号、小组成长目标、小组纪律等统一意见并形成文字，做成海报张贴上墙，激发组员热情，强化团队意识、目标意识与纪律意识，使小组精神内化成每个组员的信念，并指导其行为。老师要在各项活动中通过多种形式的活动强化小组意识，让每一位学生和班级干部逐步形成小组荣誉感。

（2）组长培养

小组长要端正思想，有组长意识，能够自我严格要求，努力树立良好的形象和威信。小组长需能够独立组织如打扫卫生、辩论赛、主题班会等活动。通过这些活动，他们的组织能力、管理能力、决策能力等都会得到充分的锻炼。

要定期对小组长进行培训，具体来说包括三个方面：

第一，组织协调。

① 小组长要有个人责任感，关注小组内每个成员积极参与组内活动，不要有依赖思想，激励每个组员把争创优秀小组当作自己的责任。

② 小组长在合作时要求学会倾听，懂得尊重别人，对别人的发言要能表示出赞同或提出不同的见解。

③ 小组长要清楚表达自己的观点，了解组员的观点，在此基础上完成合作探究。

第二，团结互助。

① 组长要严于律己，以身示范，带头谦让。

② 带动其他组员建立互相信任、团结互助的关系，使本组组员能以诚相待、荣辱与

共,不计较个人的利益得失。

③ 小组长带头耐心帮助学习潜能生,在组内形成互帮互助的氛围。

④ 小组长说话要平易近人,不要以命令的口气、盛气凌人。

第三,合理安排。

① 小组长要熟悉小组合作学习的流程,针对不同问题进行合理的安排,确保小组成员在适当的时间干恰当的事,讨论与本课程有关的话,不说无关的话题。

② 把握好学习讨论的时间,及时组织本组成员展开讨论和结束讨论。必要时要阻止小组成员的不规范的动作和语言。

③ 小组长要清楚地了解小组成员对知识的掌握程度,在组员回答提问、交流发言等方面,不能只让优生参与。

(3)小组文化

小组文化包含有形文化与无形文化两种形式。

① 小组有形文化指看得见摸得着的、有利于小组共同学习与进步的有形物质文化。如值日本、组牌、组号、教鞭、组训、粉笔盒、粉笔擦等。

② 小组无形文化指看不见摸不着,需通过长时间培养、认识的提高而形成的一种文化,如:小组目标、组标志、组规、小组集体荣誉感、组内风气、组内人际关系、组长威信等。

小组有形文化是表象,可临时建设,可强制强定;小组无形文化是本质,需长期过程的积累才能形成,可以感化人感染人。有形文化是无形文化的反映,并且促进无形文化的完善,无形文化通过有形文化才能表现出来。

(4)分工明确

小组是一个团队,组内成员是一个整体,要强调集体行动,不搞个人主义。组内对于各种任务要有明确分工,并且要落实到人。可选出纪律组长、卫生组长、学科组长,协助学习小组组长一起管理小组,尽量做到事事有人做,人人有事做。小组分工起初可以采用固定式,后面也可以采取轮流式。

组长:负责对组员的学习、行为、思想等进行监督、督促和指导。同时,开好周一的小组会议,并负责填写本小组一周内在校表现情况。对组规中不合理的部分进行修改,在同学和老师之间架起一座沟通的桥梁。

副组长:负责本小组的课前准备情况,课堂的纪律维护,对于上课出现的说话、嬉笑、做小动作等现象及时制止。均衡组员发言的机会,汇报本小组讨论的结果,同组长一起加强组内的向心力和凝聚力。

学科组长:2 号语文;3 号数学;4 号英语;5 号科学;6 号其他剩余学科。分管各科作业的收交、检查、记录,并及时将作业完成情况汇报给各科课代表。同时,负责统计一周中组内成员在该学科的发言次数并填好统计表,下课后及时汇报给各课代表。各科任教师要承担起对学科组长的培训。

(5)讨论形式与要求

小组讨论一般包含五种形式:

① 轮流发言式:小组成员围绕一个中心问题挨个有序发言,一人不漏。这是小组合

作最开始采用的一种形式。

② 自由发言式:学生可以在小组中自由发言,同学们你一言我一语地各抒己见。当小组合作达到一定水平后运用的一种形式。

③ 共同探讨式:全组同学分工探讨,之后交流共享。

④ 组间合作式:同组同学意见无法统一,组与组之间可以合作,共同讨论,相互补充。

⑤ 一帮一讨论式:当部分学生在难题面前尽最大努力也不能解决问题的疑惑,而教师又无法加以个别指导时,可以采用组内一帮一讨论方式。

不论哪种形式的小组讨论,都必须建立在学生独立思考的基础之上。一般情况下,在组员独立思考后,仍有疑惑需要解决,先是一帮一,同桌两人间进行讨论;如还有困难,再扩展为 3～4 人的讨论;遇到较难的问题,采用全组讨论甚至组间的合作讨论。

(6) 小组评价

小组合作学习重在将教师的一元化管理改变为小组管理,将教师批评教育改变为学生内部的批评与自我批评教育。因此,对于小组合作学习的情况,各学科教师要做到及时评价,每课一小结;班主任老师也要以小组集体成绩为评价的依据,以学生个体的表现来评价小组;要对每天合作学习的情况及时反馈,对优秀小组要给予实质性的鼓励和表彰,对需要改进的小组提出调整意见,并每周定期评比登记公布。这种捆绑式评价,便于把个人之间的竞争转化为小组之间的竞争,帮助建立小组共同进步的团队合作意识。

学习小组建设不是一朝一夕就可以形成的,要通过同伴的相互探讨和自我反思,还需要老师不断跟踪指导、规范和强化,才能走向成熟。

(二) 精心预设,把控节奏

教师能否充分利用课堂教学时间,把握课堂节奏,做到张弛有度,对课堂教学质量和效率起着决定性的作用,也是小学课堂教学组织的主要目标。为此,教师要注意以下三点:

1. 要精心预设教学过程

教师要课前认真备课,精心设计教学过程,事先周密考虑好一些细节问题,如活动形式、教学手段、板书设计等。大致分配好各个教学环节的教学时间,做到教学过程环环相扣,既不要前紧后松,也不要前松后紧。

2. 要把握最佳黄金时间

由于小学生的注意力不能持久,一般而言,前 25 分钟是一堂课的黄金时间,因为在这段时间里学生的思维比较活跃,注意力相对集中,且精力充沛,学习状态和效果较好,是新知学习的最佳黄金时间;而后面的 15 分钟,学生容易产生疲劳感,注意力极容易被分散,学习起来也会力不从心,这样的状态下进行教学,其教学效果可想而知。因此,教师要把重点内容安排在最佳黄金时间内,引导学生对教学重点及难点进行精研细究;在后面 15 分钟,就应该适当地布置一些相关的随堂练习,也可以进行趣味性的数学小游戏,在提高学生积极性和主动性的基础上,获得更好的教学效果。

3. 要把控课堂教学节奏

节奏是指课堂教学进程中的快慢、缓急、张弛等。例如,教学过程中师生的双边活动,有时是轻松的对答，有时是对教师提出的连串问题进行紧张的思考后作答，有时又任凭学生无拘无束地自由发问等，这些都是课堂教学节奏的表现。无疑，好的课堂教学节奏对形成良好的课堂教学组织是十分必要的，教师要巧妙组织，根据学生的学习规律、课堂的教学结构和学生的反应来掌握和调整教学节奏，做到收放自如。

在案例5－2《找规律》中，教师组织得十分成功，创设了一个以学生发展为本的民主、和谐、平等的教学氛围，还给了学生发言权、耐心倾听学生的意见。正因为如此，学生可以充分思考、相互交流、相互启发、畅所欲言，可以充分发挥自己的聪明才智，可以无所顾忌地从不同的角度进行探索，从而创造性思维得到了有效的培养，取得了意想不到的教学效果。

综上所述，教师不仅要给学生提供直观可感、可操作的材料，设计形式多样的学习活动，更要合理科学地分配和控制每个教学环节所需要的时间，让分散的局部时间成为一个科学高效的组合整体，以保证在有限的教学时间内突出重点、突破难点，完整而有效地达到教学目标。

（三）及时反馈，适时调整

没有反馈就谈不上良好的课堂教学组织，教学过程中的信息反馈是双边的，可分为对教师教的反馈和对学生学的反馈两个方面。一方面，学生可以从教师的要求、评定和表态中获得对自己学习状况的反馈信息，凡得到肯定的就强化，得到否定的就改正，从而主动调节自己的学习活动；另一方面，教师可以从学生的回答、作业、眼神、表情、行为以及整个课堂气氛中获得关于教的反馈信息，随时检查自己的教学行为，调整教学进程。

当然，要使信息反馈及时、准确，教师要具备敏锐的观察力和准确的判断力，要善于随时捕捉来自学生各方面的反应，从学生的眼神、姿势、手势、表情中了解其内心状况和意向，对学生的欢乐、惊奇、疑惑、受窘等其他细微表现做出判断，了解学生对新知是否理解、教法是否恰当等重要信息。还可以通过课堂巡视和学生讨论中获得群体反馈信息，通过设问、质疑、作业批改等手段了解学生掌握知识和技能的程度，获取学生在情感及学习态度等方面的信息。

教师上课的语言、声调、动作、眼神、表情等都是组织教学的重要手段，对集中学生的注意力起直接作用。教师语言准确、精炼、鲜明、生动，说话清楚，具有内在的逻辑力量，富有启发性和感染力等都很好地吸引学生注意力；教师恰当运用声调的变化，包括语音的高低、强弱、速度和停顿等能快速集中学生的注意力，如有时突然降低声音，有时加重语气或提高声调；教师的动作和表情也对组织教学产生效果，如教师与学生谈话过程中友好地点头、微微前倾的身体、微笑的表情……这些都表达出一种对学生的肯定与支持，学生也从中获得反馈与鼓励。

反馈的目的就是调控并组织教学过程，所以教师必须弄清学生出现问题的症结所在和错误原因，弄清学生是否真懂，即使是学生回答不出的问题，也要让他们体面地坐下，使他们能抬起头来听课，享受应有的尊重。教师对从学生中得到的反馈信息要及时评价，而且这种评价要成为激励学生求知上进、积极听课的动力。特别是意外情况，教师需迅速而正确地作出判断，随机应变地及时采取恰当而有效的教育措施解决问题，只有这样才能真正提高课堂教学的质量。

四、小学数学课堂教学组织的注意事项

在新的教育理念下，教师的教学方式、学生的学习方式都发生了很大的变化。但部分教师对新课程理念在理解上出现了偏差，操作中出现了失误，因此教学中出现了一些问题，甚至走入了“误区”，这是值得每位小学数学教师引起高度重视的。

误区 1：每节课都必须要有小组合作

合作学习应与恰当的内容相配合，并不是所有的内容都需要合作学习。如果不认真研究合作学习的内容，小组合作前缺少让学生独立思考的过程，就会出现学生的参与度不均衡，学生间的合作不主动，达不到合作学习的目的。有些教师组织学生讨论流于形式，为讨论而讨论。有些不需要讨论的问题，也在组织讨论。有些问题需要讨论，但只给不到一分钟时间，学生还没有说上两三句话，就草草收场。其实，合作学习的目的是把小组中的不同思想进行优化整合，把个人独立思考的成果转化为全组共有的成果，以群体智慧来解决问题。没有了独立思考的过程，合作就会失去真正的意义。没有一定的时间作保证，学生的研究探索将一事无成。如果教师设计的合作问题没有一定的难度，讨论就没有意义，就不能促进学生思维的发展。

误区 2：每节课都必须情境化

教学情境是一种特殊的教学环境，是教师为了支持学生的学习，根据教学目标和教学内容有目的地创设的教学环境。创设教学情境，不仅可以使学生容易掌握数学知识和技能，而且可以使学生更好地体验教学内容中的情感，使原来枯燥的、抽象的数学知识变得生动形象、饶有兴趣。然而，教师不能为了教学的情境化而情境化，似乎数学课脱离了情境，就脱离了儿童的生活，就不是新课程理念下的数学课。大量教学事实说明，有些教师辛辛苦苦创设的情境，并没有起到应有的作用。特别是一些低年级的孩子，往往因为被老师创设的情境所吸引，而久久不能进入学习状态。许多老师的计算课，不是从“买东西”引入，就是从“分东西”开始。刚开始，学生觉得很新鲜，然而时间一长，学生们也就习以为常，情境也就失去了新异性，根本不能激起学生的学习兴趣。教学情境的创设要符合不同年龄段儿童的心理特点和认知规律，要根据不同的教学内容有所变化，创设的情境还应该赋予一定的时代气息。情境的表现形式应该是多种多样的，如问题情境、活动情境故事情境、竞争情境等。对于低、中年级的儿童，可以通过讲故事、做游戏、模拟表演、直观演示等形式创设情境；对于高年级学生，则要侧重创设有助于学生自主学习、合作交流的问题情境，用数学本身的魅力去吸引学生。教学中，不要单纯地用“生活化”“活动化”冲淡“数学味”，不能把数学课上成舞蹈课、游戏课，并不是每节课都一定从情境引入，对于一些不适合创设情境的教学内容，可以采取开门见山的方式，直接导入新课。

误区 3：教师在课堂上讲得越少越好

不少教师把“少讲”或“不讲”作为平时教学的一个原则。平时听课中我们发现，有的教师上课该讲的不敢讲，本来教师一句话就可以点明的问题，非要跟学生“兜圈子”“捉迷藏”，似乎都较着劲比谁更“少言寡语”。因为他们知道，讲了就会有“灌输”“填鸭”之嫌。

事实上，课堂上是不是讲，并不一定是教学观念先进与落后的试金石，不一定是启发式和注入式的分水岭，问题的关键在于讲什么、怎样讲。一般来说，陈述性的、事实性的知识，可以让学生运用接受学习的方法进行学习。比如"＋"怎么写，加法算式中各部分的名称，"圆心""半径""直径"的概念，教师直接告诉学生就行了。也就是说，该引的要引，该问的要问，该讲的要讲，要充分发挥师生两方面的主动性和创造性。

误区 4：课堂"热闹"就是好课

在小学数学日常教学中，有的教师上课表面看起来课堂气氛异常活跃，学生们小手如林，喊声不断；有的教师将发挥学生的主体性等同于"满堂问"，盲目追求课堂教学中提问的数量，一定程度上忽视了对学生课堂教学参与度的分析。也就是说，没有区分学生的参与是主动参与还是被动参与，是实质性参与还是形式上参与。其实，教学并不是越热闹越好，也并不是笑声越多越好。安静、有序的愉快课堂气氛也是新课程所刻意追求的。让学生"动"起来是改革的一个目的，但光"动"起来是远远不够的。好的数学课就是要带给学生充实的精神生活，给学生数学上的发展。如果没有这个"充分条件"，那么这个"动"就会是"乱"，就会停留在表面上的热闹，而实质上并没有带给学生理智的挑战、认知上的冲突、内心的震撼和无言的感动。"活而不乱"才是新课程课堂教学追求的理想目标。

误区 5：每节课都必须运用现代化教学手段

现代教学技术和手段的推广使用为教学方法的改革发展开辟了广阔的天地，但是计算机辅助教学要用在点子上，要注重实效。使用新技术并不一定代表新的教学思想——课件不能代替必要的板书，学具操作不能代替必要的教具演示。教师只有把现代化教学手段与传统的教学手段（教具、学具、黑板）有机结合起来使用，优势互补，使教学手段整体优化，才能提高课堂教学效率。

总之，课程改革的关键环节是课程实施，而课程实施的基本途径是课堂教学。只有教师真正改变多年来习以为常的教学方式、工作方式，才能稳健地推进课程改革。教师只有不断学习先进的教育教学理论，不断反思自己的课堂教学，才能真正走进新课程。

实践与反思

实　践	反　思
1. 观察小学数学课堂或案例视频，说说教师如何培养学生倾听能力？	1. 小学数学课堂组织教学有什么特点？
2. 结合具体的案例，说说小学数学课堂教学组织要注意什么？	2. 小学数学教学组织的座位编排一般有哪几种形式？各有什么特点？
3. 深入一线小学了解怎样进行小组建设？	

第三节　小学数学课外活动组织与策略

一、小学数学课外活动的概述

（一）小学数学课外活动的含义

为积极实施新的课程标准，数学教学除了抓好“课堂”这个主阵地外，还应该结合课标、教材和学生的生活实际，组织开展小学生的数学课外活动。

小学数学课外活动是在课堂之外，学生自愿选择参加的非课程类教学形式的数学学习活动。它不同于数学课堂教学，在教学时间、地点、学生人数以及教学的任务、内容和评价等方面没有严格的规定；同时也区别于学生课外的自由活动，是一种有目的、有计划、有组织、有教师辅导的学生学习和训练的活动，是数学课堂教学的有效补充。

（二）小学数学课外活动的意义

素质教育的主要目标就是促进学生能力与素质的全面发展。小学数学课外活动作为数学课堂教学的有效延伸与扩展，自然也是实施素质教育、促进学生全面发展的重要场所。它为学生提供了更广阔的活动空间，可以让学生有更多自主探究的机会，在激发学生学习兴趣、开阔探索视野、培养数学思维、提高数学能力及发展数学个性等方面有重要作用。具体来说，主要有以下几点重要意义：

1. 有利于激发学生数学学习兴趣

兴趣是最好的老师，是教学成功的前提条件。数学课外活动为学生提供了更为宽广的学习平台与探究空间，可以更完美地体现数学学科与现实生活的关系，引导学生在丰富多彩的现实生活中展开数学学习，让学生从生活中找到数学原型。拉近学生与数学学科的距离，将抽象枯燥的数学知识与丰富多彩的现实生活联系起来，增强教学的趣味性，进而激起学生对数学学科浓厚的学习兴趣。

如：为了提高学生计算能力，可以在课外活动中开展富有竞争性的计算比赛，看谁算得又快又准；开展具有趣味性的智闯迷宫活动，迷宫中的重重关卡就是一道道计算题，只有准确计算才能到达下一关卡，错误的话就只能回到起点再重新开始。这样的课外活动集知识性与趣味性于一体，更加符合小学生的心理特点，自然能够激起小学生参与计算活动的主动性与积极性，让学生真正地爱上计算，爱上数学学习。

2. 有利于培养学生数学思维能力

数学课外活动的主要目的是拓展学生数学研究视野，进一步认识数学的价值，欣赏数学内在的逻辑美和思维美，培养学生数学思维能力。

（1）提供更为宽广的思维空间。课外活动打破了传统教学以教师为中心、以教材为中心、以教室为中心的封闭式教学，将教学的视野引向生活，为学生提供宽广的思维空间，这样更能开发学生的智力，启迪学生的思维，引导学生开动脑筋去努力地寻找规律，引导学生从多个角度与侧面来展开思考。这样不仅可以让学生学到更多的知识与技能，同时更能培养学生观察与思考能力，培养学生的数学思维。

(2) 提供更多动手操作的机会。著名心理学家皮亚杰说过："儿童的思维是从动作开始的，切断动作与思维的联系，思维就不能得到发展。"解放学生的双手与大脑，为学生提供更多动手操作的机会，促进手脑并用，是培养学生数学思维能力的重要手段。课外活动有着更充足的时间与宽广的空间，可以打破课堂教学中的种种限制，引导学生积极地动手动脑，以在动手操作中激活学生的思维。

如：在学习完"轴对称图形"后，可以引导学生根据所学知识点来创作一些精美的对称图形；在认识立体图形后，可以让学生在课外活动中制作长方体、正方体、圆柱等几何模型。这样的课外活动集知识性、趣味性与创造性于一体，可以激起学生强烈的参与动机，在操作过程中加深学生对这些图形的认识，增强学生的空间感，充分展现学生个性，激活思维，释放潜能，培养学生数学思维的灵活性与独创性。

3. 有利于增强学生数学应用意识

学以致用是数学教学的重要目标。成功的数学教学不仅在于让学生深刻地理解这些知识，更为重要的是要让学生能够用所学知识来解决现实问题，在实际运用的过程中来加深对知识的理解，同时更能让学生感受到数学学科的实用性，增强学生的成就感，提高学生的数学应用能力。

课外活动不受教学计划和教科书的限制，也不受班级授课时间的限制，为学生提供了更多实践运用的机会，可以使学生多渠道地接受各种新信息，可以让学生在实践运用中来增强数学应用意识，提升学生学习动机。

例如，在课外活动中可深入浅出地向学生介绍哥德巴赫猜想、几何原本等，使学生及早接触一些新的数学思想。又如，教学"统计"后，引导学生调查本班同学每天看电视的时间或者自己家里每月的用电量或者用水量，制作统计图表，提出并解决问题，谈谈自己的看法，使学生学会在生活中运用统计知识，并学会自我控制、自主管理，促使学生主动联系生活实际，在实际中应用数学的思想方法解决问题。再如，学习了"负数"后，让学生帮助父母记录家庭各项收支，并计算出各种收入与支出所占的比例。这样在用知识服务生活的过程中可以让学生感受到现实生活中数学无处不在，只有学好数学才能更好地为生活服务；同时也可以让学生感受到父母的艰辛，增强家庭情感，树立科学合理的消费观。

良好的数学课外活动能带给学生重要的数学思维方法和解决问题的能力，并培养学生从数与形的角度去观察事物的态度和意识，巩固运用数学知识分析和解决数学实际问题的初步能力。

4. 有利于促进学生素养全面发展

素质教育提倡学生德智体美劳的全面发展，而课外活动正可以成为数学课堂教学的延伸与补充，可以完成课堂教学所难以完成的活动。课外活动不拘泥于某一个内容、某一种活动，其内容更丰富，形式更灵活，活动更多样，这更加符合小学生活泼好动的天性，能够更好地感受数学所蕴含的奇异美、和谐美、简洁美等，有利于学生视野的开阔，知识的增长以及综合素养的提高。

课外活动是以数学学科为主，但并不局限于数学学科，而是可以打破学科界限，横向联系，如让学生来写数学日记、表演数学小品等，这样学生在丰富的活动中不仅可以感受到娱乐性，促进学生的身心健康，同时也可以促进学生情感、德育等的提高与培养。丰富的课外活动打破了时间与空间的限制，打破了学科界限，可以促进学生知识、技能、情感等方面的提高，将学生培养成德智体美劳全面发展的综合型人才。

总之，开展小学数学课外活动是新课改下数学教学改革的必然趋势，是促进学生全面发展的必要途径。我们要以学生为中心，结合学生的生活实际，选择学生身边的事物，为学生设计更多具有趣味性、思考性与创造性的数学活动，引导学生对身边事物中蕴含的数学问题进行探讨和研究，让学生在数学学习活动中去“经历过程”，在活动中体验数学、感悟数学，积累经验以解决实际生活中的数学问题，在全面参与中促进学生数学素养与综合能力的整体提高。

二、小学数学课外活动的基本形式

小学数学课外活动的形式灵活多样，可以是个别的、小组的，也可以是全班的，甚至是全校的。下面介绍几种基本形式：

1. 数学兴趣小组活动

学校或班级成立数学兴趣小组，由对学习数学有兴趣的成绩优良的学生参加。小组的人数不一定很多，是学校或班级开展数学活动的骨干力量，可以由同一课内数学教师每周或隔周进行一次专题辅导学习，有利于课内外有机结合，并对课内知识进行拓展、深化。如“物不知数”“百鸡术”“九宫幻方”“黄金分割”等问题都可以作为课外活动的专题学习出现，也可以是介绍数学思想方法等。

在高年级，还可以成立“数学爱好者协会”，由学生自主设计或开展活动，教师适时进行指导。

2. 数学故事会

小学生是喜欢听故事的，一个激动人心的故事，会给学生一生留下深刻的印象。数学故事可以由教师主讲，也可以由学生自主申报讲，还可以小组分工轮流讲。数学家故事会是极具教育意义的。例如，华罗庚怎样从一个学徒成为世界有名的数学家；陈景润如何向“哥德巴赫猜想”挺进，努力夺取数学皇冠上的明珠；高斯怎样从穷苦家庭的孩子成为“数学王子”……这些故事会打动学生的心灵，激起学生对数学的渴望和追求。

另外，数学历史方面也有许多有趣的故事，例如，数字的故事、圆周率的故事、算盘的故事、日历的故事等。这些故事不仅能激发学生对数学的兴趣，而且能丰富知识，开阔眼界。

3. 数学墙报

数学墙报是以数学为主题的墙报，可以取一个刊名，如“智慧火炬”“数学园地”“数学之窗”“数学苗圃”等。

要办好数学墙报，就应尽可能发挥学生的积极性和主动性。在教师指导下，以数学兴趣小组为骨干，成立编辑组。教师要逐步培养学生自己编辑和抄写的能力。墙报文字要用儿童语言，简单明确，文章要短小精悍，生动活泼。

墙报内容要丰富多彩，图文并茂，可以是介绍数学家的生平、数学小故事、趣味数学题、数学游戏、数学谜语、数学信箱、问题讨论、学习经验交流、反映我国及本地建设成就的数学资料等。还可以开辟“数学医院”专栏，把同学们作业中常见的错误公布出来，作为“病题”，征求“医师”给予治疗。这种活动形式很受学生欢迎，往往会收到意料不到的效果。也可以设置“数学信箱”“问题讨论”等专栏，小读者把自己不懂或弄不清的数学问题投入“数学信箱”要求解答，编辑组应当把各个问题归类整理后，在墙报上刊登出来征求解答。谁能正确回答出来，就予以表扬或奖励。

墙报要定期出版，各个班级出版的数学墙报，学校可以定期进行展览评比，这样做，能够调动全校学生办报的积极性，使人人关心墙报，大家做墙报的主人。

4. **数学文艺会**

数学文艺会主要是演出有关数学知识的文艺节目。如相声《0 和 1》《不要忘记小数点》等；话剧《奇数和偶数》《质数和合数》《机器人》等；诗朗诵《一道难题》《数学皇冠上的明珠》等；舞蹈《找朋友》《钟表舞》等；小品《小数点大闹整数王国》等；还有数学魔术和数学灯谜等多种节目。这种数学文艺会生动活泼，别开生面，很受学生欢迎。开展数学文艺会可以组织全年级或全校学生观看演出。学生既看了文艺节目，又学习了数学知识，影响面广，作用较大。

数学文艺会也可同数学故事会结合进行，先讲数学故事，然后演出数学文艺节目。这种活动必须认真组织，充分准备。事先要制订计划，把任务分配到各个班级或各个小组。

5. **数学游戏**

数学游戏活动是小学数学课外活动的主要形式。游戏的选择要有利于学生智力开发和学生思维的培养，强调游戏本身的趣味性。游戏内容很多，有算术棋、算术扑克、打靶计数、算术套圈、数学谜语、数学接力赛、数学智力游戏、数学行军等。这些游戏活动，参加人数不限，灵活多样，简单易做，不需要多花时间准备，随时可以开展起来。

例如，“数学行军”的游戏规则：学生分成几组，选择一个目的地行军。在行军的路程中，沿途布置数学题目，内容有计算题、应用题、数学趣味题以及测量作业等。测量作业题，可以是“请用最快的速度测量这块草坪的面积”“请步测这段小路的距离”等。只有正确无误地解答了沿途的数学问题，且首先到达目的地的小组，才算是胜利者。这种游戏如果能结合爬山活动或旅游活动等，效果会更好。

再如，数学接力赛的游戏规则：把学生分成几组，站在操场的一边，在另一边放上几块小黑板，上面写上计算题。口令一下，学生穿过几道障碍物(如钻过课桌、跳过长凳)，跑向黑板前，迅速做完一道计算题后，立即跑回起点，把粉笔交给第二个学生，第二个学生又跑向对面的黑板前，做完第二道计算题……如此一个接一个。最快完成答题、正确率又最高的一组夺取红旗，获得胜利。这种游戏活动生动有趣，既能促使学生提高计算能力，又能培养学生机智、敏捷和勇敢的品质。

6. **布置数学环境**

(1) 把校内一些具体事物用数学形式表示出来。例如，指导学生测量学校中旗杆、大树、楼房的高度，道路、操场、园地、教室等的长度或面积。把测量计算的结果写在特制的标牌上，分别安插或悬挂在相应的地方。

这种做法对学生建立数量观念是很有益处的。如一条道路 50 米长，学生天天在这条路上走，长此以往，可以使他们对 50 米的长度有具体的观念。又如，教室面积大约是 50 平方米，操场面积大约是 1 000 平方米，这样使他们对面积的大小有具体的观念。

(2) 指导学生调查学校和班级中的一些数据。例如，各年级学生人数和男女生比例数、全校学生逐年的增长数、少先队员数、三好学生数、学生年龄、身高、体重等资料，将这些资料分别制成统计图表，布置在学校走廊的墙上。

(3) 在教室里布置数学角。可以指导高年级学生在教室里布置数学角，一般布置在教室后面的一角。内容有反映班级各种情况的统计图表，学生自制的数学教具，常用的计量和测量工具，数学游戏材料，从报纸上搜集的工农业生产数学资料以及学生优秀作业。数学角的资料和工具，由班级的数学兴趣小组负责保管。也可以在各科综合的知识角中，划出一定地方安排数学的内容。

7. **社会实践活动**

到工厂、企业、银行、社区或乡村去参观访问，了解产量增长的数据，平均日产量和平均亩产量的计算办法；到超市参观，了解营业员怎样使用计算工具，怎样计算；调查银行利率、税收税率等；统计校门口或十字路口车流量等；请科技人员介绍数学在实现科技化生产过程中的重要作用等。

8. **课外测量活动**

课外测量活动应该配合课堂教学进行，以小组为单位，在教师或家长带领下，有计划地组织学生在校内、社区、工厂、建筑工地等进行实地测量。

9. **课外制作**

根据课堂教学的进度安排，组织学生进行数字卡片、口算卡片、数位顺序表、年历、几何图形、游戏材料等数学学习教具、学具的制作。课外制作活动可根据具体情况安排，有的发动全班学生参加，有的只需要数学兴趣小组成员参加。

10. **编制“数学小辞典”**

中高年级学生每人可以备一本小笔记本，由教师指导他们在课外搜集有关数学方面的资料，然后把这些资料按照计算表、运算法则、常见计量单位、数学趣题等分门别类地记载在笔记本里。

学生从三年级就可以逐步搜集编写，日积月累，到小学毕业时，就能编成一本比较完整的“数学小辞典”了。

11. **数学竞赛**

这项课外活动可由学校或年级或班级组织，在学生自愿参与的基础上进行。此外，数学竞赛要形成稳定的活动时间，要有专门的老师负责组织与指导。

数学竞赛有单项竞赛，如速算比赛、智力竞赛、应用题比赛、测量比赛、步测目测比赛等；还有综合性竞赛，用以考查学生有关数学学科各方面的能力。

速算比赛的内容，在低年级主要是基本口算，可采用定时比赛的方式，如在规定的五分钟里做完多少题，看谁算得最快。在中高年级，可以要求学生利用各种运算定律和数学知识进行速算比赛。

测量比赛可以小组为单位进行，预先规定好测量的项目和要求，看哪一组测量时间短，误差小。要获得胜利，不但每个成员要有良好的测量和计算技能，还要求全组人员能够齐心协力密切配合。

目测、步测比赛是一种有实际意义的比赛。比赛可以在学校或公园里进行。目测的项目有旗杆、大树的高度、小河的宽度、小路的长度等；步测的内容有教室的面积、道路的长度、操场的面积、草坪的面积等。

12. 课外阅读

数学课外阅读能够丰富学生的知识面，加深学生对数学学科的认识，激发学生数学学习兴趣，培养学生自学能力。目前，适合小学生阅读的数学书籍已有不少。教师可以为学生推荐一些合适的数学课外阅读书籍，扩大学生课外数学书籍的阅读范围。如：数学科普读物、趣味数学、小学生数学家传等面向小学生的报纸杂志和学习用书。也可以采用同读一本书的形式，组织阅读分享交流会，让同学们在阅读后有一个充分发表自己观点的平台，以引导学生学会开展数学课外阅读。

13. 数学讲座

根据小学数学课本的内容，可以用讲座的形式介绍一些有关的数学知识。可以由本班数学教师承担，也可以邀请学生家长、本校教师、本地数学名师或校外相关研究人员等承担讲座任务。要强调数学讲座的趣味性，重点向学生介绍数学学科与生活知识、数学家故事、数学史等内容，以此拓宽学生的数学视野、发展数学思维。

14. 成果展览会

有单项的数学成果展览会，也有综合性的数学成果展览会；还可以结合节日活动或在学期结束前，举办各科成果展览会。数学方面作为一个部分，以班级为单位，也可以举办小型的数学成果展览会。

数学成果展览会的内容可以有：① 优秀数学作业；② 学习进步的学生作业；③ 自制数学教具、测量工具等优秀数学小制作；④ 数学竞赛获奖试卷；⑤ 优秀数学日记；⑥ 数学小创作；⑦ 数学小辞典；⑧ 其他优秀数学成果。

三、小学数学课外活动的组织策略

为保证小学数学课外活动的顺利开展，应做好课外活动的组织安排工作，将开展数学课外活动列入学校工作计划，学校领导要将其作为一项重要工作来做，数学教研组长和数学教师也应将其看作自己的一项常规工作，与数学课堂教学紧密联系，进行提前组织与策划。教师在组织数学课外活动时应注意以下几点：

（一）综合性和灵活性相结合

数学课外活动与数学课堂教学的最大区别就是前者以活动为载体，内容选材丰富、覆盖面广。因此，教师在实施数学课外活动过程中，应当注意把数学内容与学生的生活实践、社会生活联系起来，体现“学用相结合”的精神，组织形式多样、灵活生动的主题活动，让学生综合运用各种知识，从而帮助学生开阔思路，增强他们解决问题的综合能力。

如，在学习完一年级第一册第四单元“位置”后，可以布置学生回家和家长或者其他小伙伴一起玩“左手、右手”或“一切行动听指挥”的游戏，帮助学生在游戏中进一步认识前后、左右、上下等表示位置的方位词。这样灵活的综合性课外活动作业，学生参与的积极性非常高，同时，也让课后游戏活动成为课堂教学的延伸和扩展。

（二）趣味性和知识性相结合

苏霍姆林斯基说过：“教学和教育的艺术和技巧就在于发挥每个儿童的力量和可能性，使他们感到在脑力劳动中取得成功的喜悦。”因此，数学课外活动应具趣味性、知识性、实践性与教育性，不能为活动而活动。教师应让学生通过数学的课外活动，把数学课堂知识和生活实际结合起来，让每个学生都能参与到活动之中，并从中巩固课堂上的数学知识。教师要根据学生的心理和生理特征，注意数学活动的内容要从学生感兴趣的方面出发，活动形式要生动活泼，让他们在快乐中学习，学习中获得快乐，从而体验和享受到成功的喜悦，并产生浓厚的数学学习兴趣，进一步促进学生的全面发展。

（三）自主性和思考性相结合

数学课外活动比数学课堂更为宽松和开放，老师应当给予学生较大的自主权，鼓励他们最大限度地发挥主观能动性，让他们成为数学课外活动的小主人。当然，数学课外活动还必须重视内容的“思考性”。对数学来说，“问题”是数学教学的心脏，“方法”是数学教学的行为，而“思想”就是数学教学的灵魂。因此，要在学生的动手、动口、动脑的活动过程渗透数学思想和方法。由数学认识到具体实践应用，再通过实践活动进一步理解数学知识，数学课外活动把课堂教学中不容易教学的内容以活动的形式生动形象地展示出来，从而让学生学会自主发现、自主思索、自主联系。

（四）主体性与主导性相结合

学生是数学课外活动的主体，但也需要教师的组织与引导。

1. 精心设计，统筹安排，加强计划性

每学期要纵观全局，根据教学进度统筹安排，课内课外构成有机联系，精心制定数学课外活动计划。每次活动计划要列出活动目的、活动内容、活动时间、活动要求、活动成员、安全预案以及主要负责教师等。

数学课外活动计划制定后还需要老师认真实施。主要负责教师应当开阔视野，准备大量的活动素材，善于从日常生活中发现富有活动价值的数学问题，对课外活动的整体设计以及各环节要点做到心中有数，并在活动中进行细心指导，才能将课外活动开展得有声

有色。

2. **密切关注活动过程，做好引导工作**

为使数学课外活动开展得更加有效，负责教师必须发挥积极的引导作用，要密切关注学生在数学课外活动中表现出来的情感、态度与价值观，同时要充分调动学生的参与愿望，激发他们的数学学习积极性，教师鼓励学生大胆尝试、勇于创新，让学生在课外活动中认识自我，树立信心，积极主动地发展各种能力。

四、小学数学课外活动组织的注意事项

良好的数学课外活动能带给学生重要的数学思维方法，并培养学生从数与形的角度去观察事物的态度和意识，提升学生运用数学知识分析和解决数学实际问题的初步能力，发展学生创造性思维能力，有利于培养更多的数学爱好者，同时也给日常的数学课堂教学注入了生机。但在组织与实施时应注意以下几点：

（1）必须遵循小学生的身心发展特点，体现知识性和趣味性。既要与当前所学知识相衔接，又要体现出实践与综合运用的特点；要注重培养学生独立思考、刻苦钻研的精神，给学生智慧与美的启迪，塑造学生热爱科学、追求真理、锲而不舍的良好品质。

（2）要突出具体形象思维，以培养数学能力为主，促进具体形象思维向抽象逻辑思维过渡。要充分调动学生的积极性，激发他们的求知欲和创造性；在数学课堂知识学习的基础上，为发展学生的个性特长、兴趣爱好创设良好的条件。

（3）要适时适量地开展小学数学课外活动，不能增加学生负担。数学课外活动在教学对象、教材教法上，都要与常规的课堂教学有明显区别，决不能成为变相的加课时，也不能成为“补课”活动。课外活动规模以小型为主，不宜过大，活动次数也不宜过频，否则会过多耗费学生精力，反而达不到活动的主要目的。

实践与反思

实　践	反　思
1. 观察小学数学课外活动，说说怎样组织一次学生数学学习成果展示会？	1. 什么是小学数学课外活动？有什么意义？
2. 结合具体的案例，说说小学数学课外活动组织要注意什么？	2. 小学数学课外活动有哪几种基本形式？
3. 举例说明小学数学课外活动组织有哪些策略？	

第六章　小学数学教学实施

扫码查看
学习资源

知识导图

- 小学数学教学实施
  - 第一节　数学课堂教学语言
    - 1. 教学语言的内涵与特点
    - 2. 教学语言的类型与使用
    - 3. 教学语言的修炼
  - 第二节　数学教师的讲述与提问
    - 1. 小学数学教师的讲述
    - 2. 小学数学教师的提问
  - 第三节　数学课堂教学的预设与生成
    - 1. 教学预设
    - 2. 教学生成
    - 3. 教学预设与生成的关系
    - 4. 如何把握预设外生成
  - 第四节　小学数学的练习
    - 1. 练习设计的类型
    - 2. 练习设计的原则
    - 3. 练习设计的方法
    - 4. 练习设计的要求
    - 5. 练习设计的调控

学习目标

1. 了解并掌握好数学教学语言，能自觉开展教学语言的修炼；
2. 掌握好教师讲述与课堂提问的技巧；
3. 了解教学预设与生成的关系，学会正确处理预设外生成；
4. 了解并掌握小学数学练习的要求与设计方法。

案例再现

分数的初步认识

在“分数的初步认识”课堂上，C老师要求学生将一张长方形纸，先折一折，再把它的$\frac{1}{4}$涂上颜色。

有一个同学在涂完了一个$\frac{1}{4}$后，开始犹豫不决，于是问老师：“老师是涂多少啊？”C老师回答：“涂$\frac{1}{4}$。”于是，孩子又继续涂了。

这是为什么呢？因为学生认为：只要是表示$\frac{1}{4}$，都要涂色，于是涂了一个$\frac{1}{4}$又涂下一个$\frac{1}{4}$……

最后订正时，C老师很不高兴地说：“这种涂法不对。”学生并不认可，课后还在嘀咕：“我是涂的$\frac{1}{4}$啊，我把能找到的$\frac{1}{4}$都涂了颜色。”

思考

这位C老师如果能及时发现并处理好学生对审题的理解问题，强调涂色要求：只将其中的一个$\frac{1}{4}$涂上颜色，就能避免出现上面的情况，较好地保护学生学习数学的积极性。

教学实施就是将教学设计变为具体的教学行为。教学设计方案是静态的，教学实施过程是动态的。在实施过程中，要正确处理讲授与学生自主学习的关系，合理把握预设与生成的关系，实现教与学的统一。教学实施的水平决定教学设计的达成度。教学实施的达成度不仅和教学设计有关，还与教师的教学语言、提问与讲述、练习设计和课堂生成的正确处理有关。

第一节　数学课堂教学语言

学生对教师的认同感，最初往往是从教师语言的吸引力开始的。著名教育家苏霍姆林斯基指出：“教师的语言——是一种什么也代替不了的影响学生心灵的工具。”

一、数学教学语言的内涵与要求

教师语言是教师在教学过程中用来传授教学信息、为学生答疑解惑、进行组织教学和培育学生品德等完成教育教学工作所使用的工作用语。整个教学活动过程，教师语言是实现教育教学目标的重要依托，是师生情感交流的重要纽带。它主要指教师口语，即有声语言，还包括无声语言，即表情语和体态语。教学语言技能是小学教师必须掌握的一项基本教学技能。

数学课堂教学语言是指教师在课堂上开展数学教育教学活动这一特定环境中所使用的语言。它既具有自然语言和学科专业语言的双重性，又具有书面语言和口头语言的双重性；既受数学学科语言性质的制约，又受通俗化儿童语言的制约。因此，小学数学教师语言要做到数学专业语言与自然语言有机结合、书面表达与口头语言有机结合，才能获得最佳教学效果。结合小学数学的学科特点和小学生的心理特点及认知规律，小学数学教学语言必须符合以下基本要求。

（一）数学教学语言必须准确规范

数学语言是用来表达现实世界中数量关系和空间形式的特殊语言，它和日常语言有着广泛的联系，但又不同于日常语言。如数学概念、法则、规律都需要用准确严谨简练的教学语言表达使其符合本学科的科学性。因此数学教学语言的科学性、准确性是第一位的，这也是教师招聘面试或竞赛课一票否决制的关键因素。

小学数学教师的课堂语言必须科学准确、用语规范、语义确切、叙述严密，不能含混不清、模棱两可，要避免产生歧义和误解。在保证科学准确的基础上再力求精练，体现数学学科简约性的特点。

如小数的基本性质中“小数的末尾添上或者去掉零，小数的大小不变”，此处如果将“添上”和“去掉”改成“加上”或者“减去”就欠科学准确了。

又如：“增加到”和“增加了”虽然只有一字之差，但意思全然不同，“增加到”表示原数×10，而“增加了”则表示原数×(1+10)。“增加”与“扩大”的意义也不同；“轴对称”与“对称轴”所指各异；“两个数的倒数和”与“两数和的倒数”更不可混为一谈。

像“两个数的和”“两个数的积”“两个数相加”“两个数相乘”等，表述比较相似，但意义却各不相同。特别是“都是”“都不是”“不都是”“最少”“至少”，以及“且”与“或”等数学术语容易让学生混淆不清，更是需要教师在教学时准确规范使用，不能有语言表述的漏洞。教师教学语言的似是而非、含混不清都会造成学生的概念混淆。

小学数学中有些内容，由于受到学生所学知识的局限，不能按科学定义表述，教师在说明这些内容时，也必须注意表达准确，不能违背科学性，否则容易使学生产生疑问和误解。

如：关于整数，小学课本中这样表达：“自然数都是整数。”虽然不是整数的科学定义，但是不违背科学性；如果说成“整数就是自然数”就不正确了。

又如，在学习轴对称图形时，有教师说“长方形是轴对称图形，平行四边形不是轴对称图形”就不准确。因为有的平行四边形是轴对称图形（如长方形和菱形），有的不是轴对称图形。正确的说法应该是“有些平行四边形不是轴对称图形”。

（二）数学教学语言必须逻辑严谨

数学教师的课堂教学语言必须做到概念明确、判断恰当、推理合乎逻辑、论证有说服力。也就是要符合同一律、矛盾律、排中律和充足理由律。

例如，讲解轴对称图形，教师通过实物演示，告诉学生说："我们沿着这条直线将图形对折，两边的图形完全重合，我们就说这个图形是关于这条直线的轴对称图形。"

演示另一图形时说："我们沿着这条直线对折，两边的图形不能完全重合，所以它不是轴对称图形。"

显然，后一例的说法违反了充足理由律，出现了逻辑错误。只有当这个图形无论沿哪一条直线对折，两边都不能完全重合，才可以说"这个图形不是轴对称图形"。

又如，有教师指导学生在画图时说"这两条平行线画得不够平行""这个直角没画成90°"等，这些语言表述的逻辑都不够严谨，造成前后矛盾。

教师表达概念、法则、性质等时，一定要使用科学的数学术语，不能随意编造或使用土话、方言来表达。如，不能把"垂线"讲成"垂直向下的线"，不能把"平行线"说成"又平又直的线"等。还有老师喜欢说"12 是倍数""6 是因数""3/4 是倒数"等，这些语言的表述都是不严谨的。应该表述为"12 是 6 的倍数""6 是 12 的因数""3/4 是 4/3 的倒数"等。

教师语言还要把握好分寸，要减少盲目性，不要绝对化，要注意所表达的对象之间的关系应该是符合逻辑的、正确的。

如有教师说，"求一个数的倒数，就必须先把它化成分数，再交换分子分母的位置"等。这些说法既不符合逻辑，也会造成学生思维的错误定势。

（三）数学教学语言必须生动形象

数学概念一般比较抽象，教师的表述要以学生的可接受性为前提。在教学中，教师要处理好直观性与抽象性、通俗性与严谨性的关系，要根据学生的年龄和心理特点，运用生动、形象的语言深入浅出进行表述，以激发学生的学习兴趣，唤起学生的好奇心和想象力，从而架起感性认识和理性认识的桥梁，使抽象的知识形象化，枯燥的内容趣味化，深刻的道理通俗化，复杂的问题简洁化，以语言的魅力促进学生的积极思维。

首先，教师的口头语言与图像语言相结合，可以使学生通过听觉与视觉的综合运用，有效地接收信息。如教师在用数学语言介绍公因数、公倍数这些概念时，同时展示集合图，学生理解起来就比较容易。

其次，教师可以运用具体生动的事例来帮助学生理解抽象的知识。如学习"数对确定位置"时，教师可以利用学生下棋的经验进行教学，也可以通过回忆在影剧院寻找座位的情境进行对比深化。

再次，教师恰当地运用修辞方法和表情与手势，可以增强语言的形象性。

小学数学教学的目的不仅仅是传授数学知识和培养技能，更重要的是教会学生用数学的眼光看世界、用数学的思维思考世界、用数学的语言表达世界，最终发展学生智力，提升学生数学能力。因此数学教学语言还要具有启发性，通过富有启发的教学语言，有效激发学生的好奇心和求知欲，鼓励学生主动进行思考、开展探索或发现数学问题，以发展其数学思维，引导其主动地获取知识。

如在学习平行四边形面积时，教师设计这些问题供学生思考，可能会得到好的效果。

(1) 如果两个平行四边形等底等高，那么这两个平行四边形的面积具有什么关系？

(2) 等底等高的两个平行四边形,它们的面积一定会相等吗? 它们的周长一定相等吗?

(3) 如果两个平行四边形的面积相等,那么这两个平行四边形的底和高一定相等吗?

在小学数学教学中,教师一定要重视数学知识形成的思维过程,努力使自己的教学语言具有启发性,而不是简单地将知识结论直接告诉学生。

另外,数学教学语言必须简洁精炼。

简洁、精练是数学美的特征之一。如"+-×÷"四个简洁的数学符号就代表了四种不同的运算含义。

数学教师应用简洁精炼的数学语言表述数学对象或它们之间的数量关系。如:梯形的概念如果表述为"有一组对边平行的四边形"就不确切,会造成语言表述的漏洞;如果表述为"有一组对边平行,另一组对边不平行的四边形",虽然准确,却欠简练。当表述为"只有一组对边平行的四边形叫梯形"时才既准确,又简洁精炼。

二、数学教学语言的类型与使用

数学教学语言可以分为口头教学语言和身体态势语言。

(一) 口头教学语言

口头教学语言又叫教学自然语言,是指教师在课堂上为完成教学任务而使用的口头语言。一般要求小学数学教师能稳定清晰、轻松有序、富有童趣和准确细腻地表达,其口语的语调、频率、节奏等都要与特定情境及所教学生相适应,做到"声声人耳,句句达心"。需要教师在运用口头教学语言时注意控制好语音、语速、音量大小及语调。

语言以声音的形式传递和被感知,因此语音是语言的物质材料。对小学数学教师语音的基本要求是规范、清晰、标准,至少需要达到普通话二乙水平。

语速是指讲话的平均速度。语速过快或过慢都会影响学生的听课效果。小学数学课堂语言的语速以每分钟 200 字左右为宜,小学低年级数学课的语速还可以适当更慢一些。

音量指语言的音强,它由发声时的能量大小来决定。教学中,教师的音量要适宜,才能使学生听得真切、清楚。教师的音量过大,学生反而听不清楚,还容易造成听觉疲劳。有些教室回音较大的,还有可能会成为噪声,干扰学生思维。音量也不宜过小,初上讲台的新教师,往往习惯于小声说话,常常使坐得稍远的学生听不清楚。一般来说,课堂教学语言的音量可以按照这样的标准进行控制:最后一排学生能听清楚,第一排学生又不会感到震耳。

另外,教师语言的语调在教学过程中也发挥着重要作用。美国耶鲁大学的卡鲁博士经实验发现:用低沉、稳健的语调讲授,比用那种高亢、热情、煽动性的语调,更让学生记得牢。

(二) 身体态势语

教师的口头语言是数学教学表达的重要工具,但不是唯一的工具。教师身体态势语在教学中同样起着表达思想、交流情感的作用。它与教具一样，也是一种直观教学手段。用好身体态势语一方面可以辅助有声语言表达，增强表达效果；另一方面可以代替有声语言表达，弥补有声语言的不足。

教师身体态势语是通过身姿、手势、表情、目光等非语言因素传递信息的一种语言辅助形式。一般包括面部表情语、身体姿势语与手势语等。面部表情语指人的面部表情和目光等传递的信息；身体姿势语指人的躯干(包括颈、腕、臂、臀、腿部等)发出信息的姿态；手势语是指能够传情达意的手指、手掌和手臂的姿势和动作。

美国心理学家艾帕尔·梅拉别思在《怎样识别形体语言》一文中引用了以下公式："信息总效果＝7％的文字＋38％的音调＋55％的面部表情和动作。"由此可见，教师态势语会直接影响着教育教学效果，起着有声语言所不能代替的作用，是教师教学成功的必备素质。

教师身体态势语能生动、形象、鲜明地揭示概念的本质属性，描述抽象的数量关系的具体特征，能更好地吸引学生的注意力，提高学习兴趣。教师将抽象的数学概念与直观的态势语结合起来，能加深学生对新知的印象、理解与记忆。

在教学中，教师要做到姿态动作大方、潇洒、优美、得体，并与教学内容、口头教学语言、师生情感相互协调。简而言之，教师态势语要求准确与自然。

所谓准确，是指态势语的运用要适应课堂教学内容的需要，符合科学性与逻辑性的原则，切莫生搬硬套、哗众取宠。比如，有一位教师在讲解三角形的高时，将自己的身体比作三角形，头顶比作三角形的顶点，身高喻为三角形的高，而三角形具有三条高，显然，这种态势语所显示的信息是不准确的。

所谓自然，是指教师的手势、眼神、身姿要相互配合，运用自如。要克服诸如搓衣角、摸后脑以及眼看天花板等传递非正常信息的习惯动作，并在教学中注意态势语的设计与操练，使得整个动作连贯衔接轻松自然，使自己的教学形态具有动态的和谐美。

如：在"面积概念"的教学中，小学生对于课本中描述的"物体表面的大小叫作面积"这一定义难以理解。教师可采用如下手势语：举起手掌面，与课本面相叠合，边演示边质疑，是手掌面大，还是课本面大？通过教师态势语，巧妙地化抽象为具体，从而揭示了面积概念的本质属性："面积是一个量，可以比较大小"，而且进一步渗透了"全量大于部分"的面积公理。

三、小学数学教学语言的修炼

苏霍姆林斯基在谈到教师的教育素质时还曾说："教师的语言修养在极大程度上决定着学生在课堂上脑力劳动的效率。我们深信，高度的语言修养是合理利用教学时间的重要条件。"意思就是说，数学教师如果具有相对出色的语言能力，能有效提高课堂教学效率，并更能使学生感受到数学学习的乐趣！

教师的语言素养已成为判断教师教学水平高低的重要指标，也是教师最重要的专业能力之一，一般可以通过以下策略来修炼和优化自己的语言素养。

(一) 加强学习,丰富语言内涵

1. 夯实专业素养

作为一名小学数学教师,需认真学好数学学科专业知识,在自己专业的数学学科领域有比较深的造诣,不仅要保证自己在学科专业上不出现知识性的错误,并且能够对所学数学知识既知其然又知其所以然。同时对教育教学专业理论知识要进行深入学习与研究,能了解学生心理特点与学习特点,才能在教学中应对自如。只有熟读数学学科专业书籍与教育理论专业书籍,夯实专业素养,教师站在讲台前才能有底气,才会受学生欢迎。

2. 积淀人文底蕴

苏东坡曾说“腹有诗书气自华”。作为一名小学数学教师不仅要能讲一口流利的普通话,还应适当补充阅读人文素养类课程,弥补自身不足,打破学科壁垒,积淀人文底蕴。可以多涉猎政治历史、名人传记类的书籍,多阅读数学家和教育家的专著或传记、基础教育特级或名优教师的成长史、世界政治风云人物的故事等,以先圣前贤的精神来滋养自身的浩然之气,为自己确立高尚的人生追求。

3. 涵养生命灵气

习近平总书记曾强调:“追求真善美是文艺的永恒价值。艺术的最高境界就是让人动心,让人们的灵魂经受洗礼,让人们发现自然的美、生活的美、心灵的美。”艺术欣赏是人们对艺术美的发现,又是通过感受、体验、领悟、想象参与再创造的过程,它是人类精神生活的重要组成部分。小学数学教师需要打开窗子,看向外部世界,多方吸取营养,涵养自己生命的灵性。可通过对建筑、园林、绘画、书法、戏剧、电影和摄影作品等的欣赏,来提高自己的审美能力,提升自己的品位,同时让自己的教学语言充满着生命的灵性和灵气。

(二) 反思修正,形成个性风格

1. 学习模仿

学习从模仿开始。对于初学者或新老师,可以先多观摩优秀同行的课堂教学或观看名师视频,学习模仿其良好的语言表达方式。同时多观察在不同表达方式下的学生表现并适时修正调整自己的语言表达。再次,请教有经验的同行或专家,多邀请其进入自己的课堂听课,并虚心接受意见。

2. 自我观察

教师可将自己的课堂教学视频录制好并回看。通过观看自己的录像,以旁观者的身份审视自己,观察自己在教学中的口头教学语言和表情语、体态语,发现自己的优势和缺陷,并在以后的教学中不断修正自己的言行。

3. 对“镜”修正

对于初学者或新老师,还可以经常对着镜子试讲,观察自我表情语和体态语,自我修正;也可以找演讲专家、优秀同行作为“镜子”,进行观察对比,不断修正。

修正表情语。眼睛是心灵的窗户。教师的目光语言在课堂上所起的作用是首位的,因此要学会用眼睛“说话”。教师脸上应洋溢着发自内心的微笑，目光应该炯炯有神又温和可亲地流转到每个学生身上。教师要学会用自己的表情来正确地传情达意，做到润物于无声之处。如对于学生良好表现发出的笑声应该爽朗而不放纵，面对学生犯错时的表情应该严肃而不凶狠，要使学生感到安全与和悦、爱心与关切。

修正体态语。教师要避免一些负面的体态语，如搔首弄姿、抠鼻挖耳、抖动腿部或用“一指禅”直指学生的面部等，这些容易引起学生对教师人格的反感。

在体态语的动态表达中，男老师在教室里的手臂伸展幅度、身体移动范围可以大一些，显得自信坦诚，轻松潇洒；女老师的动作幅度要有所节制，显得亲切自然，优雅大方。

这种照“镜子”方式的自我观察与修正，不仅能较快地提升自己的语言素养，还能有利于自身专业成长。

实践与反思

实　践	反　思
1. 观察小学数学课堂或案例视频，说说小学数学教师语言有什么特点？	1. 什么是数学教学语言？有什么功能？
2. 结合案例说明小学数学教师的教学语言有哪些基本要求？	
3. 结合自身实际，说说应如何修炼好自己的教学语言？	2. 数学教学语言可以分为哪两类？如何使用？

第二节　数学教师的讲述与提问

小学数学课堂中，教师讲述与提问是教学活动的常见形式。教师的讲述与提问水平很大程度上影响教师课堂教学实施的效果。

一、讲述

讲述又称讲解，是实施讲解法的基础，是指教师运用简明、生动的语言，叙述、解释、描绘教学内容的一种方式。它是用语言传播知识的一种教学方式，是最古老的教学方法，也是古今中外教学活动中最基本、最传统的教学方法，也是教师最基本的一种技能，要贯彻“少而精”和启发式原则。

（一）讲述的特点与功能

1. 省力、省时、省钱

夸美纽斯曾说过："教师的嘴就是一个源泉，从那里发出知识的溪流。"教师通过语言讲述，向学生传授知识，帮助学生形成并掌握概念、原理、规则、法则。在师生的信息传输中，口语是教师运用的主要媒体，使用方便，省力、省时、省钱，因此即使在现代教育技术高度发达的今天，讲述法仍是小学数学教学活动中重要的教学方式。

2. 提供示范，利于形成完整系统的知识结构

在讲述过程中，教师通过分析、归纳、推理等一系列思维活动，揭示知识的内在联系、形成过程，为学生提供科学思维方法的示范。小学生可以通过模仿教师的讲述，逐步学会思维的方法，提高分析问题、解决问题的能力。教师完整、系统的讲述，不仅能向学生传授知识，还能使学生充分了解知识的内在联系，进而形成完整系统的知识结构。

3. 单向传输，容易出现"满堂灌"

教师讲述虽然具有经济高效的优势，但由于是教师向学生进行讲述，信息传输具有单向性。如果教师过度使用或使用不当，学生很容易处于被动地位，教学中就会出现"满堂灌"的现象，而且也不容易面向全体学生。

因此，在小学数学教学中，讲述一般要与提问、演示、板书等其他形式紧密结合，交互使用，以便达到更好的教学效果。

（二）讲述的分类

教师系统的讲述，使学生既获得系统的数学知识，又学到分析推理的方法。根据讲述在教学中的具体作用，一般分为说明性讲述、推理性讲述、释疑性讲述这三类。它们有许多共同点，但又各有特点、各有不同的适用范围。

1. 说明性讲述

说明性讲述是指用简洁、明了的语言来说明与解释事物的特征、功用或操作过程。它不需要运用生动形象的形容词，也不需要带有丰富的感情色彩，只需要进行客观表述。一般又分为概念的说明性讲述和操作的说明性讲述。

（1）概念的说明性讲述

数学概念是抽象的、严格的、系统的。针对小学生的学习特点，小学数学教材的概念有些是借助图画来揭示其本质属性，有些则是用语言来直接描述或借助小学生常见的事例来说明的。

如："加减法的意义"一课中，教师在学生解决"西宁到拉萨的铁路长多少千米"的实际问题后，说明：像这样把两个数合并成一个数的运算，叫作加法。在学生解决"西宁到格尔木的铁路长多少千米"和"格尔木到拉萨的铁路长多少千米"的问题后，说明：已知两个加数的和与其中的一个加数，求另一个加数的运算，叫作减法。通过教师讲述，让学生知道"什么是……"，明确概念的本质属性，这种讲述叫作概念的说明性讲述。

（2）操作的说明性讲述

在小学数学学习中，教师经常要向学生讲述说明操作的过程或步骤，如笔算列竖式的步骤、画图的步骤、摆图形的过程等。通过教师讲述让学生明确应该“怎样做”。这种说明简单操作过程或步骤的讲述，就叫作操作的说明性讲述。

这种讲述的特点是教师根据具体操作的范例进行讲述说明，并在学生实际操作的基础上对操作步骤进行归纳与强化，明确第一步做什么、第二步做什么、第三步……，有时还要编成口诀，便于学生记忆与理解。

如：在“角的度量”一课的教学中，教师通过讲述配合实际操作演示，逐步使学生明确量角的步骤：第一步，用量角器的中心对准角的顶点；第二步，用量角器的一边零刻度线对准角的一条边；第三步，再看角的另一条边和量角器上哪一条刻度线重合。然后告诉学生：这个刻度数就是角的度数，但要从重合的零刻度线那边开始看起。接着让学生模拟操作，经过多次练习以熟悉量角的步骤，并引导学生编成口诀“点对点，线对边，再看另一边。左起看外圈，右起看内圈”，使学生对量角的步骤形成清晰的记忆，确保在今后量角时步骤明确、不出问题。

2. 推理性讲述

这类讲述是教师通过对一系列推理活动的阐述，使学生逐渐形成概念、法则、公式等新知识，同时在知识形成、领会过程中逐渐学会推理方法。因而教师的讲述不仅要向学生揭示知识的形成过程、内在联系，而且通过教师的推理活动给学生提供模仿的范例，以培养学生的逻辑思维能力。

小学数学教学中常用的推理性讲述一般包含归纳性讲述、演绎性讲述和类比性讲述三种。

（1）归纳性讲述

由于小学生的认识水平有限，有许多严格论证他们无法接受与理解。因此，小学数学教学中法则、定理、公式等的获得大部分是使用不完全归纳法，但其结论都是经过严格论证的、正确的。教师在讲述这些法则、定理、公式和解答问题时经常用到归纳推理，我们把这种讲述称为归纳性讲述。

在运用归纳性讲述时，教师所举的实例必须是小学生熟悉的，所涉及的知识与技能也必须是他们已经牢固掌握的。只有这样，才能便于学生理解、接受，引导他们顺利完成归纳，进而获得知识，学会方法。

（2）演绎性讲述

教师在讲述时用学生已学过的定义、法则、定理、性质、公式等去解决新的问题时都会用到演绎推理，我们把这种讲述称为演绎性讲述。演绎推理是严谨的。教师在运用演绎性讲述时，语言要准确、简洁，应注意示范性，尽可能引导学生使用“因为……，所以……”“如果……，那么……”等逻辑语言来推理并回答问题。这样不仅有利于学生理解知识，而且有利于培养学生的逻辑思维能力。

归纳推理和演绎推理的关系是很密切的，两者经常交互使用。因此，在进行演绎性讲述时，常用到归纳性讲述；在进行归纳性讲述时，也会用到演绎性讲述。

（3）类比性讲述

类比推理是根据两类事物的某些属性相同，推测它们的另外一些属性也可能相同的思维方式，它是小学数学学习中经常要用到的一种思维方式。教师运用类比推理进行讲述，引导学生学习法则、公式、规律等数学知识，这种讲述称为类比性讲述。

如教师由除法商不变规律与分数基本性质类比推理出比的基本性质：比的前项和后项同时乘或除以同一个不为零的数，比值不变。像这样的类比性讲述在小学数学教学中应用比较广泛。教师在运用类比性讲述时可以引导学生根据已有的知识去推测新问题、获得新知识，同时也能较好地培养学生的类比推理能力，这对学生后继的数学与发展是十分必要的。

教师在运用推理性讲述时，既要注意讲述时所用的语言通俗易懂，便于小学生接受和理解，又要注意逻辑的严密性，决不能出现科学性错误。教师在讲述时还要突出重点，对学生易错、易混的知识点，要适当提问，一方面可以加强反馈，及时矫正；另一方面可以提醒学生注意，防止出现“夹生饭”。

3. 释疑性讲述

在解决问题的学习中，往往是教师首先提出问题，通过问题的逐步分析，找出解决问题的方案与设想，最后解决问题。教师的这种讲述叫作释疑性讲述。它是一种高层次的讲述，是前面两类讲述的综合应用，也是教师讲述与提问、演示、练习、板书等技能的融会贯通。

教师在运用释疑性讲述时，既要合理组织好讲述材料，启发学生积极思维，又要通过自己的讲述给学生树立正确运用逻辑思维和数学方法的典范，为他们提供模仿的依据，使学生不仅学会知识，还要学会逻辑思维的一般方法、一些基本的数学思想和数学方法。

（三）讲述的实施要点与注意事项

教师在讲述之前需要有周密的计划和详尽的安排，要明确讲述的内容顺序，选取恰当的例证，考虑环节的前后衔接与层次结构，同时还要掌握一定的实施技巧，以确保讲述的效果。在实施讲述时应做到以下几点：

1. 要从学生的实际出发进行讲述

小学生掌握数学知识和发展数学能力，需要经历一个从具体到抽象、从感性到理性和反复实践、逐步理解的过程。因此，教师要充分了解学生，从学生的实际出发，找准学生的最近发展区，在学生原有认知和生活经验的基础上，选择合适的例证进行讲述。要把直观、具体的现象和事件，通过分析综合、抽象和概括的方式讲述出来。

（1）例证要具有可接受性。要符合学生的认知水平和生活实际，能够较好地激发学生已有知识回忆或生活经验。

（2）例证要具有典型性。要运用新材料、选择新角度，能鲜明体现时代的特征；要能鲜明体现概念的本质属性或原理、规律、方法等内在规律。

（3）例证要具有系统性。要明确所选例证与新旧知识的联系，以及其在数学知识系统中的地位和作用。

（4）例证要具有可变性。要通过讲述例证的适当变式，为学生树立解决数学问题的典范，使学生对新知识形成清晰的网络，进而完善知识结构。

2. 要讲清基本概念和规则

概念和规则是小学生学习数学知识的重要组成部分。小学生只有理解并掌握了一定的概念和规则，才能正确进行判断和推理。

教师讲述概念时，不仅要从具体到抽象，从个别到一般，讲清它的本质属性，还要讲清它与其他有关概念的联系与区别。如体积的学习，教师既要讲述清楚体积的意义和测量方法，同时还要与面积、周长等概念进行比较。

教师在讲述规则时，不仅要介绍规则的具体内容，还要帮助学生了解清楚该规则是怎样推导和总结出来的，使学生知其然，也知其所以然，才能进行熟练地操作和运用。如平行四边形的面积计算公式等，教师既要讲述清楚平行四边形的面积＝底×高，还要明确这一计算公式是将平行四边形转化为面积不变的长方形，再根据长方形面积公式推算出来的。同时还要将平行四边形面积计算公式和长方形面积计算公式进行比较，帮助学生进一步深化理解该公式。

为了使学生理解和掌握基本概念和规则，教师在讲述时可运用语言的变化、适当的重复或板书、提问、练习、归纳、总结等方法对知识的重点进行强调。

3. 要把握好讲述的时机

孔子说，“不愤不启，不悱不发”。就是说教师讲述时要把握好时机，适时而讲，要在学生“心求通而未得，口欲言而不能”时讲述，要“想学生之所想，言学生所未能言”。教师可以在“情境导入、激发兴趣”时讲述，可以在“学生讨论、争执不下”时讲述，也可以在“总结提炼、归纳概括”时讲述，还可以在“故事介绍、了解史料”时讲述。

讲述的时间要适当，不宜过长，否则容易使学生疲劳，注意力分散，降低讲述的效果。小学低年级一般控制在 5 分钟左右；中高年级可以适当长一些，但也不要超过 15 分钟。

教师的讲述不仅要使学生学会，还要使学生会学，要注重学习方法的指导，注重启发学生积极思维，要引导学生独立思考，发现和提出问题，分析和解决问题。

4. 要注意和其他技能密切配合

实践证明，教师在讲述时，必须和其他技能密切配合，生动活泼、方式多样、富于情感的讲述，才能使学生产生共鸣，才能提高讲述效率。

教师应根据教学内容、学生实际和课堂教学需要，审时度势地选择边讲述边板书，边讲述边提问，边讲述边演示，边讲述边实验，边讲述边练习等多种方式。这样做，一是可以提高学生的学习兴趣；二是能使讲述具有综合性与协同性，促进学生多种感官同时参加学习，提高学习效率。

教师边讲述边提问，可以加强师生、生生之间的互动反馈，不仅可以集中学生注意力，还能更好地了解学生的学习状况，及时调整讲述内容和讲述策略，并通过反馈强调知识重点，以保证学生对知识的理解，提高讲述效率。

教师讲述还应和教师体态语言紧密结合。通过对学生的目光、表情、动作的观察获取反馈信息;通过声调、速度的变化吸引学生注意,进行强调;通过手势、微笑等对学生的学习行为给予鼓励和肯定,以激发学生的学习热情,调动学生的思维,培养学生思维的灵活性,使学生“愿意学,学得会”。

二、提问

提问是实施谈话法的基础,是指在课堂教学过程中,教师根据一定的教学目标要求,针对教学内容、教学重难点以及学生实际,设置一系列问题情境,要求学生思考并回答,促进学生积极思维、提高教学质量的一种教学手段。

(一) 提问的特点与功能

1. 有鲜明的针对性和明确的目的性

提问不能信手拈来,随意发挥,要围绕着教学要求展开,为学生理解和运用知识服务。因此,课堂提问有鲜明的针对性和明确的目的性,给学生以明确的方向指引,让学生更好地参与学习活动。

2. 能提高学生注意力,启发学生思维

课堂提问是教学活动的常见形式,也是教师提高学生注意力、开启学生心智、促进学生思维、增强学生主动参与意识的基本控制手段。

由于小学生注意力不能长时间集中,课堂上教师总是单向讲述或演示,就会出现学生注意力涣散或课堂秩序混乱等现象。如果教师通过一个个由浅入深、循序渐进的问题,就能较好地吸引学生注意力,引发学生思考,牢牢抓住学生思维,促进学生数学思维能力的发展,开启学生智慧之门;或者教师边做实验边提问、学生边观察边思考边回答,能较好地培养学生观察能力、想象能力和语言表达能力。

3. 进行课堂有效反馈和促进师生交流

课堂提问是实现教学反馈的最有效方式,也是实现师生之间互动交流和沟通理解的重要手段。

课堂提问能架起师生双向互动的桥梁,能让师生之间较好地进行信息与情感的相互沟通和交流,形成良好的师生关系。教师通过课堂提问所获得的反馈信息,比其他方式获得反馈信息更准确具体,且更简洁及时。教师可以根据反馈信息及时调控教学节奏与程序、采取恰当的教学策略;学生可以根据反馈信息调整学习方法、改进学习态度与习惯。

(二) 提问的分类

课堂提问是传授知识的必要手段,是训练学生思维、培养学生独立人格和创新精神的重要途径。它可以提高学生的注意力,启发学生积极思维,有助于反馈教学信息,了解和掌握学生的学习情况,发现问题及时纠正。教师提问一般分为以下六种类型。

1. 判断性提问

这类提问的目的是判断解题过程、方法和结论的正确性,或者是引导学生思考解题过程、方法或结论的合理性。常用的语句有“对不对”“是不是”等,多见于师生解题的过程中或结束后。学生只需回答“是”“否”或“对”“错”就行，对思维程度的要求很低。因此，这类提问的后面应紧跟“为什么”或“怎么想的”等一些引导学生说理或思考的提问。

2. **视读性提问**

这类提问的目的是引导学生在题目中找到一些相关信息，便于从这些信息入手加以思考。常用的语句有“是什么”“怎么样”等，多见于一道题目展现在学生视觉之中后。学生需要集中注意力视读题目，从众多信息中辨认出某些相关信息并作答，对思维程度的要求也相对较低。这类提问能调节学生学习的心理状态，但还需多增加一些思考成分。

3. **复述性提问**

这类提问的目的在于考查其对此知识点的掌握程度如何。常用的语句有“是什么”“怎么样”等，多见于学生在学完某个知识点之后，或者是某个自学阶段完成之后而学生讨论思考前加以提问，以便引起讨论和探索。学生需要将由视觉或听觉进入记忆系统的信息较快地再现出来。这类提问能较好地提高学生记忆力，但对思维程度的要求同样相对较低，需要和能引发学生思考或讨论的问题结合使用，以增加问题的思考性。

4. **泛化性提问**

这类提问的目的是引导学生发现知识的某些本质特征，在探究和比较中抓住知识的本质，从而加深对相关知识的理解。常用的语句有“发现了什么”“有什么相同(不同)之处”等，多见于在例题出示后，有时也出现在几个相关或相近知识比较认识的过程中。学生需要观察、对比、分析、思考后进行作答，对思维程度有一定的要求。

这类提问如果问题指向不明确、不具体或范围过大，则难以引导学生快速抓住本质特征。如果教师在学生因问题目标不明确而茫然时匆忙进行讲述或开展讨论，则不仅不利于思考，反而使学生难以掌握知识本身。因此，需要将问题设计得更加明确、具体，实实在在引导学生进行思考。

5. **叙理性提问**

这类提问的目的在于引导学生叙述算理或解题思路，以加深理解或便于教师发现学生错误所在。常用的语句有“为什么”“怎么想”等，多见于学生解决完某个问题或完成某个任务后。学生需要运用“因为……，所以……”等句式进行完整叙述，能较好地培养学生初步逻辑思维能力，加深学生对知识的理解，让学生不仅知其然，还能知其所以然。这类提问对思维程度的要求比较高，需要根据学生年龄特点适当调节，对于思维水平较低的学生要进行适时的启发、纠正、点拨、研讨等，逐步提高学生逻辑思维能力。

6. **创造性提问**

这类提问的目的是引导学生多角度思考，从而能创造性地提出见解。常用的语句有“还可以怎么做”“还可以怎么想”“谁有不一样的想法”等，多见于学生在完成某个问题的解答或某个式子的计算后。学生需要具有一定的基础知识和基本能力，还需要进行充分自主的思考或讨论才能提出具有独创性的见解，对思维程度的要求最高。这类提问能较好地培养学生思维的发散性和创造性，需要从低年级学生的算法多样化开始，进行逐步渗透，有计划地增加问题的难度与坡度。

提问要问在学生理解教材内容的关键处，问在新旧知识的衔接处，问在解决问题的支撑点上，要能启发学生思维，疏通学生思路，引起学生丰富的联想、猜想，培养学生的数学思维，从而提高课堂教学效率。

（三）提问的实施要点与注意事项

善教者必善问。课堂提问，对于教师来说是激活学生思维的有效方法，而对于学生来说，这是驱动思维、蓄积而发的内在表现。课堂提问有助于教师了解和掌握学生的学习情况；引导学生反思，发现问题及时纠正；启发学生积极思维，促进互动交流；较好地培养学生的语言表达能力和观察、分析、推理等数学思维能力。课堂提问一般要做到以下几点：

1. 提问要科学合理，体现层次性

教师在课堂上每个问题都必须有明确的目标和完善的设计，要把握所教内容的数学内涵，要紧紧围绕教学目标恰当设计问题，确保所提问题的科学性与合理性。这就要求教师在进行教学设计时提前规划好课堂上所提的问题，要弄清楚所教知识的本质特征，把握好知识的来龙去脉、前后联系等因素，寻求其最自然的学习之道，不要用不符合认知规律甚至不太科学的问题去为难学生。

《学记》载“善问者如攻坚木，先其易者，后其节目”。教师要遵循学生认识事物的规律，由易到难，从简单到复杂，从单一封闭问题到多元开放问题，循序渐进，逐步提升，充分引导学生主动探究，激发学生思维。

由于不同学生存在的差异，提出的问题也应该有层次性，使不同的学生在回答问题中获得最优发展。对于那些具有一定深度和难度或学生难以理解和领悟的教学内容，教师可以采用化整为零、化难为易的办法。把那些太复杂的问题设计成一组有层次、有梯度的问题，以降低问题难度。要由直观表象到具体形象，由形象识记到抽象识记，由机械记忆到理解记忆。同时，应注意各问题之间的衔接和过渡，既要给学生指出思维的方向，又不能过多限制学生思维，要引导学生深入思考，鼓励学生充分发表自己的看法。

2. 要符合学生的认知水平，面向多数学生

学生是带着全部的丰富性进入课堂的，这不仅仅包括学生已有的知识，还包括学生的经验、学生的困惑、学生的情感等。教师需要进行适当的课前调研，了解学习起点，诊断学生学习上的疑点、难点和薄弱点，根据学情设计问题。提问要根据儿童的认识规律，要符合学生的认知水平，尽量做到从特殊到一般，从具体到抽象。这样才更容易被学生所理解，进而做出回答。

课堂教学的对象是全体学生。教师设计的问题要顾及大多数学生的认知水平和智力结构，使问题符合学生的“最近发展区”，尽量使得人人都有机会回答，为学生提供参与学习活动的机会，唤起学生学习的主动性和积极性，点燃学生创造性思维的火花，培养其创造性思维能力。

课堂提问要适度适时，既不可太多，也不应太少，要把握好提问的时机，使提问发挥最好的效果。

3. 要及时有效地反馈

教师要对学生的回答做出及时评价，恰当有效的反馈评价也是影响学生学习兴趣，提高学习效果的重要因素。提问的反馈评价是不可预设的，需要教师的随机应变，这也是教师教学机智的重要体现。一般采取以下方法：

（1）延迟评价，适时等待。学生在起立回答时呈现一时语塞或答偏、答错时，教师不要过早地、轻率地打断学生的发言和回答，要让他们回答充分，清楚而完整地表达出自己的所思所想，要尊重他们的自我感受和独特见解。教师可耐心倾听、适时等待或相机点拨，才会收到好的效果。

（2）仔细倾听，顺延调整。当学生总是回答不对时，教师需要仔细倾听和理解学生的想法，看能否从学生错误或不着边际的回答中，寻找思维中的合理成分，顺着学生的思维改变提问的方式或调整自己的问题，使教师和学生的想法趋近，从而实现和谐互动。

（3）变换问题，启发思考。当学生对问题感到费解或回答不理想时，教师还可以采取转问、探问及再组织的方式继续提问。转问是就同一个问题向另一学生发问。探问是对同一学生继续发问。再组织是教师对学生的回答重新组织概括，给学生一个明确清晰完整的答案。教师应根据学生实际情况，改变问题的形式和提法，使学生容易接受和理解，启发其深入思考。

（4）发现错误，借题发挥。对回答不完全正确的学生，教师应肯定其正确的部分，并提供线索继续探问使其完善；对回答错误的学生，教师要帮助其分析原因。学生有时会提出古怪的问题与回答，这可能是一种宝贵的教学资源。教师要抓住机会，或找出其错误思路，引起大家的重视；或借题发挥，抓住其思维的闪光点，正确引导和解答。

（5）捕捉亮点，智慧共享。对学生的回答中一些标新立异的观点，教师不要轻易否定，应尽量捕捉其亮点，给予鼓励性的评价；对学生回答问题时展示的新颖思路和别致想法，教师更应充分肯定，不失时机地进行拓展推广，促进智慧共享，提升学生数学思维能力。

4. 要培养学生的问题意识

提问是双向和多向的，可以是教师问学生，也可以是学生问教师，还可以是学生问学生。回答问题固然是一种能力，但善于发现问题并提出问题也是一种能力。

培养学生的问题意识是培养学生创新意识的基础。有问题才会有学习，越会学习的学生越会提出问题。学生的思维过程往往是从问题开始的。有了问题，思维才有方向；有了问题，思维才有动力；有了问题，思维才有创新。教师要把课堂的主动权还给学生，鼓励学生提问并恰当指导学生学会提问，才能使学生形成问题意识。

（1）创设情境，让学生敢于问

要根据小学生好奇心强的心理特点，有目的地创设"问"的情境，激发学生主动发现问题、提出问题。如：在教学减法时，创设购物情境，出示各种商品的价钱，让学生思考可以提出哪些问题。教学中，教师还可以运用猜谜语、讲故事、比赛、游戏等方式，把抽象的数学知识与生动的实物内容联系起来，激发学生心理上的疑问。也可以利用现代信息技术创设问题情境，充分展示知识的形成过程，让学生在探究中提出问题。

（2）积极评价，让学生乐于问

小学生年龄小，经验少，有时提出的问题比较简单，甚至根本没有什么意义，即使这样，教师也应该注意保护学生“问”的积极性，根据情况作出积极的评价。同时，抓住时机进行引导。教学生如何分析数量关系，怎样问才有意义。尤其对学困生，更不能责备和讥笑。只要他们提出问题，就要给予充分的表扬和鼓励，让学生感受提出问题和解决问题的成功，体验思考的快乐，使学生把发现问题、提出问题和解决问题变成一种习惯、一种素养。

（3）适时点拨，让学生善于问

善问是学生具备提问能力的重要标志。学生的自然发问通常源自个人的好奇，但会提出有价值的问题却需要“训练有素”。“授之以鱼，不如授之以渔”。教师要对学生进行针对性的辅导，教给学生发现问题的方法，学生才能学会提问。比如：如何观察，如何将收集到的信息分类，如何找数量关系等。教师可通过示范提问或者让学生在交流中体会提问的切入点，到高年级还可学习在新旧知识的“结合点”处发问，在概念生疏、认识模糊处发问，使学生掌握发现问题并提出问题的方法。比如，在教学“分数乘整数”时，教师可这样为学生示范提问：例题有什么特征？算式表示什么意义？计算时为什么要用分子和整数相乘的积作分子，分母不变？教师要鼓励学生清楚明白地表述问题，提出具有独创性的问题，推敲提炼问题。长此以往，学生就会感到学习中处处有问题，提出问题的能力就会得到提高。

培养学生提出数学问题的意识和能力需要一个过程。教师应把提问机会还给学生，要根据教学内容和学生实际进行合理安排，重视让学生去经历提出问题的过程，让学生积累“提出问题”的“量”，学生的提问能力就会产生质的飞跃。教师还应为学生的提问创设一个平等、民主、和谐的教学氛围，消除学生紧张的心理，使学生长期处于一种宽松的心理环境，自然而然地进入学习的最佳状态，勤于思维，敢于提问。

总之，教师讲述与提问水平的高低，不仅仅是语言功底和口才问题，更体现教师的专业素养、文化修养和教育思想等。因此，教师要加强学习，具备扎实的数学功底、良好的语言素养和正确的教学理念，才能有效提高课堂讲述与提问的水平。

实践与反思

实　践	反　思
1. 选取你最感兴趣的一个小学数学课题，设计一组课堂提问的问题。	1. 教师讲述有哪些特点与功能？具体分为哪几类？
2. 结合具体案例，说说教师应怎么进行课堂讲述？	
3. 结合案例，说明教师课堂提问的实施要点与注意事项。	2. 教师课堂提问的分类分为哪几类？如何培养学生的问题意识？

第三节　数学课堂教学的预设与生成

在课堂上，由于小学生个体的多样性，他们的感悟是多元的，声音是多样的，视角是多维的，哪怕老师预设再充分，也会发生意外的情况。这一节，我们一起来研究小学数学课堂教学的预设与生成。

一、教学预设

教学预设就是教师在课前对教学目标、过程、方法的清晰理性的思考和安排。它是教师的教学先导活动，常常体现在备课的教案中，由教师按教学规律来完成。

预设解决的是教学的目的性和程序性问题。它主要思考三个问题：目标、起点、过程。三者相互联系，相辅相成。一次完整的课堂学习可以描述为学生从自己的认知起点，到达成课堂学习目标之间的认知发展过程。也就是说，教师在上课之前要思考：学生原有学习基础怎么样？他们的认知起点在哪？课堂学习目标是什么？从起点到目标应采取哪些教学方法？选择哪些学习内容或活动形式？学生在学习过程中可能会出现什么表现或反应？可能会遇到哪些困难？等等。这些都需要教师进行预先的估设和通盘的考虑。

有了课前充分的预设，才能较好地保障学生有效完成学习过程，达成既定教学目标。往往教学预设越充分，教学目标的达成度越高。

二、教学生成

生成是指从已有的事物中生长出新事物的现象，教学生成是指在教学活动中，学生表现出的教学反应，产生的思想认识和学习行为。这种反应和认识、行为是动态的，是根据学生个体不同而变化的，具有个性特点。也就是说，教学过程存在着变化，一个有生命力的课堂总会在动态中有所生成。而这种生成，常常是我们意想不到的，常常是一种对原有认识的超越，也常常是师生积极互动、交流与相互作用的结果。它主要由学生的认知发展特点和教学活动所决定。

教学生成一般分成两类：一类是教师在教学设计时已经预料到的情况，叫作预设内生成；另一类是教师在教学设计时未能预料到的情况，叫作预设外生成。

新课程标准下的课堂是生成的。因为学生都是带着个人的生活经验、学习体验走进我们的课堂的，他们的背景决定了他们肯定会有一些灵动的智慧火花在课堂中闪现。因此，教学生成具有过程性、超越性和互动性三大基本特性。

1. 过程性

教学过程往往是动态变化的。它主要源于问题的开放性，学生思维的发散性以及学生的认知错误等。因为教师的预设纵使再精彩和完善，但在实际教学中，学生的个性差异、教学过程中的偶然事件，乃至失误或灵机一动等，都会给教学带来变化。

2. 互动性

课堂是师生之间、生生之间互动的过程。不同个体经历与发展水平的差异、教学中的师生与生生之间的沟通交流，都会为课堂教学带来新的可能。教学生成往往是师生积极互动的结果，需要师与生、生与生、学生与教材的互动交流与相互作用。

3. 超越性

在富有变化的课堂情境中，学生生成出来的思想或行为可能是教师始料未及或超出经验的，甚至可能是一种偏离，但这种偏离正是学生个人知识和经验的外显，应受到关注和尊重。学生提出的一些新想法往往是对原认知的一种超越，也往往更有价值。

三、教学预设与生成的关系

教学活动的目的性决定了教学预设的必要性，教学活动的动态性决定了教学生成的必然性。

教学预设体现教学的计划性和封闭性，教学生成体现教学的动态性和开放性。教学预设重视的是显性的、结果性的、共性的目标；教学生成关注隐性的、过程性的、个性化的目标。预设与生成并不是非此即彼的关系，而是一个有机的整体，两者相辅相成，预设是生成的前提，生成是对预设的补充和超越。两者互补。

不重视预设的教学如无的放矢，会出现课堂无序和混乱，且难以实现教学目标；但是恪守原有教学设计一成不变，忽视课堂现实的动态变化，忽视教学情境与教学行为的互动，课堂俨然就会成为一条高速运行的工厂自动化“流水线”，同样会阻碍学生的认知发展。因此，在小学数学教学中，教师应从学生已有的知识、经验、情感、兴趣和需要出发，要善于倾听，用心收集、捕捉和筛选课堂上学生反馈出来的课程资源，抓住突发的课堂问题，珍视课堂生成，灵活地处理，或适时引导或调整方案或及时收放，拓展学生思维空间，使课堂教学由“执行教案”走向师生“互动生成”，真正做到以学生为主体，实现“教为学服务”，使教学更加有效地进行。

四、如何把握预设外生成

学生在课堂上所表现出来的鲜活“学情”，就是教学生成。它是最重要的教学资源。教师在课堂上必须及时关注每位学生，发现和找准他们在学习过程中的疑问点及时引导，机敏地去把握学生即时学习情绪和认知需要，灵活地组织教学环节。

（一）预设外生成的处理原则

面对课堂教学过程中的预设外“生成”或偶发事件，教师需要针对预设外“生成”或偶发事件的特点，临场创造性地发挥，处理的根本目的就是“趋利避害”。因此，除遵循教学过程的一般原则外，还必须遵循以下几条原则：

1. 全体性原则

在课堂教学中，如果这个预设外生成已经引起全体或大多数学生关注，教师就要适时抓住、及时应对，找准他们在学习过程中的疑问点及时引导，机敏地去把握学生即时学习情绪和认知需要，去灵活地组织教学环节（参见案例6－1《小数除法》）。

2. **有效性原则**

在小学数学课堂上，有时虽然是学生个体或极少数的预设外生成，但它能启发学生的思维，或者对学生后继学习与发展有意义，或者能促进学生的学习，提高课堂效率，教师也应及时把握并巧妙处理。也就是说，教师应追求有价值、有意义、有效果的预设外生成。

3. **及时性原则**

教学进程是一个信息流量较大、信息流量复杂且传输媒体多样的有序动态过程，因而，任何一个教学环节出现了问题，都会直接或间接地影响到下一个教学环节。因此，教师必须对教学进程中所引发的预设外"生成"或偶发事件及时做出反应，不能因为贻误处理而对教学造成更大的危害（参见案例6－2《长方体与正方体的认识》）。

4. **协调性原则**

教师处理预设外"生成"或偶发事件，已构成了教学过程中一个临时插入的环节，教师要使这一环节与前后的教学过程有机衔接，协调一致（参见案例6－3《有余数除法》）。

总之，处理预设外"生成"或偶发事件绝不是"随心所欲"所能奏效的，教师必须针对预设外"生成"或偶发事件的情境和特点并根据应变原则进行妥善处理，从而保证教学的顺利进行。

（二）预设外生成的应对策略

教学方案是教师对教学过程的"预设"，它的形成依赖于教师对学生的了解、对教材的理解和再创造。不论"预设"如何周密，在教学方案的实施过程中，由于师生互动，往往会"生成"一些新的教学资源或出现课堂偶发事件，这就要求教师及时把握、因势利导，灵活处理课堂上的各种预设外"生成"或偶发事件，使教学过程得以顺利进行。

在处理预设外生成或偶发事件时，教师一般可根据具体情况采取以下不同的应对策略。

1. **辨明真伪，适时引导**

学生在课堂上的生成往往是即刻的、情境中的、偶然性的、稍纵即逝的。往往不是我们事先能够预想的，它甚至让我们来不及细加思索。这些"教育时机"，教师如果不能很好地把握，一味地机械执行教案，学生的思维活动被限制在一个个周密详尽的教学环节束缚中，被动配合老师完成指令，没有学生自己提出问题或发现问题。这样的课堂教学看起来顺利和圆满，其实是低效的。

如，在"两位数笔算乘法"练习课上，李老师先出了4道笔算题，让学生分组开展笔算比赛。在订正最后一道题（37×69）时，一个最爱说小话的调皮蛋学生在下面小声说："呵，真好玩！"李老师请他说说怎么好玩，结果他说："老师，你看这个算式：第一步的积是333，第二步的积是222……"听到如此精彩的发现，李老师满心惊喜，把37×9＝333和37×6＝222并列板书在黑板上。引导其他学生观察、分析、判断，讨论该学生的发现是否正确，为什么？很快，引发了其他同学的思考，一双双小手如雨后春笋般不断冒出来，教室里出现了空前的热闹场面，学生都在不停地发现，并不断地被自己精彩的发现振奋着。一节笔算练习课意外地变成了一节速算技巧课，但学生在探索速算技巧过程中，不自觉地进行了笔算练习。

教师要真正做到以生为本，时刻关注学生的学习状态，关注那些看似另类的个别学生，保持冷静的头脑，积蓄教育智慧，辨别那些看似另类回答的真伪或背后隐藏的问题，就可能将这些问题变成新的教学资源，把原先可能成为病点的问题转化成教学的亮点，也许将有“意外”的收获。

2. 借题发挥，及时收放

针对学生出乎意料的答问、教师编错题或解错题等偶发事件，教师可采取共同探究、相互切磋的办法。它可促使学生积极思考，师生相互启发，并能为教师思考赢得时间。

如，“正比例关系”是小学数学六年级下册的内容。在上课时，老师询问班上学生：“你对正比例关系有什么了解？”有学生说：“有正比例，还有负比例吧。”有的说：“书上的文字太多了，看不太懂。”也有学生说：“那就是一个数量增加，另一个数量也随着增加。”老师顺手指着饮料瓶追问：“你觉得在这个瓶子里装水，水的体积跟水面的高度是成正比例吗？”学生肯定地说：“那当然啦。装的水越多，水面越高啦。”于是，老师在课上组织学生进行了四次不同的测量，同时绘制出折线统计图，引导学生比较思考，理解正比例关系。这样的教学步骤调整，不仅厘清了成正比例关系的两个量之间的内在联系，对学生的终身发展都是很有益处的。

3. 顺应学情，机智应变

课堂是师生同生共长的舞台。不同个体经历与发展水平的差异、教学中的偶然事件，乃至失误、灵机一动等，都会为课堂教学带来新的可能。教师要学会顺应学情，机智应变。

（1）化解

针对学生情绪异常、教师动作失误及外来因素的干扰等偶发事件，教师可采取比喻、夸张、双关、模拟等手段，用风趣幽默的语言予以化解。它可使师生感情融洽如常。

如，有一次杨老师上数学电教课时，被电线一绊，差点跌倒，学生哄堂大笑。面对这尴尬局面，经验丰富的杨老师却满面笑容地说：“刚才，我为大家的学习热情所倾倒，谢谢！”学生无不被这化解的幽默所感染，教室内爆发出一阵热烈的掌声后，学生又情趣盎然地投入到学习之中。

（2）转化

针对教师教学疏误、室内窜进小动物等偶发事件，教师可围绕教学目标和教学内容，把其中的情境或材料很自然地引用到教学中。它可使学生的注意力从意外事件处无意识地转移到学习上来。

如，王老师到一年级甲班去上“0 的认识”，刚到教室门口，看见几个小朋友正在追赶在教室觅食的两只鸡。看到这一乱糟糟的场面，教师觉得不宜马上讲课，她首先与学生一道把鸡赶出了教室，然后返身走上讲台问：“刚才我们赶走了几只鸡？”学生齐答：“两只。”师：如果用一个数表示，该用哪个数？ 生：用“2”来表示。师：对！ 现在教室里还有几只鸡？生：没有了！ 师：那又该用哪个数来表示呢？ 这里我们就用“0”来表示。教师板书课题（0

的认识)，并开始学习新课。这里，教师顺水推舟，不仅使教学顺利进行，而且激发了学生学习的兴趣。

(3) 延缓

针对学生突然提出一个与教学无关的问题，或所提的问题当堂解决必定影响预定教学任务的完成而得不偿失时，教师可采取延缓的方法，在课堂上酌情予以简要交代，课后再深入探究，能有效避免节外生枝。

如，有一次，陈老师引导学生实验操作得出圆面积公式 $S=\pi r^2$ 后，突然有学生站起来说："老师，这个公式中的等号应该用近似等号，因为将圆等分后拼成的是一个近似长方形。"对这一问题，陈老师觉得一下子难以说清楚，不宜当堂解释，便说道："不错，我们拼成的的确是一个近似长方形。但是，如果我们无限地等分下去，圆能不能拼成一个长为 πr，宽为 r 的精确的长方形呢？回答却是肯定的。这正是有限与无限的区别，你们在以后的学习中就会学到这一层。当然，有兴趣的同学可以先看看参考书，再和教师讨论，好吗？下面我们继续……"

这里，陈老师根据学生现有的认知结构，该避则避，这样既消除了学生的疑点，保护了学生发问的积极性，又避免了节外生枝，成功地组织了教学。

(4) 换位

针对教师教学上的疏误，学生发现了而教师自己却一时找不着失误点时，教师可采取角色换位的办法，很自然地帮助自己走出困境。

如，王老师利用三角形面积公式："$\frac{1}{2}$×底×高"推导圆面积公式时，忘了乘$\frac{1}{2}$，结果推出来为 $2\pi r^2$。这位教师检查了两遍，都因受原思维定式的影响而未找到失误点，眼看面临困境，无法收场。只见她灵机一动，笑着对大家说："现在我要考考大家听课的注意力，看谁能发现老师推导的错误？"话音一落，十几双小手举起来了，课堂气氛由沉闷变得活跃。当一个学生上台在三角形面积公式中补乘$\frac{1}{2}$后，教师顿悟并笑着夸奖道："××同学能发现老师的错误，说明他听课很认真，又肯动脑筋，让我们鼓掌向他学习。"经过这样的激励，学生个个兴奋异常，学习热情达到高潮。

这里，老师通过"角色换位"，不仅使自己摆脱了困境，还教育了学生，课堂组织十分成功。

在具体的教学过程中，教师必须及时关注每位学生，发现和找准他们学习的疑难点，机敏把握学生即时的学习情绪和认知需要，根据课堂交流互动的实际情况，面对生成性的教学资源，或适时引导或及时收放或机智应变，及时调整预定的教学程序，变换教学行为，将其有效地转化为教育教学的契机，使教学更加有效地进行。

总之，教师要心中有目标，眼中有学生，要秉持相容兼顾的原则，认真钻研教材，珍视课堂生成，拓展学生思维空间，问题随意而发，动态推进学习过程，使教师精心预设与课堂动态生成互动共生、相得益彰，学生就会情绪高涨、个性飞扬，思维的火花也会绽放，课堂精彩也会不期而至！

实践与反思

<table>
<tr><th>实　践</th><th>反　思</th></tr>
<tr><td>1. 选取你最感兴趣的一个案例，跟同伴交流如何把握预设外生成。</td><td rowspan="1">1. 什么是教学预设？什么是教学生成？它们分别有什么特点？</td></tr>
<tr><td>2. 观察小学课堂或案例视频，结合案例说明把握预设外生成要遵循哪些原则？</td><td rowspan="2">2. 教学预设与教学生成有什么关系？</td></tr>
<tr><td>3. 举例说明，预设外生成有哪些应对策略？</td></tr>
</table>

第四节　小学数学的练习

练习是数学学习必不可少的重要环节。它是学生系统地掌握数学基础知识与技能，培养能力、发展智力的重要途径，也是促进学生知识、技能、思维、情感发展等的重要手段。每节数学课的教学任务都可以通过不同层次的练习来得以实现。为了提高数学练习的有效性，必须了解练习设计的原则、要求和方法等。

在小学数学课堂中，练习应该具备以下四个功能：一是教学功能。可以促进学生对数学的基本概念、法则、公式、定律、性质的进一步理解、掌握、巩固和应用；也可以促使学生的计算、解题、画示意图、测量等基本技能转化为熟练的技能技巧。二是反馈功能。教学质量的保证，在很大程度上依赖于能否获取矫正性的反馈信息。练习是反馈学生掌握知识、形成技能等各种信息的重要渠道，教师必须根据学生的练习情况调整自己的教学计划才可能真正促进学生的发展。三是教育功能。数学练习题是利用具体生动、有说服力的数据和统计材料编写成的，可以向学生进行多侧面、多层次的思想教育。通过自评和互评，学生在练习的态度、解题的策略、练习的效率等方面也会受到教育与启迪。四是发展功能。通过练习，学生可以学到一些解决问题的方法，领悟基本的数学思想，训练思维的品质，提高逻辑思维能力。因此，小学数学练习被称之为“沟通知识和能力的桥梁”。也就是说，练习既是学生加深了解和巩固所学知识的手段，又是帮助学生由知识向能力、智力转化和发展的有效方法，还是教师培养学生良好学习习惯、发展学生能力的重要途径，同时也是教师了解学生情况及调控教学的重要手段。

一、练习设计的类型

数学练习按其不同的作用，一般分为以下六种类型：

1. 基本练习

围绕像百以内的加减法、表内乘除法、周长或面积计算公式、计量单位的化聚和换算等这些小学数学中最基础的知识进行常抓不懈的练习。有经验的教师常常将这类题制作成练习题卡片，安排在一堂课开课前或基本训练阶段进行。

2. 单一性练习

围绕某一个具体内容或重难点、不需要过多牵涉其他知识点而开展的练习，主要是让学生及时有效地巩固当前所学的新知识。这类练习一般安排在课堂练习的初始阶段。

3. 综合练习

把有关联的新旧知识运用安排在一起的练习，重在沟通新知识与其他知识的纵横联系，促进知识网络的形成。有助于新旧知识的有机糅合和融会贯通，发展学生逻辑思维能力，培养学生综合运用知识的能力。

4. 对比练习

针对像加法与减法、周长与面积、交换律和结合律等，这样一组组学生容易混淆的知识，运用对比的方法而设计的一种练习，帮助学生区分不同的概念或规则，有助于学生正确构建知识系统。

5. 发展性练习

根据教学需要，从易到难，由浅入深安排的一组练习。可以扩展知识的应用范围，以加深对知识的理解，帮助学生清楚地看出知识生成与变化的来龙去脉，使知识系统化、条理化。

6. 变式练习

通过变换条件的顺序或者变换练习形式，使学生进一步理解掌握所学知识与技能，逐步达到融会贯通，灵活运用，有助于培养与发展学生的发散思维和创新思维。

案例 6－4《长方形和正方形的周长和面积》中，教师设计了三组富有层次的递进练习，重点关注学生对周长和面积含义的进一步理解、区分与熟练计算方法，以及知识技能在解决问题中的应用，同时发展学生的数学思维。

第一组包含基本练习和单一练习，学生必须根据题中已有信息独立思考做出判断：第一小题是要计算玻璃有多大（求面积），第二小题是计算小明跑了多长（求 2 个操场的周长），第三小题是计算篱笆有多长（菜地三条边的总长）；特别是第三小题，通过“一面靠墙”这个关键词，能较好地帮助学生进一步厘清周长的概念，同时培养学生比较、分析推理和空间想象能力。

第二组包含综合练习和对比练习，采取男女对抗赛的形式进行扩展，有效提高学生练习的积极性，并通过后面的质疑跟进：“计算时要注意什么？”进一步明确周长和面积在含义、计算方法、计量单位等方面都不相同。通过这一组对比练习，帮助学生在比较中梳理知识，加深对周长和面积的概念、计算方法的理解与掌握；在比较中不断拓展、深化新知，提高学生解题的综合能力；在比较中发现周长与面积的一些变化规律，形成新的认知结构，培养学生数学思维的灵活性、深刻性、广阔性和独创性。

第三组包含发展练习和变式练习，采取小组讨论的形式，让学生合作交流，猜想验证，主动探索，灵活运用所学知识总结规律。

这样紧紧围绕教学目标的三组练习，不仅有效体现了练习的坡度，还加大了课堂学习的密度。

二、练习设计的原则

练习要达到促进理解、巩固知识、形成技能、培养习惯、发展能力等作用，设计时就必须遵循以下基本原则。

1. 目的性原则

练习设计必须围绕教学目标，突出重点，突破难点。教师不仅要深入钻研教材，还要深入研究学生学习的实际情况，确定当堂课的教学重点和难点。并根据教学内容和目标要求，按照循序渐进的原则确定练习内容，并对练习进行科学的设计。

2. 科学性原则

练习的设计必须符合《数学课程标准》所规定的各学段各年级的教学内容或教学要求；必须符合学生思维特点和认知发展的客观规律；必须符合数学的概念、原理。不能出现知识性错误，或自我矛盾。

3. 针对性原则

练习应主要针对学习内容的重难点，以及易错、易混、易忘的知识进行设计，要从教材内容和学生基础这两个方面去考虑，要针对不同学生的需要，做到有的放矢，事半功倍。

教师可以针对教材的某一个重点或难点安排练习，巩固和突破教学重难点；也可以针对某一个容易混淆的概念安排练习，以提高学生的辨别能力；还可以在平时作业或考试后，针对典型错例，及时进行纠正和补漏练习。

4. 层次性原则

练习的设计要按照由易到难、由简到繁、由基本到变式、由低级到高级的发展顺序去安排。教师要注意以中等生为着眼点，面向全体，兼顾两头，因材施教，既要有一定数量的基本练习和稍有提高的变式练习，还要有一些综合性的开放练习，能够适应不同学生的需要：对学习困难的学生，让他们多练一些基本题，然后再逐步提高；对于中等学生，可让他们练习一定数量的基本题和难度不大的变式题；对于学有余力的学生，可以让他们做一些综合运用知识和富有思考性的开放题，使每个学生都能得到相应程度的提高和发展。

5. 多样性原则

练习的设计要注意到题型多样和方式多变。题型多样是指除了直接进行口算、笔算和应用题之外，还应有填空、选择、判断、改错、匹配(连线)等题。方式多变是指既有笔写也有口述、动手操作的，既有单项练习也有综合练习、系统练习，还应根据学生的年龄特点，采取相应的练习形式。

教师可采用初学之后单项练、揭示本质变式练、关键部分重点练、沟通知识系统练、易错问题辨析练、易混知识对比练、培养能力创造性练等多种练习方法，要大胆删减重复模仿性质的习题，添加一些有助于学生综合运用所学知识和密切联系生活的练习题，精心设计一些典型而富有思维价值的练习题，使学生在举一反三中增强知识学习的效果，同时也给学生独立探究留有一定的余地，使每个学生的思维通过练习达到不同程度的提升。

以上原则并不是独立存在的，它们是融会贯通、紧密联系在一起的。当然，教师的练习设计不可能做到面面俱到，教师要认真钻研教材，根据教学内容与目标的不同、班级水平与学生个体水平的差异，对教材中的习题做适当调整、组合、补充，使之尽量为学生的学习服务。

三、练习设计的方法

进行练习设计，首先要钻研教材，了解学生，同时要注意收集资料。在此基础上，一般可采用以下三种方法。

1. 筛选

教师根据教学目标与学生实际水平，从各种习题资料中精心挑选，合理取舍，使练习题符合教学需要。这类练习设计的方法相对比较省时省力，但需要教师亲自试做，以保证练习题的科学性和有效性。

2. 改编

将各种习题资料采用扩缩改编、可逆改编、情境改编、形式改编和数据改编等多种方法进行改造，使练习题符合教学目标与学情要求。这类练习设计的方法比筛选的方法难度稍微高一点，需要教师结合学情进行综合考虑与分析，确保练习题的针对性与科学性。

（1）扩缩改编

“扩”是指将较简单的习题改变成稍复杂的练习题，是为了促进学习的迁移和深化；“缩”则相反，是为了启迪学生化繁为简。扩与缩是相对的，两者常常结合使用，扩缩改编在解决问题的练习设计中比较常见。当然，其他类型题目也可以运用扩缩的方法进行改编。

如，解方程的练习，由 $18x-12=42$，经过扩与缩得到以下题组：

扩：$18x-4\times3=42$　$6(3x-2)=42$　$8x+10x-12=42$　$9x\times2-12=42$

缩：$18x=54$

这一组练习不但覆盖了小学数学简易方程的大部分类型，而且能使学生通过练习看出它们之间的内在联系，对于解方程的化简思路也有明显的帮助。

（2）可逆改编

可逆改编是指交换已知信息和所求问题的位置，使学生的思考方向改变。

思维的可逆性是数学思维的重要成分。教师通过可逆改编，不仅能设计出新的练习题，还可以培养学生的可逆思维。

如：老师买了 25 支钢笔，每支 20 元，一共用去多少元？

改编时，可以将总价作为已知条件，转而去求钢笔的单价或数量：① 老师买 20 支钢笔一共用去 500 元，每支钢笔多少元？ ② 老师要用 500 元钱买一些钢笔，每支钢笔 25 元，能买多少支钢笔？

（3）情境改编

变换实际问题的情境内容，使学生透过不同的现实情境，抽象出相同的数学模型。如敲钟、锯木料、爬楼等问题虽情境内容各异，但是都反映节点与间隔的数量关系，属于同一个"植树问题"的数学模型。教师在进行练习设计时通过创设不同情境：一是可以增加练习的趣味性；二是可以感受数学在生活中的广泛应用；三是体会到数学知识的抽象性。

（4）形式改编

小学数学练习题一般包括填空、判断、选择、画图、计算、问答等多种题型。练习形式就是指题型，形式改编是指教师根据教学需要选用适当的题型或答题方式，同样的练习内容可以设计为填空题、判断题或选择题，也可以设计为画图题、计算题或问答题等。

（5）数据改编

数据的变化可以依据计算本身的特点，如计算法则、规律等，也可以依据本班学生的个性特点，如易错、易混等情况。有时数据改编还可以考虑一些特殊数据的特殊教学效用。

3. 自编

练习设计要推陈出新，保持学生学习兴趣，就要自己进行创编。通过别开生面的自编习题，运用比较新颖的题材，活跃学生思维，达到练习效果（见案例 6－5《平行四边形的面积计算练习题》）。

自编练习对教师的要求非常高，需要教师认真研读教材，留心生活、精心设计。教师自编的习题能得到同行的认可或赞赏，也是教师综合素质与业务能力的重要体现。

四、练习设计的要求

小学数学练习应该是概念强化、技能熟练的过程，是促进学生认知结构不断完善的过程。在练习活动中，应以问题为核心，通过问题解决沟通知识之间的联系，形成更为清晰的知识网络系统，促进思维能力的发展。设计练习时一般必须满足以下基本要求，方能提高练习的有效性。

1. 生活性

练习设计要从生活中的数学现象出发，要紧密贴近学生的生活实际，不断沟通数学和教材与生活的联系，让学生经历"生活——数学——生活"的数学学习过程，即从生活实例中抽象出书本上的数学知识，最后将数学知识用于解决生活中的实际问题，

2. 趣味性

鲁迅先生曾经说过："没有兴趣的学习，无异于一种苦役，没有兴趣的地方，就没有智慧和灵感。"教师要尊重学生的身心发展和学习规律，设计生动活泼、富有情趣的习题或者

需要动手操作实践的习题，让学生亲历摆一摆、画一画、量一量、做一做、写一写等实践活动，让学生对数学产生亲切感和新奇感，帮助学生提高学习兴趣和练习效率，有助于培养学生乐于动手、勤于实践的意识和习惯，发展学生的操作和实践能力，实现知识的“再创造”。

3. **开放性**

答案唯一的、封闭性练习，虽然方便教师的教学和批改，但却容易束缚或固化学生的思维。因此，教师要适当设计一些答案不唯一或方法不唯一的开放性习题，促进学生积极思考，充分调动学生内部的智力活动，尝试从不同方向寻求最佳解题策略或问题答案，借以突破学生模式化的思维定式和方法程序化，发展学生数学思维能力和创新意识。

4. **教育性**

练习设计不能只注重数学学科本身逻辑知识与能力的训练，而应更多关注学生的心灵和人格教育，要注意挖掘或渗透情感态度价值观等方面的因素，将数学学科知识学习和学生人文教育有机结合起来，做到育人于无形。

5. **延展性**

练习设计要关注学生的数学思想与方法，善于挖掘教材中隐藏的数学知识与信息，适当地对所学知识进行拓展和延伸，使学生必须“跳一跳，才能摘到果子”，激发积极主动的探究精神，培养学生思维的灵活性及应变能力，为学生后继学习奠定良好的基础。

练习的设计还要注意趣味性、多样性和思想性相结合。教师既要编选一些带有浓郁趣味的习题，做到寓练于乐，练中生趣，在减轻学生心理负担的同时提高练习效率；还要设计出符合素质教育、具有实用价值和富有思考性的开放性练习，使学生感受数学的严谨美和思维美，体会数学的生动有趣和内在魅力，形成实事求是的态度以及进行质疑和独立思考的习惯，促进学生全面和谐发展。

五、练习设计的调控

小学数学练习的设计既是技术，更是艺术。练习设计的好坏与否将影响学生数学学习的有效性，同时也会影响到学生良好思维品质的形成与良好学习情感的获得。因此教师应注意进行调控，准确把握练习的坡度、深度、难度、密度，有效提高课堂练习的效率。

首先，练习的“量”要适当，准确把握练习设计的坡度和密度。

在练习设计时教师应该明确：通过练习需要达成哪些目标；练习的内容有哪些，为什么要练习这些内容；练习的要求是什么，等等。明确了这些，教师才能正确指引练习的方向，才能为实现有效练习而奠基。

多练并不能取胜，精练、巧练才有利于学生的后续学习。教师要避免大量的机械重复的练习，防止学生对数学生厌，要精心设计练习的量，提高数学练习的效率。

其次，练习的“度”要适切，把握好练习的深度和难度，才能有效促进学生的学习和发展。

数学思想方法是数学的灵魂。练习的目标不仅仅是为了帮助学生掌握知识，更重要的是发展学生的数学思维能力。练习时关注数学思想方法的渗透，让练习的过程更加深刻，更加丰盈。

如，在上述案例6－4《长方形和正方形周长和面积》的第三组练习中，教师巧妙渗透了“数学建模”“数形结合”等思想。教师通过温馨提示，引导学生分组合作，主动探索与发现，通过画图、填表、观察、比较一系列数学活动，引导学生感知和发现周长和面积的内在关系：面积相等时，它们的周长不一定相等；当长和宽越来越接近时，它们的周长越小；周长相等的长方形和正方形中，正方形的面积最大。教师接着引导学生利用所学知识解决身边的数学问题，使数学在练习过程中散发出它独有的魅力。正如周玉仁教授所说：“数学学习是从厚到薄，又从薄到厚。”

总之，教师只有在认真研读、领悟编者意图，吃透教材的前提下，才能把教材的精神内化为自己的思想；才能不让学生做无层次练习，也不让学生无层次地去练习；才能克服随意、机械或盲目现象；才能立足教学目标和数学本质，精心设计适应不同程度学生发展需要的习题，突出练习题的层次性、针对性、思考性和开放性，努力做到练习内容和练习形式统一，掌握知识和培养能力统一，练习量、练习时间和练习效率统一，引导学生通过练习进一步掌握知识与技能，感悟思想与方法，积累活动经验，促进数学学习，提高数学素养。

实践与反思

实　践	反　思
1. 选取你最感兴趣的一个小学数学课题设计好课堂练习，并请同伴进行评价。	1. 什么是小学数学练习？它有哪些功能？
2. 结合案例，说说小学数学练习有哪些类型？	
3. 结合案例6－4，简要叙述小学生数学练习的基本要求。	2. 设计小学数学练习时要遵循哪些原则？

第七章　小学数学教学策略

扫码查看
学习资源

知识导图

- 小学数学教学策略
  - 第一节　新授课的教学
    - 1. 新授课的含义及特点
    - 2. 新授课的基本结构和教学策略
  - 第二节　练习课的教学
    - 1. 练习课的含义及特点
    - 2. 练习课的基本结构和教学策略
  - 第三节　整理复习课的教学
    - 1. 整理复习课的含义及特点
    - 2. 整理复习课的基本结构和教学策略
  - 第四节　实践活动课的教学
    - 1. 实践活动课的含义及特点
    - 2. 实践活动课的基本结构和教学策略
  - 第五节　考查讲评课的教学
    - 1. 考查讲评课的含义及特点
    - 2. 考查讲评课的基本结构和教学策略

学习目标

1. 了解小学数学各种课型的意义、价值和特点；
2. 了解小学数学各种课型的基本教学结构；
3. 了解小学数学各种课型的教学策略；
4. 能尝试进行小学数学各种课型的教学实践。

案例再现

折扣

在"折扣"一课中，老师策划了"商场购物"的开放性活动：先课件出示三个商场的促销海报，接着出示商品信息和问题：同一种品牌的服装三家商场的标价相同，张阿姨买1件衬衣；李阿姨买2件衬衣1件恤衫；王阿姨则各买一件。这三位阿姨怎样购买最划算？

学生分组探究，可选择一位或几位进行购物方案设计。学生运用所学知识去猜想、策划，并进一步验证或补充。在得到最佳方案后，教师继续质疑："什么情况下选择去A商场最划算？那B商场或C商场呢？"最后得出结论："看来，面对商家的各种促销手段，我们消费者还得货比三家，精打细算，需要运用数学头脑才能做出最佳选择。"

思考

案例中，教师通过"商场购物"让学生在探究过程中了解商场中各种促销手段，不仅加深了对所学知识的理解与沟通，培养学生运用数学知识解决生活问题和指导行为的意识，更是培养学生遇事先理性思考再做出选择和决定的良好思维品质。

教师精彩的引导、巧妙的点拨，学生高效的探究、融洽的合作、自由的思考，课堂充满活力和激情，是每一个数学教师的向往。课堂的这种理想境界不仅依赖于教师精心的教学设计和较好的实施能力，更需要教师掌握一定的课堂教学策略与技巧。

第一节　新授课的教学

一、新授课的含义及特点

（一）新授课的含义和价值

小学数学新授课是数学课的基本课型之一，是教师教授数学新知识、新技能，促进学生对数学知识的理解和数学技能的掌握，使学生经历数学知识的探究过程和数学技能的形成过程，以获得积极的情感体验为主要任务的课型。

小学数学新授课的教学是课堂教学的重头戏。在正常的教学进度中，新授课约占课时总数的50%以上。学生学习数学知识和掌握数学技能主要通过新授课，新授课的质量从根本上决定学生数学学习的质量。

（二）新授课的特点

小学数学新授课主要具有以下特点：

1. 学习的是新知识、新技能

新授课的内容往往是学生第一次接触的。从知识结构上看，有的是数学知识系统中的核心知识，有的是学生学习后继知识的基础；从能力水平看，有的是学生必须掌握的核心数学技能，有的是学生掌握核心能力的前提。学生在学习中可能会感到有一定的难度，但倘若学生不能形成对知识的正确理解，即使花费较多的时间和精力用于复习，也难以取得理想的教学效果。

2. 运用的是新方法、新策略

在教学对象不变的情况下，教学内容决定教学方法。虽然都是数学课，但面对概念、公式、例题等不同内容，所采取教学方法也应有所不同。新授课的教学内容是新的，要求教师要研究新方法，发掘新策略，采取一切有效的方法，让学生亲历知识和技能的形成过程，亲身理解和运用所学知识与技能，并培养其良好的学习习惯。

3. 获得的是新体验、新感受

新授课的特点是“新”，这就要求教师在教学中突出学生的主体地位，重视学生对知识的体验和理解。教学中不仅要引导学生感受、体验数学的简单美、对称美、整齐美、和谐美、奇异美等，还要引导学生通过思维活动，找出知识间的内在联系，并能以多种不同的方式重新呈现，且在适当的情景中加以运用，从而使学生原有认知结构得到扩展和提高，获得新进步，保证新感受。

4. 新授课联结着旧知识

知识的新旧是相对而言的。在知识的链条中，已学的知识为旧知识，未学的为新知识。在严密的数学知识体系中，知识的链条是互相扣合衔接的，每一个环节都不可或缺、不可或断，因此一切新知都以旧知为基础。这就要求教师在新知学习之前要及时指导学生温习旧知识，修补学生断缺的知识链条。

因为新知识是以旧知识为背景的，那么不管哪一个知识或技能，学生都不会是“一无所知”或“一无所能”的，也就是说，新授课的内容不都是“全新”的。学生的“新鲜”主要表现在两个方面：一是他们自学时没有弄懂的知识，二是理解错误或不到位的知识。在教学中，教师要准确把握这些“新”知识，并将其作为教学重点认真对待，这样才有可能切实提高课堂效率。

（三）新授课的分类

小学数学新授课是当前课堂教学改革中研究得比较多的一种课型。根据教学内容的不同，新授课又可以分为概念教学新授课、规则教学新授课、解决问题教学新授课。

1. 概念教学新授课

概念教学的目标是让学生掌握数学概念，形成对数学概念的基本的、概括性的认识。即明确数学概念的内涵、外延，熟悉其表述；了解概念之间的关系，会对概念进行分类，从而形成概念系统；了解概念的来龙去脉，能够正确运用概念（参见案例 7－1《用字母表示数》）。

数学概念的理解是学生学习数学的前提和基础。影响学生学习数学概念的主要因素有：① 原有的认知结构越完善，学生的生活经验越丰富，获得新概念的效果就越好；② 学习的感性材料若太少，其感知就不充分，表象就不丰富，也就难以辨析各种对象的本质属性，而若感性材料不典型、本质属性不明显，则受到非本质属性的干扰就越多；③ 数学概念所代表的是一类事物，所反映的是事物的本质属性。数学概念教学依赖于学生的抽象概括能力，其教学重点是引导学生从具体事物或已有概念入手，逐级抽象，明确概念并形成新的概念系统。

2. 规则教学新授课

规则教学的目标是让学生掌握数学规则，形成对数学公式、法则、定律等规则的基本认识。即明确数学规则是什么和为什么是这样的;了解规则使用的条件,清楚它们之间的联系与区别;能将习得的数学规则运用到各种具体情境中去解决相应的问题(参见案例7－2《平行四边形的面积》)。

数学规则是数学基础知识的核心。小学数学中的规则教学主要包含三类:一类是运算法则,一类是运算规律,还有一类是图形的计算公式。规则学习依赖于学生对相关概念之间关系的探索和验证,其教学重点是引导学生观察发现、猜测想象、探索验证和实践运用,加强对规则的理解和融会贯通。

3. 解决问题教学新授课

解决问题教学的目标是让学生学会应用所学的数学知识解决简单的实际问题,培养学生发现问题、提出问题、分析问题、解决问题的能力,体会数学知识在解决实际问题中的作用(参见案例7－3《找次品》)。

解决问题在编排上不是独立于其他知识单独编排的,与其他知识的学习紧密结合在一起,其教学重点是引导学生在解决问题的过程中学会分析数量关系,明确解题方法。

二、新授课的基本结构和教学策略

(一) 新授课的基本结构

所谓教学结构是指在一定教育思想、教学理论和学习理论指导下的教学活动进程的稳定结构形式,是教学系统四个要素(教师、学生、媒体及教材)相互联系、相互作用的具体体现。

根据皮亚杰对于儿童认知规律的研究,可以把儿童在学习数学知识中认知规律的发展概括为三个阶段:

信息输入 —引起不平衡→ 同化或顺应 —形成平衡→ 纳入原有认知结构

根据学生的认知发展规律,可将不同教学内容的新授课的教学结构概括如下:

1. 创设情境,再现经验

建构主义教学观认为,学习不是把外部知识直接输入到学习者心理中的过程,而是学习者以已有经验为基础,通过与外部世界的相互作用而主动建构新的理解、新的心理表征的过程。所谓心理表征,即学习者内部心理认识世界、反映世界的规则和形式。心理表征的建构包含两层含义:第一,对新信息的学习和理解,是通过运用已有的知识和经验对新信息进行重新建构而达成的;第二,已有的知识和经验被从记忆中提取的过程就是一个重新建构的过程。这两层含义是协调统一的,建构新信息的过程即是对旧信息的重新建构过程。因此,教师在教学伊始就应通过创设情境,既激起学生的求知欲,又要为学生再现已有的知识和经验。

要注意的是,数学课堂上的情境不单指生活情境,也包括较为抽象的数学情境。对于有些内容而言,直接从数学情境引入,用数学内在的魅力吸引学生,激发学生的学习欲望,效果要比创设看似活泼热闹却缺乏数学内涵的生活情境好得多。

2. 引入新课，提出问题

新课可以由学生已有知识经验引入，也可以结合生活实际引入。引入新课的方式可以是开门见山，也可以是矛盾冲突，还可以由远及近，步步深入。无论新课是由什么内容引入，也无论采用何种方式引入，目的都是要激起学生内在的学习需求，引发学生的学习动机，有效地调动学生学习的积极性，让学生在明确问题、引入新课之时，带着强烈的学习欲望进入新课的学习中。

3. 新知探究，解决问题

在明确问题后，引导学生开展新知探究，解决问题，这是新授课的中心环节。在这一过程中，学生的学习活动应该是积极、主动、富有个性的。教师除了采取有意义的接受式学习外，还应引导学生进行动手实践、自主探索与合作交流，通过学生观察实验、猜测计算、分析综合、抽象概括、推理验证等数学活动，逐步把握学习重点，突破学习难点，达成学习目标。

4. 尝试练习，巩固应用

要想使学生把新知识纳入已有的知识结构，需要通过一定的练习，在练习的过程中进一步掌握新知识，并初步学会运用新知识解决问题。新授课的练习，一般包括两个层面，一个是尝试练习，一个是独立练习。先通过半独立性的尝试练习，全面了解各类学生掌握新知识的程度，尤其要观察、诱发学生的困惑与疑难之处，并及时引导加以解决。再通过学生的独立练习达到巩固升华、拓展应用的目的。

无论是尝试练习，还是独立练习，都应在练习的设计上同时注意其科学性、层次性、趣味性等特征。教师在设计练习时，还要避免进行机械训练，以更好地实现学生在知识与技能、数学思考、问题解决和情感与态度等方面的学习目标。

5. 回顾总结，反思拓展

组织学生进行学习过程的回顾与课堂总结反思是非常重要也是非常有意义的一个环节。在此环节，可通过教师设问、学生质疑、小组讨论等形式对学习内容、学习过程、学习方法等进行总结与反思。引导学生比较新旧知识、不同学习方式之间的异同，寻找不同知识之间的内在联系，进而形成一个纵横交错、融会贯通的知识网络；还可以总结与反思在数学思想方法等方面的收获。这样的总结与反思，不仅帮助学生进一步明确应掌握的知识与技能，还在数学思想方法上给学生以启迪，较好地拓展学生的思维空间，达到举一反三、触类旁通的效果。

要注意的是，新授课的课堂教学结构不是机械僵化、一成不变的，在实际应用过程中，应根据不同的学习内容及不同的学习对象灵活处理，并不断地加以改造与完善。

（二）新授课的教学策略

1. 情境的创设与选取

良好的开端是成功的一半。适宜的情境创设和选取是学生进入新知探究的起跑线，同时也具有导航作用。在教学中教师应从学生已有知识和生活经验出发，注重根据教学内容的特点，联系学生的生活实际，以音像、图画、故事、游戏、操作、问题等形式创设恰当的数学情境，使学生触景生情、处境生思、处境生问，为课堂教学的内容服务。情境可以是直接的，也可以是抽象的，但必须是有价值的，能体现数学知识本身的特点。常用的数学情境一般有下列几种：

（1）问题情境。直接问题导入的优势在于直接切入正题，重点突出，其不足在于直接切入，显得有些枯燥，没有新意，没有趣味性，因此要慎用，要根据教学内容的不同，科学合理地运用。

（2）游戏情境。小学生喜欢做游戏，活泼好动是孩子的天性。教师可以运用游戏来生成探究的问题，吸引学生的注意力，寓教于乐，让学生在轻松的游戏中进入探究状态，促进学生主动求知。

（3）故事情境。小学生喜欢听故事，利用学生的这一特点，教师可以将数学知识与数学故事有机融合，在故事中引发学生探究新知的激情与兴趣，积极进入新课的自主探究活动。丰富有趣的故事情境，使数学课堂妙趣横生，其乐融融。

（4）悬念情境。问题是思维的窗口，是探索的动力。问题可以激起学生强烈的好奇心，引发学生的认知冲突，从而使学生带着疑问积极主动地参与到探究活动中来。尤其是小学生好奇心强，我们可以充分利用学生的这一特点，通过设置问题来制造悬念，从而使学生产生解决问题的迫切意愿，产生探究的动力，解决心中的疑问。

（5）生活情境。数学来源于生活，并应用于生活。教师应注重将知识和学生的生活相联系，让学生觉得学数学其实就是学生活。只有老师将数学情境创设与生活紧密相连，让学生在生活情境中充分感受到数学学习的意义和价值，充分认识到数学与生活的紧密联系，从而积极主动地开展学习与探究，课堂学习的效率也相应提高。

（6）多媒体情境。多媒体集图、文、声、像于一体，可以同时刺激学生的多种感官参与教学。尤其对于小学生而言，他们喜欢新鲜事物，对多媒体这一新颖而又有趣味性的教学媒体充满了兴趣，因此我们可以充分利用多媒体来创设情境，通过多媒体形象直观的展示来引入新课。

作为课堂教学起始阶段的情境创设，既是一门技术，又是一门艺术。一个设计精巧新颖、充满趣味性与艺术性的情境是课堂教学取得成功的基石。创设情境的方法并不仅仅局限于以上几种，只要符合小学生的特点，与教学紧密结合，能够激起学生学习兴趣的方法，都可以科学而合理地应用到教学中来。教师要注意素材选取的趣味性和形式方法的吸引力，让学生在玩中学，学中玩，学得有趣，学得愉快，学得轻松，学得主动，学得深刻。

2. 新知探究的方法与手段

数学课堂教学的过程，应该是学生观察发现、独立思考、自主探究、合作交流并得出结论、获取知识技能的过程。教师在教学的过程中，应引导学生能够发挥自我主动性，积极主动地参与到课堂中，在经历知识形成的过程中学会思考，体验到数学探究的乐趣，提升发现并解决问题能力和数学思维能力，并获得良好的情感体验，发展自己的个性，促进身心的全面和谐发展。一般可采取以下探究方法与手段：

（1）创造探究机会，搭建探究活动平台

教师要营造浓厚的探究学习氛围，合理安排教学内容，精选探究材料，尽量给同学多一次探究的机会，多一点思考的时间，多一些活动的空间，多一份体验成功的喜悦，使课堂真正成为学生自主活动、探究学习的天地。

第一，创造性地处理教材，有效地进行课程剪裁，为学生的“探究”活动提供适宜的素材。

第二，要从学生的实际情况出发，对探究活动提供支持。特别是对学生无法得到的信息，无法准备的用具，无法跳跃的思维难点，进行必要的支持。

第三，创造时机。教学中学生能探究得知的教师不要替代，能独立思考的教师不要暗示，要创造出适宜“探究”活动的时机，要留足时间和给足空间，让学生真正参与发现和探究知识的过程。

第四，营造氛围。学生探究学习需要良好的环境，特别是良好人际氛围的支撑。在探究学习中，教师要平等对待学生，充分信任学生，爱心鼓舞学生，要运用激励性的语言启发学生，充分调动学生探究学习的积极性。

（2）巧妙设计活动，体验数学探究乐趣

在教学中，教师应致力于改善传统的教学方法，学会换位思维，“知学生所思所想”，从学生的角度巧妙设计数学活动或提出探究问题，可组织学生参与操作和实践活动，或者让学生开展自主探究，还可引导学生开展课堂讨论甚至争鸣，让学生的思想碰撞……这些都能给学生创设主动探索数学知识的空间，赋予学生更多地参与探究机会。教师再顺着学生的学习思路，因势利导，促进学生的全程参与，主动探索，经历数学知识或方法的形成过程，最大限度挖掘学生潜能，体验数学探究乐趣。

（3）重视合作交流，促进探究有效开展

在教学中，学生的智力因素、认知方式、学习能力和知识基础存在着客观差异，而且有一部分学生由于得不到充分参与的机会，不得不处于“旁观”“旁听”等被动的学习环境。因此可指导学生在独立探究的基础上，围绕探究的核心问题分组开展合作学习，最后再进行集体交流，在交流中每个学生个性的思维火花成为大家共享的资源，引导学生将个人探究、合作探究、集体交流等有机地结合在一起，利用集体的智慧，取长补短，集思广益，而使各个层次的学生都能得到不同程度的发展和提高，促进探究过程的有效开展。

（4）合理安排时间，提高探究活动质量

学生开展探究活动时要有时间研读材料、沉思默想，要有时间整理思路、组织语言，要给学生留出犯错误、不断修正错误的时间，还得要有时间来开展相互讨论，甚至争论。因此，教师作为这个过程的组织者、合作者和引导者，更应为学生的探究活动提供合理的时间和空间，不让探究性学习成为“走过场”。

第一，控制探究总量。一节课的时间是很有限的，不可能对很多问题进行探究，因此教师要对教学内容进行科学合理的筛选，突出重点、难点对部分问题开展深入探究。“有所为，有所不为”，什么问题都想去探究，最后往往什么也探究不了。

第二，改进教学手段。合理选择教学手段和方法，用尽可能少的时间有效地完成必需的教学任务。如把问题变得更直观形象，在关键时刻可以减少思维障碍；如快速出示问题，明确探究要求和目的，提高探究的有效性；等等。

第三，重视课前指导。要让学生明确课前要做些什么，尽量缩短课上熟悉教材、准备探究的时间，甚至可以要求学生课前就所要探究的问题去搜集相关资料，预先思考，以提高课堂探究的效率。

(5) 注重方法指导，提升学生探究策略

为了克服探究活动的盲目性，提高探究的实效，教师注重对学生进行探究方法指导，帮助学生掌握探究的策略。

第一，介绍探究的方法。在适宜的时机，教师要穿插介绍探究的方法。探究的方法通常有调查、资料分析、观察、实验、思考与讨论、设计与制作等。在不同的探究活动中可选用一种或同时选几种不同的方法进行，使用这些方法是灵活的而不是机械的。

第二，选择适当的形式。根据探究活动的需要，或个人自主探究，或小组合作探究。没有个人的独立思考与探究，其学习是被动的、肤浅的，没有小组的合作探究和交流讨论，其学习是单调的、不完善的，常常是缺乏广度和高度的。

第三，进行适当的点拨。学生进行探究活动，一般问题均可以在自主探究或合作交流中自行解决，而有些疑难问题即使经过小组合作也不能解决。这时，教师及时、适当地点拨至关重要。教师先不必过早解释，可以提交全班进行探讨。如果学生仍处于迷惑状态，教师再进行必要的指导或点拨。但教师的指导或点拨不是引领学生直接解决问题，而是通过提问帮助学生理顺探究思路，明确现在的探究处在什么阶段，找到问题的症结和关键是什么，引导学生进一步深入探究，自己解决问题。

第四，深入反思与评价。不少教师在注重“让学生动手操作，亲身经历”方面做得很好，但普遍忽视活动后的反思。教师要引导学生对学习过程中所表现出来的思维过程、合作意识、学习习惯、情感与态度等方面进行深入的反思与评价。要将反思与评价的主动权交给学生，既要反思与评价学习过程又要反思与评价学习结果，促进学生的知识系统化，促进学生对知识的主动建构，有效保障学生探究学习效果。另外，对学生的探究结果，即使不是预期的结果，只要理由充分，教师也应予以肯定和鼓励，让学生自我实现的需要得到满足，激发其更强烈的探索学习的欲望。

“探索是数学的生命线”，教师作为学生学习的组织者、引导者和合作者，应立足于学生的发展，让学生通过亲身经历、自主探索、实践应用等主体活动去亲近数学、体验数学、再创造数学和应用数学，培养学生较强的创新意识和创新能力。

3. 结课方法的恰当选取

一堂完美的新授课应该是善始善终的，不能虎头蛇尾。恰到好处的结课，不仅使整堂课结构完整，而且能起到画龙点睛的作用，将学生的思绪由课内延伸到课外，给学生有益的启迪。小学数学新授课的结课方法一般包括以下几种：

(1) 总结归纳法。这是数学课一种比较常用的结课方式，即用简明扼要的语言把整节课的主要内容加以概括归纳，给学生以系统、完整的印象，促使学生加深认识，培养其综合概括能力。进行总结归纳的可以是教师，也可以是学生。如教师可以用谈话的方式引导学生进行归纳:这节课你学到了什么?你有哪些收获?让学生自由畅谈。

(2)拓展延伸法。这种方法在结课时,教师有意识地把课堂教学和学生的课外学习活动结合起来,将课堂上的数学知识延伸到课外,激发学生课外学习数学、应用数学的兴趣。

(3)应用新知法。这种方法在数学课结课中应用广泛。教师通常会布置学生做各种类型的习题,以达到巩固新知、提高应用能力的目的。许多题目都是教科书上的课后习题,这样可以减轻学生的课业负担,提高课堂教学质量。

(4)语言激励法。一堂课要上得有声有色,教师不仅要在教学过程中对学生进行鼓励,还要在结课时对学生进行再次评价。教师要用充满激情、意味深长的话语激励学生。态度要诚恳,语言要发自内心,这样才能打动学生,给他们留下深刻的印象。

(5)思想教育法。数学作为一种文化,承载着深厚的历史,也推动着蓬勃的现代文明。因此,在结课时根据教学内容对学生进行思想教育,不仅可以提高学生对数学的兴趣,而且能够触动学生的心灵,使之受益。

(6)设置悬念法。教师在结课时,有意识地设置一个悬念,给学生留下一个有待探索的问题,使学生急切地盼着下一节课。这种结课方式很好地把前后两节课联系起来,为上好下一课做好了铺垫。

(7)游戏结束法。这是一种深受学生喜爱的结课方法。在新课结束时,为了使结课生动活泼,增强教学效果,教师根据教学内容和学生特点设计一些游戏来巩固所学新知。通过游戏可以检验小学生对所学知识的掌握情况,还可以使学生感受到数学的趣味性,真正做到"寓练于乐"。

总之,新授课的结课也是一门值得研究的教学艺术。教师要根据自身的素质、教材的特点和学生的实际情况,探索完善并灵活运用各种行之有效的结课方法,以培养学生的创新精神和实践能力,促进学生全面发展。

实践与反思

实 践	反 思
1. 选取你最感兴趣的一个课题开展实训,并请同伴进行评价。	1. 什么是新授课?它有什么特点?
2. 结合案例7-3,简要说一说它在情境创设、新知探究和结课方法中具体是怎么做的?是否还有更合适的方式?	2. 小学数学新授课的基本教学结构是怎样的?具体实施时要注意什么?
3. 开展课外阅读,找到一个你最欣赏的小学数学新授课的案例,与同伴一起分享。	

第二节 练习课的教学

一、练习课的含义及特点

（一）练习课的含义和价值

数学练习课是新授课的补充和延续，是学生对新授课所学知识的巩固和提升，其主要教学目的是塑造学生的数学能力、锻炼学生的数学思维。它是小学数学的基本课型之一，在教学任务中占有较大比重（参见案例 7－4《争当优秀调度师》）。

练习课既是学生加深理解和巩固所学知识的手段，又是学生把知识化为能力的有效方法。它有助于学生掌握数学基础知识，深化对数学知识的理解，有助于学生有效攻破数学学习中的难点，掌握数学知识的学习技巧，提高学生的数学学习能力，提高学生的学习效率。

练习课同时还是教师了解学生情况，及时调控教师教学的重要途径。通过练习课教师能及时获得学生的反馈信息，了解学生对知识的掌握程度，有助于教师进行针对性的考察，对学生的学习水平做出客观评价，并在第一时间对学生掌握知识的薄弱环节进行指导，并根据学生的反馈信息及时调整教学方案。

（二）练习课的特点

1. 数学练习课是在教师指导下，稳定学生数学认知结构的一种强化训练过程

学生的数学学习过程，是一个把教材知识结构转化成自己的数学认知结构的过程。完成这个过程，仅靠新授课的教学是不够的。新授课仅仅帮助学生形成新的数学认知结构的整体框架或初步结构，而只有通过练习课的练习，学生才能把新的数学知识同原有认知结构更加紧密地融为一体，并贮存下来，从而使所形成的数学认知结构更加充实、完善和稳定。也就是说，数学练习课是学生发挥其主体功能，进一步巩固新授课知识，促进学生数学知识内化，确保学生数学认知结构高度稳定和完善的强化训练过程。发挥学生主体功能，并没有排除教师必要的指点和帮助，教师强有力的指导是学生完善和稳定数学认知结构的根本保证。

2. 数学练习课是学生主动学习的有效形式

练习课不是新授课的简单延续和重复，它要求学生将新授课初步掌握的知识进一步内化为自己的数学认知结构，并形成相应的技能技巧，最终发展成能力。这一过程是教师不能包办代替的，只能发挥学生的主观能动性，依靠他们的独立学习精神与能力才能完成。小学数学练习课是学生的主动学习形式，以学生独立练习为主要内容，其重要任务就是要充分保证学生在练习活动中能独立、主动地发现问题，揭示规律，找到解决问题的途径和方法。

3. 数学练习课是培养学生数学能力的一种基本活动方式

小学生的数学能力是经过由掌握数学基础知识和基本技能，并将其广泛迁移运用于实践，而逐步形成的一种稳定的个性心理特征，它是数学基础知识和基本技能掌握的进一步概括化、系统化、具体化的结果。

能力只有通过练习才能逐步发展起来。数学练习课的一项基本任务，就是帮助学生把在新授课所掌握的数学知识广泛而有效地运用于计算、逻辑推理、空间想象、分析和解决实际问题等活动中去，形成和发展其数学能力。因此，小学数学练习课是帮助学生把数学知识转化成数学能力的一种最有效、最普遍的基本活动方式。

4. 数学练习课是“培优扶潜”的因材施教过程

练习课可以通过安排不同层次的练习题和提出不同程度学习要求，去满足不同水平学生的学习需要，较好地解决优等生求知欲望尚未满足与潜能生无法达到数学要求之间的矛盾。同时，练习课还为我们提供了关心、辅导潜能生的机会和时间。它使我们在不增加学生学习负担的前提下，把转化潜能生的工作落到实处。因此，练习课是一种比其他任何课型都更有利于提高潜能生、发展优等生，真正落实“培优扶潜”，实施因材施教原则的课堂教学形式。

（三）练习课的分类

根据教学内容和目的的不同，练习课可分为以下几类：

1. 巩固性练习课

它是紧跟新授课后的一种课型，目的是在学生初步理解知识的基础上，形成初步技能。这类课可采用讲练结合和评练结合等方法教学，其教学程序一般为“基础练习—初步练习—评讲练习—独立练习—总结讲评”。

2. 综合性练习课

它是学完某一小节知识后的一种练习课型，目的在于引导学生对新知识进行整理归类，培养其综合运用知识和解决实际问题的能力。这类课可采用自主练习和议练结合等方法教学，其教学程序一般为“基础练习—综合练习—小结讲评—发展练习”。

3. 复习性练习课

它是紧跟整理与复习课后的一种课型，目的是帮助学生把知识系统化，以利深入理解和记忆。这类课可采用激疑思考和议练结合等方法教学，其教学程序一般为“阅读串联—质疑探讨—组织练习—评讲总结”。

4. 操作练习课

这类课可自成一种课型，也可与新授课、巩固性练习课及复习性练习课综合进行，目的主要在于培养学生动手动脑能力、发展智力。它可采用讲练结合和议练结合等方法教学，其教学程序一般为“明确要求—操作演示—思考(讨论)发现—概括总结—变式练习”。

5. 探究性练习课

它是紧跟实践活动课后的一种课型。这类课应紧密配合教材，选择有趣习题，引导学生运用迁移规律去探究、发现，以激发学生兴趣，启迪智慧，主要采用激疑思考和议练结合方法，其教学程序一般为“基础练习—探究发现—巩固应用—发展练习—引申总结”。

6. **思维训练课**

它是以思维训练为核心，按教材要求和知识结构设计组织的富有思考性、灵活性和综合性的练习课，目的在于培养学生的思维能力，其教学程序一般为“基础训练—试解习题—讨论交流—择优评练—总结评讲”。

（四）练习课的原则

小学数学练习课的设计，必须考虑到小学生的学习能力和生动活泼的性格特点，为小学生营造出积极生动的课堂氛围，设计合理科学的练习题，达到事半功倍的效果。

1. **目的性原则**

教师在备课前明确教学目标，才能对上课的教学内容、结构、方法进行计划和预设；学生只有明确了练习的目的，才能知道为了达到这个目的需要进行怎样的努力。因此，教师要从教学内容和学生两方面的实际出发，针对本节练习课学生需要掌握哪些理论知识、了解哪些拓展知识、学会哪些解题技巧、增强哪些能力等问题进行思考，并紧扣教学目标、突出教学难点，要集中体现练习的意图，才能收到应有的练习效果。

首先，对教材知识要有深刻的了解。其次，要实时掌握学生的实际情况，以便在练习课时有针对性地对重点难点进行讲解，攻坚克难。再次，练习的设计要遵循由易到难，由简到繁，由基本到变式，由低级到高级的发展顺序，使不同层次的学生都有经过刻苦学习之后获得成功的快乐、愉悦地体验，使学生的学习更加积极主动。

2. **实用性原则**

学生的练习必须达到一定数量才能更好地促进知识的内化与建构，但一节课的时间有限，这就要求练习课的设计要少而精，讲究实效。

首先，选择的练习题应具有生活性。教师要以教材为基础，从学生的生活经验和已有的知识出发，选择合适的教学内容，紧密联系学生的生活实际进行设计，真正理解和掌握数学知识。其次，选择的练习题还应具备典型性。既能集中体现课堂教学内容的精华，做到题量适当，恰到好处，又能通过设计的练习达到巩固知识，举一反三、拓展思维、培养基本技能的目的。再次，选择的练习题要有一定的针对性。学生只有针对在学习过程中没有理解的问题进行一些针对性的练习，他们才能够将具体问题进行具体分析，从而达到解决和理解这些问题的目的。

3. **趣味性原则**

练习课的设计注重题型的多样化与练习方式的趣味性，可以使学生学得主动、学得灵活。教师可以选取一些新颖的事例或方式来引导学生进行练习；可以通过习题比赛、情景模拟、讲故事等方式来增加练习课的趣味性；在练习时让学生进行独立练习、集体练习或者小组合作练习，既能减轻学生练习的心理负担，又能扩大学生的参与面。

练习设计的多样性和趣味性，有助于激发学生学习的兴趣，发展学生的开拓性思维，培养学生灵活运用知识与解决问题的能力，提高练习的效率。

4. **开放性原则**

练习课的教学目标不仅仅是提高学生的解题技能，更要发展学生的数学思维能力。这就要求教师在练习课的设计时要增加练习题和问题设计的开放性，尽量选择一些有多种解法或思考容量较大的、能锻炼学生应用性与开放性思维的习题，引导学生从多个方面对问题进行探究，锻炼学生的探究能力，拓展学生的思维能力。这些条件不完备、问题不完备、答案不唯一、解题方法不唯一的开放性练习，具有发散性、探究性、发展性和创新性等特点，可以让学有余力的学生在解题过程中出现强烈的表现欲望，产生浓厚的学习兴趣，从不同方向去寻求最佳解题策略。

通过开放性练习，有利于促进学生积极思考，激活思路，充分调动起学生内部的智力活动，使学生变得越来越聪明，思维越来越灵活，应变能力越来越强，不被模式化的定势思维所禁锢或束缚，培养学生的创新性思维能力。

二、练习课的基本结构和教学策略

（一）练习课的基本结构

练习课是对新知识的巩固与回忆，是沟通新旧知识的桥梁。在设计练习课的教学过程中要注意循序渐进，一般将不同类型的练习课分为以下三大阶段：

1. **巩固阶段**

巩固阶段一般是练习课中最开始的阶段，在此阶段主要通过学生进行基本练习与巩固练习激发其练习兴趣，巩固加强之前新授课中所学的基本知识。其练习题以教材上的基础知识为主，对教材上的基础概念以及概念的延伸进行练习和设计，掌握基本的解题方法。教师还需提前根据新授课后的反馈练习完成情况及时了解学生对于知识的理解程度。课上再针对学生的错题有计划地进行讲解补充，完善学生知识结构，为进一步运用数学知识夯实基础。

2. **深化阶段**

深化阶段是练习课最中心的阶段，这一阶段主要是为了进一步巩固学生所学的知识，并适当地对知识进行扩展性和拔高性训练，重点在于培养学生独立学习的能力，让学生在发挥主观能动性的作用下，稳定和强化知识结构，掌握运用知识解决问题的方法与技巧，强化学生的学习能力。其练习题应该以方法技巧型的题目为主，在学生已经牢固掌握基础知识之后，教师需要引导学生在练习中总结技巧和方法，培养学生独立分析和思考的能力，对公式和概念以及一些简单的式子进行灵活变换。

3. **综合阶段**

综合阶段是将新旧知识有效结合，深化学习记忆的阶段。在此阶段，教师要引导学生对于知识框架进行回忆，纵向的将新旧知识进行衔接，横向的与其他应用领域进行交叉，通过纵横联系，健全完善的知识储备，形成知识网络，加强学生对知识的综合运用能力。

其练习题应该以提高创新型的题目为主，引导学生对于已经掌握的内容进行总结和分析，加强知识前后的联系，运用新的理论知识解决旧的问题，并针对已经解决的问题提出新的看法或者疑问。在此过程中培养学生的创新能力、自主学习能力等，促进学生综合素养的提高。

总之，练习课上教师应严格依据课标要求和教材内容，对练习题进行科学合理的设计，由浅入深，由单一题到综合题，从基础巩固性练习，紧接着进行发展深化性练习，最后进行扩展综合性练习，逐步有坡度地提高。这种层层递进的练习结构不但有助于老师了解学生掌握知识的情况，发现差异，而且有助于学生发现在学习中未掌握的知识，突出个性发展，加深学生对数学知识的理解与运用，促进其数学能力的培养与提高。

（二）练习课的教学策略

1. 精心设计练习题

练习题是小学数学练习课的主要工具，练习题的质量与课堂的效率息息相关，因此，科学设计或选择合理的练习题是开展练习课的关键点。教师不仅要关注知识间的内在联系，还要遵循学生的认识规律，明确目的，突出重点，注意以下三点。

（1）注重练习难度的层次性

练习题的设计要注重层次性，以便全面复习和满足各类学生的学习要求。教师可根据练习题的难度按照基础知识型、方法技巧型、提高创新型三种类型设计，分别对应课堂中的巩固阶段、深化阶段以及综合阶段三个阶段，有层次地进行练习。在不同的阶段进行不同层次的练习，教学过程循序渐进，每一步都能够有效吸引学生的兴趣，提高学生的积极性。

另外，练习题设计除了要考虑教材外，还要考虑学生具体情况，注意分量适宜，难度适当，针对不同层次的学生设计难易不同的练习，让各类学生的思维都能在练习中活跃起来，不仅能让潜能生获得成功的满足，还要让优等生感到学有所获。

（2）注意练习素材的生活性

数学来源于生活，而又服务于生活，与生活息息相关。教师在设计数学练习题时，将教材资源与学生的生活资源进行整合，恰当合理地将学生熟悉的、感兴趣的生活素材融入进来，让学生感受数学学习与生活的紧密联系及应用价值，能激发学生练习热情，调动学生练习的积极性和主动性。学生会在教师有效的引导下积极思考、主动探究，从而提高分析问题和解决问题的能力，促进思维发展。

（3）注意练习形式的灵活性

“兴趣”是学生学习的重要因素，重复枯燥、单一形式的练习不仅增加学生负担，而且束缚学生的思维，所以在练习设计时要力求形式的多样性，做到新颖有趣。教师可采用填空、选择、判断、改错、填改条件或问题、动手操作题等多种练习形式，也可以选用一题多变、一题多解等练习题，还可以设计对比练习等，促使学生加深认识，提高应变能力。低年级还可以安排对口令、夺红旗、送信等练习形式，但也要注意练习方式不要变换过多，以防分散学生注意力。

2. 构建完整知识体系

数学是一门逻辑性较强的学科，知识点分布在教材的各个章节之中。因此，教师在练习课中要把分散的知识点进行整合，理清它们之间的内在联系，构建完整的数学知识体系，以便于学生理解和掌握，以提高练习课教学的实效性。

一般而言，练习课要么是针对某一节课的单一练习课，要么是针对几节课的综合练习课，要么是针对一个单元的单元练习课。它既要对上节课知识进行巩固，又要为下节课的知识学习做铺垫；同时还可能是多个知识点或几个单元知识的整合。教师既要注重练习课的承上启下作用，又要注重练习课的梳理整合作用，这样，学生通过练习，就能理清知识脉络，并形成完整的知识体系，实现融会贯通，促进学生有效练习。

3. 引导学生主动参与

传统的教学方法和教学模式容易让学生缺乏学习兴趣，陷入题海战术的误区。教师在练习课中注重转变教学方法与教学模式，加强学法的科学指导，引导学生更加主动地对知识进行探索与学习，可以使学生获得终身受益的能力。

教师在练习课的教学中要不断探索新的练习课教学模式，拓展学生探究学习的机会和平台，可以自主探究、独立练习，通过自己的努力找到解决问题的答案，将分析问题、解决问题的机会留给学生；可以让学生在游戏、互动甚至是角色扮演中领会知识的内涵，发现问题的答案，鼓励学生主动地尝试和探索；也可以通过教师的启发引导、点拨或同伴的合作交流；还可以让学生担任小老师，尝试进行习题的讲解，锻炼学生自己解决分析问题的能力和语言表达能力。在练习课的课堂上，教师只有引导学生主动参与学习，尽可能地自己去探索，才能慢慢养成自主学习的习惯，并不断增强其质疑、析疑、解疑的能力。

4. 注重互动评价与反思

(1) 注重评价

如果只练不评，就不能收到好的教学效果。评价反馈不仅是教学质量的反映，也是了解学生对知识掌握程度的途径，更是促进学生后续学习的重要动力。

教师要根据练习课教学实际、练习题的难易程度、学生学情以及学生学习状态建立良好的评价机制，最好能够实现分层评价，让各个层次的学生在整个学习活动中感受到学习的成功乐趣。还要及时、准确反馈学生练习的结果，明确指出其“对”或“错”，并指出错在哪里，分析错题原因，使学生了解自己掌握知识的薄弱所在，并加以补救。久而久之，就能有效增强后进生的学习动力，使优等生感受攻坚克难的成功喜悦，有效培养他们不畏困难、乐于求进的思想。

(2) 有效互动

数学练习课不是学生一味地练习练习再练习，而应是师生之间的有效互动和情感交流。在数学练习课教学中，教师要多与学生进行情感交流，以自身的教学魅力感染学生，以饱满的精神状态激发学生学习的积极性，提高学生练习热情。学生充分感受到教师的教学技艺与教学热情，引发强烈的求知欲望，自然会由衷地主动参与到课堂练习活动中。

（3）及时总结

学生完成题目的解答，还不能算结束，要使学生掌握方法，融会贯通，必须及时反思归纳总结。教师应根据不同的年级运用不同的归纳总结方式，应提倡和鼓励学生在解题后用自己的语言进行归纳总结。可以总结学生练习当中存在的失误，总结学生解题思路中的偏差，也可以总结练习课所涉及的解题方法和技巧，总结由易到难的渐进思想，还可以总结本节知识点的运用策略，总结解决问题中得到的思考与感悟。必要时，教师可借助树状图和表格引导学生对知识点进行归纳，由感性认识上升到理性认识，由具体上升到抽象，由简单层级上升到高级层级，这样有利于学生对新知识的巩固和深化，帮助学生完善知识系统。

5. 挖掘练习题的潜在功能

小学数学练习课的根本目的是提高学生解决问题的能力，发展学生的数学思维，促进学生的全面发展。数学教材中的很多练习题都有进一步扩展的数学功能，具备更深层次的发展和教育功能。因此，教师要合理利用练习题，对于习题中蕴涵的数学思想进行研究，挖掘练习题潜在的功能，把握练习题的特征，引导学生在练习的过程中实现能力和素质的全面发展。

在实际教学中，教师要注重学生数学思想的渗透和数学思维能力的锻炼，要引导学生加深对知识的理解程度，领悟其中的道理，发现其中的规律，并探索具体的技巧和方法；要善于发现经典练习题的价值，并对每一道经典练习题进行深入挖掘，使之成为知识、能力与思想方法之间的桥梁；还要引导学生对于练习题的种类进行归纳总结，发现其中的联系，对练习题进行延伸和深入探究，通过举一反三来促进学生对于练习题的掌握，发散学生的数学思维，感悟数学思想方法，拓宽学生的知识面。

实践与反思

<table>
<tr><th>实　践</th><th>反　思</th></tr>
<tr><td>1. 选取你最感兴趣的一个课题开展实训，并请同伴进行评价。</td><td rowspan="2">1. 什么是小学数学练习课？它有什么特点？</td></tr>
<tr><td>2. 结合案例 7－4《争当优秀调度师》，简要说一说练习课有哪些教学策略？</td></tr>
<tr><td>3. 开展课外阅读，找到一个你最欣赏的小学数学练习课的案例，与同伴一起分享。</td><td>2. 小学数学练习课的基本教学结构是怎样的？具体实施时要注意什么？</td></tr>
</table>

第三节　整理复习课的教学

一、整理复习课的含义及特点

（一）整理复习课的含义和价值

小学数学整理和复习是教材中一个重要的教学内容，它是数学教学的一个重要环节，是学生在加深对知识理解的同时，强化对知识的记忆，并使知识系统化的一种常用的基本课型，通常在单元末、期中、期末和毕业前进行。其主要教学目标是把所学的知识进行归纳、整理，突出知识间的内在联系，理清知识脉络，构成知识体系，以便学生形成比较完善的认知结构（参见案例 7－5《位置与可能性总复习》）。

小学数学整理复习课有助于小学生系统地、牢固地掌握所学的知识，有助于学生的整理、分析、归纳能力的培养，有助于提高学生综合运用知识分析问题和解决问题的能力，有助于学生应用意识和创新意识的培养，还能减轻学生的学业负担，提高学习效率，为更深层次的学习打好基础。

（二）整理复习课的特点

整理复习课一般安排在一个单元的新课教学全部结束之后，往往知识含量大、覆盖面广，主要具有以下特点：

1. **整理知识结构**

这是指把学过的知识进行系统归类、对比梳理，将零散的知识系统化，将容易模糊的知识清晰化；通过回顾、总结、提炼思考方法和解题规律等，发现不同知识间的内在联系，进一步完善学生的数学知识结构，构建知识体系、理清知识的来龙去脉，做到“点连成线，线连成片，片成体系”。

2. **复习以往知识**

这是指对学生学习缺陷进行弥补，实现查缺补漏，是在学生已有的数学知识基础上对原先学习过的数学知识内容进行高层次上的再学习。它更多的是一个加深数学知识理解，扩大数学知识联系，进一步提高数学知识掌握水平，提高数学知识应用能力和数学技能的过程。

3. **升华数学思维**

这是指应打破平日新授课的课时壁垒，将一类知识通过彼此的联系，梳理成体系，并找到知识归因，与原有知识合并、对接，完善学生对于数学学科的整体认知；在温故知新中加强学法指导，培养并提升学生自我探索、自主学习的复习能力，升华学生的数学思维。

(三) 复习课的原则

1. 系统性原则

要指导学生系统复习,帮助学生系统总结。也就是在对每个知识点进行复习的基础上,加强对知识点彼此联系的认识,使学生对所学知识有一个清晰的、准确的、完整的印象。

2. 重点性原则

要在系统完整的基础上又重点地复习,要突出教材的重点、难点、考点,并对它们进行挖掘延伸,避免简单重复;要突出对薄弱环节和易错习题的分析、研究与纠正。

3. 针对性原则

要根据学生对知识的掌握情况组织教学。在具体施教中,首先要采取多种方式调查学情——或先回忆、或先回答、或先测试等,然后再根据具体情况进行点拨讲解、思考探究或强化训练等。

4. 主体性原则

教师要以学生为主体,把学习的主动权交给学生,引导学生从被动学习转化为主动学习,引导、组织学生参与复习的全过程,动手、动口、动脑,多思考、多实践,不仅要让学生有机会查缺补漏,更要确保其通过新一轮的学习而掌握良好的学习方法,要在已有的基础上真正做到有所提升。

二、整理复习课的基本结构和教学策略

(一) 整理复习课的基本结构

1. 整理归纳

学生平时学习获得的知识是零散的、相对独立的,整理归纳要由浅入深、层次分明,把相关的知识内容归类梳理,沟通知识纵向、横向之间的联系,理清知识的脉络,使学生融会贯通,重建认知结构,以体现单元知识的系统性。

教师要充分放手,突出学生主体地位,鼓励学生自主建构,并通过同伴交流来整理知识。学生归纳不完整时,教师再利用各种手段引导学生完善、建构,这样学生容易理清知识,理解知识之间的联系和区别。这一环节既要注意对基本概念、基本要点、基本规律、基本原理等知识的复习,也要注意对原则规则、方法步骤等知识的复习。前者主要是理解,也需要记忆;后者首先是记忆,其次是运用。前者帮助学生完善自己的知识结构,提高认知水平;后者帮助学生解决实际问题,提高基本技能。

2. 挖掘拓展

(1) 纠错讲评

新授或练习课时,由于各种原因可能导致学生出现学习错误、学习偏颇或学习不全面、不到位等,教师需设计纠错练习,通过讲练结合,帮助学生在系统复习的基础上进行查漏补缺,进一步完善认知结构,同时也可以培养他们的自主修复能力。

（2）拓展升华

有些知识靠一次学习是不可能完全理解的，在第一次学习时教师不能展开也不宜展开、不能挖掘也不宜挖掘，这个工作需要在复习时进行。这一环节教师应在原有的基础上进一步挖掘教材、拓展教材，以加深理解，升华认知系统，让学生在主动参与中体验深度思考的乐趣，同时也可以发展他们的数学思维能力。

3. 归纳总结

这一环节主要是教师引导学生进行回顾反思、总结归纳。一是总结知识规律，进一步加深理解；二是总结答题规范和方法技巧，提高应用水平；三是总结学习方法，进一步反思和调整自己，以便更加有效地学习。

（二）整理复习课的教学策略

1. 重记忆的激活——创造情境重现“知识点”

数学知识点是构建知识体系的基本元素，也是培养数学能力的载体。由于复习内容先前已学过，对学生来说已经没有了新鲜感，学生学习的兴致往往不高。因此，单纯地采用提问的方式或者按以前学习的方式简单重现所学的知识，难以激发学生的复习兴趣，容易出现学生不求甚解、浅尝辄止的现象。

实践证明，精心创设各种教学情境，能够激发学生的学习动机和好奇心，培养学生的求知欲，调动学生学习的积极性和主动性，促使学生主动地参与。因此，把知识点重现于情境中能让学生在旧知的回顾中感到新鲜好奇，有效激活学生对相关知识的原有记忆。

2. 重体系的梳理——组织探究构建“知识网”

数学知识具有一定的逻辑联系，表现为稳定的知识结构。因此，复习课要注重对知识的整理，即将相关知识从纵向、横向进行梳理、总结，使之纵成线、横成面，而后结成“知识网”。在将“知识点”结成“知识网”的过程中，不仅沟通了各知识之间的内在联系，而且能够让学生结合自己的经验和思考自主建构，能够从整体的视角再认识每一个具体的知识，加深对每一个具体知识的理解。

3. 重能力的提升——辨别反思明晰“知识源”

数学知识有着高度的抽象性和系统性。如果学生对所学的知识不明其“知识源”，会引起概念的模糊和思维的混乱。只有明确了知识的源头，才能让学生把握本质，理清联系和区别。在整理和复习过程中，教师要善于策划、精选例题，发挥例题“以点带面”的作用，在讲解例题的基础上进行扩充引申，挖掘出数学问题的内涵和外延，实现数学的再发现和再创造。

4. 重知识的应用——解决问题感悟“知识值”

数学教育的根本是培养学生应用数学知识解决实际问题的能力。数学复习课当然更应该重视知识的应用，将数学与学生的生活联系起来，让他们体会数学知识的应用价值。

5. 重方法的优化——策略优化掌握“策略值”

选择合适的复习方法是提高整理复习课效率的有效保证。一般采取以下复习方法：

(1) 系统复习法

系统复习法就是对学过的知识进行全面系统复习的方法,它依据教材呈现的知识体系循序进行,主要包括七种方式。

① 导学式。教师先提出要求,然后师生共同回顾,接着选择典型例题讲解或组织研讨。它适合于难度较小或大家比较熟悉的知识复习。

② 自主式。教师先提出要求,然后学生独立学习、合作探究,最后测试、反馈、点拨。它适合于难度较大的知识复习,但教师必须指导、组织和管理到位。

③ 纲要式。指导学生把知识概括成纲要、表格、图示、口诀等,以加强理解和记忆。它适合系统归纳、总结式复习和对重点知识的强化复习。

④ 竞赛式。学生竞选章节主持人,然后组织全班同学竞猜、竞答、争论、研讨等。它易于调动学生热情,但要有具体的操作规则和激励措施,还要合理调控。

⑤ 训练式。按教材结构,设计系列试题,以做题的方式进行复习强化。它适合于在系统复习之后,以训练带动复习。

⑥ 自测式。引导和启发学生出题互测。如一人出题全班作答,或几人出题全班作答,或我出你答,或我们出你们答等。

⑦ 资料式。针对重点内容,指导学生编写复习资料,并进行验收、评比。它适合高年级的学生,但需注意对比、评价、点拨。

(2) 专题复习法

教材重组。打破教材体系,选择新的角度,整合知识,强化训练。

技能为纲。以答题规范与技巧为专题进行复习,如何审题和构思等。

试题探究。以对典型试题的研究带动对知识的系统复习和深度挖掘。

比较鉴别。通过比较,区分异同,加深理解,掌握规律,正确运用。

错题处理。第一步,分类整理;第二步,查找原因;第三步,反复强化。

总之,数学复习课要真正上好、上出实效,很不容易。教师在教学实践中需要不断摸索,根据学生实际灵活选用方法,激发学生的学习兴趣,使学生在复习中主动回忆,认真总结,自觉反思,不断提高。

实践与反思

实　践	反　思
1. 选取你最感兴趣的一个课题开展实训,并请同伴进行评价。	1. 什么是小学数学整理与复习课?它有什么特点?
2. 结合案例7-5《位置与可能性总复习》,简要说一说整理与复习课有哪些教学策略?	2. 小学数学整理与复习课的基本教学结构是怎样的?具体实施时要注意什么?
3. 开展课外阅读,找到一个你最欣赏的小学数学整理与复习课的案例,与同伴一起分享。	

第四节　实践活动课的教学

一、实践活动课的含义及特点

（一）实践活动课的含义和价值

《数学新课程标准》指出，数学活动课是小学数学课程体系中不可缺少的一种新型课程形态，主要通过数学活动，手脑并用，获得直接经验，扩大视野，增长才干，培养学生对数学的兴趣、特长和思维品质，提高学生解决实际问题的能力。数学实践活动课是在教师的指导下，以解决某一实际的数学问题为目标，以发展学生的数学思维为核心，学生充分发挥自主性，自己动手动脑进行实践和思维想象，在实践活动中学数学、用数学，体会数学与生活的联系，从而培养兴趣、发展能力的教学活动。其教学目标是以活动为形式，用有趣的内容吸引学生，寓教于乐，增强学生数学学习的欲望；用实践活动来锻炼学生，寓教于动，培养学生数学应用的能力；用数学思想来熏陶学生，寓教于思，提高学生数学思维的水平（参见案例 7－6《营养午餐》）。

实践活动课可以提高学生的数学素质，具体地说，主要是通过实践活动获得数学经验和即时信息，帮助学生应用、验证、巩固数学知识与数学能力，发展其数学思维，并能用所学知识与技能解决在学习、工作和生活中遇到的数学问题。数学活动课要尊重学生的需要、兴趣和爱好，引导学生不断塑造自我、拓展自我、提升自我，诱发学生创造能力的发展，从而促进全面素质的提高。

实践活动课可以弥补课堂教学的不足，其活动不受教学时空的限制，不管是在课内课外，还是在校内校外，都可以成为数学活动的美好天地。学生通过动手、动脑、动口，在生活中发现问题，探索规律，解决问题，从而激发学生的求知欲望，感受数学的魅力，更能让学生在实践中了解社会，担负起建设祖国的责任。

实践活动课是对数学常规课堂教学的延伸和发展，与数学常规课堂教学相互联系、相辅相成，又有其相对的独立性。

（二）实践活动课的特点

数学实践活动主要以培养学生的创新精神、实践能力及体现对知识的综合运用为目的，一般具有以下特点：

第一，强调探究。实践活动本质上是一种解决问题的活动，在解决问题的过程中，需要学生独立思考，自主探索。因此探究性学习是数学实践活动的主要学习方式，也是实践活动实施过程中所凭借的一种基本学习方式。它更多强调学生对学习过程的参与、理解与体验，注重学生在过程中的参与和表现；强调学习目标、过程、评价等环节的开放性，为学生自主选择活动和创造性地设计、组织、实施、评价活动留下必要的空间。教师应该尊重学生的自主性，引导学生经历发现并提出问题、收集资料、研究并解决问题、总结汇报的学习探究全过程，让学生在探索中获得一种积极的学习体验，掌握思维的方法，实现学习方式的有效转变。

第二，立足实践。虽然数学实践活动课的内容受学科知识和教学计划的限制，是在一定的数学学科知识基础上进行学习和活动，但它不再局限于书本知识的传授，可以让学生亲身参与、主动实践，在实践中综合运用所学知识解决各种实际问题，提高解决实际问题的能力。学生参与实践的内容是丰富的，实践的方式也是多样的。教师要充分利用学校、社会、家庭等各方面的实践活动资源，为学生营造实践情境，引导学生面对生活的各种现实问题，综合运用所学知识，主动地去探索、发现、体验、重演、交往，亲力亲为，获得解决现实问题的真实经验，感受数学与现实生活的密切联系，培养实践能力。

第三，注重综合。数学实践活动强调的就是提升学生的综合应用能力。数学与其他学科有着广泛的联系，数学实践活动与其他学习活动也有着密切的联系。教师不仅要注重数学实践活动与德育相结合，与生活、社会教育相结合，与科学学习方法相结合，还要注重学习过程中模仿和创新相结合，面向全体与发展个性相结合，学校、家庭、社区教育相结合。应根据学生的实际情况，创设有趣、适宜的生活情景，让学生在实践活动中充分体验数学本身的魅力，培养学生实事求是的科学态度与理性精神，促进学生综合素质的全面提升。

第四，着眼创新。实践活动课最基本的价值与目标就是培养学生创新意识、创新精神和创新能力。与数学常规课相比，实践活动为学生创新品质的形成提供了更为宽松、自由的空间。它不受数学知识体系和逻辑结构的限制，在活动过程中，学生始终处于主体地位，自己发现问题，自己设计方案，自己收集资料，自己解决问题。在积极探索、主动实践的过程中，学生的想象力和创造力可以充分发挥出来，不断地有所发现、有所思考、有所创新，具备初步的怀疑精神和批判精神，具有独立思考问题的能力和解决问题的能力，为将来成为创新人才奠定基础。

（三）实践活动课的分类

实践活动按照由低级到高级、由简单到复杂、由少到多和由模拟到真实，可划分为认知性实践活动、模拟性实践活动、社会性实践活动。

1. 认知性实践活动

认知性实践是通过观察、操作、练习等行为，使学生的知识学习在直接经验的有力支撑下完成，从而增强他们的学习兴趣，验证和强化其所学习的内容，最终达到对知识的正确认识和深刻理解。在小学阶段，学生的数学实践活动大部分是属于认知性实践活动。

例如，教学减法各部分的关系，让学生观察线段图，列式操作：30－18＝12（米），30－12＝18（米），18＋12＝30（米），对比讨论归纳规律：减数＝被减数－差，练习应用数学法则的两种方法验算减法；“实践”印证了“前人经验”，对减法各部分间关系有了深刻的理解。

2. 模拟性实践活动

模拟性实践就是模拟现实生活与实践的要素，让学生了解现实生活与实践中各种要素的基本关系，从而帮助学生在简明、安全的条件下，学会解决问题的方法。模拟性实践是通过观察和操作，真切地了解事物的存在及其发生、发展，一般是在室内进行。

例如，教学“乘法应用题和常见的数量关系”，教师运用摆摊设档模拟商场购物，传授“单价×数量＝总价”的知识。先通过学生日常生活熟悉的买笔、球等现实活动，了解单价、数量、总价的含义，然后让学生扮演售货员和顾客，进行模拟现实实践的购物，在简明、安全的课堂里学习解决问题，允许使用计算器计算总价，通过观察和操作，理解“单价×数量＝总价”的关系，延伸“总价÷单价＝数量”“总价÷数量＝单价”，并且让学生了解购物的“选择商品——观察单价——购买数量——计算总价——付款(有时出现不足或找回)”各种要素的基本关系，真切而深刻了解购物这一现实实践的存在、发生、发展过程。

3. 社会性实践活动

社会性实践是从校内拓展到校外，这样学生的视野才能开阔，社会责任感得以增强，更有利于学生发现新事物，提出新问题，解决新问题。社会性实践是从被动型向主动型转变，重复性向创新性过渡的实践，有利于学生个性的发展，有利于学生创新意识和实践能力的培养。社会性实践活动内容涉及的面比较宽泛，如调查本班男女生人数、每个学生家庭人口、每个家庭的藏书量、商场商品价格、校门口的车流量、测量学校操场或跑道、了解银行利率利息计算、汽车号码的编排规律等。

根据活动目的和内容的不同，又可分为数学游戏课、动手操作课、阅读交流课和应用实践课等。

二、实践活动课的基本结构和教学策略

(一) 实践活动课的基本结构

数学实践活动课是以学生所学的数学知识为基础，让学生通过实践活动，拓宽知识范围，并观察和体会所学数学知识在实际中的运用，它的基本教学结构大致如下：

1. 明确任务，设计方案

一是教师在课前应精心设计实践活动方案，分析实践活动在学校进行的可行性，细化到能够开展实践活动的具体地点及具体的操作探究流程。二是在开展实践活动前，应创设有利于学生进行实践的情境，激发学生探究欲望，引导学生明确开展实践活动的目的与任务，并指导学生分成若干个探究小组，同时设计好各小组活动方案，以确保实践活动过程中学生探究的有效性。

2. 展开实践，活动探究

学生根据自己设计好的实践活动方案，团队协作，分组开展实践探究活动。教师在此过程中应放手让学生开展探究活动，同时注意引导学生梳理相关知识点，并在实践过程中将知识点内化于活动全程，使学生更加积极主动地开展对应的实践活动。

3. 成果展示，分享经验

学生分组进行实践探究活动成果的展示，通过文字、图片、视频、音频、PPT 等分享自

己小组在实践探究过程中的得与失。

4. 回顾反思，拓展延伸

学生在实践操作中可能会有不同的观点和看法，出人意料的实践成果，不拘一格的实施策略，与众不同的结论或观点，教师不要急于表态，应引导学生倾听与思考、回顾与反思，促使学生对所学知识进一步拓展与延伸。教师对学生主动参与的做法与脚踏实地的探索表现应及时给予中肯、积极的评价，还可以指导学生通过日记、随感或小论文等形式进行总结与升华。

（二）实践活动课的教学策略

1. 挖掘学生经验，丰富实践活动主题选择

教师应从学生的需要、动机、兴趣和直接经验出发，丰富实践活动主题选择，以“趣”贯穿整个实践活动，激发实践活动参与欲望，建构一个更贴近学生真实世界的全新学习领域，实现对数学知识结构与逻辑体系的超越。

一是以“趣”为先，要选取能激发学生探究欲望的主题。教师要充分关注学习者的兴趣，选取“新、奇、乐、趣”的活动内容，设计形式多样的实践活动，让学生在活动没有开始之前便“蠢蠢欲动”，唤起学生的创造力，激发学生的参与意识，活跃气氛，达到寓教于乐的目的。

二是结合学生生活经验，研究生活中的典型数学问题。教师应选择在学生身边发生的或学生需要了解的、熟悉的事物作为实践活动的主题。通过对这些适合学生自主参与、主动发展的事物的研究，挖掘其蕴涵的数学问题，让学生充分了解数学在商业、科技、交通、工农业生产等行业的应用价值，感受到生活中处处充满数学，提高学生学习数学的兴趣，用数学的眼光留心观察身边的活动，多方面搜集活动的各种信息，培养学生解决问题的意识和能力。

三是结合学生知识经验，设计具有一定的科学性、思考性、可操作性的活动。教师应以学生直接经验为基础，结合教材的有关内容，安排相应的实践活动。如学了面积、周长与体积的计算后，可安排设计实地测量操场的面积或对生活用品进行估测等活动；熟练了混合运算后，可开展有关物品价格与购物的活动；认识了时间后，可研究有关“钟表与时间”“旅行与行车时刻表”等活动；学习了可能性以后可让学生分析摸奖、买彩票的中奖概率等问题。这些活动越贴近学生生活实际越好，范围越小越好，主题越突出越好。

2. 注重数学交流，促进实践活动深入进行

实践活动中的交流，既有教师与学生的交流，学生与学生的交流，也有学生与社会的交流。教师应鼓励学生就自己需要了解的问题，向老师和同学以外的其他人进行调查、访谈，以获取相关信息和资料，或开启自己的思路，以求更好地解决自己的问题，促进实践活动深入开展。

实践活动通常采用的是小组合作学习、共同探究的形式进行。在活动中，教师应重视学生间的人际交流，鼓励学生明确表达自己的想法和仔细倾听、理解他人的思想，促进不同观点的交锋和智慧的碰撞。引导学生在遇到不同意见时，学会思考与提问；在向同伴解释自己的策略时，再次检查自己的思维过程，从而加深对数学的理解，在师生互动、生生互动中解决数学问题，提高数学思维能力。

3. **关注方法渗透，达成实践活动核心任务**

注重数学思想方法的渗透和提高学生数学素养是实践活动的核心任务。数学素养主要是指独特的数学能力，它既包括探索、猜想和逻辑推理的能力，也包括有效地利用多种数学方法去解决数学问题的能力。

教师应努力提供机会，创设一定的问题情境，让课堂充满着研讨、探究、思考的气氛，引导学生主动开展观察、实验、猜测、推理、交流等活动，鼓励学生克服困难不断探究，不仅找到问题的正确答案，还要关注学生的情感态度，更应关注学生解决问题的方法和策略。要引导学生学会总结学习方法，主动寻找最佳策略，在不知不觉中受到数学思想和方法的熏陶和感染，提高解决问题的能力，提高学生数学综合素养。

实践与反思

实　践	反　思
1. 选取你最感兴趣的一个主题开展实训，并请同伴进行评价。	1. 什么是小学数学实践活动课？它有什么特点？
2. 结合案例 7－6，简要说一说小学数学实践活动课有哪些教学策略？	
3. 开展课外阅读，找到一个你最欣赏的小学数学实践活动课的案例，与同伴一起分享。	2. 小学数学实践活动课的基本教学结构是怎样的？具体实施时要注意什么？

第五节　考查讲评课的教学

一、考查讲评课的含义及特点

（一）考查讲评课的含义和价值

考查讲评课是课堂教学中的一种重要课型，它是平时教学的延伸和深化。如果说新授课是学习知识、练习课是巩固知识、复习课是梳理知识的话，那么讲评课则是通过对考试考查情况的讲评实现对前三个阶段学习效果的评价。它是数学考试考查后的一个重要的纠错环节，及时对所学知识和方法进行查漏补缺，从而完善数学认知结构，提高学生运用知识解决问题的能力（参见案例 7－7《六年级上册试卷讲评课》）。

因此，考查讲评课的课时虽然不多，但在课堂教学中的作用不可低估。概括起来，它主要具有以下作用：一是纠正错误，纠正学生答题中的各种错误，掌握正确解法；二是分析得失，通过试卷讲评引导学生学会学习、学会考试；三是找出差距，让学生认识到自身与他人的差距，认识自身学习实际与学习能力的差距；四是提炼概括，对知识、方法做进一步的归纳，站到数学思想的高度认识所学内容。

（二）考查讲评课的特点

考查讲评除遵循一般的教学规律和原则外，还具有自身的教学特点。

1. 突出针对性

教师要准确分析学生在知识和思维方面的薄弱环节，找出复习中出现的具有共性的典型问题，针对导致错误的根本原因及解决问题的方法进行评讲；另外，对内涵丰富、有一定背景的试题，即使这个题目解答无多大错误，也应以它为例并对它丰富的内涵和背景进行针对性讲评，以发挥试题的更大作用以及拓展学生的知识视野。

2. 强调层次性

讲评是全体师生的双边活动，但不同学生存在的问题不尽相同，因而要调动各层次学生都积极参与讲评活动，使每一位学生都有所收获。这就要求教师从整体上把握讲评内容的层次性，使内容层次与学生层次相吻合。

3. 注意新颖性

讲评课涉及的内容都是学生已学过的知识，但评讲内容决不应是原有形式的简单重复，必须有所变化和创新。在设计讲评方案时，对于同一知识点应多层次、多方位加以解剖分析，同时注意对所学过的知识进行归纳总结、提炼升华，以崭新的面貌展示给学生，在掌握常规思路和解法的基础上，启发新思路，探索巧解、速解和一题多解，让学生感到内容新颖，学有所思，思有所得。通过讲评训练学生由正向思维向逆向思维、发散思维过渡，提高分析、综合和灵活运用能力。

4. 注重主体性

讲评课上不仅是老师讲，更要让学生讲。学生的讲，主要讲过程、讲方法、讲原因、讲感受、讲经验等，但也可讲知识、讲规律。学生讲的作用主要在于凸显存在的问题，生成教学目标。一般可以让学生先讲，老师后讲。老师的讲，主要是讲知识、讲规律、讲规范，但也可讲过程、讲方法、讲原因等。老师讲的作用不在灌输，而在确认、在点拨、在拓展、在深化、在归纳、在总结，在激励、在指导。

（三）考查讲评课的原则

1. 及时性原则

准确统计和及时讲评是上好讲评课的基础。学生在考试考查的过程中会有很多解题的思路和想法，即使是试卷上做错了甚至没有做的题，他们都曾有过若干思维的火花，若不及时交流这些火花就会熄灭。而讲评效果的好坏取决于反馈信息的准确性，因此，教师应对在考试考查中进步明显或有明显不足等情况进行分类统计，做到有的放矢，及时反馈，及时讲评。

2. 典型性原则

课堂上讲评、分析的题目必须有所选择，应遵循典型性原则。即要选择与本单元的基础知识、基本技能和教学方法有直接关系的典型题；选择学生卷面上有独到见解的典型题；选择出错较多的典型题。要在统计的基础上有重点地讲评，根据试题的错误率分为不讲、略讲、详讲等不同类型以区别对待；切忌面面俱到，不分主次，逐题讲评。

3. 主体性原则

讲评课的首要任务就是要处理好教师的主导作用与学生的主体关系。讲评课不是教师的一言堂，应是师生交流、生生交流的群言堂，其主体应该是学生。教师要为学生搭建一个平台，通过错误让学生改、思路让学生讲、解法让学生想等方式，激发其学习兴趣和热情，给学生表述自己思维过程的机会，引导学生深入思考、积极讨论、认真发表、大胆质疑，通过学生积极主动参与得到相互启迪，促进学生对知识的掌握，提高学生的解题能力。

4. 系统性原则

讲评课应帮助学生形成一个经纬交织、融会贯通的知识网络系统。因此，教师应引导学生将分散于各题中的知识点和数学思想方法适当归类，形成认知和方法的系统结构。特别是对于典型试题，应突出思路的探索过程，在失败到成功的过程中，暴露学生的自然思维过程，逐步形成解题的思考模式，更有助于对所学知识的深刻理解和保持，发展学生的数学认知结构。

5. 强化性原则

讲评不能搞简单重复，要引导学生善于读文、读图、读表和组文绘图制表，要进行有效的横向比较、纵向贯通、深层挖掘、精细剖析或变式训练，以拓宽视野、深化理解、促其顿悟、固其技能、强化思路与方法；还要重视和加强课堂小结的设计、组织和指导，给出充分的时间让学生纠错反思、分析技巧、总结经验、交流感受，确保人人有收获、个个能提高，达到心领神会、触类旁通的效果。

6. 激励性原则

讲评时不可忽视小学生的心理状态，教师要注意用好激励手段，将表扬激励贯穿整个讲评始终。对各种优点的表扬要因人而异，让受表扬者既有动力又有压力；对存在的问题提出善意批评的同时，应包含殷切的期望，使学生都能面对现实，找到自己努力的目标，振作精神，积极地投入到下一阶段复习中去。特别是原来基础较差的同学，教师应从试卷中捕捉其闪光点，对他们在卷面上反映出的点滴进步加以肯定，要充分调动学生学习数学的兴趣、情感等积极因素，激发勤奋好学的愿望，以期在下一阶段有新的突破。

二、考查讲评课的基本结构和教学策略

(一) 考查讲评课的基本结构

数学讲评课不能依靠题海取胜，而应通过对各层次试题的深入研究，提高学生能力，

其教学基本结构如下：

1. **简述情况，提振精神**

讲评课开始，首先用几分钟时间介绍测试的基本情况，让学生有一个整体了解，这是讲评课不可或缺的内容。主要包括：① 试题情况介绍，包括试题数量、内容范围、试题难度等。对于试题难度，除了说明预设的难度以外，更重要的是统计出每道题的错误率，作为具体讲评的起点。② 考试结果概述，包括年级和班级的平均分和及格率、优秀率、最低分、最高分等。③ 存在问题说明，主要指出学生在基础知识的掌握、答题规范与技巧、学习态度等方面存在的共性问题。对于一般性问题，扼要说明即可，对于比较重要的问题，后面环节再展开剖析，重锤敲打。④ 典型情况介绍，表扬考出水平的学生和进步快的后进生。特别是多表扬达到或超出目标分的后进生，切忌责难、讥笑后进生，而应多鼓励和帮助他们，可通过一些进步快的同学为实例，教育他们不要泄气，要奋力直追。

2. **提出问题，明确目标**

简述基本情况后，教师可采用适当的方法引导学生提出本节课要讲评的问题：或启发谈话，提出问题；或展示学生试题的不同做法进行比较，提出问题；或让学生对同一问题说出不同的看法引发争议，提出问题等，让学生明确本节课要达到的学习目标，以激发学生的学习兴趣，积极主动参与评议活动。

3. **围绕目标，展开评议**

师生围绕讲评目标，进行交流。讲评切忌平铺直叙，更不能用简单的问答式校正，应做到“突出重点、突破难点，加强思路分析、讲究对症下药”。教师要积极启发学生自己去发现问题，分析问题，解决问题。

教师对学生在学习中存在的问题，应采用类比、对比、示范、演示等方法，组织学生讨论，自由发言，让学生通过比较、辨析、评议等，指出答案的正误之处，并说明理由，深刻认识造成错误的原因。在学生讨论过程中，教师不能让少数优生“垄断”课堂，应积极鼓励中等或学习有困难的学生首先发言，培养其听说能力。

在评议中，教师要选取学生错误集中、解法新颖、启发性强的题目，把学生的各种意见，加以归纳整理、板书要点，让学生比较思考。教师应尽量让学生进行讲评，包括典型错误的思考、巧妙的思考等，以显露学生思维过程，对其他学生起到警戒、示范作用。教师要重点关注学生的错因分析与思路启发，且不要急于纠错，而应以比较、铺垫、引读、反诘、深究等多种引导方式，或从反面入手，剖析典型错误；或从正面分析，进行比较说明，继续启发学生思考，指引思维方向。

4. **归纳小结，点拨释疑**

经过师生评议，学生对所评析问题有了一定的认识，教师再进行归纳小结，及时开“讲”，做到画龙点睛：或肯定正确答案；或将正误两种思路进行比较，发现其主要区别；或阐明讨论得出的一般规律，对讨论形成的认识进行提炼、升华；或提醒学生记住经验教训，做到不重复同样的错误等。

5. 巩固练习,检验效果

教师应利用学生的思维惯性,扩大"战果",及时安排学生进行巩固练习,如对典型试题进行多角度改造,采取"一题多变""一题多测""一题多拓"等方法使旧题变新题,引导学生在练中学、学中练,练中悟、悟中学,及时发现存在的问题。

另外,讲评课不能以下课为终结,必须要求学生课后完成如下工作:① 在专用《错题集》上按照"题文、正确解答、错因"的格式订正错题;② 整理一题多解,充分体会、内化;③ 进行得失分统计分析,定出下次目标;④ 完成教师布置的针对训练题;⑤ 结合个人实际,自选并认真完成一部分针对训练题。通过上述五个步骤进行巩固,从中发现讲评的效果,为下一环节的教学做准备。

(二) 考查讲评课的教学策略

1. 全面统计,精心做好前期准备

教师要认真评阅试卷,制定科学合理的评分标准,严格按标准给分、扣分并做好以下几项:

(1) 对学生得失分情况进行统计、汇总,确定讲评重点。

(2) 统计选择题和填空题全班错误人数及错误类型。对典型的、带有倾向性的错误应特别关注,如一道选择题全班有较多的同学选择同一个错误的答案,则应予以重点分析。

(3) 统计解答题的得分,计算各题的平均分,以此衡量全班对此类题的掌握情况。一般地,若全班平均得分低于此题满分的60%,则说明此种类型的问题是学生的薄弱环节,应予重点讲评。

(4) 对学生错误较为集中或不会人数较多的题目进行分析,找出错误根源,定出纠错的具体措施。

(5) 对学生试卷中比较好的解法进行整理,以向其他学生介绍,促进全班学生共同提高。

(6) 分析学生对相关知识与方法的掌握情况,定出补救措施,设计好针对训练题。

(7) 将试卷提前发给学生,要求学生初步订正错题,分析错因。必要时要进行个别谈话。

教师要获取这些信息,需做认真细致的调查工作,备课时要将相关学生的姓名写在教案上,上课时给予赞许或表扬。

2. 科学讲评,发展学生数学思维

讲评时不能就题论题,教师要善于"借题发挥",充分挖掘试题中的教学资源,抓住典型、择其要点、适时延伸、及时归纳、精讲精析,引导学生由浅入深、由表及里、由此及彼,将思维引向"深处",逐步发展学生数学思维。

(1) 解剖典例,追溯根源,弥补思维缺陷

学生的错误也是一种课程资源。学生在考试的过程中会犯各种类型的错误,教师要善于利用学生解题时的"错处",挖掘学生典型的错误和常见的错误,并呈现出来,留给学

生自我矫正和相互矫正的时间和空间,巧妙引导解剖分析,找出错误的原因,从而扫除学生的认知障碍,弥补学生的思维缺陷。这种解剖典型错误的讲评方式,可以促进学生对某一个知识点的深入理解,提高学生思维的周密性、严谨性、深刻性和批判性。

(2) 分类化归,对比思辨,深化学生思维

一张试卷,往往会有形异质同的题和形似质异的题。所谓形异质同的题,是指数学情境相异但数学过程本质相同或处理方法相似的试题。所谓形似质异的试题,是指数学情境貌似相同,但数学过程本质大相径庭的试题。像这两类试题,讲评时,教师要将它们分门别类、集中讲解,从而让学生透过表面现象看内在本质,深入理解一类知识的本质内涵。同时,通过对比思辨,防止思维定式产生的负迁移。

(3) 改造延伸,提炼总结,发展数学思想

数学知识与数学思想是紧密联系的。数学知识的发生、发展过程实际上也是数学思想方法的发生和凸显的过程。一套试卷中往往都有一些具有开发研究价值的典型试题,这些典型试题有些含有深厚的数学背景,有些隐含着深刻的数学思想。因此,试卷讲评不能停留于试题本身,而是要对某些试题进行适度的引申、变换和拓展,引导学生感悟和思考,逐步体会其中蕴含的数学思想,同时培养学生敢问、勤问、善问的良好学习习惯。

3. 反思小结,促进学生知识内化

教育家苏霍姆林斯基说:"只有能够激发学生去进行自我教育的教育,才是真正的教育。"反思的过程,是学生知识内化的过程。因此,教师要给学生留有一定的思考空间,引导学生进行自我反思与小结,总结考试的得失,便于以后改进。反思的内容可以是对错题的原因分析,知识掌握情况的反思,学习方法和学习能力的反思或者情感因素的反思;也可以和同学互相交流某些重难点题目的解题思路,交流学习经验;也可以和教师交流学习上的困惑,咨询科学有效的学习方法,甚至私下向教师提出一些意见。学生通过对本次测试进行口头或书面的自我反思与小结,可以对最近所学知识进行自我整理和内化,从而修复与完善自身的知识体系,不断培养自身的反思意识与反思习惯。

实践与反思

实　践	反　思
1. 结合案例 7-7,简要说一说小学数学考查讲评课有哪些教学策略?	1. 什么是小学数学考查讲评课?它有什么特点?
2. 开展课外阅读,找到一个你最欣赏的小学数学考查讲评课的案例,与同伴一起分享。	
3. 到附近小学去,和小学数学老师一起完成一节数学考查讲评课的实践。	2. 小学数学考查讲评课的基本教学结构是怎样的?具体实施时要注意什么?

第八章　小学数学学习评价

扫码查看
学习资源

知识导图

小学数学学习评价

- 第一节　学习评价的内涵和功能
  - 1. 小学数学学习评价的意义
  - 2. 学习评价的分类
  - 3. 学习评价的基本理念
  - 4. 小学数学学习评价的功能
- 第二节　小学数学评价的方法及其实施策略
  - 1. 常用的数学学习评价方法
  - 2. 数学学习评价的实施策略
- 第三节　小学数学常规作业评价
  - 1. 数学作业的意义及作用
  - 2. 数学作业评价中存在的问题
  - 3. 数学作业的布置与评价
- 第四节　小学数学考试评价
  - 1. 编拟小学数学试题
  - 2. 编制小学数学试卷
  - 3. 组织小学数学考试
  - 4. 小学数学试卷分析

学习目标

1. 了解小学数学学习评价的概念与基本理念；
2. 理解小学数学学习评价的基本功能；掌握小学数学学习评价的方法与手段；
3. 了解小学数学常规作业的作用与价值，掌握常规作业的布置与评价方法；
4. 掌握小学数学作业评价的基本方法；
5. 掌握小学数学学习评价，特别是考试评价的实施策略。

案例再现

利用计算器发现规律

1. 利用计算器计算下面的乘法算式。

34×34=__________

334×334=__________

3334×3334=__________

2. 从上面的算式和结果中，你得出了什么规律？____________________。

3. 利用上面得出的规律，不用计算器，写出下面算式的结果。

33334×33334=__________

3333334×3333334=__________

4. 小巧告诉小胖，她用计算器算得两个整数的积是455，但忘了这两个数，只记得：两个数都是两位数；两个数都小于50。小胖说，我来用计算器找出这两个数，从7×64开始试。小巧说，7和64都不可能，小巧说出三个理由。

① 你认为小巧说的是哪三个理由？__________；__________；__________。

② 你有办法很快找出这两个数吗？____________________。

思考

上述案例是国际数学与科学教育成就趋势调查（TIMSS）表现性评价（1997）的试题（略有改编），前三题与国内教材中用计算器找算式规律的习题类似，第4题值得借鉴，具有很强的综合性、操作性，能够反映学生的实践能力与问题解决能力。在我们教学与学习评价中很少设计这样“解释题”与“探索题”。

小学数学学习评价是小学数学教学的重要组成部分，它贯穿整个教学活动之中，有助于促进小学生学习的发展，为我们的教育教学“增值”。客观真实的学习评价更是提高小学数学教学质量必不可少的一项工作。

第一节　学习评价的内涵和功能

一、小学数学学习评价的意义

“评价”一词在我国1990年出版的《辞海》中的解释是：“评价，评论货物的价格……今亦泛指衡量人物或事物的价值。可以概括为阐释、衡量人或事的作用与价值，泛指人们根据自己的需要和见解，对人或事所客观具有的价值（正面或反面、积极或消极）进行判断与衡量，其实质是促进人或事的改善与发展，它是人的行为自觉性、反思性的体现，也是人类的一种认识活动。”

学习评价，指评价者依据教育教学目的，对学生所从事的学习活动进行价值判断的过程。简单来说，所谓学习评价，就是对学习效果、学业水平（学业成就）作出评定。学习评价并不仅仅就是考试或测验、测试。考试和学习评价之间的关系，可以粗略地刻画成这样的等式：学习评价＝测量（量）或非测量（质）＋价值判断。也就是说，学习评价有多种形式和方法，考试只是它的一种形式；学习评价的内容领域广泛，考试只涉及其中一部分；学习评价涉及学生发展的过程与结果，考试通常只涉及发展结果的一部分。

小学数学学习评价是在小学数学课程实施之后，对学生所实现的预期目标的程度进行测评、鉴定，并作出价值判断与衡量的过程。也就是说小学数学学习评价是以小学生的数学学习活动为对象，按照一定的计划，采取一切可行的技术和方法，广泛地收集小学生在数学学习过程中所反映出的各种有意义的信息、资料，并根据一定的课程目标要求对小学生数学学习活动的过程与结果进行定量分析与定性评估，分析与确定目标的实现程度，再做出价值判断的过程。

在小学数学课程教学系统内部，学习评价处在各环节的末端，它反映了小学生学习的实际收获，也就是课程编制、课程实施的最终效果，其重要地位不言而喻。

二、学习评价的分类

基于不同视角下的标准，学习评价的分类具有多样性。

1. 基于评价目的的分类

从评价目的看，学习评价可分为达标性评价、选拔性评价和表现性评价。

达标性评价是典型的基于标准的评价，它反映了学生达成课程标准规定要求的程度与状态。小学数学学习评价通常都是达标性评价。

选拔性评价的目的是为了甄别、遴选。通常的升学考试都是选拔性评价。小学数学学习评价一般都不属于选拔性评价。

表现性评价又叫作真实评定，本意是指通过观察学生在完成实际任务时的表现来评价学生已经取得的学习成就。其特点是注重知识技能的整合与综合运用，可以评价学生“做”的能力。本章“案例再现”中的《利用计算器发现规律》就属于表现性评价。这类评价在我们目前的小学数学教学中很少。

2. 基于学习过程的分类

从学习过程看，学习评价又可分为配置性评价、形成性评价和终结性评价。

配置性评价是指在学年、学期开始前或开始时施行的，旨在了解学生知识、技能基础及准备状态的评价。通俗地说，就是摸底测试。

形成性评价又称过程性评价，就是在教学过程中进行的评价，它能及时向师生提供教与学的进展信息。

终结性评价是指在一个单元、一个阶段、一个学期或学年的教学结束后对学习结果进行的评价，即通常所说的单元测验、期中(末)考试。

从理论上讲，终结性评价是“对”学习的评价，配置性评价和形成性评价就无疑是“为”学习的评价。但在目前的小学数学教学实践中，无论是单元测验还是期中、期末考试，都不同程度地具有诊断性评价的特点。

此外，还可根据参照标准将学习评价分为常模参照性评价、目标参照性评价；根据实施的主体将学习评价分为他人评价与自我评价；根据评价的判断方式分为定量评价与定性评价(质性评价)等。

三、学习评价的基本理念

数学学习评价的理念受数学课程基本理念的制约，有什么样的课程理念就有什么样的学习评价理念。《数学课程标准(2011 版)》对数学学习评价提出了新的要求：“评价的主要目的是为了全面了解学生的学习历程，激励学生的学习和改进教师的教学，应建立评价目标多元化、评价方法多样化的评价体系。对数学学习的评价既要关注学生学习的结果，更要关注他们学习的过程；要关注数学学习的水平，更要关注他们在数学活动中所表现出来的情感与态度，帮助学生认识自我，建立信心。”也就是说，数学学习评价要强调数学学习过程和学习结果的综合评价，强调关注学生发展的独特性和差异性，强调评价的动态性和激励性。在具体的数学学习评价体系中，应该体现如下几个基本理念：

1. 评价目标全面化

小学数学学习评价注重学生综合素质的考查，是对学生的数学学习进行全面的检测和了解。既要关注学生的认知层面，也要关注学生的表现；既要关注学生学习成绩，也要关注学生的创新精神和实践能力，更要关注学生的心理素质等；既要关注学生学习的结果，也要重视学习的过程；既要关注学生数学学习的水平，也要重视学生在数学活动中所表现出来的数学思考和情感态度，帮助学生正确认识自我、建立信心。

2. 评价内容多维化

小学数学学习评价应以尊重学生个性、正视学生差异为基点，以彰显学生的优点和特长，寻找学生的闪光点为目的，创造一个良性的环境，对学生进行多维度评价激励。评价包括小学生数学知识与技能的理解、掌握情况；数学思想与方法的理解、掌握情况；参与数学课堂学习活动的表现；数学课外阅读的表现；进行数学思考、问题解决的表现；学生的实践性与创造性；对数学学科的学习兴趣与学习习惯，以及数学学习的情感与价值观等。通过多角度多方面的评价，以帮助学生树立学习自信心，激发学生内驱力，发现和发展学生多方面的潜能。

3. 评价过程动态化

教师应将学习评价贯穿数学教育教学行为之中，贯穿小学生数学学习的全过程，使评价实施日常化、通俗化、动态化。应将总结性评价与形成性评价有机结合起来，给予学生多次评价的机会，尤其注重学生数学学习与成长发展的过程评价；应坚持“以人为本”，用发展的眼光给学生一个具体、恰当的评价，让每一个学生自己和自己进行纵向比较，看到自己的进步，以帮助学生体验成功，充分挖掘小学生学习数学的内在潜力，促进学生的实质转变与持续发展。

4. 评价主体多元化

在小学数学学习过程中，学生的自我体验和感觉是最真实的，所以学生自评很有必要；学生的学习表现和过程参与同伴最清楚，因此学生互评至关重要；家长对学生的了解也是非常具体详细的，因此家长评价也不可或缺；在学生外出参加活动时，社区、单位或社会团队对学生的活动表现最有发言权，所以他们参与评价也是很有价值的。

小学数学学习评价要改变以往单一评价主体的现状，实现自评、互评、教师评、家长评和社会评等多元化评价主体，使评价成为教师、管理者、学生、家长共同积极参与、协商和交往的交互活动。这样做既发挥了学生、家长的自主性，又能将教师与家长的关系拉近，同时使数学教育教学受到社会的关注与关爱。

但是评价主体的多元化不能贪多求全，而要追求适合、适当，才能有效。

5. 评价方式多样化

评价方式多样化，既指评价途径的多样化，如课堂上的观察、平时作业的检查、学生数学日记的点评等，也指测试方式的多样化，如书面测试、口头测试、操作测试，以及表现性测试等。此外，还可以包括课堂上多种激励方式及其表达方式的应用，如肯定、表扬、鼓励，口头语言、肢体语言等。

小学数学学习评价应针对不同学生的特点和具体内容的特征，选择恰当有效的方法。对学生知识技能情况的评价，应当将定量评价和定性评价相结合，结果评价与过程评价相结合。数学思考和解决问题方面的评价，更多地在学生学习过程和解决实际问题过程中进行考察；情感与态度方面的评价主要通过教学过程中对学生的参与和投入等方面考察。不同的评价方法在评价过程中起着不同的作用，不能希望一种评价方法会解决所有的问题。因此要尝试使用有助于全面评价学生的多种评价方式、方法。

四、小学数学学习评价的功能

学习评价的功能，就是指学习评价自身具有何种作用。小学数学学习评价的功能是多重的，而且在不同的条件下或有不同的需求时，它可以偏重于发挥其中的某些功能而忽略另一些功能。具体来说，小学数学学习评价的功能主要体现在以下方面：

1. 导向功能

主要是指评价本身所具有的引导评价对象朝着理想目标前进的功效与能力。教师们都习惯于把考试视为“指挥棒”，这其实就反映了学习评价对现实的教学活动具有的定向和引导功能。

用不同的数学评价标准和评价方式对学生的数学学习进行评价，会导致学校对数学教学和学生的数学学习进行不同的管理，也在相当程度上左右着教师、学生努力的方向。如果评价试题整体上倾向于数学的理解与应用，就会影响到教师的数学教学和学生练习发生转变，会更加重视理解，加强应用。而且，评价的导向除了有比较宏观的引领，也常有一些局部细节上的引导。这就要求小学数学学习评价应传递正确的方向信息，防止发生误导。

2. 诊断功能

主要是指学习评价能对教学的成效、矛盾、问题和学生的学力状况作出基于证据的判断。就如同看病就医的检查，诊断出病灶何在。既然是诊断，就应力求确诊，避免误诊、漏诊。

通过学习评价，了解学生在某阶段中知识和能力（尤其是数学思考和问题解决的能力）已达到的水平；了解学生对数学学习的情感与态度；了解学生数学学习中存在的弊端与差异；发现教学中影响教学质量的主要因素；判断教师在教学中的投入与表现；判断学生在学习中的行为与状态；为改进和提高下一阶段的学习内容提供依据，以便有针对性地改变学生学习的策略与方法，促进学生的发展。

3. 激励功能

主要是指学习评价在小学数学学习上所起到的激发和维持学生学习内驱力的作用。

人人都希望得到肯定与较高评价。通过肯定评价，学生学习上的付出得到了认可，心理上获得满足，在看到学习进展与成效的同时，也可能发现学习中存在的问题、不足，转化为继续努力的动力，提高学习的主动性。通过适当的否定评价，能使学生因产生焦虑而保持一种“适度的紧张”，同样可对学生的数学学习产生很好的激励作用，不断激励学生向更高的目标努力。

无论采用何种评价方式，都应注意加强教育，鼓励进取，消解焦虑，从而发挥学习评价激励作用的积极效应。

4. 改进功能

主要是指学习评价在小学数学学习上所起到的调节和控制作用。

学习评价作为教学的有机组成，能够促进学生练习、复习，使所学知识得到有效巩固。学习评价所获得的结果提供了学习过程的各种信息，可以对学习过程的各个环节（包括学习目标的设定）进行有效的调节和控制。其主要表现在两个方向：一是获得解答正确的信息，对成功经验产生强化作用；二是接受解答错误的信息，找出原因，纠正行为。

在小学数学学习过程中，评价者通过学习评价，从不同渠道获得关于学生学习的各种反馈信息，分析和研究这些反馈信息，发现教学中师生双方行为的不足，有针对性地采取相应的措施，调节教与学的双边活动，促使学生确定今后努力方向，调整自己的学习活动，以达到纠正偏差、改进教学、强化良好的教与学方式等目的。

5. 管理功能

主要是指学习评价在小学数学学习上能起到实现教学质量管理的作用。

学习评价有助于找到教学过程中的薄弱环节，有助于检查教师的教学目标及课程标准的实现程度，有助于掌握学生的学习态度、学习风格等，能够为教师和领导做出提高教学质量的决策、改进教学质量的管理和有效控制教学质量的措施提供依据，从而有助于实现教学的质量管理，提高教学的管理水平。

6. 研究功能

主要指学习评价在小学数学教学中为开展教学研究提供信息与证据的作用。

评价者通过评价反馈的各种信息，进行分析和研究，从教材、教学、学生等多个方面查找问题产生的原因，深入反思和挖掘，为教学研究的开展提供研究课题与方向。因此，学习评价所提供的各种信息，既可以用于教学的改进，也能用于教学的研究。无论是量化的评价还是质性的评价，都可能成为教学研究的有力证据，从而增强教学研究的实证性。

在小学数学学习过程中，将学习评价、教学研究和教学改进融为一体，能更好地促进小学数学教育的发展。

最后，有必要指出的是，在实施小学数学学习评价时，各种功能都有两重性，且总是综合起作用的，不能把它们截然分开。此外，只有良好的评价，才会产生积极的效果；反之，就会带来消极的影响。学生学习的进步和优异成绩的获得更多依赖于科学有效的教学活动，而不仅仅产生于测试和评价。

实践与反思

实　践	反　思
1. 结合具体案例，简要说明小学数学学习评价有哪些基本功能？	1. 小学数学教学评价主要分为哪几类？
2. 以小组为单位，选取本组最感兴趣的一类评价方式，在小学尝试开展一次学习评价。	
3. 开展课外阅读，找到一个你最欣赏的小学数学学习评价案例，与同伴一起分享。	2. 小学数学学习评价要遵循哪些基本理念？

第二节　小学数学评价的方法及其实施策略

一、常用的数学学习评价方法

小学数学学习评价包含一系列的步骤和方法，它有明确的目标和评价指标，在实施的过程中，要采取多种多样的技术和方法，收集、分析和处理有关信息以保证评价的真实性和准确性。

在小学数学学习评价中，不同的教学目的，不同的活动对象，不同的活动环节、程序或步骤都对应不同的评价方式和方法。具体来说，最常见的主要有数学测验、表现性评价、交流式评价、自我评价等四种评价方式。

(一) 数学测验

数学测验也称为"数学考试"，是数学教师最熟悉、最常用的一种传统评价方式，也是一种特殊的、高效的评价测量方式。

1. 按照测验作用分类

可分为诊断性测验、形成性测验和总结性测验三种类型。

(1) 诊断性测验，为诊断性评价而进行。它的价值在于"前反馈作用"，可使教师主动按学生的数学学习实际去组织教学。如新学期、新学年开始时的摸底测验，平时为诊断学生在学习上存在的问题、研究解决办法的测验也都是诊断性测验。

(2) 形成性测验，为形成性评价而进行。这种测验的目的主要是使数学教学过程中学生的数学学习情况及时得到反馈，以便改进数学教学。如平时测验、单元测验都是形成性测验。

(3) 总结性测验，为总结性评价而进行。这种测验的目的主要是对数学学科经过一个阶段数学学习后所取得的成绩作出总结性评价。如期末考试、毕业考试等都是总结性测验。

2. 按照测验编制来源分类

可分为标准化测验和教师自编测验两种类型。

(1) 标准化测验，是指按照系统的科学程序设计和实施、具有统一标准并对误差作出了严格控制的测验。它通常要满足四项要求：一是数学试卷编制的标准化。试卷应由专家通过一定的程序编写，有较高的有效性和稳定性，并具有多套等值复本，以便按需使用。二是数学测验过程标准化。测验的实施要有严格的要求，考场的设置、考试的时限、考试的环境、监考人员的素质等都要有一定的标准，避免各种客观因素对数学测验的影响。三是评分标准化。评分必须按统一的评分标准给分。四是分数解释标准化。

标准化测验比较科学、客观和准确，但也有一些缺点和使用上的局限性。如高层次的学习能力、态度、兴趣与习惯等教学目标难以编入试题之中，难以测定学生思维的灵活性、创造性。数学计算题不易测定学生的计算能力，是非题和选择题的答案又有一定的偶然性。由于这些缺点的存在，国内外对标准化测验的看法不尽一致。

(2) 教师自编测验，是指教师根据自己在各个阶段教学的需要而自行设计和编制的测验。这种测验编制和实施方便灵活，但没有标准化测验那样严格。

3. 数学测验的优势与不足

数学测验可以进行大范围的实施，有利于提高测验的效率；便于完整记录学生在题目作答中的反应；便于实施且容易实现评价过程的规范化和标准化，从而提高评价的信度和效度；便于对测验中答题信息的分析研究。

尽管数学测验有不少优势，但也存在一些不足：教师不能对学生的回答或观点做及时而深入的询问；所测量的目标仅局限于认知领域，对于情感方面的目标则难以测量；特别是那些过分注重客观题的纸笔测验，往往只涉及课程内容中有明确界定的掌握性结果，而对那些高级心智技能的评价则重视不够。

（二）表现性评价

指通过学生的实际任务来表现知识和技能成就的评价方式，是一种教师评价与学生自我评价相结合、评价的内容和过程融为一体的定性评价方式，又称基于表现的评价、真实性评价、操作性评价等。它能够反映出学生发展与进步的历程，增加他们学好数学的信心。

表现性评价使用的评价题目不是标准化测验的多项选择题，而是更接近于现实生活的任务，通过学生在完成一系列任务中的表现来确定其能力水平的评定形式。它既可以是书面形式的，也可以是口头形式的，或者是实验探究等一些直接的实际活动；既可以是一种课堂活动，又可以是一种测验形式；既可以是对学习的直接测量，即测量学习结果，又可以嵌入在课堂活动中，即评价学习过程。一般有调查实验、数学日记、课堂观察、数学作业、成长记录袋等方式。

1. 调查实验

评价者通过观察学生在数学调查实验或操作探究活动中的探究过程、具体表现、调查实验结果及对结果的分析报告等，考查学生独立思考、提出假设、分析处理数据、判断推理以及倾听表达等能力的一种评价方式，有的也称之为研究性学习或探究活动。

通过学生的数学调查实验或操作探究，提供了能够进行表现性评价的各种动手操作活动的形式。让学生记录探究过程，可以加强学生对数学内部知识的整体把握，促进学生加强数学与外部的联系，同时引导学生养成独立思考的习惯，学会有条理地表述自己的思考过程，在倾听和理解别人的思路后及时修正错误的态度，促进学生不断提高动手操作、社会实践能力及提出发现、分析解决问题等能力。

2. 数学日记

学生通过日记的形式记录课内外数学学习的心得体会。评价者则通过阅读学生日记了解学生数学学习的过程及感受、收获，了解学生在数学学习中遇到的困难、存在的问题等的一种评价方式。

通过数学日记，引导学生毫无顾忌地把自己的感受、困难之处、感兴趣之处等实际情况写出来，引导学生对自己所学的数学知识和方法进行总结、反思。这种评价方式注重学生的自身体验，反映学习过程，促进学生学会反思、学会学习，既引导学生在实践中运用知识、发现问题，培养问题解决能力和研究能力，又发展学生反省认知能力，同时提供评价学生真实学习情况的第一手资料。

3. 课堂观察

评价者通过直接观察学生在课堂中完成任务时的表现来做出价值判断。数学课堂是实施这种表现性评价的最佳地点。当评价者在课堂上有意识地观察学生在各种学习活动中的表现时，就会直接看到学生最真实的表现。能够对学生的数学学习态度、学习意志力，以及学生发现问题、解决问题的能力等这些不容易量化的发展目标获得丰富的评价信息。

新一轮课程改革积极倡导数学要采用动手实践、自主探索和合作交流的学习方式，使得课堂观察成为一种重要的数学学习评价方式。实施课堂观察评价应着眼于学生学习的整个过程，多维度地对学生的学习进行评价，以树立学生的学习自信心，激发其主动交往，从而真正体现评价的功能。

4. 数学作业

（1）数学常规作业：以学习和掌握系统的数学学科知识为目的，以考查学生日常数学学习情况与效果的一种比较常用的传统的学习评价方式。

评价者能通过数学常规作业直接了解学生的学习状况，发现学生数学学习中存在的问题。但需要评价者转变传统的评价模式，结合学生性格特点等因素进行综合考虑，对作业评价及时进行创新和完善，进而帮助学生改进学习中的不足，促使学生学习体系的构建，提高学生的学习效率，促进学生核心素养的培养和提升。

（2）数学专题作业：以解决实际问题为目的，以考查学生综合运用数学知识解决问题的能力和学生创新精神、实践能力等的一种学习评价方式。

数学专题作业具有应用性、探索性、开放性等特征。学生要解决或完成它不仅要经历收集数据、寻找资料、观察实例、测量实物、发现模式、绘制图表、进行书面或口头报告等几个过程，通常还需要由几个学生作为一组共同参与、合作来完成整个解决问题的过程。这些作业既可以是基于数学内部知识的，如对数学规律或模式的探索等，也可以是应用性的或跨学科的，但在完成过程中需要使用数学知识和技能。

5. 成长记录袋

指将反映学生学习进步的重要资料记录保存下来，归建成档，可为学生的数学学习发展与成长过程提供一个很好的形成性评价，可以全程、多样、有效地促进目标的达成，有的也称为学习档案袋。

用数学学习档案来进行评价，收集的记录资料可以不拘一格，如最满意的数学作业、最有意义的探究活动成果、最喜欢的操作或数学绘图作品、最认真的先行作业、印象最深刻的问题、解决问题的反思记录、阅读数学读物的体会、数学小论文、学习小结、分数最高或最低的数学试卷和“学分银行”等。学生在收集数学学习记录的过程中，会看到自己一天天积累起来的知识，会看到自己一点一滴的进步，这也是学生对自己的学习进行客观评价的过程，能指导学生学习数学，体验自我充实、自我完善，克服不良学习习惯，同时逐渐树立自信心。

总之，表现性评价是一种定性的过程性评价，有助于收集学生多方面的信息，保证评价的全面性和科学性，一定程度上弥补了数学测验中存在的问题与不足。其主要目的是激励学生的学习自信心与数学学习兴趣，教师可以根据自己的实际情况，设计出合适的表现性评价方式。

（三）交流式评价

主要指通过直接和学生交谈而获取关于学生学习状况的有用信息的一种方法，是一种很灵活的评价方式。具体来说，交流式评价主要包括课堂提问、访谈、课堂讨论、口头测验（口试）等四种具体形式。

1. 课堂提问

课堂提问是教师了解学生学习情况的一种主要手段。在数学课堂上，教师经常会把学生叫起来回答问题或让学生提出问题，并根据学生的回答或所提问题来估计学生对有关问题的理解或掌握程度。课堂提问的实质是出声的思考，即要求学生说出自己的思想、行动和情感，这对于以思维活动为主的数学学习来说，是一种比较有效的评价方式。

但要注意的是，课堂提问方式的有效性受到诸多因素的制约，如所提问题的方式、质量，提问的情境，以及学生的性格特征等。

2. 访谈

访谈就是评价者通过与评价对象面对面地口头交流的方式获取评价信息。在数学教学中，教师可以通过集体访谈来获取评价信息，讨论学生已经掌握的知识和还没能学会的知识，也可以通过个别访谈了解个别学生的思想。

师生之间真诚地交流学生的数学学习情况，探讨学生已经掌握的知识、特殊的具体需要、兴趣和愿望等，不仅可以获得学生在行为规范和情感、态度与价值观等方面的信息，也有利于创造一个有效的数学学习环境。

3. 课堂讨论

教师通过听取学生的讨论或观察学生在课堂讨论中的表现，评估学生的表现并推断单个学生或一个小组的学习成绩和水平。

课堂讨论是教师或学生发起的一种团体互动，对要求掌握的材料进行全方位的探讨，既能促进学生的学习，也可以提高学生应用已有知识的能力。

4. 口头测验

口头测验，简称“口试”，是评价者根据试卷项目对每个学生进行逐项测试，根据测试结果了解和评价学生的数学学习情况，是一种古老的评价方法。

相对笔试而言，口试更加能展示学生的思维过程，通过对学生思考、分析、解答问题以及真实操作过程的观察，不仅可以评价学生对知识技能的掌握运用情况，而且还可以全面了解学生的真实数学思考过程、解决问题的方法以及使用数学语言有条理地表达自己思考过程的能力。

总之，交流式评价是一种很灵活的评价方式。如果交流的重点突出，倾听认真，又慎重地得出结论，那么交流式评价就是评价学生数学学习表现的有效和可信的工具。

（四）自我评价

自我评价是自我意识的一种形式，是指学生对自己思想、愿望、行为、个性特点和学习情况等的判断与评价。它是促使数学学习评价从外部的转化到内在的、从形式的转向实质的、从被动的转向主动的一种学习评价方式，也是学生自我掌控的重要方式。

学生自我评价的方法很多。例如，每一个学习单元结束时，教师可以要求学生自己设计一个“学习小结”，用合适的形式（表、图、卡片、电子文本等）归纳学到的知识和方法、学习中的收获、遇到的问题等；也可以用描述性的语言说明自己某一阶段的数学学习内容与收获或者是总结自己本阶段的进步、获得的荣誉等；也可以引导学生建立“自我评价卡”，学生根据实际情况随时进行记录。不管哪一种方法，都必须要简便易行并适合学生的年龄特征。

“自我评价卡”是靠学生内在因素的作用，是学生自身为了实现自我评价而设立的，由学生本人使用和保存，不作为他人评价、教师鉴定、家长检查的依据，学生有权不允许别人查看。

为了帮助学生正确建立“自我评价卡”，全面评价学生的数学学习情况，教师可以提出“建卡”的相关要求或提供一些“自我评价卡”的模板，以供学生参考或运用。

下面是“三角形的认识”这个单元的“小学生数学学习自我评价卡”（见表 8 - 1），通过这些栏目的内容反映出评价因素和量化表示。当然，还可以设计其他的评价卡。

表 8 - 1　小学生数学学习自我评价卡

编号________　　时间________　　制卡人________

<table>
<tr><td colspan="3" rowspan="2">项目
评价内容</td><td colspan="5">三角形的认识</td></tr>
<tr><td>概念</td><td>性质</td><td>判断</td><td colspan="2">综合应用</td></tr>
<tr><td colspan="3">学习目标</td><td></td><td></td><td></td><td colspan="2"></td></tr>
<tr><td rowspan="4">日常学分</td><td colspan="2">发言答对次数</td><td></td><td></td><td></td><td colspan="2"></td></tr>
<tr><td colspan="2">作业正确题数</td><td></td><td></td><td></td><td colspan="2"></td></tr>
<tr><td rowspan="2">小测验分数</td><td>1</td><td></td><td></td><td></td><td colspan="2"></td></tr>
<tr><td>2</td><td></td><td></td><td></td><td colspan="2"></td></tr>
<tr><td rowspan="3">单元测试</td><td colspan="2">班平均分</td><td></td><td></td><td></td><td colspan="2"></td></tr>
<tr><td colspan="2">个人分数</td><td></td><td></td><td></td><td colspan="2"></td></tr>
<tr><td colspan="2">存在问题</td><td></td><td></td><td></td><td colspan="2"></td></tr>
<tr><td rowspan="2">学习过程</td><td colspan="2">数学学习情感态度（定性描述）</td><td colspan="5"></td></tr>
<tr><td colspan="2">与他人合作、交流情况（定性描述）</td><td colspan="5"></td></tr>
<tr><td rowspan="2">补救措施</td><td colspan="2">预测目标</td><td></td><td></td><td></td><td></td><td></td></tr>
<tr><td colspan="2">再次达标措施</td><td></td><td></td><td></td><td></td><td></td></tr>
</table>

实践证明，建立学生“自我评价卡”是小学数学学习中一种较为有效可行的自我评价方法。

在数学教学过程中，小学生通过自我评价，可以不断地审视自己的学习情况，从而提高学生学习数学的主动性，并不断地改进自己的学习策略和方法。

二、数学学习评价的实施策略

《基础教育课程改革纲要(试行)》明确指出:"国家课程标准是教材编写、教学、评估和考试命题的依据。"因此,数学课程标准也是小学数学学习评价的依据。在实际操作过程中,依据《课程标准》实施的小学数学学习评价还应做到以下几点:

(一) 定量定性结合

新课程评价倡导评价主体的多元化和评价标准的差异性,要求评价指标和标准是多元的、开放的和具有差异性的;对信息的收集应当是多样、全面和丰富的;应关注评价对象的差异性,有利于评价对象个性的发展;重视指标量化的同时更加关注定性评价,强调定性评价和定量评价的综合运用。

1. 重视评价学生数学学习的过程

对学生的数学学习评价中,通常根据作业评价学生对于知识的掌握,但对于学生是否积极主动地参与数学学习活动;是否乐意、主动与同伴进行交流和合作;是否有集体意识;是否具有学习数学的兴趣和自信心;数学思维过程是否具有合理性、灵活性、独立性等的评价则需要通过交流讨论、学生互评与自评、课堂观察等方式进行考查与评价。

教师还可以通过学生的自我学习小结对学生学习情况进行评价,也可以组织学生将自己的学习小结在班级展示交流,通过这种形式总结自己的进步,反思自己的不足以及需要改进的地方,吸取他人值得借鉴的经验。条件允许时,可以请家长参与学习过程的评价。

2. 重视课程标准增添的内涵体现

随着数学课程的总目标由"双基"变为"四基",数学思想与数学活动经验的教学与评价受到了应有的重视。一些如"根据问题背景选择合适的方法"等涉及数学学科核心素养的新增内涵,也应在小学数学学习评价中充分体现。

小学数学学习评价应重视小学生在探究获取数学知识过程中所取得的数学活动经验和数学思想方法的评价,才能减少教学的随意性,确保小学数学教学改革的方向,以减轻学生的过重学习负担,落实对数学核心素养的培养,促进学生的全面持续发展。

(二) 优化自我评价

小学生通过自我评价,可以不断审视自己的数学学习情况,改进自己的数学学习策略和方法。但小学生自我评价的意识还不成熟,需要引导学生掌握自我评价的方法,并通过一个长期的过程来培养和优化他们的自我评价能力。

1. 激发学生自我评价的意识和兴趣

教师应给学生营造一个轻松的评价环境,避免评价结果与奖惩挂钩,从而让学生可以放心地进行自我评价,得到真实的评价结果。

通过让学生介绍自己的作品、展示自己的作业、分析自己的错题等多种方式激发学生自我评价的意识,并将自评与互评相结合,引导学生通过互评学会了解、评价、欣赏他人,通过同伴评价来修正自我评价，感受主动调控自己的学习成就感，提高自我评价的兴趣。

2. 协助学生正确评价自己的数学学习

教师应该帮助学生正确对待自我，对自己做出实事求是的评价，今天的自己和昨天的自己相比进步在哪些地方，还有哪些不足，从而为自己接下来所应该做的事情确立好恰当的目标，并为之努力。

特别是学生在制定“自我评价卡”时，教师应给予指导：第一，在内容与形式上能简明准确地反映学生学习某一个系统知识的学习情况；第二，用填表或画图的形式反映学生每次提问、测验、考试取得的原始分数，并注明每次测验的班级平均分和学生本人在班级的相对名次；第三，学生定期检查自己学习情况的变化，是呈上升趋势，还是保持稳定状态；第四，能体现自己的预定目标；第五，确定一定的标准，如满分设置为五颗评价星、较好为四颗星、一般为三颗星等。

3. 鼓励学生正确对待自己与他人的比较

小学生认识别人总是先于认识自己，他们自我评价的独立性不强，往往更多地依靠教师以及同伴之间的评价，他们往往从自己与他人的比较中评价和了解自己。因此，教师应给学生树立正确中肯进行评价和自我评价的榜样，注意引导小学生正确对待他人的评价，鼓励学生在师评和组评中适当调整自评方法，正确对待自己与他人的比较，形成积极的学习态度。

总之，教师应让学生积极主动地参与到评价活动中，使评价成为教师、学生共同承担的事。通过培养和优化小学生在数学学习中的自我评价能力，使他们在评价中更加清楚地了解和把握自己的优点和不足，并根据评价结果及时调整学习方法和策略，从而促使自己的数学学习不断地进步与发展。

（三）凸显学生差异

小学生处于身心发展时期，习惯、性格等心理因素很不稳定，因此，小学数学学习评价不能一刀切或一成不变，应根据“差异性原则”因人而异，采用不同的尺子测量不同的学生。应针对不同学生提出不同要求，针对学生的不同阶段采取不同标准，尽可能地以个性特征为参照，注重学生自身的纵向比较，淡化横向比较，要善于发现学生“闪光点”，根据学生的回答做出适当、及时的评价和肯定，挖掘学生的不同潜能。

另外，教师还要注重学生学习过程的评价，关注学生直觉思维能力的评价，关注学生实践性与创造性的评价，关注学生数学学习习惯的养成评价，关注学生情感、态度与价值观的评价。如在建立数学学习档案袋的基础上，给学生提供专门的自我展示区域，或者分班级举办个人数学学习记录展览等，以凸显每个学生的个性差异与特长，让每个学生都能获得展示的机会。学生才会在评价中树立信心，在评价中不断进步，真正使评价成为学生发展的“推动器”。

实践与反思

实　践	反　思
1. 结合具体案例，简要说明小学数学学习评价有哪些常用方法？	1. 什么是表现性评价？小学数学表现性评价主要分为哪几类？
2. 以小组为单位，选取周边小学的某个班进行观察，看看该班数学老师主要运用了哪些评价策略？	
3. 结合具体的案例，说说小学数学学习评价有哪些实施策略？	2. 什么是交流式评价？小学数学交流式评价主要分为哪几类？

第三节　小学数学常规作业评价

数学常规作业是促进学生学习和掌握系统的数学学科知识，同时考查学生日常数学学习情况与效果的一种比较常用的传统的学习评价方式，是教师实施数学学习评价的主要形式之一。

一、小学数学作业的作用与价值

数学常规作业是数学教学中的重要组成部分，是对数学课堂学习的总结和归纳，是学生获取、巩固、应用知识的一种手段。其目的是提升自身的数学能力，促进学生全面发展，具体来说主要有以下作用：

1. 数学作业是学生巩固知识和形成能力的重要手段

数学课堂的学习时间是有限的，学生在课堂上往往只能初步掌握所学新知识和新技能，还需通过一定数量的练习加以巩固，通过一定程度的应用得以深化。数学作业直接影响着学生的学习状况。学生通过完成数学作业，能进一步巩固知识、认识自我，对自身进行查漏补缺，提高自身分析问题和解决问题的能力。

2. 数学作业是教师检查学习效果和发现问题的主要渠道

数学作业是数学课堂教学的延续。教师通过学生完成数学常规作业的情况能直接了解学生的学习状况、对所学数学知识的掌握情况，并根据学生的作业发现学生数学学习中存在的问题。

3. 数学作业是师生交流和家校沟通的重要工具

作为学生学习评价当中的一项重要内容，数学作业能促进教师与学生进行一对一的单独交流，能充分关注学生的个体差异，比课堂教学更具针对性和连贯性。它使师生紧密联系起来，是教师与学生重要的沟通工具，更是家长、学校管理者了解学生学习情况和教师教学情况的重要途径之一。

二、小学数学作业评价中存在的问题

小学数学作业的重要性不言而喻。但在实际的作业评价中，仍存在着一些问题，不利于小学数学作业评价水平的提升。

1. 作业批改费时较多

据调查，每天批改作业几乎耗费小学数学教师所有的课余时间和精力，严重挤占教师的备课与教研时间，加重了教师工作负担。

2. 教师评价方式单一

长期以来，批改作业几乎由教师包办。教师由于受传统教育理念的影响，加上在进行作业评价时缺乏科学合理的评价方法，只是简单地对学生的作业评个“对、错”或是给个“优、良、中、差”等级。这样单一的评价方式，造成学生对作业也只看成绩，并不加反思。师生花费了大量时间完成和批改的数学作业，却不能有效促进学生对数学知识的理解和学习改进，无法发挥学习评价的导向、调控与激励等功能。

3. 作业评价缺乏互动性

教师作业批改后往往直接下发给学生，很少对学生进行错题讲解，也没有进行作业订正的跟进评价。由于师生之间缺乏互动交流，在作业评价中教师对学生缺乏后续的关注，不知道学生是否改正了错误，对错误是否有深入的认知。对学生的真实水平缺乏了解，不能有针对性地开展教学，不利于学生的主动性发挥，导致教学缺乏拓展延伸，无法有效提高学生的学习效率，提升教学质量。

三、小学数学作业的布置与评价

数学作业超越了课堂学习的限制，给学生提供了提炼和扩展知识的机会，是教师督促检查学生学习的重要途径，也是评价学生数学学习的最有力、最灵活且效率最高的工具。需要评价者转变传统的评价模式，结合学生性格特点等因素进行综合考虑，对作业评价及时进行创新和完善，进而帮助学生改进学习中的不足，促使学生学习体系的构建，提高学生的学习效率，促进学生核心素养的培养和提升。

（一）精心布置数学作业

布置作业是实施作业评价的前提，也是数学教学的重要环节。通过作业教师可以收集学生的典型错误、优秀解法，为评价学生的学习状况提供机会。

教师在进行作业布置时应避免出现以下几类问题：一是布置整体划一的作业，这样的作业缺乏针对性，难以发挥学生主体作用，甚至会导致学生出现抄袭现象；二是布置形式单一的作业，这样的作业容易限制学生思维，使学生感到枯燥乏味；三是随心所欲地布置作业，这样往往变成题海战术，造成学生简单重复低效的劳动，容易扼杀学生对数学作业的热情和对数学的热爱。

总体来说，就是布置的作业没有精心设计，缺乏弹性或选择性。因此，教师进行作业布置时应做到以下几点：

1. 作业编排层次化

教师要根据教学目标的类型与认知水平，分层次设计作业。如帮助理解的，巩固记忆的，提炼概括的，迁移转换的，发散思维的；从基础知识、基本技能，到数学思考技能、问题解决能力，全面考虑，并注意运用题组进行变式训练。在分类设计的基础上注意面向全体学生，将每类作业按难易程度设计出几个不同的层级，做到作业梯度与学生层次相对应，使不同水平的学生都能从做作业中获得学习效益。

2. 作业形式多样化

多样化不仅是指题型多样（是非题、匹配题、选择题、填空题、解答题、材料题等），更是形式要多样。除传统的常规数学作业外，还可设计学生喜欢的数学日记、小组知识整理、实际问题讨论与解决、数学实践活动、学习交流经验等形式，全面了解学生在数学学习过程中，情感、态度、思维等方面发展的情况以及知识技能掌握的程度。

教师应打破千篇一律的作业形式，根据学生的年龄特征和学习内容、阶段、掌握的程度等进行设置。既可布置一般的书面作业、口头作业，又可布置一些有关联系实际问题的实践作业、操作作业；还可布置一些需要独立思考或合作探究的研究性作业，以调动学生完成数学作业的积极性，也激发学生热爱数学的情趣。

3. 作业选择自由化

教师要给学生自由选择作业的形式、数量，自主确定做作业的时间等权利和空间。如可以列出作业范围和要求，将作业区分为基本作业（人人都做）、选择作业（学生选做）、自主作业（完全由学生自主确定）等，让学生自觉主动地选择作业，完成作业。这样弹性而有选择的作业会吸引有兴趣的学生做更多的作业。教师仅从学生完成作业的数量就可以获得有关学生的大量信息，同时让学生自由选择还可以确保作业的真实性，有效杜绝被动应付教师和作业抄袭现象，还可利用学生的作业信息了解学生的真实学习状况，做出可靠的推论或决策，但是会给作业的批改带来困难。

（二）改革作业评价方法

数学作业的批改，是实施作业评价的重要环节。在实际教学中，学校通常要对教师批改作业提出明确的要求，并会定期检查。但这种学生交、教师判的作业批改方式，没有起到应有的作用，无法有效促进教学质量的提升。在进行小学数学作业评价时应做到以下几点：

1. 实施多元化评价，提高评价的客观性和有效性

首先，教师可引导学生参与到作业评价之中。这样既能减轻教师负担又能激发学生学习热情，能使学生在对同学作业进行评价时，能进一步加强对数学知识的理解和记忆，并及时了解他人的解题思路和解题技巧，发现自身存在的不足之处，及时地进行改进，真正发挥作业评价的发展性功能。

如果是有明确答案的简单作业，可采取组对评价的方式。同学两两互批互改，有疑问或错误时则互教互学。如果是比较复杂的作业，可采取小组评价的方式。组内成员充分发表意见，对每个人的作业进行集体评判，对不同的解法认真讨论研究审定，并对小组作业情况进行作业反馈总结或填写作业意见反馈表。教师通过作业意见反馈表(见表8－2)或抽查部分作业就可以实现对作业的了解与监控，以便做出相应的教学安排。

表8－2　作业意见反馈表

小组		日期		记录人	
作业题目					
小组完成情况					
典型错误及矫正					
不同观点与解法					
体会与建议					

如果是重要的、难度较大的或是合作学习的作业，可采取课堂评判的方式。教师组织学生进行集体讨论，在学生充分发表意见的基础上，再对知识重点、难点进行梳理强调。

让学生参与作业批改，能充分发挥学生的主观能动性，促进学生关注重心从确保完成作业转移到利用完成的作业来加深和拓宽知识上来，改变由教师全权负责的评价模式，加强师生之间、生生之间的互动交流，使学生成为学习的主人，不仅提升了学生的责任感，也锻炼了学生的自我监督能力，同时教师还可以节省更多时间精力从事教学科研。

其次，教师可随堂批改，帮助学生及时进行巩固。教师在每次传授完新知识后，可为学生布置一些随堂训练，来加深学生对知识的巩固。学生进行随堂训练时，教师要注意巡查，指出学生存在的错误和不足，使学生进行自我订正。这样能帮助教师了解学生主要存在的问题，能有针对性地进行讲解，同时还增进了师生之间的感情，减少了课外作业的数量，促使学生数学能力的提升。

再次，有效利用家长参与。利用作业引导家长参与评价是实现多元主体评价的最佳途径，也是家长评价最常用的方式。

家长参与作业评价并不是指由家长自由控制作业的内容，或者对作业进行评分，而是指家长要扮演一个观察者或记录员的角色，以监督学生在家中做作业的情况。家长参与作业评价的责任只是代替教师督促学生完成作业，并收集好学生完成作业过程中的情感、态度、习惯、存在问题等信息，以帮助教师更好地了解学生数学学习情况。

2. 重视作业成果展示，增强学生的荣誉感和自信心

在新课改下，教师要注重作业评价的标准化和典范化。可以在教室墙壁上为学生开辟一方优秀数学作业成果展示的区域，定期选取学生优秀的数学作业进行展示，从而调动学生的数学学习热情，树立学生的自信心，增强学生的荣誉感。同时也能有效地刺激其他学生的积极性，进而营造出积极向上的良好学习氛围，增加学生的好胜心，进而实现教学质量的提升。

3. 运用恰当的评语，提升评价的针对性和激励性

每个学生都是独立的个体，教师要结合学生的实际情况，设计各种鼓励性的评价符号，运用恰当的评语进行作业评价和思维启发，让作业批改成为架起学生与教师心灵沟通的桥梁，使学生感受到教师对自己的关心，从而帮助学生扎实数学基础，提高学习效率。

首先，教师要通过评语进行良性心理暗示。小学生是单纯、向上的，期待教师公正的评价和积极的肯定。教师要善于寻找学生作业中的亮点或解题中细微的闪光点，并及时予以积极的肯定或将其扩大进行赞赏表扬甚至重墨喝彩，增强他们获得成功的渴望，促使他们维持积极向上的情绪，即便失败了，也要让学生从失败中获取成功的希望，树立“我能行”的信心，让他们品尝到成功的快乐，体验克服困难获取成功的骄傲。

其次，教师要通过评语促进学生思维发展。作业评语是为了向学生反馈学习情况，促进学生全面发展，因此教师要注重挖掘学生解题时的思维内涵，根据学生在作业中反映的信息，进行评价引导，促进学生数学思维的发展与提升。

一是通过“运算顺序对吗”“退位了吗”等评语在学生错误之处给予相应的提示或思维启发，让学生自己去思考完善或修改调整，这样不仅减少学生的消极情绪，还能引起学生对错误的重视和错因的分析，又能有的放矢地改正，而且印象深刻。二是通过“还有别的解法吗”“还能找出更简便的算法吗”等评语进行适时点拨，以帮助学生拓宽思路、发展智力，促进学生个性的张扬和潜能的开发，为学生在今后的数学学习和生活实践打下“多向思维”的发展基础。三是通过“这种解法真妙”“你的方法真多” 等评语对学生作业中的独特见解、奇思妙想和一题多解等行为进行鼓励，促使学生敢于标新立异，大胆探索，灵活解答，激活创新意识。

总之，教师要对小学数学作业评价积极进行改革，依据学生的性格特点和实际水平，精心设计作业，创新布置作业，转变作业评价的模式，丰富作业评价的方式，充分发挥作业评价在小学数学学习中的积极作用，提高学生的学习效率，为学生数学学习奠定良好的基础。

实践与反思

实　践	反　思
1. 结合具体案例，简要说明怎样精心布置数学作业？	1. 小学数学作业评价有什么作用？
2. 以小组为单位，选取周边小学的某个班进行观察，看看该班数学老师怎样开展小学数学作业评价的？	
3. 结合具体案例，说说如何创新小学数学作业评价？	2. 小学数学学习作业评价要注意什么？

第四节　小学数学考试评价

小学数学考试评价是人们迄今创造的测量人的知识、能力诸种方法中比较客观、准确和效率较高的一种学习评价方法，也是用来收集学习情况等信息资料最常用的一种方法，是评价小学生数学学习成绩的主要手段(参见案例 8-1、案例 8-2 和案例 8-3 低、中、高三个年级段的数学测试卷)。

一、编拟小学数学试题

(一) 编拟小学数学试题的原则和要求

编拟小学数学试题是开展数学考试评价的基础，是一项艰苦的脑力劳动。如果编制试卷时所有的试题都要临时编拟，那将是非常辛苦的，而且常会发生错误。因此教师平时应注意多编拟小学数学试题，并把它们记在卡片上积累起来，这样可以提高编拟小学数学试题的质量。编拟小学数学试题一般应遵循以下原则：

1. 适中性原则

《课标》应是教师教学和评价的依据，自然也是编制小学数学试题开展考试评价的依据。由于《课标》只给出了学段目标，课程内容也是分学段列出，不再像以往的教学大纲那样分年级提出教学要求。因此，各学段的前两个年级，依据《课标》进行学习评价有些困难。另外，在追求学生个性化发展的大背景下，对义务教育普及性的课程性质认识不足，对学习评价测试是达标性评价的理解不深。且部分教师“超标”的警惕意识不够，对于《课标》中规定的一些“上限”也时有逾越。

教师编拟小学数学试题，应紧贴《课标》，提高依据和执行《课标》的自觉性，试题涉及的内容不能低于《课标》提出的要求，也不要超标。

2. 代表性原则

编制小学数学试题前应明确测验的具体内容与要求，即测评什么？测评到何种程度？试题的编制与选取应有代表性，能充分体现测验的范围与要求，有较大的覆盖面，同时保持各部分之间的适当比例，并能注意到测评教学内容中的重点部分，力求每一道试题都做到有的放矢。同时还要注意体现学生综合运用知识的能力，体现试题的思想性。

3. 科学性原则

小学数学试题的编制要科学、合理。要确保试题中涉及的数学学科知识与常识的正确性。

一是试题的表达应清晰无误，用语简明、准确、清楚、具体，图形准确，避免产生歧义。二是试题要严谨，不能出现纰漏，答案也不能有争议。要充分考虑小学生理解能力水平的局限，注意确保测评结果与编制者的主观意图相一致。三是试题内容要符合日常生活和生产实际，立意要新颖，突出学生探究和创新意识的培养。四是试题的评分标准要明确简捷、客观合理。

4. 独立性原则

编制小学数学试题时要注意试题与试题的解答互不关联。如果前一题的答案是后一题的必要条件，则后一题的解答是否有效依赖于前一题答案的正确性，后一题就失去了测评的独立意义。如果后一题的解答可以在前一题中找到答案，或者前一题的解答可以在后一题中获得，这样的试题同样失去测评的意义与价值。

试题的编制可以一题比一题要求高，形成一个由易到难的问题系列，但各题的解答相对独立，某一小题的计算失误，不影响其他小题的计算。

另外，小学数学试题的编制应尽量方便学生解答和教师阅卷。

上述小学数学试题的编制原则和要求是基于教师长期命题实践的经验总结，也是教师主动遵循测试规律提高学习评价质量的能动反映。在实际编题时，还应注意灵活应用。从目前小学数学教学实践来看，错误的试题还时常可见，甚至有些书刊或统一征订的练习册、试题集上也时有错误出现，应引起我们的重视，要深度思考和谨慎对待。

（二）小学数学试题的分类

结合问题呈现的形式、学生反应的方式，根据试题评分过程中是否会出现理论性误差，数学考试所采用的题目形式一般分为客观性试题与主观性试题两大类。

1. 客观性试题

一般来说，凡是正确解答结果具有确定表现形式，能够进行客观、准确评分的题目均可称为客观性试题，又称固定应答型试题。这类题型一般结构严谨，事先规定了学生反应的类型，从理论上讲，能够做到评分零误差。这样不仅可以避免阅卷人主观因素的干扰，还可以通过机器阅卷，提高阅卷效率。因此它已经越来越受到人们的重视，并得到了广泛的应用。

客观性试题主要包含是非题、匹配题、选择题、改错题和填空题等题型(见表8-3)。

表8-3　几种常见客观题的优缺点

题型	优点	缺点
是非题	题目简短,编制容易。包含信息量大,适合考查比较广泛的内容。	偏重于对知识的死记硬背,猜测的机会较大。
匹配题	编题评分简单,是考查事物关系的理想方法,减少了猜测成分。	侧重于细节性知识,强调记忆。
选择题	适合知识、应用水平的测量,书写量小,评分高度客观。减少了猜测成分。	编制题目费时。
填空题	可以涵盖更多的内容,猜测的成分很小。	缺少对较复杂行为的测试,比较难以计分。

客观性试题的优势在于学生答题操作简单、速度快,而且能做到阅卷评分公正、误差低,因此以客观题为主体的试卷题目数量可以多一些,有利于保证足够的考查点覆盖面。客观性试题的弱点主要是答题者的选择余地有限,不能根据问题自由表达和发挥,因此,难以考查学生的思维品质和数学表达能力,不适合测量学生阐明问题解决方法的能力,以及选择组织并整合观点的能力。另外,这类题中的是非题和选择题存在着较大的凭猜测得分的机会,而且选择题编制比较困难。

2. 主观性试题

一般来说,在题目限制范围内,可以在解答深度、广度和答案组织等方面具有一定自由度的题目就是主观性试题,又称自由应答型试题。这类题型是让学生自己答题,给他们表达自由和发挥空间,评价者通过对学生解题过程的分析,来了解学生对知识的理解与技能的掌握情况。由于问题的答案需要学生自己提供,且正确答案可以用多种方式表述,阅卷人必须凭借主观经验进行评价,难以获得一致性评分,从理论上讲,任何人都很难做到评分无误差。

根据问题结构特征,主观性试题又可以分为封闭题与开放题。

(1) 封闭题:指具有完备的条件和固定答案的问题。我们所熟悉的计算题、作图题、应用题等都是封闭题。封闭题定向性强,有利于在不同条件下重复思维操作,是评价特定技能和知识理解的有效形式。

(2) 开放题:指探究目标的正确答案个数不确定的问题。主要包括探究题或问答题等。开放题的关注点不在于得到问题的答案本身,而在于考查学生对问题整体结构的把握,能够通过给出反例、得到特殊的结论、补足需要的(或删除多余的)条件等方式,获得问题的正确解答。它特别适用于考查学生的高层次思维技能及解决问题的能力。

主观性试题的优势主要在于能通过解答过程发现学生的思路,可以考核学生较高层次的能力,如分析概括能力、推理能力、因果关系的叙述能力、知识的运用能力等,有助于测评学生的思维,有些试题还能反映学生思维的深广度、灵活性和创新性。主观性试题的弱点则是阅卷评分不够客观,具有主观性,主要取决于教师掌握评分标准的尺度。评分通常受被试者的字迹、语言、答题技巧及评分者的各种主观倾向和情绪状况等因素的影响，费时又费力，标准难以统一。此外，由于题量不多，内容覆盖面较小，影响测验的有效性。

正是因为两类题型各有利弊，所以小学数学测验评价常常同时采用两类题型，以发挥各自的评价优势。

（三）编拟小学数学试题的策略

1. 立足基础，体现课改精神

编拟试题应遵循《课标》的基本理念，突出体现基础性，全面地考查和评价学生的基础知识、基本技能、基本数学思想方法与基本数学活动经验。要针对学生在该学段的学习内容，围绕数学课程最核心的“四基”目标进行试题的编拟，力求试题覆盖到该学段各章节所学过的重要概念、公式，并将基础性、常识性数学技能融入其中，学生只要平时把知识掌握扎实了，考试就不成问题，充分体现课改精神，发挥考试评价的导向功能。

2. 贴近生活，焕发时代气息

荷兰教育家弗赖登塔尔说：“数学来源于生活，也必须植根于生活。”教师在试题的设计中要拓展思路，扩大视野，要充分考虑学生的经验基础、发展水平和实际需要，紧密结合学生的生活与学习，注意选择与学生学习、生活密切相关、富有时代特征的内容作为题材，改编成有新意的试题内容，尽量缩短数学问题与学生生活经历之间的差距，激发学生兴趣，增强学生的思维活力和积极情感。

试题素材的编撰不仅要有合理的情境，更要有符合实际的数据与体现生活的现实性。试题要充分注意与学生生活的联系，以图文并茂的题型，焕发时代气息的素材，在帮助学生提高形象思维能力的同时鼓励学生自觉拓宽数学学习和应用的领域，把学生的数学学习引向生活、引向社会，变传统的“书本中学数学”为“生活中做数学”，感受数学与自然及人类社会的密切联系，增强儿童适应环境的能力，以融会贯通，学以致用。

3. 关注情感，体现人文关怀

新课程把“以人为本”作为基础理念，提出任何时候，都应该关注人的感受，关注学生的身心健康。教师应注意用情感感染学生，减轻学生的考试压力。

试题表述多用鼓励性语言，也可以把冷冰冰的“数学期末测试卷”改变为富有诱惑力的“X 年级数学乐园欢迎你”“X 年级小朋友数学期末收获卡”等，还可以增加卷首语和卷尾语，用尊重、关爱、真诚、鼓励和充满童趣的话引领学生，拉近师生的距离，帮助学生调整好考试的心态，消除学生紧张与恐惧心理，在轻松愉快的气氛中进行考试，正常发挥出自己的水平。

如：“下面都是你学过的基本计算题，只要你细心，一定能做得既对又快！”“下面这些图形你一定很熟悉吧，那就请你动起手来，成功是属于你的”“生活中有许多问题和数学有关，你能解决这些问题吗？相信你一定能行！”等。可以在卷首写道：“同学们，一学期过得真快，你一定掌握了许多新知识和新本领，这儿为你提供了一个展示自我的舞台。你可要加油哦！”或者是“亲爱的小朋友，时间过得可真快，一学期就要过去了，你们觉得学习快乐吗？你一定学了不少的知识和本领吧！让我们一起来动脑筋，体验一下用知识解决问题带来的快乐吧！相信你能行！”等。还可以卷尾写道：“同学们，题目都做好了吗？是不是再检查一遍呢？相信你一定能交一份满意的答卷！”等。

在试卷中，还可以通过对话的方式或者将严肃缺乏生趣的题目名称如填空题、判断题、选择题、计算题和应用题分别改为知识宫里乐趣多、是是非非请判断、众说纷纭请选择、神机妙算对又巧、生活处处用数学等，通过这些活泼精练的导语，学生不仅能很快悟出是什么类型，而且能充满自信、饶有兴致地去面对考试，让考试变成学生极富情趣的智慧之旅。

4. 关注差异，满足不同追求

小学数学教师在教学中既要关注优秀生，又要关注中等生，更要关注潜能生，要因材施教，关注学生个体差异，让不同的学生个性得到张扬，让不同的人在数学上得到不同的发展。在编拟试题时，既要达到《数学课程标准》和教材的基本要求，找准大多数学生都能达到的合格水平，使他们都能获得成功的满足感，同时又要避免“千人一面”，要让不同层次学生的数学能力都得到展示，保护每一个学生学习数学的积极性。因此，教师要根据学生的数学认知水平和差异进行设计，给学生一定的自由度和自主性。既可以设计A、B两套试卷，供学生根据自己的水平自由选择最适合自己的；也可以用同一套试卷，但学生可以自由选择不同的题组；还可以在最后设计开放性试题，并使用加分制度进行鼓励，在评分时做到保底不封顶，为学生提供一个激活灵感、张扬个性的平台，让不同层次、学习能力有差异的学生各取所需、各尽所能，使不同学生的数学能力都得到展示，让不同层次的学生都看到自己的进步，“考”出数学学习的信心，“试”出数学学习成功的喜悦，从而激发新的学习动力。

5. 关注能力，提高综合素质

学生要想在数学上得到长足发展，不仅需要关注知识目标的达成，还要关注能力目标的实现，同时更要关注基本数学思想方法的获得。因此，小学数学试题不应仅仅停留在过去的“知识立意”上，更应关注“能力立意”和“方法立意”。既要注意对学生基础知识和基本技能理解以及掌握状况的恰当考查，又要注重展现并评价学生数学思考活动，还要重视评价学生的综合素质。

编拟试题时要凸显发展理念，关注学生能力发展，如注重对学生比较、抽象概括能力和简单的推理、判断能力的考查，注重对学生分析问题和解决问题能力的考查，注重对学生的动手、动脑能力和灵活思维能力的考查，注重学生创新意识和实践能力的考查，注重学生获得基本数学思想方法的考查，注重试题的开放性、探索性，给学生思考和创新的空间，综合评价学生的数学学习能力和综合素质。

总之，我们在编拟试题时应进行全面考虑，在内容设计上力求体现生活性，在形式选择上力求体现趣味性，在层次结构上力求体现差异性，使每一个学生都能获得成功乐趣的同时，唤起学生对数学学习的兴趣和自信心，充分体现评价的促进作用。

二、编制小学数学试卷

编制试卷是整个考试的核心。只有用高质量的试卷，才能全面考查学生掌握知识和技能以及运用知识、技能解决实际问题的能力，同时也能客观地检查教师的教学效果。

（一）试卷编制的基本原则

为保证试卷质量，试卷的编制必须按一定的程序，依据一定的方法，遵循一定的原则进行。一般要遵循目标性原则、科学性原则、客观性原则、时代性原则等四大基本原则。

1. 目标性原则

《课标》是教师开展教学的行动指南，其课程目标也应该是小学数学考试的目标。不同的考试有不同的目的和功能，其编制试卷的目标与要求也会有所不同。因此，明确考试想要达到的目的，并遵循《课标》的课程目标是编制试卷的首要原则。

2. 科学性原则

试卷的形式和试题内容都必须科学合理，符合学生的心理特点、学识及思维水平，遵循学科特点和知识体系；试卷的题量及评分标准、比例恰当，题目难度与所用时间吻合；试卷的结构合理，按照由浅入深、从易到难和由简单到复杂的顺序进行编排；试卷选用图片和文字表述注意简洁明了、无歧义，无科学原理和事实上的错误，试卷的评价标准科学客观，试题答案明确、无争议。

3. 时代性原则

编制试卷不仅要体现新课程理念和要求，还要具有时代气息，紧扣时代脉搏，紧密联系学生学习和生活实际，联系社会生产实际和科技发展前沿信息，联系自然发展和环境保护等实际问题，注重考查学生的研究性学习能力和科学探究意识等。

（二）试卷编制的基本要求

数学试卷编制的技术性很强，教师必须根据教学内容和教学目标，针对学生实际，遵循编制原则，掌握编制要点，不断学习、总结，提高试卷编制水平。一份好的数学试卷，一般会体现"全面、适度、适量、简明、准确、合理"等特征。

（1）全面。试卷考查点覆盖面广、分布合理，有足够的代表性，尽可能涉及学生学习的各个方面，能较好地反映需要检测的学习内容，全面检测学生的能力与水平。

（2）适度。试题的"四度"（信度、效度、难度和区分度）要合适、恰当。

① 信度指多次考试的结果一致性，是反映考试结果免受测量误差影响的程度，是衡量考试一致性的指标。

② 效度是指考试的准确性，反映的是考试内容与课程标准和考试要求的吻合程度。效度高的试卷，能比较准确地测试出学生掌握和运用所学知识的真实度。

③ 难度是衡量考试难易程度的指标，其计算公式是：试题难度＝全体学生该题的平均分÷该题满分分数。难度值越大，通过率越高，试题越容易。一般情况下，小学期末考试试卷难度以 0.85 为宜（根据年级的高低、学生的差异有所不同，不能千篇一律）。

④ 区分度是指试题区分不同水平受试者的程度，即考出学生的不同水平，把优秀、良好、一般、较差各个层次的学生真正分别开。区分度高的考试，各层次的学生都有一定比例，如果某一分数区间的学生相对集中，如高分太多或不及格太多的考试，区分度则低。

试卷区分度主要用于选拔性考试的评价。

(3) 适量。试卷的题量适当,学生有较充裕的时间来完成试题的解答,并留有检查的时间。绝大部分学生不会因时间不够造成考试紧张、笔误、书写不规范等。一般认为,教师做题时间和小学生做题时间的比例可掌握在 1∶4。

(4) 简明。每道试题的叙述要简明、准确、易懂,避免使用艰深难懂的字词,使学生阅读试题后能确切知道题意,明确在解题过程中做什么,怎么做,答案用什么形式表述,不至对题目的要求捉摸不透。

(5) 准确。试题所涉及的内容、知识点和使用的图片清晰准确。各试题之间相对独立,顺序安排合理,答案确定无争议。选择题的正确答案选项要随机排列,不能都放在同一选项。

(6) 合理。试卷要合理安排以下问题:一是题量及其分布,即每个章节各有多少试题,各占多少分;二是题型及搭配,即每种题型有多少道题,在各部分中是怎样分配的;三是难易及其层次,即整个试卷的预计难度,不同难度试题的比例;四是试题形式多样,但活而不怪,多而有序,是非清楚,具有一定的发散性和创新性。

(三) 试卷编制的一般程序

1. 明确要求,编制双向细目表

编制试卷,首先要明确考试目的与要求,再依据《课标》和教学内容,制定出具体的双向细目表。双向细目表也称试卷蓝图,是一种反映试题内容和考查要求的横竖两向的表格,具体规定考试内容中各部分的试题数量、分布和评分标准。

下面是对某市小学六年级上学期期末数学考试(教材为人教版义务教育课程标准实验教科书《数学》第十一册)试卷编制前制定的双向细目表(见表 8-4),它为编制高质量的试卷提供了必要的保证。

表 8-4 Y 市小学数学第十一册期末试卷双向细目表

题号	题型	分值	知识点	难度	试题来源
1	填空题	2	分数,比与除法的关系	0.95	课本 55 页 T6(1)改编
2	填空题	2	圆周长,面积公式	0.95	课本 65 页 T4 改编
3	填空题	2	分数乘除法大小的比较	0.92	能力培养与测试 35 页 T1(5)原题改编
4	填空题	2	位置与方向	0.95	课本 25 页 T6 原题
5	填空题	2	节约用水与百分数的应用	0.9	原创
6	填空题	2	化简,求比值	0.9	课本 55 页 T6(3)原题改编
7	填空题	2	分数的平均分,分数单位	0.9	原创
8	填空题	2	求一个数的几分之几是多少	0.88	原创

（续表）

题号	题型	分值	知　识　点	难度	试题来源
9	填空题	2	出油率	0.88	课本 87 页 T10 改编
10	填空题	2	扇形统计图的应用	0.82	课本 117 页 T17 原题改编
11	判断题	2	倒数的意义	0.95	课本 29 页 T2(4)原题改编
12	判断题	2	百分数的意义	0.9	能力培养与测试 63 页 T1(3)原题改编
13	判断题	2	比的意义	0.88	能力培养与测试 62 页 T1(5)改编
14	判断题	2	出勤率	0.9	能力培养与测试 51 页 T2(1)原题改编
15	判断题	2	等式的基本性质	0.88	原创
16	选择题	2	多几分之几，少几分之几的知识点	0.9	能力培养与测试 35 页 T2(3)原题
17	选择题	2	分数有单位和没有单位的区别	0.9	原创
18	选择题	2	比的基本性质	0.85	能力培养与测试 39 页 T1(5)原题改编
19	选择题	2	扇形的圆心角	0.85	能力培养与测试 57 页 T1(4)原题
20	选择题	2	数与形的应用	0.8	课本 111 页 T6 原题
21	计算题	8	数感的培养，口算能力	0.96	原创
22	计算题	8	简便运算的计算能力	0.88	课本 115 页 T5 改
23	计算题	9	解方程	0.85	原创
24	操作题	6	圆环的各部分认识，面积的计算	0.82	课本 58 页做一做，72 页 T7 原题组合改编
25	探究题	2	数学广角，数与形，找规律	0.7	原创
26	解答题	5	分数乘除法解决问题	0.88	课本 18 页 T5 原题改编
27	解答题	5	长方体棱长公式与比的综合应用	0.85	课本 56 页 T11 原题改编
28	解答题	5	移多补少	0.85	能力培养与测试 81 页 T6(3)原题改编
29	解答题	6	百分数应用题	0.82	课本 93 页 T13 原题改编
30	解答题	6	行程问题中的相遇和追及问题	0.7	课本 47 页 T5 原题改编
合计	100				

双向细目表实际上是一份命题计划，它一般按照如下程序进行编制：

(1) 列出教学目标清单。教学目标描述的是希望学生能展现出来的表现种类，一般采用学生表现或教学结果进行表述。

(2) 列出教学内容要点。教学内容指明了学生在考试中展现出来的每一种表现所属的内容领域，内容要点包含的细节数的多少是由教师主观确定的，但必须足够详细，做到对每一部分内容都充分取样，能对考试结果作出合理解释。

(3) 填写细目表。准备一个含有教学目标和教学内容两个维度的表格，具体说明考试题目和评价任务样本的特点。

2. 对照表格，进行试卷的编制

双向细目表编写出来后，再按照双向细目表的计划进行相关试题的选择或编制，初步完成全套试卷的编制。

3. 多次查验，制定标准答案及评分标准

试卷初步编制完后还需要对照双向细目表进行多次查验，最后再完成试卷标准答案，同时制定评分标准。

三、组织小学数学考试

数学考试一般分两个层面实施：一是由学校统一组织，采用年级统一安排时间和考场等形式实施，属于阶段性的学业考试，以监控教学质量，实现学校教学管理，如期中测试、期末测试毕业测试等。二是教师在具体课堂教学中根据教学进度安排，以班为单位实施，属于即时性的学习状况检测，具有随意性，以帮助教师查漏补缺，促进教学改革和教学水平的提高，如课堂测验、单元测验等。

在实施数学考试时，教师要注意以下几点：

1. 尽量减少考试次数，缓解心理压力

考试虽然能比较精确地测试出学生的学习状况与学业水平，但是过多的考试会给学生带来许多消极影响，尤其是那些很难得高分的学生，更是会造成很大的心理负担。因此，在可能的情况下，应尽量减少考试的次数，尤其是学校层面的考试，这是缓解学生心理压力、减轻教师与学生负担的有效策略。

2. 开放考试过程，鼓励学生参与

考试目的应该是帮助学生总结或展示学生的学习情况，以促进学生的后继学习。因此，应开放考试过程，鼓励学生参与，充分发挥学生在考试过程中的积极性与主动性，让他们在宽松的环境中发挥自己的真实水平。

一是让学生了解考试的意图、试题编制过程及考试组织过程，甚至可以让学生参与试题的编制，这样有助于激发学生的学习热情，减少学生对考试的恐惧；二是可采取开卷闭卷、口试笔试、实验操作等多样化的考试方式，给学生开放的时间与空间，促进学生综合素质的提高；三是考试结束后要引导学生进行自我反馈，通过对考试结果的自我分析，加深对自己学习态度与学习方法的反思，促进对高质量学习的理解，真正发挥考试的反馈与导向功能。

3. **组织严密,养成严谨守信的考试态度**

无论是学校层面还是班级层面的数学考试,教师都应该认真严密地进行组织,严肃考试纪律。考试的严密组织有利于学生良好考纪考风的形成,也有利于学生养成严谨务实和诚实守信的处世态度。

4. **合理评定分数,重在促进理解**

在评分标准与评卷要求的制定上也要体现新课程理念,体现对教与学的导向。评卷中要抓住考查的主要方面,尽量避免因不合理的人为规定、约定俗成而扣分。平时从严、考时从宽,这同样也是重要导向。另外,教师要通过降低学生考试分数的意义来降低学生及家长对分数的过分关注,使学生更多地关注对数学知识的真正理解。

四、小学数学试卷分析

每次数学考试之后,一般要进行试卷分析,为改进教学和做好以后的测评工作积累资料,也为讲评课做好准备。

小学数学试卷分析一般包含以下四个部分(参见案例 8－4《六年级期中数学测试试卷分析》):

(1) 成绩统计表:对全班成绩分布的统计,包含优、良、合格情况、各小题得分情况等,多采用定量分析。

(2) 卷面分析:对命题的主要内容、质量(试卷的信度、效度等分析)、难易程度等进行分析。通常以定量分析为主,辅之以定性分析。教师可以将难度恰当、区分度高的试题积累起来,为以后编拟小学数学试卷积累资料。

(3) 考试情况分析:对学生各小题或各知识点的得分情况及其原因,失分情况及其原因进行分析。通常以定性分析为主,辅之以定量分析,可根据实际需要来确定。如对学生普遍未答好的数学试题进行具体分析,找出普遍性、规律性的错误,以便改进教学。

(4) 改进措施:针对考试情况和学生状况,提出改进后段教学工作的措施与建议等。

每次考试完后,教师应将试卷分析的情况通过集体讲评、个别讲评等形式告诉学生,并对学生错误较多的重点问题进行集体纠错,使测评功能得到充分的发挥。

总之,数学考试评价好用,但不可滥用。教师应遵循《课标》的基本理念,既考虑如何考查学生知识与技能的掌握,又关注学生情感与态度的体现,防止穿新鞋走老路。同时还应充分结合表现性评价、交流式评价、自我评价等多种评价方式,引导学生改善学习方法,促进学生数学综合素养的提高。

实践与反思

<table>
<tr><th>实　践</th><th>反　思</th></tr>
<tr><td>1. 选取你最满意的一份数学试卷，和同伴说说编拟数学试题和编制试卷时分别要注意什么？</td><td rowspan="2">1. 编拟小学数学试题时应遵循哪些基本原则？</td></tr>
<tr><td>2. 选择小学数学教材中某一单元，制订一份双向细目表，并在此基础上编制一份测验试卷。</td></tr>
<tr><td>3. 对附近小学一个班级的数学期中或期末测验试题的质量进行一次分析，并对该次测验所反映的学生学习情况进行分析。</td><td>2. 小学数学试题分为哪几类？分别有什么优劣？</td></tr>
</table>

第九章　小学数学教学研究

扫码查看
学习资源

知识导图

- 小学数学教学研究
  - 第一节　小学数学的说课
    - 1. 说课的意义
    - 2. 说课的方式与内容
  - 第二节　小学数学的评课
    - 1. 评课的意义
    - 2. 评课的实施
  - 第三节　小学数学小课题研究
    - 1. 小课题研究的意义
    - 2. 开展小课题研究的方法和步骤
  - 第四节　小学数学案例研究
    - 1. 案例研究的意义
    - 2. 案例研究的实施

学习目标

1. 了解小学数学说课与评课的意义、方式及主要内容；
2. 了解小学数学教学中开展小课题研究的意义和价值；
3. 掌握小学数学小课题研究的主要方法和一般步骤；
4. 能开展小学数学说课与评课实践活动，能运用案例研究法等尝试开展小课题研究。

案例再现

《小学数学学生学习发展性评价》小课题

针对当前教学中小学数学学习的评价方式比较单一，老师、家长等都只关注学生考试成绩等学习结果，C老师确定以“小学数学学生学习发展性评价”为主题和备课组老师一起开展教学研究。在每周的教学研讨时，C老师先介绍自己的备教批辅如何围绕该主题进行改进，以及自己的行动反思，其他老师也围绕“学生学习发展性评价”这个主题进行评议，提出自己的独特见解，做到研究目标明确，针对性强，实效性高。

在研究过程中，C老师设计了一系列的评价表，开展多种评价活动。她要求学生“说说今天的我”、谈谈“同伴眼中的我”、看看“老师眼中的我”、评评“最近爸爸妈妈眼中的我”，在活动中充分采用学生自评、同伴互评、家长点评、教师导评等多种评价形式。

C老师还组织学生开展办数学小报的研究，要求学生在每月月初开始设计构思自己的小报，要求学生把自己在学习中做得好的地方写出来、画出来。比如做题时的巧妙解法，对于某一问题的深入思考等。还可加上一些数学家的故事、定理的发现、有趣的数学现象、趣味数学知识、具有挑战性的数学问题、奥赛平台等。

学生设计了许多个性鲜明，响亮好记的报名。比如“奇妙数学”“数学天地”“数学快乐园”“数学森林”“数学酷乐园”“数学智力快车”“数学放大镜”等。每月末在班上上一节交流课，对优秀作品进行展示、评价，并把它们贴在班上的“数学墙报区”，让学生互相读一读，看看别人的报纸是怎样的，取长补短。

每次活动结束后，C老师及时收集整理和完善优秀案例、教学随笔、反思和学生优秀作业。学期末再围绕专题研究进行小结，并最终提炼成研究成果。

思考

“问题即课题，行动即研究，成绩即成果”，开展教学研究就是教师选择一个角度对自己的教学工作进行“设计、改进、臻美”的过程。C老师是怎样有针对性地开展教学研究行动，不断改进自己的教学，从而提高教学效率，促进自身专业成长的？

《教师专业标准》提出，教师要针对教育教学中的现实需要与问题进行探索与研究。小学数学教学研究能促使小学教师养成科学的思维习惯，提高自身的研究能力与水平，提升自己的成功经验，形成教育教学个性化风格，解决迫切需要解决的具体问题，更有效地改进教育教学工作。

第一节　小学数学的说课

一、说课的意义

（一）说课的意义和价值

说课，一般是指教师以教育教学理论为指导，在精心备课的基础上，面对同行、领导或其他教学研究人员，针对具体课题，采用口头表述的方法，讲述自己的教学设计及其理论依据，然后由听者评析，达到相互交流，共同提高的目的。通俗地说，说课就是要说清某一课题教什么、怎样教，以及为什么这样教。它是教师的一项重要基本功。主要有以下意义和价值：

1. 促进教研活动的开展

说课是教研活动深入开展的一种形式，反过来它又对教研活动的开展产生强大的推动力。通过说课，让授课教师说说自己教学的意图，说说自己处理教材的目的和方法，让听课教师更加明白应该怎样去做，为什么要这样做，从而使教研主题更明确，重点更突出，提高教研活动的实效。

示范课、研讨课等教研活动都要受时间和场地等的限制。说课则可以不受这些方面的限制，人多或少、时间长或短，可以非常灵活地处理，有利于提高教研活动的实效。

2. 促进教师队伍的建设

说课活动的开展，能较好地体现教学理论研究和教学实践的密切结合，营造良好的教学研究氛围，提高教师钻研教材的自觉性，为教师队伍的建设创造条件。

教师参与说课活动，不仅要深钻教材，还要学习更多的数学知识和现代教育理论。而教师倾听别人说课，必然会从中吸取营养，丰富教学经验，提高教学理论水平，从而使教师队伍的素质得到提高。

3. 促进教学质量的提高

由于说课不仅要说其然，更要说其所以然，因此，教师必须全面深入地分析教学活动的目标、内容、材料、方式方法和效果等诸多因素的内在联系。如此，不仅可以增强教师设计和组织教育活动的自觉性、目的性，还可以帮助教师进一步理解教育活动诸因素的关系，进一步明确教学的重点、难点，理清教学的思路，从而克服教学中重点不突出、难点无法突破、训练不到位等问题，提高课堂教学效率。

4. 促进教师的专业成长

通过说课，可以引导教师去思考，不只是简单地思考怎样教，而是去思考这样教的理论依据是什么，能促使教师不断地去学习教育教学理论，提高自己的理论水平，也从根本上提高教师的备课质量。同时，说课要求教师把自己的教学思路和设计意图表达出来，在无形中提高教师的组织能力和语言表达能力，提高教师的整体素质。

另外，说课活动融教育学、心理学、教学论等教育理论于一“体”，集普通话、粉笔字、简笔画、教具学具、信息技术水平等多项教学基本功于一“身”，兼备课、试教、上课、评价等多种教学步骤于一“环”，能有效地调动教师投身教学改革、学习教育理论和钻研课堂教学的积极性，提高教师综合素质，促进教师专业成长，是培养造就研究型教师的有效途径之一。

随着越来越多的用人单位将说课作为教师招聘面试的一种形式，说课已逐渐成为师范生求职时的一项必备技能。

（二）说课与备课、上课之间的关系

说课与备课、上课都是学校教学、教研工作的重要环节，三者之间既有联系，又有区别。

说课是集体备课的一种重要形式，也是教研活动的一种常见方式；备课是教师上课前的准备；上课是备课的具体实施。备课和上课都是教学常规工作的重要环节。

说课主要是面向教育工作者，不受时间和空间的限制，便于操作，是全面考核、检验教师教学水平的一种很好的形式；备课是自己独立思考，钻研教材，撰写教案等；上课是面向学生的，通过课堂组织与教学实施完成教学任务。备课和上课都是教师的一项最重要的基本功。

通俗地说，备课是就某一课题思考教什么和怎么教，并形成教案；上课是在备课的基础上，在课堂中具体实施落实如何教；说课则不仅解决教什么、怎样教的问题，而且还要说出“为什么这样教”的道理，它使得教师的隐性思维变成显性思维。

在实际教学工作中，备课、说课与上课可以构成四套组合拳：① 先备课，再上课；② 先备课，再说课；③ 先备课，再说课，最后上课；④ 先备课，再上课，最后说课。可见，无论是上课还是说课，都必须先备好课。也就是说，备课是上课或说课的前提和基础。

二、说课的方式与内容

（一）说课的类型

说课的类型很多，根据不同的标准有不同的分类方法。

1. 按表述的时间分，可以分为课前说课和课后说课

（1）课前说课，是教师在认真研究教材、分析教学资源、初步完成教学设计的基础上，在上课之前对自己的教学预设进行阐述并做出理性解释的一种说课方式，是一种教学预演活动(参见案例 9－1《“角的认识”说课》)。

（2）课后说课，是教师在上课后阐述自己的教学过程及教学得失的一种说课形式，是一种教学反思与研讨活动(参见案例 9－2《“用字母表示数”说课》)。

2. 按用途来分，可以分为评比型说课、专题型说课和示范型说课

（1）评比型说课。指为了教学评比和教师业务考核需要而组织的说课竞赛活动。评比型说课能反映教师运用教育教学理论的能力、理解课程标准和教材的水平、教学环节设计的科学性和合理性等，且不受时间、地点和人员的限制，因此成为教育管理部门经常采取的一项竞赛项目。

（2）专题型说课。指为了解决数学教学中的某些重点、难点或热点问题，并以此主题开展的说课研讨活动。专题型说课能引导教师有主题地针对性进行一段时间实践与探索，解决教学中的实际问题，并通过说课汇报进行研究成果的展示，有效促进教师深入开展教育教学研究活动。

（3）示范型说课。指为了展示优秀教师风采，为年轻教师提供研究范例而组织的说课展示活动。示范型说课一般由本地区教学能手、学科带头人、名师或特级教师等承担，然后组织听课教师评议，能较好地提升听课教师的教学业务水平。

3. 按说课的内容与方式来分，可以分为实践型说课和理论型说课

（1）实践型说课。指针对某一具体课题的说课，主要说明教材内容、教法学法选择、教学环节安排及其设计的理论依据，也就是教什么、怎么教和为什么这么教。

（2）理论型说课。指针对某一理论观点的说课。一般先说清楚自己的理论观点；再引用恰当的、生动的例子来说明自己的观点，这是说课的重点；最后结合自己的教学实践，把该理论在教学中的作用说清楚。

实践型说课侧重说教学的过程和依据，而理论型说课侧重说自己教育教学的理论观点。在小学数学教学教研活动中的说课绝大多数都是实践型说课，本章节讨论的也是实践型说课。

（二）说课的内容

说课主要面对同事、同行等教育工作者，可以不受场地限制，时间一般控制在 10 分钟到 15 分钟之间，便于组织与实施。课前说课一般包括说教材、说教学方法、说教学过程、说板书设计四个方面；课后说课一般还要说教学反思。

1. 说教材

教材是教学的依据，说教材就是说出某一单元或一节课在教材中的地位和作用，教材的特点、编者意图和前后联系，以及教者对教材的组织、教学目标和教学重点、难点的确定等。目的是让听众了解你说课内容的范围与深度，了解说课内容中各项知识与技能的相互关系，明确"教什么"，为后面的教法选择和过程设计做好铺垫。主要包括教学内容（课题）、教材简析、教学目标、重点难点、教具准备等，这些一般只需要简要说明。

（1）教学内容（课题）。一句话说明说课的课题及教学内容在什么版本第几册教材第几页第几单元的第几课时，要求表述准确、清楚。

（2）教材简析。根据课程标准的要求，分析本节教学内容在整个学科知识体系中的地位、作用、结构、前后联系及课时安排等，具体说明本节教学内容包括哪些知识点，是在哪些旧知识的基础上产生的，又为后面哪些知识做铺垫，即包括知识基础、内容结构、对后续知识的影响以及教者对教材的组织与处理。

（3）教学目标及重难点。教学目标设计主要解决两个问题：一是阐述目标确定的依据；二是要将目标细化。

说课中重难点的表述与撰写教案时的表述不同，这里需要强调说明它们为什么是重难点，是在怎样的背景下被确定的，并点明突出重点、突破难点的方法。

（4）教具准备。简要说明本节课要运用哪些教具、学具或教学手段，做好哪些课前准备。

2. 说教学方法

这是指教学方法选择的总体思路，一般又分为说教法和说学法。

（1）说教法就是根据对教材的理解，说明教师将采用何种教学方法及其理论依据。它是教师运用现代教学思想解决教学中的实际问题的体现。

（2）说学法是指说出在教学中引导学生采用什么样的学习方法，如何指导学生学习数学，对问题如何去分析、归纳、推理，怎样掌握或深化数学的认知结构，学生将获得哪些学习方法和技能，提升哪些能力等。

3. 说教学过程

这是说课的重点，就是把备课中设计好的教学思路、课堂结构等方面内容简明扼要地说出来，并且说明这样设计与安排的理论依据。一般分为偏重说教学过程和偏重说教学结构两种类型。

（1）偏重说教学过程，就是根据教学流程的各个环节或步骤，逐个进行说明怎么教，以及为什么这么教。一般包括如下几个部分：① 教学总体思路和环节；② 教学环节与方法、手段之间的联系；③ 教与学的双边活动安排，应根据需要说明突出重点、突破难点的具体做法。如教师设计了哪些问题，这些问题能起什么作用；学生怎样参与或教师如何组织，学生可能会出现哪些问题；教师有什么应对措施，有哪些思维定式需要克服，采取哪些措施等。

（2）偏重说教学结构，是教师为了防止对教学步骤作过细分析，将教学各个环节进行归纳，分成若干个板块，先说清教学总体构思，再说明每个板块怎么教和为什么这么教。一般包括如下具体要求：① 说清楚教学总体构思和各个教学板块；② 说清楚每个板块具体教什么、怎么教、为什么这么教，同样要突出教与学的双边关系；③ 适度交代重点怎样突破，难点如何化解。

现代教学强调教与学的互动、情境创设与情感体验。教师在课堂教学中应设计出若干师生互动的板块，如创设情境，架设桥梁；探究新知，自主构建；回归生活，解决问题；布置作业，课外延伸。这是一种组合式板块状的说课表达。

在说课时，可以二者择其一，也可以将两者结合起来说。

4. 说板书设计

说明如何设计板书（如提纲式、归纳式等），为什么要这样设计或者这么设计的优点与作用等。板书设计一般注重条理清楚，重点突出，便于学生理解与记忆。

5. 说教学反思

说教学反思是课后说课的必要环节。教师以研究者的心态或视角，审视自己教学实践的过程。即针对自己的教学实践情况进行反思，一方面可以说明在教学设计和课堂实践中哪些方面做得比较好，有什么亮点与特色；另一方面可以说明教学设计中存在的问题或困惑、课堂上难以把握或没有达到预期效果之处，以及问题的原因分析和改进措施等。

说课是对备课的一种深化和检验，使其更理性化；是对上课的一种更为严密的科学准备或理性思考，能较好地促进教师专业成长。教师要切实掌握说课的方法，提高说课技能和水平，必须经常开展说课实践，在实践中不断磨炼，总结反思，积累经验，提升说课水平。

实践与反思

<table>
<tr><th>实　践</th><th>反　思</th></tr>
<tr><td>1. 选取你最感兴趣的一个课题开展说课实训，并请同伴进行评价。</td><td rowspan="2">1. 什么是说课？说课与备课、上课的关系如何？</td></tr>
<tr><td>2. 结合案例 9－1，简要叙述小学数学说课的一般过程</td></tr>
<tr><td>3. 选取高年级的一节概念课，设计并完成说课稿。</td><td>2. 开展说课活动有何意义？</td></tr>
</table>

第二节　小学数学的评课

一、评课的意义

（一）评课的意义和价值

数学课堂教学是使学生获得数学知识，形成技能技巧，发展学生数学思维与能力，培养学生良好思想品德的重要途径，因此要提高数学课堂教学质量。要提高数学课堂教学质量，就要对数学课堂教学进行评价，从中找出影响课堂教学质量的因素，及时改进教学。

小学数学课堂教学评价，也就是我们常说的评课。一般地说，小学数学课堂教学评价就是对照小学数学课堂教学目标，对教师和学生在课堂教学中的活动及由这些活动所引起的变化进行价值判断。具体地说，评课是对课堂教学成败得失及其原因做中肯的分析和评估，并且能够从教育理论的高度对课堂上的教育教学行为做出正确的解释。它是教学教研工作过程中一项经常开展的活动，是教师互相学习、切磋教艺、研究教学的重要措施，也是教育业务部门特别是学校领导了解教师教学情况的方法之一。

评课往往是听课活动结束之后的教学延伸，一般有同事之间互相学习、共同研讨的评课；有学校领导诊断、检查的评课；有上级专家鉴定或评判的评课等。客观公正而又科学的评课，能充分发挥诊断、反馈、导向、激励和调控等作用，对加强教学常规管理、探索小学数学课堂教学规律、提高课堂教学效率、促进教师专业成长都有十分重要的意义，主要体现有以下几个方面：

1. 同事之间相互学习，相互促进，提升教学业务水平

不同的教师，其教学风格往往不同，有的精雕细刻，有的大刀阔斧，有的风趣幽默，有的严谨有度。通过听评课活动，有利于教师从课堂教学实例中吸取教益，同事之间相互学习，不断总结教学经验和教学个性，发现不足，相互促进，提高教育教学业务水平，逐步形成教学风格，促进教师专业成长。

2. 教育教学管理人员对课堂教学进行诊断，提升课堂教学质量

评课是一种比较直接、具体和有效的研究并提高课堂教学质量的方法。教育教学管理人员通过评课：一是可以对课堂教学进行诊断，了解和掌握教学实施效果，发现课堂教学中的优秀典型和存在问题，推介和发扬优秀经验，解决存在问题，加强教学常规管理；二是可以把教学活动的有关信息及时反馈给师生，帮助师生反省成功与失败原因之所在，及时修正、调整和改进教学工作，提升课堂教学质量，促进学生全面发展。

3. 教育专家了解教学动态，发展教育教学理论

在评课中，教育专家能深入课堂了解一线教学真实动态，利用先进教育思想与超前的课改意识去分析、透视课堂，正确指导教师开展教学研究活动，发现和总结教学经验，转变或更新教育观念，探讨并揭示小学数学课堂教学规律，发展小学数学教育教学理论，深化课程改革。

（二）评课的基本原则

《数学课程标准》非常重视课堂教学评价，强调其主要目的是全面了解学生数学学习的过程和结果，激励学生学习和改进教师教学。评课集管理调控、诊断指导、鉴定激励、沟通反馈及科研为一体，是研究课堂教学最直接、最具体、最有效的一种方法和手段。一般应遵循以下七大基本原则：

1. 方向性原则

评课要从有利于对教学的诊断和正确的导向出发，既要着眼于课堂教学的全过程，又不能面面俱到，要突出对体现素质教育课堂教学不可缺少的基本要素的考察，在评价中进行有针对性的诊断和正确的导向。

2. 差异性原则

因听课评课的目的与对象不同，评课也要有一定的区别和特色。如诊断型评课更多应关注课堂教学中的问题及其改进措施与建议；观摩型评课更多应点出课堂教学中亮点、特色与创新之处。如对刚参加工作的年轻教师的评课与对资深教师的评课，其要求与标准肯定是不一样的。

3. 突出重点原则

评课的内容与指标有很多，不可能面面俱到。因此要能抓住重点部分详尽地谈，理论联系实际，哪些地方需要改进，哪些地方很有特色，让人一听有“柳暗花明又一村”的感觉。

4. 以生为本的原则

从学生全面发展的需要出发，注重学生的学习状态和情感体验，注重教学过程中学生主体地位的体现和主体作用的发挥，强调尊重学生人格和个性，鼓励发现、探究与质疑，以利培养学生的创新精神和实践能力。因此，要坚持评教与评学相结合，把评课的重点放在

"评学"上面。

5. 鼓励创新原则

课堂教学具有丰富的内涵，学生、教师、教学条件诸方面的不同，使课堂教学情况千变万化。评课时既要体现课堂教学的一般特征，又要提倡创新，鼓励教师的个性化教学。

6. 实事求是原则

只有本着客观公正、实事求是的精神，评课才有实际的意义。因此，评价的内容和要点必须是可观察、可感受、可测量的，以实际情况进行判断；评价要注重质性评价和综合判断。

7. 艺术性原则

评课也要讲究艺术，要掌握心理学理论，讲究"谈话"方法、策略和艺术。实话实说也应讲究策略，对于成功的方面要懂得赞赏，对于不足之处要从探讨、帮助、促进的角度去考虑。

二、评课的实施

（一）评课的指标体系与内容

评课是必须依据明确地反映教师课堂教学质量的指标体系进行。随着教学改革的不断深入，评价的指标体系也在不断地发生变化。目前的评价指标大部分是从教学目标、教学方法和手段、教学结构与过程、教师素质、教学效果等方面来制订的。评课时也主要从以下方面内容进行分析：

1. 从教学目标上分析

教学目标是教学的出发点和归宿，它的正确制定和达成，是衡量课好坏的主要尺度。因此，分析一节课一般先要分析它的教学目标。

首先，从教学目标制定来看，要看是否全面、具体、适宜。全面指能从知识能力、数学思考、问题解决、情感态度等几个方面来确定；具体指知识目标要有量化要求，体现学科特点；适宜指确定的教学目标，能以大纲为指导，体现年段、年级、单元教材的特点，符合学生年龄实际和认识规律，难易适度，表述得当。

其次，从目标达成来看，要看教学目标是不是明确地体现在每一教学环节中，教学手段是否都紧密地围绕目标，为实现目标服务；要看课堂上是否尽快地进入重点内容，重点内容的教学时间是否得到保证，重点知识和技能是否能得到巩固和强化。

2. 从教材处理上做出分析

在评课时还要看教者对教材的组织和处理。要注意分析教师是否根据教学必然、教学目标、学生的知识基础、学生的认知规律以及心理特点，对教材进行合理的调整充实与处理，是否科学重组教材，是否创造性运用教材；教材的处理是否得当，是否有自己的思考，是否突出了重点、突破了难点、抓住了关键；是否合理安排教学程序，使教材系统转化为教学系统。

3. 从教学方法和手段上分析

教学方法既包括教师“教”的活动方式，还包括学生“学”的方式，是教法与学法的统一。分析教学方法与手段包括以下几个主要内容：

（1）看是不是量体裁衣，优选活用

教学是一种复杂多变的系统工程，不可能有一种固定不变的万能方法。教学方法的好坏优劣总是相对而言的，是因课程、因学生、因教师自身特点而相应变化的，也就是说教学方法的选择要量体裁衣，灵活运用。

（2）看教学方法的多样化

教学活动的复杂性决定了教学方法的多样性。所以评课时不仅要看教师是否能够面向实际恰当地选择教学方法，还要看教师能否在教学方法多样性上下一番工夫，使课堂教学超凡脱俗，常教常新，富有艺术性。

（3）看教学方法的改革与创新

分析教师的教学方法既要评常规，还要看改革与创新。要看课堂上思维训练的设计、创新能力的培养、主体活动的发挥、新的课堂教学模式的构建、教学艺术风格的形成等。

4. 从教学结构与过程上分析

教学目标是否实现主要看教师教学结构与过程的设计和运作。因此，评课时要从以下几个方面对教学结构与过程进行分析：

（1）看教学思路设计

教学思路是教师上课的脉络和主线，它是根据教学内容和学生水平两个方面的实际情况设计出来的。它反映一系列教学措施怎样编排组合，怎样衔接过渡，怎样安排详略，怎样安排讲练等。

有些教师课上不好、效率低，很大原因就是教学思路不清，或教学思路不符合教学内容实际和学生实际造成的。因此评课必须注重对教学思路的评价，评课时，一要看教学思路设计符不符合教学内容和学生实际；二要看教学思路的设计是否有一定的独创性，让人耳目一新；三看教学思路的层次、脉络是否清晰；四看在课堂上实际运作的效果。

（2）看课堂结构安排

教学思路与课堂结构既有区别又有联系，教学思路侧重教材处理，反映教师课堂教学纵向教学脉络，而课堂结构侧重教法设计，反映教学横向的层次和环节。它是指一节课的教学过程各环节的确立，以及它们之间的联系、顺序和时间分配。课堂结构也称为教学环节或步骤。课堂结构的不同，也会产生不同的课堂效果。通常一节好课往往是结构严谨、环环相扣、过渡自然，时间分配合理，密度适中，效率高。

计算上课的时间，能较好地了解授课教师的教学重点、结构安排。授课时间包括：① 看教学环节时间分配与衔接是否恰当。看看有无前松后紧（前面时间安排多，内容松散，后面时间少，内容密度大）或前紧后松（前面时间短，教学密度大，后面时间多，内容松散）现象，看讲与练时间搭配是否合理等。② 计算教师活动与学生活动的时间分配，看是否与教学目的和要求一致，有无教师占用时间过多，学生活动时间过少的现象。③ 计算学生的个人活动和集体活动的时间分配。看学生个人活动、小组活动和全班活动时间分配是否合理，有无集体活动过多，学生自学、独立思考、独立完成作业时间太少的现象。④ 计算非教学时间。看教师在课堂上有无脱离教学内容，浪费宝贵的课堂教学时间的现象。

5. 从教师素质上分析

教师的综合素质，特别是教学基本功是教师上好课的一个重要方面，包括以下几个方面的内容：① 板书：首先应设计科学合理，依标扣本；其次应言简意赅，有艺术性；再次，条理性强，字迹工整美观，板画娴熟。② 教态：教师仪表端庄、举止从容、态度热情、活泼明朗、富有感染力，课堂上师生才能做到感情交融。③ 语言：教师的语言有时关系到一节课的成败。课堂语言，首先要准确清楚，精当简练，生动形象有启发性；其次，语调要高低适宜、快慢适度、抑扬顿挫，富于变化。④ 操作：看教师运用教具，操作投影仪、电脑等教学设备的熟练程度。

6. 从教学效果上分析

苏联教育家巴班斯基说："分析一节课，既要分析教学过程和教学方法方面，又要分析教学结果方面。"课堂教学的效果是评价课堂教学的重要依据。课堂效果评析主要包括：一是学生思维活跃，气氛热烈；二是学生受益面大，不同程度的学生在原有基础上都有进步；三是有效利用 40 分钟，学生学得轻松愉快，当堂问题当堂解决，负担合理。

课堂效果的评析，有时可以借助测试手段。即上完课后，评课者对学生的知识掌握情况当场测试，而后通过统计分析来对课堂效果做出评价。

以上简要论述了评课的主要指标和内容。在具体评课活动中，还应根据各个地区和学校的师资水平、各种不同的课型、评课目的与要求来适当地调整。

（二）评课的实施

评课活动的实施，可以通过多种途径，如专家评课、领导评课、同行评课、学生评课等，也可利用多种评价方法，如定量评价、定性评价或两者结合等。评课的具体实施一般包含听、看、思、记、谈等步骤。

1. "听"是评课的前提

俗话说，留心天下皆学问。教师必须做听课的有心人。

（1）听课前教师要做好三种准备：① 学识准备。事先清楚听课内容，熟悉课程标准，充分把握教材；学习和掌握有关学科的教改信息；学习教育理论；注意积累各种资料。② 心理准备。要事先了解听谁的课，有虚心学习、共同探讨问题的虚怀若谷的态度；还要做好专心听课、认真记录的饱满情绪准备。③ 物质准备。要带好听课本、笔、教科书、参考书等。

（2）听课中教师要进入三种角色：学生角色、教师角色、评判者角色。要站在授课者的角度思考假如让我教，准备怎样去教等；站在学生的角度思考怎样学，如何回应教师或同伴的质疑和引导；站在评判者的角度看授课教师如何实施课堂教学，其行为是否得当等。

2. "看"是评课的基础

教师听课要高度集中注意力，全身心的投入。在课堂上不仅要听，还要看，要边听边观察思考，既要看教，又要看学，二者兼顾。一句话：听是耳听八方，看是眼观六路。

要仔细捕捉授课教师的语言和表情，要看授课教师的板书、教态，师生交流，教具和教学手段的运用，环节安排、教学基本功的展示；看学生的课堂表现，学习参与的情绪，学习的习惯等。但也不一定非要面面俱到地注视课堂上的每个方面。可根据授课教师的特点和习惯做跟踪式的动态分析；看教师是怎样复习引入新知识的？是怎样创设情境的？是怎样启发学生思维的？是怎样指导学习方法的？是怎样巩固新知识的？是怎样结课的？还要看学生是怎样回答问题的？是怎样提出问题的？是怎样讨论问题的？

3.“思”是评课的关键

思，就是思考教师所看到的、听到的一切内容，思考教师在教材的钻研、重点的处理、难点的突破、教学法的设计等，想一想这堂课有什么特色？教学目的是否明确？教学结构是否科学？板书是否合理？教态是否自然亲切？教学手段是否先进实用？教法是否灵活？学生学习的主动性、积极性是否得到充分的调动？寓德育与教学之中是否恰到好处？教学效果是否好？有哪些突出的优点和较大的失误等。

对一般的研究课，就着重观察和思考其在研究目标上的达成度；对于名师名家的课，宜着重思考其教学风格及其相应的学术思想在课堂的体现。

4.“记”是评课的保障

记，就是记录听课时听到的、看到的、想到的主要内容。

听课应详尽记录授课教师的主要教学过程，也记下自己的主观感受和零星评析。具体包括四个方面：一是记录每个教学环节的处理和教学方法的选择，包括板书；二是记本节课值得思考的要点；三是记录学生的活动情况；四是记录对这堂课的简要评析。

5.谈是评课的点睛之笔

活动组织者可先请授课教师谈自己这节课的教学设计与感受，再请学生谈这节课的收获与不足；然后再由听课教师谈。如条件有限，也可直接由听课教师谈。主要谈自己对这节课的看法，谈这节课的特色与亮点，谈所受到的启迪与所学到的经验，谈这节课的不足之处，谈自己的思考与进一步改进教学的建议。

评课教师要尽可能较全面了解教师和学生情况，以事实(数据)为根据，增强说服力；要以虚心的态度，商量的口气与授课教师共同分析研讨，不能把自己的观点强加在别人头上。

(三) 评课的注意事项

评课是一项非常细致复杂的工作。评课活动评的虽说是课，但教师作为授课人实际上也处在被评的地位。在评课活动过程中，评课人与授课人形成了评与被评的一对矛盾。要运用好心理学方面的知识来处理评与被评的关系，才能科学有效地开展评课，发挥课堂教学评价的激励功能。因此，评课时应该注意以下几点：

1.提炼“主题关键词”，提前拟好提纲，理清思路

评课的目的不是为了证明，而是为了改进，所以评课者应提高认识、摆正心态，认真对待。一般可以从众多评价指标或内容中选择两三点进行评价，如果时间充裕，也可以面面俱到，全部都评。

无论是有组织的、有目的的、正规性的评课，还是同事随堂听课后的相互评课，都应该理清思路，提炼自己评课的主题关键词，拟好提纲，这样做可以克服评课的随意性和盲目性，可以使评课更具科学性与针对性。

2. 唤醒“胜任内驱力”，注意优点谈足，缺点抓准

一般来说，人们对胜任的工作会越做越感兴趣，越干越好，尤其是在工作中时常得到同行的赞誉、认可和鼓励，就会引发强烈的胜任内驱力，从而不断进取。评课时做到“优点谈足，缺点抓准”，尽量唤醒授课教师的胜任内驱力。优点谈足，就是要能合情合理地满足人的受赞誉需要，从而使其产生良好的自我感觉，增强做好工作的自信心，同时也使其乐于接受评课人善意的指点；再加上缺点抓得准，自然让人心悦诚服，评与被评双方就会实现较为理想的沟通。当然，有时会遇到优点极少而缺点甚多的课，评价时可以将优点拆大为小分开评，连同表扬其认真的态度和做出的努力，总之，是先让其得到适当程度的认可。缺点多，可归类抓主要的说，或点出缺点的根源，或进行鼓励式的探讨，使讲课人感觉到评在点子上，谈在情理中(参见案例 9-3《“圆的面积”评课》)。

3. 激发“创新内驱力”，做到评出特色，点出创新

当人们在某种活动中获得成功，并引起他人特别关注的时候，往往会产生心理上的满足感，甚至是自豪感，这种良好的感觉可以激发起强烈的创新内驱力，使其树立更高层次的理想目标，追求更好的表现。每个教师在长期的教学活动中都可能形成自己独特的教学风格，不同的教师会有不同的教法。很多优秀的教师和较好的课一般都有与众不同的优点或特色。在评课活动中，有经验的评课者都会注意评出授课教师的课堂教学特色、点出创新之处。评出优点与特色，可以对教师产生特殊的激励作用，还可唤起其他听课人对特色的注意，使他们产生学习效仿的心理；点出创新，可以培养其成就动机，保护其独特思考与求异思维的意识，提升教师创新能力(参见案例 9-4《“数的认识整理与复习”评课》)。

另外，教师在听评课后，应结合自己的教学实际，继续进行反复琢磨与思考、比较与研究，或翻翻听课记录，或与执教者或其他听课者一起深入交流与研究，或将几节“互相牵连”的课做番比较，或写一篇“听课心得”，或干脆将他人执教的内容拿到自己班上试试等。这样才能吸收他人有益经验，改进自己的教学，达到取长补短的效果。

总之，听一堂好课，是一种美的享受；评好一堂课，也是一种美的享受。但是，只有会听，会评，才能得到这种享受。要做到会听、会评，有两个基础：一是要有教育理论的学习基础；二是要有多听、多评、多实践的基础。有了这两个基础，再加上自己的教学经验积累，就会有听课、评课水平的飞跃，从而促进自身专业成长。

实践与反思

实　　践	反　　思
1. 选取你最感兴趣的一个名师教学视频，撰写评课记录，并请同伴进行评价。	1. 什么是小学数学评课？它有什么意义？
2. 结合具体案例，简要说明小学数学课堂教学评价的主要指标有哪些？	
3. 到附近小学听一节数学课，然后对该堂课进行评价，并在班级小组内开展一次讨论。	2. 具体实施小学数学评课的基本步骤是什么？

第三节　小学数学小课题研究

一、小课题研究的意义

（一）小课题研究的含义

研究，在《现代汉语词典》中的意思为探求事物的真相、性质、规律等。简单地说，研究就是探索，包括学习、思考、实践、反思、总结。

科学研究，是人们有目的、有计划地采用严密的方法，探索自然界、人类社会和思维变化及其发展规律的过程。严格意义上讲，一切科学研究活动，都是一种创造性的活动，是在前人研究成果的基础上，经过收集资料和对资料的分析、概括，发现或解决前人未发现或未解决的问题，揭示和发现至今为止尚未掌握的知识和规律，建立有关事物的新的理论。

教育科学研究，是指人们针对教育科学领域或教育实践中存在的问题，采用科学的方法进行观测、分析和了解，从而发现教育现象之间本质联系与规律的认识过程。简单地说，教育科学研究就是指关于教育内在规律的探究。

小课题研究是指由一个或几个教师合作，在已有的成功经验或迫切需要解决的教育教学实践问题中，选择研究范围比较微观、研究内容比较具体、研究切口比较小、研究周期比较短、容易操作并且有兴趣和能力完成研究任务的课题，进行科学研究的一种教育科研方式，也叫作小专题研究。

课程改革，成败在教师；教师成长，课题研究是利器。《教师专业标准》提出，教师要针对教育教学中的现实需要与问题进行探索与研究。但小学数学教师往往以常规教学工作为重，不可能将重心放在专门的研究上；小学数学教师的教学研究能力和水平有限，不可能建构宏大的理论；小学数学教师的教学工作量都比较大，很难组织大批成员或花大量的精力、物力开展研究。因此，比较适合开展小课题研究。

小学教师选取的研究课题一般力求小而精，紧密联系自身教育教学工作实际，结合教师的具体情况，选取目前迫切需要解决的或有一定研究基础的问题，具有一定的实际价值，富有创新性和可行性。

(二) 小课题研究的价值和作用

小学开展教育科学研究的主要目的是促进学校、学生和教师的发展，其核心是为学生可持续发展服务，为教师的专业成长服务。小课题研究能促使教师养成科学的思维习惯，提高自身的研究能力与水平，提升自己的成功经验，形成教育教学个性化风格，解决迫切需要解决的具体问题，更有效地改进教育教学工作。具体来说，小课题研究的价值和作用包含以下几点：

1. 解决教学实际问题，提高学校教育教学质量

教师在日常教育教学过程中会遇到许多问题，有些问题采取常规方法处理并不太容易解决。开展小课题研究，能够帮助教师解决工作中遇到的问题与困惑，不断反思、调整、改进教育教学行动，从而提高学校教育教学质量。

2. 保持旺盛的学习力，提高教师教学业务水平

教师是一个需要终身学习的职业，而提高教学业务水平是教师们共同的愿望。小课题研究给教师提供了实现愿望的平台和机会，促使教师改变自己的工作方式，以饱满的学习热情来保持旺盛的学习力和“研究”的状态，实时更新教育教学理念，自觉钻研教材教法，变被动教学为主动教学，共同研讨教育教学中的问题，加强教育理论学习，总结优秀教育教学经验，提高教师教学实践能力与教学业务水平。

3. 养成科学思维习惯，建立教师的专业话语权

时代的进步使人们对教师的要求越来越高。教师不仅需要保持终身学习的态度，还需养成科学思维习惯，不断发现、研究、解决教学中遇到的问题，提炼并推广教师教育教学研究成果，从而破除对学术研究和专家的迷信，建立教师自己的专业话语权。

4. 形成个性化的风格，促进教师的专业化成长

形成个性化教学风格是每位教师的毕生追求。小课题研究提高教师自我反思意识和能力，提高教师学习教育教学理论及专业知识的积极性，客观上促进学校教研教改浓厚氛围的形成，促进教师之间的相互学习与交流，充分挖掘教师自身个性特色，提炼并形成富有个性的教学风格。小课题研究还能促使教师在高效完成教育教学工作的同时积极投身到教研教改工作中，学会分享更新自己的教学思想，慢慢地将教学研究变成一种自觉行为，从而促进教师在自己的职业生涯中不断成长。

二、开展小课题研究的方法和步骤

(一) 小课题研究的一般方法

小课题研究的目的是解困、去弊和求真,和教师的常规教育教学工作紧密相连。在研究实践中一般会采用调查研究法、文献研究法、经验总结法、行动研究法、个案研究法、叙事研究法、观察法、比较法等方法。下面着重介绍几种小学教师常用的研究方法。

1. 调查研究法

它是一种常用的研究方法,是研究者收集资料的一种技术。调查研究法是研究者间接地搜集有关研究对象的现状及其历史材料,以弄清问题事实,发现存在的问题,探索教育规律的研究方法。

调查研究的具体方法很多,如访问法、问卷法、座谈法、测试法等。小学数学教师运用得较多的是谈话调查和问卷调查。

问卷调查法是指将所要研究的问题编制成问卷,向选定的调查对象分发表格或问卷,要求填写或选择答案,并通过整理分析,得出结论。它是书面形式的标准化谈话,以了解调查对象对某一问题或现象的看法。其关键是做好问卷或调查表的编制工作。

(1) 问卷结构

① 题目:关于“* * *”的问卷调查

② 问卷说明:也叫“引言”,位于题目下方,主要是对此次调查的目的、意义、主要内容、调查组织者、选样原则、调查结果的使用、保密措施等进行说明。

③ 注释:一般指对填写问卷的具体要求。

④ 问卷文本:包含个人信息和根据调查主题设计的具体的问卷题目。

问卷题的设计形式一般分为是非题、选择题、填空题和问答题,可以分几个板块,便于后继进行分析。

⑤ 结束语:一般是答谢词。

(2) 问卷的编制程序

编制调查问卷一般按照以下程序进行:

① 根据调查目的确定对象。

② 列出问卷提纲,确定问卷类型。

③ 草拟问题。

④ 征求相关人员意见。

⑤ 试测修订。

(3) 问卷编制的注意事项

问卷编制时要注意以下几个问题:

① 明确调查范围和调查对象。

② 问卷的内容紧紧围绕调查目的和主题。

③ 表述要清晰明了,通俗易懂。

④ 问卷要避免使用双向性问题和假定性问题。

⑤ 问卷要避免使用否定句。

另外，在实施问卷调查后，要进一步整理、分析调查资料，撰写调查报告，这是问卷调查的核心。

2. 文献研究法

它是指根据一定的研究目的和需要，围绕某个研究问题，收集、鉴别、整理相关文献（专著、学术期刊、会议、论文集等），并通过对文献的阅读与研究形成对研究问题及其事实的科学认识的方法。

文献研究法具有历史性、灵活性、继承性和创造性等特点，能有效扩大我们与研究专题有关的知识范围，全面准确地了解所研究的问题，找出事物的本质属性，帮助教师将小课题研究做深，做实。掌握文献研究法是小学数学教师从事科学研究的基础。

（1）研究的基本程序和过程

① 分析和准备：教师首先要明确研究目的，界定研究概念，列出与研究概念相关的概念，确定检索关键词，再根据实际情况综合选择检索手段。

小学教师主要从书籍、报刊、网络数据库等渠道进行文献检索。

② 检索文献：教师可以采用顺查法、逆查法、追踪法、综合查找法等方法对相关文献进行检索。一般先初步浏览、剔除无关资料，选择代表著作和论文等相关文献资料，做好书目登记，并根据需要进行适当摘要。

③ 文献综述：教师完成文献检索后，还要进行深入阅读、分类整理和分析研究，找到相关的主要观点、存在不足或有待进一步研究的问题，撰写文献综述。

（2）文献综述的结构

① 前言：阐述背景与目的，哪些文献源和哪个时间段。

② 叙述：介绍某一个时间段，不同视角下的研究进展。

③ 评价：剖析现状，广泛研究了什么，深入研究了什么？

④ 结论：先概括，再指出尚待解决的问题与建议。

⑤ 参考：列出参考的所有文献与资料。

文献综述旨在通过对前人工作的总结与批评，给自己的课题研究在现有知识中找个位置，明确自己的课题研究价值，并将自己的研究与前人的工作联系起来，减少重复研究和低效研究，有利于突显课题研究实效性和创造性。

3. 行动研究法

它是指在教育情境中，教师根据自己在教学中遇到的实际问题，经过系统思考提出解决方案，在方案实施中，又根据不断出现的新问题，重新设计或者不断调整、补充、完善后续的行动方案，以达到最后解决问题的过程。

行动研究法由教育工作者和研究者共同参与，从教育工作需要中寻找课题，在实际教育工作中进行研究，使研究成果为教育工作者理解、掌握和实施，从而解决教育实际问题。它始于英国的“教师即研究者运动”，强调行动与研究的结合，也可以说是为行动而研究、对行动的研究和在行动中研究。

行动研究是一个长期的螺旋式上升和循环反复的反思性过程，一般包括“计划→行动→观察→反思”四个环节，这四个环节往往会经过多轮反复，直至最后解决问题。

4. **叙事研究法**

它是指通过描述和分析有意义的教学事件、师生生活和教育教学实践经验，来发掘或揭示内隐于日常工作、事件和行为背后的意义、思想或理念，从中发现教育问题，探究教育思想，揭示教育活动特点和规律。

叙事研究法主要以“故事”为研究载体，以叙事为主要研究途径，采用口述、现场记录、日记、开放式访谈、自传等方式开展研究。

叙事研究法一般包括“确定研究问题、选择研究对象、记录教育故事和分析得出结论”等四大步骤。

5. **经验总结法**

它是指教育工作者通过总结、归纳教育教学经验和教训，揭示教育现象的本质及规律的一种研究方法。

所谓经验，是指由于这种知识或技能往往凭借个人或团体的特定条件与机遇而获得的，带有偶然性和特殊性的一面，因此，经验并非一定是科学的。它需要研究者做好相应的总结、验证、提炼等加工工作，并在实践中取得良好效果后进行。

“教师成长＝经验＋反思”。经验总结法是小学教师在教育教学研究工作中经常使用的一种重要研究方法。在总结经验时，一定要树立正确的指导思想，要分清正确与错误、现象与本质、必然与偶然。教育教学经验的提炼一定要观点鲜明、正确，注重其新颖性、普遍性、实践性、发展性和实用性，既有先进性、科学性，又有代表性和普遍意义。教师在进行经验总结时一般经历确立总结对象、搜集相关材料、分析关键资料和撰写总结材料等四个步骤。经验总结材料的撰写一般包括“概括主题、归纳要素、形成观点、揭示规律、验证理论”等环节。

（二）小课题研究的主要步骤

教师从事课题研究，是教师获得职业解放的必由之路。小课题研究能帮助教师从常规教学中切入，主动收集分析相关信息，不断进行反思，改进教育教学工作，往往具有一定的计划性、科学性和规范性，其研究周期一般为一个学年或一个学期。往往期初制定研究方案，期中进行过程实施，期末进行梳理总结。一般经历以下研究步骤：

1. **制定方案，理清思路**

研究方案是指如何进行专题研究的具体设想，是进行研究的思路和框架（参见案例9－5《“从研究性学习入手，转变学生数学学习方式”研究方案》），主要解决“研究什么、为什么研究、怎样研究、预期成果是什么”等问题。

（1）研究什么

课题即问题，问题意识是选题和开展研究的前提。课题不仅仅是个名称，它体现研究对象、研究范围，展示研究的目的、意义。在教学实践中，教师会遇到许多疑问、困惑，应对所列出的问题通过问题分析法和问题分解法进行分类、归纳和整理，合理确定研究主题。一般包含以下三步：

首先，要把解决的问题经过分析、研究，确定一个合适的课题题目；其次，要明确提出问题，突出研究的重点；再次，要界定研究的名词术语，主要对课题中的关键词进行界定，使研究的问题更加明晰，更具操作性。

（2）为什么研究

首先，要明确研究的目的、意义，揭示课题研究价值；其次，明确课题研究要达到的阶段性目标和最终目标。

（3）怎样研究

明确研究内容和研究步骤，选择合适的研究方法。围绕“课题研究目标主要开展哪些研究工作？具体如何开展课题研究工作？准备采用哪些研究方法开展研究？研究实施的日程安排？”等问题进行具体的阐述。

（4）预期成果

成果表达一般可采用教研论文、教学课例、教育反思、教育日志、案例分析、研究报告等形式。

2. 研究实施，落实过程

研究方案制定后，教师就应该按照研究方案逐步实施研究过程。在实施过程中，要注意以下几点：

（1）只有大致方向没有具体内容的设想，要多琢磨，在实践中观察、发现，及时加以提炼，形成清晰的认识。

（2）对认识不够清晰的要多思考，多交流，集思广益，使之逐渐明晰起来，上升为理性认识，作为阶段性研究成果。

（3）对认识比较清楚的如解决途径和策略方法之类，要多实践，多应用，通过多样化活动，不断完善，加以深化推广，在更大的范围内检验其科学性和实用性。

（4）借助听课、上课、观摩、培训等交流讨论，展示锻炼的机会，听取多方意见，借鉴他人较好的研究方法，及时修正自己的方案。

（5）根据已经变化的形势和认识，可以在原有思路上随时进行补充、修改和调整。

3. 反思总结，成果交流

教师将自己的研究经验和研究成果进行总结（参见案例 9-6《“从研究性学习入手，转变学生数学学习方式”研究总结》），或者进行展示、交流与分享。

翔实的第一手研究资料是实施课题研究的基础，资料收集工作直接关系到课题研究的成功与否。在研究过程中，教师要及时积累与研究有关的、有一定价值的资料，作为提炼研究成果的基本素材，以备推广应用做参考。

总之，课题的设计与实施过程不必过于追求完美，甚至可以存在不少问题。因为教师开展课题研究最重要的意义是，教师在亲身“做”课题的过程中，形成了针对问题的行动及行动中的思考、研讨、深刻反省。正是这一过程使教师获得了快速成长。

实践与反思

实　践	反　思
1. 结合案例9－5和案例9－6,简要说明小学数学小课题研究的基本步骤是什么?	1. 什么是小学数学小课题研究?它有什么意义?
2. 以小组为单位,选取本组最感兴趣的一个问题,撰写一份小课题研究方案。	
3. 开展课外阅读,找到一个你最欣赏的小课题研究方案与总结,与同伴一起分享。	2. 在小学数学教学中开展小课题研究有哪些主要研究方法?

第四节　小学数学案例研究

一、案例研究的意义和特征

1. 案例研究的意义

“案例”是指一个实际的教学例子,是对一个教学问题和教学决定的再现和描述,也就是讲述教学研究的故事。

案例研究的关键是有“案”,它是以案“例”理,也就是摆事实、讲道理。只是这个道理是从“事”中分析出来的,“理”是蕴于“事”之理,“事”是有理之事。案例研究必须围绕一个事件来展开,试图让教师学会有目标、有方法地研究教学改进。案例是教师学习的载体,开展案例研究有利于促进教学从理论到实践的转移。

案例研究所研究的“案”必须是真实的,不是虚构的。这种所谓“真实”不仅指本质上的真实,还包括具体细节上的真实,不仅包括结果上的真实,也包括过程上的真实。

案例研究是以“事”为单位的,但同时也是以“理”为单位的。从“案”的角度来看,这是一个完整的事件,从“理”的角度来说,我们用这一个案就是为了说明一个理的,或主要为了说明这一个理的,即使这一个“案”本身还包含了其他的道理,但作为一个案例研究,它还是暂且只说这一个理。

案例研究对“事件”有一个“概念化”处理的过程,从而使这个“事件”成为一个“案”。这个概念化处理的过程,实际上也就是一个分类或归类的过程。

案例研究的思路是,先提出一个问题,说明在一个什么背景下提出的,它何以成为一个问题,这是一个什么问题,其问题实质是什么;再解决问题,说明解决该问题的基本原则和思路是什么，如何解决问题，可以采取什么策略，结果如何，验证了什么道理等（参见案例 9－7《“小数除法”教学案例研究报告》）。

2. **案例研究的特征**

案例研究是以“案”为单位的。“案例”是一个实际的教学例子，是对一个教学问题和教学决定的再现和描述。它包括两个方面的意思：

第一，必须有一个事件，并对所提供的真实事件展开有针对性的、比较充分的分析和讨论。这个真实事件不仅指本质上的真实，还包括具体细节上的真实，不仅包括结果上的真实，也包括过程上的真实。

第二，必须是一件相对完整的事件，即是指事件本身有起因、有过程、有结果，同时也是指事件相对独立，不与其他事件发生本质性的联系。这样，才有可能对这一事件做比较有意义的研究，才能借这一事件展开相关讨论。

案例研究从表达方式来说，包括事件的叙述与对事件的分析与讨论。从实质性内容来说，它包含了问题的提出与解决这两大要素，也就是说，案例研究其实就是一个问题的提出和解决的过程。

3. **案例研究与叙事研究、行动研究的区别**

叙事研究是让故事本身来说道理，给教师以教育教学方面的启发。案例研究则不仅要有故事，还要有对这个案所蕴藏的道理加以分析和讨论。

叙事研究直接用“事”来说明一个道理，让教师通过了解这个故事发生发展的过程来领会这个道理。案例研究也有叙事，但它的叙事是用来说明道理的，不是就事说事。它的“事”是为说理服务的。

叙事研究中的“事”本身就是目的；案例研究则恰好相反，重点在通过对“事”的考察与分析，让老师看到他自己在一般情况下看不到的道理，或容易被忽视的问题。一般来讲，案例研究比叙事研究理性的成分更多一些。

行动研究既有“行动”，又有“研究”，其目的是改善自己的行动，是一种“临床研究”，或叫作工程研究。案例研究也有行动，但它的目的不仅在改善自己的行动，还在于得出一个比较有公理性的结论。也就是说，它从具体的事件出发，得出脱离一般情境的结论。从研究思路上来讲，是从个别到一般，从具体到抽象。

叙事研究就是讲故事，而故事都是具体的；行动研究就是研究行动，而行动是具体的，一个一个的；因此，叙事研究与行动研究都和具体情境联系在一起，而且始终不脱离情境，在功能上和目的上也没有超越情境。案例研究也与具体情境联系在一起，但它的“案”是为“理”服务的，最后的目的是指向超越情境的结论的。

案例研究与一般的理论研究不同的是，它自始至终都围绕“事件”展开，“事件”为这一研究提供了全程的具体情境。“案例”研究之所以要以“案”为中心，目的不是为了解决“案”的问题，而是要解决与“案”相类似的问题，是由“案”出发对“案”所“例”之“理”的认识与推广。这是与行动研究和叙事研究不同的地方。

二、案例研究的实施

（一）案例研究的程序

案例研究的程序有两种选择方式：

1. 第一种程序："问题的提出"→"案的选择"→"理的讨论"→"案例写作"

（1）问题的提出：即先提出一个个要研究的主题。例如，"小学数学课堂教学中讨论法的运用"可以包括以下问题：小学数学课堂教学中讨论法的功能、什么情况下需要运用讨论法、讨论法运用的条件和准备、讨论法运用的要领和技巧等。

（2）案的选择：根据这个主题寻找能体现主题的教学事件，该事件必须完整地包括"研究主题"所需要的内容，是一个完整的教学事件。

（3）理的讨论：对该教学事件进行分析和研究，使该教学事件变成一个"科学事实"，即包含了某种教学规律、具有某种科学内涵的"例"。如这堂课教的是什么内容，它面对的是一些什么样的学生，教师想达到什么目的，他在什么情况下使用了讨论法，讨论了什么问题，是怎样展开讨论的，是否达到了目的，总的来看是否是一次成功的讨论教学等。这是案例研究非常重要的一个环节，它决定案例研究的整体质量。

（4）案例写作：将问题的提出、教学事件本身和研究的结果，用书面语言呈现出来（参见案例 9－7）。

2. 第二种选择："案的获得"→"主题提炼"→"理的讨论"→"案例写作"。

与第一种选择相比，这一种选择是先有"教学事件"，然后再有对"教学事件"的主题的把握。前者是"主题先行"，后者是"循事问理"。

（二）案例研究撰写的格式与要求

一个完整的案例研究应该包括以下几个环节：

1. 背景、原理与问题的提出

教师对案例研究背景和一般原理进行简要叙述，围绕常见问题或困扰难点提出需要研究和讨论的问题。

任何"案"都是在某种背景下发生的，包括时间、地点、人员、特定的环境等。这个背景往往在深层次上决定或影响到"案例"的性质和结果，因此在正式介绍案例前，适当的背景介绍是十分重要的，也是非常必要的。

在呈现案例之前，应先对所"例"之"理"作一个基本介绍，这种介绍是基本的，不要求完全也不要求深刻，只是作为案例研讨的一个方向和线索。但原理一般都是比较抽象的，需要有一个过渡，往往会集中到某个具体的问题上，然后引导读者带着问题有针对性地来阅读和研究案例。这就是"问题的提出"。

2. 核心概念与基本命题

如果案例所讨论的问题有非常鲜明的理论命题、非常明确的结论或成熟的理论模型，那么就需要单独把这些明晰的核心概念或基本命题列出来，或将前面提出的问题转换成基本命题，这样有助于研究者和阅读者带着明确的理论意图和理论指向来研究和阅读。很多情况下这一步也可以省略。

3. 事件、过程与结果

这是案例研究的一个非常重要的部分，即“案”本身的叙述。案例叙述时应详细具体到什么程度，是全面记录还是选择性地记录，这些目前没有统一标准和要求，应根据研究目的和内容灵活处理。如有些探索性很强的案例课题，为了避免研究先入为主、防止偏见或漏掉重要内容，往往采用全面、详细、具体记录的方法。一般情况下，则采用选择性的记录，只讲述与主题有关的情节和关系，但要注意环绕主题、裁减情节、引人入胜。

有许多案例研究在“案例呈现”时，不但用文字叙述和记录，还用了视频、音频等其他技术方式。视频、音频等技术方式的运用无疑对“案例呈现”的效果更有帮助，但它面临的一个最大困难是如何为阅读者所接收。

4. 对问题的认识、研讨方法及要求

对问题的认识一般以“思考题”的形式出现，是指在案例呈现后对第一步所提出的“问题”进一步具体化和深刻化，进一步弄清楚案例所研究问题的具体内容和性质，以引发讨论，放飞思维。案例研究中，对研究问题的具体内涵和性质的认识与讨论很有必要。只有明确我们在研究一个什么问题，研究一个什么性质的问题，才能避免出现文不对题或南辕北辙等情况。

在展开分析与讨论之前，对研究方法加以说明也是非常必要的。明确的方法意识，一方面证明接下来分析和讨论的可靠性，另一方面，它本身也是案例研究的目的之一。

5. 分析与讨论

这一环节是正式对案例进行的理性分析与研究，主要采用分类、比较、揭示原因、提供方案等多种方法进行。如把所讨论的问题进行分类，然后分门别类加以论述；如把事件或问题与相关事件或问题进行比较，在比较中得出结论；如揭示造成案例中事件结果的原因；如就案例提出的问题寻求解决的方案和办法等。

对案件进行分析有一个重要特征，即它是针对“事”的分析。“事”往往是综合因素的产物，是多种原因集合的产物。因此，“全面的”分析是其最基本的要求。但决定案例分析质量的是对所涉及的若干因素之间相互关系的辩证揭示，也就是要在纷繁复杂的众多矛盾中抓住其主要矛盾或矛盾的主要方面。

6. 结论与思考

这一环节是对案例进行理性解读，提炼自己的观点，超越原有经验，得出明确的结论。所有的结论与结论的所有方面，都是从案例出发的，也都是从对案例分析中得出的，不能从其他领域或案例中得出。

由于案例直接面对“事”往往十分复杂，一次研究可能无法穷尽“事”本身所包含的道理。因此，可设置“思考”来表达，目的是对今后的研究起一个“提示”作用。

值得注意的是，案例研究的质量不是“结论”本身的完美程度或理论高度，而是这个结论与“案例”联系的紧密度。

案例研究可以给小学教师提供直接参与和对话的机会，达成横向的同伴互助与纵向的专业引领。小学数学教师在参与小学教学案例研究的实践和探索中，能有效拓展自身教学实践知识，并提升自身教学研究水平。

实践与反思

实　践	反　思
1. 结合案例 9-7，简要说明小学数学案例研究的基本步骤是什么？	1. 什么是小学数学案例研究？它有什么意义？
2. 以小组为单位，选取本组最感兴趣的一个课题，到附近小学开展一次教学案例研究实践活动。	2. 开展小学数学案例研究要注意什么？
3. 开展课外阅读，找到一个你最欣赏的小学数学教学案例研究，与同伴一起分享。	

参考文献

[1] 郑君文，张恩华. 数学学习论[M]. 南宁：广西教育出版社，1996.
[2] 任樟辉. 数学思维理论[M]. 南宁：广西教育出版社，2001.
[3] 金成梁. 逻辑与小学数学教学[M]. 北京：北京师范大学出版社，2001.
[4] 宋乃庆，张奠宙，等. 小学数学教育概论[M]. 北京：高等教育出版社，2008.
[5] 马云鹏，等. 小学数学教学论[M]. 北京：人民教育出版社，2003.
[6] 金成梁，刘久成. 小学数学课程与教学[M]. 南京：南京大学出版社，2013：47.
[7] 曹一鸣. 十三国数学课程标准评介[M]. 北京：北京师范大学出版社，2012：425.
[8] 孔企平. 小学数学课程与教学[M]. 上海：华东师范大学出版社，2016：34.
[9] 刘久成，徐建星. 中外小学数学课程标准比较研究[M]. 兰州：甘肃教育出版社，2017：280.
[10] 马云鹏. 小学数学课程标准与教材研究[M]. 北京：高等教育出版社，2016：9.
[11] 田慧生. 我国基础教育课程改革：回顾与前瞻[J]. 中国教育科学，2015(2)：83.
[12] 曾小平. 小学数学课程与教学论[M]. 北京：人民教育出版社，2015：60.
[13] 杨庆余. 小学数学课程与教学[M]. 北京：中国人民大学出版社，2010：46.
[14] 教育部基础教育课程教材专家工作委员会. 义务教育数学课程标准(2011 年版)解读[M]. 北京：北京师范大学出版社，2012.
[15] 杨豫晖. 义务教育数学课程标准(2011 年版)案例式解读 小学数学[M]. 北京：教育科学出版社，2012：71.
[16] 中华人民共和国教育部. 义务教育数学课程标准(2011 年版)[S]. 北京：北京师范大学出版社，2012.
[17] 中华人民共和国教育部. 义务教育数学课程标准(2022 年版)[S]. 北京：北京师范大学出版社，2022.
[18] 金成梁，周全英. 小学数学教材概说[M]. 南京：南京大学出版社，2000.
[19] 刘久成. 小学数学课程 60 年[M]. 镇江：江苏大学出版社，2011.
[20] 陈佑清. 教学论新编[M]. 北京：人民教育出版社，2011：92 - 93.
[21] 韩志才. 基于微课的翻转课堂教学模式创新应用问题之思考[J]. 高教学刊，2019(3)：24 - 27.
[22] 杜林燕. 小学融合课堂师生互动的研究[D]. 上海：华东师范大学，2018.
[23] 黄明燕，赵建华. 项目学习研究综述——基于与学科教学融合的视角[J]. 远程教育杂志，2014，32(2)：90 - 98.
[24] 张国林. 信息技术提升义务教育均衡发展问题研究[D]. 沈阳：辽宁师范大学，2013.
[25] 李睿. 信息技术与课程整合的新趋向[D]. 上海：华东师范大学，2013.

[26] 陈卫东. 教育技术学视野下的未来课堂研究[D]. 上海:华东师范大学,2012.

[27] 王光明,刘静.《义务教育数学课程标准(2022 年版)》新旧课标对比解读——从课程理念与目标、课程内容到课程实施[J]. 课程教材、教法,2022(7):4-11.

[28] 党春红. 改革数学考试与评价方式,促进学生的素质教育[J]. 中国校外教育,2013(5):13.

[29] 曹培英. 小学数学学习评价研究(一)[J]. 小学数学教育,2015(17):3-5.

[30] 曹培英. 小学数学学习评价研究(二)[J]. 小学数学教育,2015(19):3-6.

[31] 曹培英. 小学数学学习评价研究(三)[J]. 小学数学教育,2015(21):3-7.

[32] 曹培英. 小学数学学习评价研究(四)[J]. 小学数学教育,2015(23):3-6.

[33] 曹培英. 小学数学学习评价研究(五)——常用试题的编制要点[J]. 小学数学教育,2016(5):3-7.

[34] 李世燕. 试卷讲解 讲出精彩——浅谈小学数学试卷讲评课的教学策略[J]. 科学咨询(教育科研),2018(1):108.

[35] 陈雅珍. 变脸:小学数学讲评课教学优化策略探析[J]. 厦门教育学院学报,2011,13(3):74-76.

[36] 屈佳芬. 小学数学试卷讲评:问题、特点与策略[J]. 江苏教育研究,2017(11):51-54.

[37] 余励. 浅谈小学数学试卷讲评课教学[J]. 小学教学参考,2013(36):40.

[38] 叶安乐. 在关键处"讲" 在疑难点"评"——小学数学讲评课教学模式初探[J]. 辽宁教育,2003(5):58.

[39] 刘月华. 创新教学策略 打造高效课堂——浅谈小学数学新授课课堂教学策略的实践与思考[J]. 课程教育研究,2013(16):137-138.

[40] 李晓梅. 关于小学数学新授课课堂教学结构的思考[J]. 小学数学教育,2013(5):3-5.

[41] 何秀华,刘远东. 数学练习课教学方法探研[J]. 成才之路,2019(11):53-54.

[42] 王翠华. 小学数学练习课设计策略的探究[J]. 科技资讯,2015,13(27):142-144.

[43] 何月丰. 浅析小学数学练习课的教学功能[J]. 小学数学教师,2015(3):70-72.

[44] 周智. 小学数学整理复习课教学策略思考[J]. 课程教育研究,2017(26):161.

[45] 张彩华. 小学数学"整理和复习课"有效教学教法的探讨[J]. 课程教育研究,2016(37):133.

[46] 戴厚祥,丁常娣. 小学数学整理复习课教学的实践与思考[J]. 小学数学教育,2015(Z2):78-79.

[47] 焦萍. 在实践中学习 在活动中提炼——上好小学数学综合实践活动课的实践思考[J]. 甘肃教育,2017(22):104.

[48] 王九红. 数学试卷讲评的艺术[J]. 小学教学研究,2007(8):36-37.